THE FLOWERS OF EVIL

AND

PARIS SPLEEN

Charles Baudelaire.

THE FLOWERS OF EVIL
AND
PARIS SPLEEN

Poems by Charles Baudelaire

Translated by William H. Crosby

Introduction by Anna Balakian

Woodcuts by David Crosby

BOA Editions, Ltd. • Brockport, NY • 1991

ISBN: 0-918526-86-8 Cloth
0-918526-87-6 Paper

LC #: 91-73274

The publication of this book was made possible in part with the assistance of a
grant from the Literature Program of the New York State Council on the Arts.
BOA Editions, Ltd. is a nonprofit literary organization.

Typesetting: The Typeworks
Manufacturing: MacNaughton & Gunn, Lithographers
Cover Art: David Crosby
Cover Design: Daphne Poulin
BOA Logo: Mirko

BOA Editions, Ltd.
A. Poulin, Jr., President
92 Park Avenue
Brockport, New York 14420

To Paul Auster
Jean Bernard
Mary Cutting

who helped me with the ABCs
of French and French poetry

TABLE DE MATIÈRES

LES FLEURS DU MAL

CONTENTS

THE FLOWERS OF EVIL

AND

PARIS SPLEEN

INTRODUCTION

Charles Baudelaire, whose voice has haunted two centuries of poets and poetry readers, was born in 1821; he died in 1867 as a result of the after-effects of what was that era's deadly venereal disease, syphilis. The voice that rose in ecstasy or protest over every phenomenon or object that came his way fell into total aphasia as he approached his untimely death. Generation after generation has called him a modern, and those who called him "avant-garde" have faded away into the rear-garde, while Baudelaire remains for all generations not ahead of his own time but ahead of theirs.

When his own contemporaries were reacting against egocentric lyricism by writing poetically about vases in Paris salons, elephants in India, the history of religions, geographic kaleidoscopes, victory and defeat in wars, and metaphysical transcendences, Baudelaire wrote of what was closest to him but also of what could reach every other reader quintessentially. He worked out of his fifty-six consecutive apartments located in diverse sections of Paris: overlooking the Tuileries, giving him vistas of urban poverty, or insights into various slices of society. Walking through the neighborhoods of Paris, he observed animals rotting in the street, the homeless alcoholics, drug users, or assassins loitering in the gutters. The beggars, the blind, the ragpickers, the skinny old ladies and the young famished prostitutes, all became mediums through which he could convey his changing moods. He turned abstractions like Beauty, Sorrow, Death, the Ideal into existential intimacies. He wrote of his loves for the lofty and the lowly. His mulatto mistress, Jeanne Duval, was a source of exaltation as well as of perdition, his sensual approach to her not far removed from his feelings about cats and pre-historic giants. The loved one in his poems had the instinctive or violent motions of animals, domestic or wild. The expressions of love ranged from the tender to the sadistic. One may have wanted Baudelaire as a lover but not as a spouse, and wisely he never attempted marriage.

The places he identified with his angst and his ascesis were his fireplace, his balcony, but not the mountain top or the shores of a lake. He did not need the exoticism of the faraway. He had learned early in life the lesson that fleeing to a strange place is of no help if he could not at the same time flee from the chains that bound his multifarious and tangled up personality. What could he find in India or Xanadu? The

same boredom, the same evil, more religions like ours "escalating," as he said in "The Voyage" "the same ladders to heaven." Infinitely, always the same fears and illusions, the same paradoxes, the fractured self, the dichotomies between body and soul, when all the time he was yearning for unity and serenity.

The end of the twentieth century, with its passion for sociology, can feast on Baudelaire: he knew and rubbed elbows with the poor and the rich, he observed the vagrant, the pollution ("a dirty yellow fog") the urban imbalances. He could also serve as a marvelous case study for psychotherapists of our time. He knew sensibility to be different from sensuality. He realized the variations in sexual orientation, he wavered between depression and insanity, diffidence against parental advice and pleading for support. He had a love-hate relationship with his mother, a disdain for his bourgeois step-father. Above all he was frustrated not to be recognized as a first rate poet by his contemporaries.

One aspect of his turmoil, and a very important one, may not be as easily understood by current readers: his struggle between Catholicism and agnosticism, an immense rebellion against both God and the devil. The sense of both primal sin and the acquired variety never left him nor the accompanying states of remorse, repentance, damnation. At the same time, like a space traveler of time posterior to his own, he could distance himself from the globe in pre-Sartrean observance of the universe's indifference to his woes. All these feelings are expressed in a language that betrays his religious formation the while combatting religious belief. Images of harmony, as in "A Voyage to Cythera" turn into metaphors of repressed guilt and negation.

On the one hand, life for Charles Baudelaire held the refinements and respectability of a comfortable lifestyle and financial security, if he took the advice of his step-father, General Aupick, and joined the military. On the other hand, choosing independence meant facing deep poverty with his financial resources dependent on the handouts of his mother or on what he could earn as a translator from the English and from his occasional writings as an art critic. He could never quite decide whether he would be the dandy or the vagrant.

Deeply aware of the ephemeral character of life, yet clinging to the objects that survive life, in one of his most famous poems, "The Swan," he deplores the changes that were destroying the memory-filled structures of the Tuileries. What would he have said if he'd seen the Pyramid that at the end of the next century was to impose itself on the precarious character of the landmarks of the past? He clung to the old order and yet proclaimed himself a modern in defiance of static

tastes in literature. Paradoxically he was ever seeking the approval of the establishment, declared himself misunderstood, yet he was far removed from knowing exactly what he stood for and what it would mean to be understood. Calling the public "the rabble," he nonetheless longed for public recognition of his art.

When cultural historians venture to demonstrate that literature is a reflection of the climate of an era, what can they do with one such as Baudelaire? The very ambiguities of his character and the reflection of that character in the work make him a misfit in his era. And, strangely perhaps, the misfit of the mid-century in which he created his work became by the same token the misfit of all time, an identifiable Hamlet figure that fascinates us as Hamlet will ever fascinate us, although we cannot care to become Hamlet. Few living poets would want the personal fate of Baudelaire, although they will envy his power to prevail.

This last reflection tides us from his personality to his work, the form and texture of that work that remove Baudelaire from the category of a misfit to that of a universal artist.

In mid-nineteenth century some poets reacted against the egocentric character of Romanticism. How was the poet to remain the eternal voice of individual sensibility and yet cease being Narcissus, i.e. self-centered, attentive to every one of his whims or quirks, burdening the reader with his personal problems? As Rimbaud said: "So many egotists consider themselves poets." The individual heart and mind had to find a detour to reach the reader. What appeared on the printed page had to be an altered reflection, and that alteration was to be the product of poetic alchemy. Fundamentally, the problem called for a shaking up of the art of representation, whereby the inner model projected by the poet, mingled with the entities of the exterior world and produced an amalgamation. The result would be "correspondences," an old Romantic device, but subjected to a complete restructuring which evaded the direct representation of either the subjective or the objective. The deceit of the metaphor would create an eternal poetic landmark recognizable by readers who were looking neither for biography nor fantasy, but artistic extensions of what was trapping them in their own ephemeral existence. Baudelaire says it well in "A Carcass" in the aptly translated words of William Crosby: "I preserve the sacred essence and the form / Of all my loves as they decay."

But it is one thing to assert that the poet must capture the ephemeral into a form that is eternal—which might be said to be the modern interpretation of the sacred—and it is another thing to find the aesthetic means of doing it. Baudelaire's work is the first battleground where

that struggle took place in European literature. He recognized that simply to change versification patterns would not produce the basic change of structure that poetry was requesting of its practitioners. The heart of the matter was to deal with the metaphor, to turn it into a metamorphosis whereby changes would occur in expression, whether it be in what we have come to recognize as verse or as prose. The transformations Baudelaire brought about are inherent in both his verse and his prose, both forms encompassable in the realm of the poetic.

In *The Flowers of Evil* Baudelaire's versification remains traditional, and it must be admitted that some of the poems retain the romantic metaphor as well. But in others the breath of modernism is sensed.

Let us take a few examples. "The Albatross" is a standard romantic poem and its metaphor obvious though touching. The poet is characterized as a larger-than-life entity who roams the higher planes with ease and grace but is awkward on human soil, like the albatross dragging his heavy wings to the derision of his fellowmen. It is very much in line with the Romantic feeling, first projected by Rousseau, of the uniqueness of human personality. "God destroyed the mold after he made me," as Rousseau proclaimed. The attitude was appropriated by poets who believed that as a group they were different from the rest of the human race and that their non-adaptability to the mores was a sign of their difference, and beyond that of their greatness. Had Baudelaire retained that kind of perception and let it be reflected in his verse, he would now be listed as a minor latter-day French Romantic instead of hailed as the modern poet from whom so many later poets from many nations have derived. The altered ego does not yet manifest itself in "The Albatross."

In terms of poetics, a world separates "The Albatross" from "Correspondences," which is a veritable poem-manifesto unraveling an ars poetica. In this poem he begins with the well-accepted proposition of the time: that we reveal our power of transcendence in the intimations of the supernal we notice in nature's manifestations. There we discover images parallel to our scale of sensibilities and they serve as intermediaries to the sublime entities of which nature is the reflection. We reach out to these as we scale the ladder in transcendence here on earth and cling to the promise of transfiguration in the beyond. That is the basic philosophy of the Swedenborgian cult, an ecumenical form of Christianity that was developed in the latter part of the eighteenth century and became vastly popular in the early nineteenth century all over Europe. Its American version was Emersonian transcendentalism. It encourages

the evocation of a nostalgic pre-existence characteristic of childhood's purity and fills our lifelong adventure here on earth with promises of something better to come; our communication with nature creates an intermediary stage to that eventual paradise. Much of this philosophy motivates Wordsworth's poetry and that of other English Romantics. "A Former Life" is one of Baudelaire's typical representations of that philosophy of a serene pre-existence to be matched after death.

But "Correspondences" is different. It starts as a Swedenborgian poem and then cleverly makes a detour that was to alter the future of the metaphor and the art of representation.

The poem begins in the standard parallelism of human states of emotion and nature's cognizance of these perceptions as it watches over us and monitors us. But then something else happens. Poetic alchemy intercedes to create sensations beyond the normal capacity of the physical senses to register and of human recognition of what is perceived. The metaphor assumes an ambiguity and variability that has a much broader span of reception for readers current and future. Everything is concretely tangible yet possesses a spirituality inherent in the material world. The correspondences he establishes are not between the natural and the supernatural but rely on the concerted powers of the mind and the senses. There occurs an altered immanence, not representative of what is explicit but conducive to multiple interpretations.

Everything becomes symbol but not allegory. Allegory is the one-to-one facing of the material and its counterpart in the moral or spiritual, whereas symbol is the virtual image infinitely transferable from one viewing to another. The symbol becomes a bridge between one being and many others and is suggestive of the ultimate universal bonding of humans. Many of Baudelaire's most compelling poems, and often among the least biographically obvious, are fashioned through the linguistic mastery of the sym-bol. Much is written in our time about the stream of consciousness and its power to create free verbal and sensory associations as they affect literary imagery; but there is a difference from subconscious associations in the associative quality evident in Baudelaire's poetry as well as in the work of poets deriving from him. In his case as in those of his followers the associations may be spontaneous, but the way they are presented is very deliberate and contrived and the ambiguity is intentional.

In "The Swan" he combines two Romantic processes: descriptive narrative and allegory, and then the mode of the symbol. In the first line he evokes the classical persona of Andromaque the refugee, and the literary readership recognizes her as a dispossessed person, the

widow of Hector who was the fallen Trojan hero of the Greco-Trojan war. Andromaque refuses to be assimilated in the new order represented by the Greek warrior, Pyrrhus, who offers her relocation in the next context. The image of Andromaque evokes the implied violation of the familiar Paris landmark by the intrusion of new structures, and particularly of the Arc of the Carrousel. His style at this point reminds us of Victor Hugo to whom indeed the poem is dedicated. Then in free associations Baudelaire proceeds from one exile figure to another, all allegorically associable with the swan, lost in alien arena no longer reminiscent of what was its normal site. At the very end of the poem Baudelaire proceeds to a wider range of associations and invites us to a more extended radius of meanings pertaining to the swan figure; the loneliness and despair of those who have lost what is never to be found again. The image that says: the swan shall never be in its harmonious environment again, opens up so many reference points for poets coming after Baudelaire that a glossary could be made of the worldwide uses of the figure that has become the metaphor of estrangement for poets or for everyman in modern society. Swan poems multiplied for the rest of the century as it became an international symbol subject to an infinite number of adaptations and reference possibilities within the flexible delimitations of the Symbolist Movement.

The fully blown symbol replacing allegory is manifest more concisely and in a more technically unified form in another poem entitled "Evening Harmony." Here serenity and the anguish of the self in its interior struggle find as their externally identifiable objects the parallel elements of a religious edifice and the sunset. The three invisible religious objects that stimulate the sensory organs and are metaphorically projected into the physical surroundings to provoke spiritual meditation are: the censer that diffuses its perfume, the altar that spreads the silence, blotting out natural noises, and the ostensory that kindles illumination. The physical objects that are the visible elements of the metaphor are the flowers that evaporate in their own perfumes, the sensitized wood conceived in the form of a violin that trembles, and the silence of the spheres that match in their depth the bottomless pit of the heart. These visions are finally absorbed into the sunset of blood-like coagulation even as the blood of the poet clots in his broken heart. But the grief becomes a luminous bearer of memory that shines (like the ostensory) in the darkness even as the last rays of the sun. A triple level of references, metaphorically open-ended, makes the poem available to readers, be they poets or simply humans caught in a mystical meditation in their solitude heightened as it can often become by the restora-

tion of a memory. No single circumstance need be identified with the turning of anguish into spiritual harmony. That is the power of the symbol: self-referential and at the same time intimately referential to each individual reader.

Perhaps the most perfect example of the innovative poetics of Baudelaire, who wrote the most meticulously proper alexandrine to hide his heresies, is the case of his lesbian poems about "The Cursed Women." One of the two poems caught the attention of the public censor and after an obscenity trial brought about its expurgation from *The Flowers of Evil*. But which one of the two was a target for charges? It was the one which was written in a conventional manner although its content was controversial. It explicitly describes the movements and attitudes of the two women, designated by classical names, caught in specific situations and reprimanded by the poet in moralistic terms for their behavior. He warned them of the punishment that they would reap from their pleasures. It is a dialogue that confronts the weakness of the flesh with the apprehension related to impending retribution. The other poem escaped the censor in its more concise and less explicit form, in its generalized perception not only of transgressions of sexual codes but of any break with the acceptable patterns. Here the Lesbian women are classed namelessly with all other groups of daring minds that are contemptuous of common reality; they are associated in Baudelaire's perception with those who search for the infinite in the particular meaning Baudelaire attributed to that word: not void, not depth, not paradise but what is new, what has not yet been fathomed, what is challenging to the imagination.

Baudelaire had the ability to create out of the "cursed" women a symbol that could be fanned out to refer to an infinite number of other situations and circumstances to be supplied by each successive reader. He evoked an image infinitely richer in connotations, a difference that some years later his admirer and translator, Rilke, would parallel in his distinction between "Bild" and "Figur." Baudelaire was rewarded for his more subtle style by slipping by the censor.

It is to be noted in this connection that the word "infinite" is one of the most ambiguous of Baudelaire's concepts. Sometimes it has the daring, imaginative character of pre-astronautic voyagers, other times it is the "gouffre" that can be translated as "abyss" or "void" or in Dr. Crosby's translation as "chasm"; it is neither a Christian hell nor an agnostic's indifferent universe, but the concrete black hole beyond possible speculation on its nature. It consists of no spatial or temporal measurements devised by humans and it obsesses the poet with every

step he takes or even when he looks right out of his window. That is the pit with which he is confronted when he says: "I see nothing but the infinite from all the windows." ("The Abyss") This theme in its vast scope is amalgamated with the dread of the notion of "time" which like a bailiff hovers over him. "Et le Temps m'engloutit minute par minute." ("The Taste of Nothingness": "And minute by minute Time's dissolving me") and in "L'Horloge" ("The Clock": The chasm always thirsts; the clepsydra drains dry.")

Whereas the poetic forms Baudelaire utilized in his verse were controversial, the point has been made by his critics that he has been more innovative in the prose-poem structure which he highlighted. He proclaimed as his predecessor a poet not well remembered by his contemporaries, Aloysius Bertrand, in a creation of a series of poetic prose entitled *Gaspard de la Nuit*. This work was to be better recognized as part of the musical canon in a parallel series of tone poems by Maurice Ravel, inspired by the mood created in the work of Bertrand.

But if Baudelaire is to be cited as one of the self-styled pioneers of that form, it is again on the basis of poetic bias rather than literary style that he is an innovator of that subgenre in *Paris Spleen*. The musicality inherent in Bertrand's work is evident in only a few of the Baudelaire pieces such as the first, "The Stranger," "L'Invitation au voyage," "The Chevelure," and "Anywhere Out of This World." The mysterious Gaspard hovers over Paris like a bat or night owl, peering through the elements such as fog or rain that entomb Paris nightly. However, Baudelaire is more involved with the human heart. Its mysterious behaviors and the narrative form he employs is a distancing process through which the I, girded with irony, partakes only peripherally as a Parisian but more universally as a survivor of urban living anywhere.

It is poetry, not because of cadences or harmonious word orders and combinations, but because the narrator is battling the curse of his time, realism. Like the Lesbians, he is in the midst of slough and mire, a seeker of the infinite, which in his own special definition, as pointed out earlier, identifies with the fearful as a form of the beautiful, and with the need to shake off the scourge of time that ticks our lives away; its antidote is the capture of the dream state as juxtaposed to the waking state; in brief, we find here all the elements that were to be developed by the surrealists in the next century. If in *The Flowers of Evil* Baudelaire is the prophet of Symbolism, in *Paris Spleen* he foresees Surrealism as he will do so even more in *The Hashish Poem* where he virtually sheds the pretense of writing a prose-poem and commits his poetry directly to prose.

What we call "subject matter" is so varied and interspersed in these pieces that the only unity in the work is the preponderance of the "spleen"—a word that would seem on the surface to connect Baudelaire more closely with the Romantics than with innovations. It is indeed the resurgence of the great theme of "Ennui," which Chateaubriand, the archetype of Romanticism in France, proclaimed as the "mal" (not evil, but illness) of the day. Its related meanings were boredom, sensual satiation, restlessness, loss of curiosity, jaded acceptance of the eternal monotony of the universe. For Baudelaire all of these attributes are intensified, rendered more physical, enlarged to what he calls "the proportions of immortality." And, therefore, *The Flowers of Evil* are neither the flowers of evil, nor the flowers of sin, but the flowers of illness, a disease so overwhelming that it outlives the mortal being who dies of the affliction. But if the spleen means "le mal," the malaise from which all poets suffered after the disillusion they experienced in the aftermath of the French Revolution, Baudelaire's spleen is less circumstantial and more philosophical, as well as more focused, in *Paris Spleen* than in *The Flowers of Evil*. What holds these pieces together is the confluence of several subterranean streams. Recurring and flowing into each other are these elements: the struggle with realism, the traumatic sense of time, the emergence of universal figures out of the rabble of the Paris scene and out of the chaos of a lonely and indifferent world in which the poet is searching for the purposes of Art.

A striking example of the conflict of reality and dream is manifested in "The Double Room" where the poet is engulfed in his laudanum dream, when suddenly an intruder transforms his dream setting into a painful reality. In "The Wicked Glazier"—which does not mean that the glazier is wicked but that he is totally inept—the poet shatters the poor man's inventory of glass because his wares play no part in changing reality: no tint, no shade, no nuance, just ordinary glass that allows the ugly character of life to pass through without alteration.

Although in all his bouts with reality Baudelaire tries to shake off time as humans measure time chronologically, it is in "The Clock" that he defines what later generations were to associate with the Greek notion of "kairos." It is time measured in depth, time without divisions, absolute time, "The vast hour, solemn, as huge as space, without division into minutes or seconds, —one motionless hour, not marked on clocks, yet soft as a breath and quick as a wink." What he describes as the loss of the sense of human time may be likened to drug induced sensations; but if Baudelaire in fact had his moments of relief from reality with small doses of laudanum (as in "The Double Room"), he dis-

covered that there was a far more potent drug: the innate power of human release from the shackles of time through the cultivation of that natural dose of opium of which each human was endowed and which could carry him off on trips unequalled by any physical journey. As he says in "L'Invitation au Voyage," "Each man carries in him his dose of natural opium, incessantly secreted and replenished."

The power of transformation generated by that does of opium can be demonstrated in the observation of the most humble artists on the Paris scene: the acrobats, the mimes, the comedians. Baudelaire is probably the first to use the figure of the saltimbanque in a special way, as a mediator between the real and the fantastic. Mallarmé, Rilke, Picasso, the surrealists were to follow suit. The comedian, in the larger sense of the word, placed on that stage which is the world, as Shakespeare perceived it, beyond any city or audience, has learned what every artist aims to learn, to give a twist to reality that changes our relation with it. His object is to make us laugh when we really want to cry. In "An Heroic Death," as Baudelaire moves the function of the comedian from the concrete figure to a metaphoric and vast connotation, it embodies a form of poetics: "Genius can play the comic role at the edge of the tomb with a joy which prevents it from seeing the tomb." The artist is able to turn the site of the tomb into "a paradise that excludes all notion of the tomb."

Unlike Victor Hugo who in his voluminous work, *Les Misérables*, translated his compassion for the poor and the besieged into a social indignation against the phenomenon, Baudelaire used each situation as a trigger for an artistic manipulation of the social facts, just as the vaudeville artist does as he throws darts that pierce the surface of the phenomenon to demonstrate that there is a deeper reality below. The impoverishment is not a social fact alone but a human flaw that gnaws at the bark of being. For instance, in "The Rope" that flaw that transforms grief for the child who hanged himself into greed for the piece of rope that becomes valuable in terms of the sensationalism the suicide created in the community, i.e. the source of sorrow has created for itself a financial market because of its curiosity value.

Paris Spleen is the work of a Parisian but its Paris is reflected in New York or Calcutta, anywhere in this world, because it is written by a poet who wants to escape "anywhere out of this world" and who knew that the instrument of such escape lay within him and not outside of him.

Were we to say "Baudelaire is our contemporary," we would be clipping his wings. Baudelaire, the modern, will never become a "post-

modern." There is a perpetual power of reconstruction inherent both in his poetry and in his so-called prose, which can be renewed not only by *new* readers but also with each new reading by readers familiar with his work. The simplicity of his vocabulary and syntax is misleading. Unlike his successors who came to believe that to be variously interpretable you had to be cryptic in your communication, Baudelaire kept to an open style, to a relatively simple grammatical structure and a restricted vocabulary. Yet the implications of meaning, the range of possible identifications leave an open field for interpretations.

Strangely, although the most abridged bilingual dictionary contains his lexicon, his are some of the hardest texts to translate and he has been a challenge to the greatest poets of the world who have wanted to render him into their own vernacular. But everyone who has tried to translate Baudelaire knows what a Herculean task it is. It is a labor of love, because every word cluster that seems easy at first glance becomes intricate in terms of its use and place in the text. Some translators have tried to make Baudelaire their contemporary by transposing his vernacular into the current popular idiom. But that is not a good idea, because Baudelaire has the knack of being worldly and suggesting the common touch, all the while maintaining himself as an aristocrat of language. In using demotic equivalences the translator may very well catch the pronunciation and lose the voice of the poet. On the other hand, the effort to preserve the rhyme may well result in losing the sonority. In approximating the syllable count one can miss the subdivisions, in getting to the accuracy of single word meanings one can miss associable meaning. Who will ever equal in any other language the line "Luxe, calme et volupté" that one can liken to three clear and unmitigated chords in music keeping the solitary singleness of each of the three words yet binding them euphonically with those "l"s that connect them with each other. Dr. William Crosby comes closer to the spirit of Baudelaire and preserves the tonality of his voice better than anyone else I have read, but it would be unfair to blame any translator for any mishaps. Without a strong empathy for Baudelaire no one in his right mind would want to spend the kind of time it takes to do even a fair translation of this elusive poetry.

But whoever conveys that ominous voice, its whispers, its whimpers, and its soaring resonances, its provocative sexuality and its repentant religiosity, its devilish threats and angelic serenity, has recreated the essence of the poetic. Dr. Crosby has done that.

Anna Balakian

La sottise, l'erreur, le péché, la lésine,
Occupent nos esprits et travaillent nos corps,
Et nous alimentons nos aimables remords,
Comme les mendiants nourrissent leur vermine.

Nos péchés sont têtus, nos repentirs sont lâches;
Nous nous faisons payer grassement nos aveux,
Et nous rentrons gaiement dans le chemin bourbeux,
Croyant par de vils pleurs laver toutes nos taches.

Sur l'oreiller du mal c'est Satan Trismégiste
Qui berce longuement notre esprit enchanté,
Et le riche métal de notre volonté
Est tout vaporisé par ce savant chimiste.

C'est le Diable qui tient les fils qui nous remuent!
Aux objets répugnants nous trouvons des appas;
Chaque jour vers l'Enfer nous descendons d'un pas,
Sans horreur, à travers des ténèbres qui puent.

Ainsi qu'un débauché pauvre qui baise et mange
Le sein martyrisé d'une antique catin,
Nous volons au passage un plaisir clandestin
Que nous pressons bien fort comme une vieille orange.

Serré, fourmillant, comme un million d'helminthes,
Dans nos cerveaux ribote un peuple de Démons,
Et, quand nous respirons, la Mort dans nos poumons
Descend, fleuve invisible, avec de sourdes plaintes.

Si le viol, le poison, le poignard, l'incendie,
N'ont pas encor brodé de leurs plaisants dessins
Le canevas banal de nos piteux destins,
C'est que notre âme, hélas! n'est pas assez hardie.

Mais parmi les chacals, les panthères, les lices,
Les singes, les scorpions, les vautours, les serpents,
Les monstres glapissants, hurlants, grognants, rampants,
Dans la ménagerie infâme de nos vices,

TO THE READER

Stupidity, delusion, stinginess and vice
Occupy our thoughts and overtax our force;
We use ourselves to feed our lovable remorse
Like beggars use their skin as pasturage for lice.

Our sins are obstinate; repentances are vain;
Yet with forgiveness, at a great expense, bestowed,
Lighthearted once again we walk the filthy road;
Our vile tears, we believe, have washed away the stain.

In a cocoon of evil, the Satan Trismegist
Provides an easeful rest for the enchanted self,
And all the precious struts and fibers of resolve
Are vaporized before that cunning alchemist.

However we may move, the Devil tugs the string!
We find alluring charm in loathsome bagatelle,
And each day we descend one steep step nearer Hell;
We walk, unhorrified, through smoke and smut that stink.

Like some poor debauchee who kisses, licks and chews
The martyrized, old breast of any ancient whore,
In passing we indulge ourselves in furtive sport
And squeeze it like a shriveled orange for its juice.

Packed in and multiplying like a million worms,
A mob of drunken Demons riots in our brains,
And, even as we breathe, a silent Death profanes
Our lungs with tiny streams of undetected germs.

If rape and deadly poison, daggers and the flame
Have not embroidered some diverting scenery
Upon the boring canvas of our destiny,
The slackness of our souls, alas! must be to blame!

And yet—amidst the jackal, panther and bitch-hound,
The ape, the scorpion, the vulture and the serpent,
Monsters screaming, squirming, yelping, growling, rampant—
In our menagerie of vices can be found

Il en est un plus laid, plus méchant, plus immonde!
Quoiqu'il ne pousse ni grands gestes ni grands cris,
Il ferait volontiers de la terre un débris
Et dans un bâillement avalerait le monde;

C'est l'Ennui!—l'œil chargé d'un pleur involontaire,
Il rêve d'échafauds en fumant son houka.
Tu le connais, lecteur, ce monstre délicat,
—Hypocrite lecteur,—mon semblable,—mon frère!

One beast more hideous, more evil, more unclean!
Though he makes no great cry, no great display of trouble,
He'd eagerly demolish everything to rubble,
Gulp down the entire world in one convulsive yawn;

It is Ennui!—within his eye false teardrops gather,
While dreams of scaffolds crowd his hookah's smoke and smell.
Reader, you know this fastidious monster well,
—Hypocrite reader,—My duplicate,—My brother!

SPLEEN ET IDÉAL

Lorsque, par un décret des puissances suprêmes,
Le Poëte apparaît en ce monde ennuyé,
Sa mère épouvantée et pleine de blasphèmes
Crispe ses poings vers Dieu, qui la prend en pitié:

—"Ah! que n'ai-je mis bas tout un nœud de vipères,
Plutôt que de nourrir cette dérision!
Maudite soit la nuit aux plaisirs éphémères
Où mon ventre a conçu mon expiation!

Puisque tu m'as choisie entre toutes les femmes
Pour être le dégoût de mon triste mari,
Et que je ne puis pas rejeter dans les flammes,
Comme un billet d'amour, ce monstre rabougri,

Je ferai rejaillir ta haine qui m'accable
Sur l'instrument maudit de tes méchancetés,
Et je tordrai si bien cet arbre misérable,
Qu'il ne pourra pousser ses boutons empestés!"

Elle ravale ainsi l'écume de sa haine,
Et, ne comprenant pas les desseins éternels,
Elle-même prépare au fond de la Géhenne
Les bûchers consacrés aux crimes maternels.

Pourtant, sous la tutelle invisible d'un Ange,
L'Enfant déshérité s'enivre de soleil,
Et dans tout ce qu'il boit et dans tout ce qu'il mange
Retrouve l'ambroisie et le nectar vermeil.

Il joue avec le vent, cause avec le nuage,
Et s'enivre en chantant du chemin de la croix;
Et l'Esprit qui le suit dans son pèlerinage
Pleure de le voir gai comme un oiseau des bois.

Tous ceux qu'il veut aimer l'observent avec crainte,
Ou bien, s'enhardissant de sa tranquillité,
Cherchent à qui saura lui tirer une plainte,
Et font sur lui l'essai de leur férocité.

When the Almighty of this tiresome universe
Has uttered His commandment that a Poet shall appear,
The mother, terrified and choking on a curse,
Raises a hard clenched fist at God, who pities her:

—"Ah me! If only I had borne a troglodyte;
Instead, I suckle this abominable derision!
A curse upon the fleeting pleasures of that night
When in my belly I conceived my expiation!

"Because among all women You have chosen me
To bring upon my husband loathing and despair,
Because I cannot drop this dwarfed monstrosity,
Like any casual lover's note, upon the fire,

"I shall reflect Your hatred, which is crushing me,
Upon this cursed agent of Your turpitude,
And I shall twist so thoroughly this wretched tree
It won't be able to put forth one stinking bud!"

Thus, gagging, she regurgitates her hatred's spume.
Uncomprehending of the infinite design,
She is herself preparing in Gehenna's gloom
The pyre that's consecrated to maternal crime.

However, in an unseen Angel's quiet care,
The cast-off child, intoxicated by the sun,
Tastes in his food and drink and even in the air
A rosy nectar, an ambrosia's benison.

He frolics with the wind and chatters with a cloud,
Exulting when he sings the Stations of the Cross;
The Spirit that attends his pilgrimage is bowed
In tears to see him match a wood-bird's happiness.

All those whom he would love are watching him with fear;
Those spurred to insolence by his tranquillity
Savage him to see if he will shed a tear
And test him to the bounds of their ferocity.

Dans le pain et le vin destinés à sa bouche
Ils mêlent de la cendre avec d'impurs crachats;
Avec hypocrisie ils jettent ce qu'il touche,
Et s'accusent d'avoir mis leurs pieds dans ses pas.

Sa femme va criant sur les places publiques:
Puisqu'il me trouve assez belle pour m'adorer,
Je ferai le métier des idoles antiques,
Et comme elles je veux me faire redorer;

Et je me soûlerai de nard, d'encens, de myrrhe,
De génuflexions, de viandes et de vins,
Pour savoir si je puis dans un cœur qui m'admire
Usurper en riant les hommages divins!

Et, quand je m'ennuierai de ces farces impies,
Je poserai sur lui ma frêle et forte main;
Et mes ongles, pareils aux ongles des harpies,
Sauront jusqu'à son cœur se frayer un chemin.

Comme un tout jeune oiseau qui tremble et qui palpite,
J'arracherai ce cœur tout rouge de son sein,
Et, pour rassasier ma bête favorite,
Je le lui jetterai par terre avec dédain!"

Vers le Ciel, où son œil voit un trône splendide,
Le Poëte serein lève ses bras pieux,
Et les vastes éclairs de son esprit lucide
Lui dérobent l'aspect des peuples furieux:

—"Soyez béni, mon Dieu, qui donnez la souffrance
Comme un divin remède à nos impuretés
Et comme la meilleure et la plus pure essence
Qui prépare les forts aux saintes voluptés!

Je sais que vous gardez une place au Poëte
Dans les rangs bienheureux des saintes Légions,
Et que vous l'invitez à l'éternelle fête
Des Trônes, des Vertus, des Dominations.

Upon the bread and wine that he intends to eat
They sprinkle ashes and their own corrupting phlegm;
Whatever he has touched, they hurl into the street;
They curse themselves for taking paths once trod by him.

His wife runs clamoring and shrill in public places:
"As long as I stay beautiful enough, he will adore me.
I'll imitate the patching of old idols' faces:
Like them I'll have the skilled professionals restore me.

"I'll gorge on spikenard, on incense and on myrrh,
On genuflections, venison and vintage wine,
To learn if in his loving heart I might aspire
To usurp, for a laugh, his awe of the Divine.

"When I am finally bored with impious mockery,
I'll occupy my frail and forceful hand with sport:
A harpy's fingernails my fingernails will be
To excavate a trough into his very heart.

"As though it were a baby bird within a nest,
I'll snatch the trembling flesh through gashes that I've torn,
And then, to satisfy my barking little beast,
I'll toss it to her on the ground with smiling scorn!"

The Poet calmly lifts his pious arms in prayer
Toward Heaven where his eye beholds a splendid throne;
The lightning flashes of his mind, intense and clear,
Conceal him from the wrathful faces of the throng:

—"Blessed art Thou, O Lord, Who givest Thy people pain
As a divine prescription for uncleanliness;
It is the first, the best, the purest anodyne;
It can prepare the strong of us for heaven's bliss!

"I know Thou dost reserve the Poet's special state
Amongst the happy echelons of holy Legions;
Summonst Thou him eternally to celebrate
With Thee, the Thrones, the Virtues, and Thy long Dominions.

Je sais que la douleur est la noblesse unique
Où ne mordront jamais la terre et les enfers,
Et qu'il faut pour tresser ma couronne mystique
Imposer tous les temps et tous les univers.

Mais les bijoux perdus de l'antique Palmyre,
Les métaux inconnus, les perles de la mer,
Par votre main montés, ne pourraient pas suffire
A ce beau diadème éblouissant et clair;

Car il ne sera fait que de pure lumière,
Puisée au foyer saint des rayons primitifs,
Et dont les yeux mortels, dans leur splendeur entière,
Ne sont que des miroirs obscurcis et plaintifs!"

2 • L'ALBATROS

Souvent, pour s'amuser, les hommes d'équipage
Prennent des albatros, vastes oiseaux des mers,
Qui suivent, indolents compagnons de voyage,
Le navire glissant sur les gouffres amers.

A peine les ont-ils déposés sur les planches,
Que ces rois de l'azur, maladroits et honteux,
Laissent piteusement leurs grandes ailes blanches
Comme des avirons traîner à côté d'eux.

Ce voyageur ailé, comme il est gauche et veule!
Lui, naguère si beau, qu'il est comique et laid!
L'un agace son bec avec un brûle-gueule,
L'autre mime, en boitant, l'infirme qui volait!

Le Poëte est semblable au prince des nuées
Qui hante la tempête et se rit de l'archer;
Exilé sur le sol au milieu des huées,
Ses ailes de géant l'empêchent de marcher.

"I know that one nobility, that pain alone
Remains the one that worlds and hell cannot erase,
And, when the time has come to plait my mystic crown,
Remains with me through all of time and all of space.

"But old Palmyra's gemstones lost beyond recall,
All unknown precious metals, pearls beneath the sea,
Though mounted by Thy hand, will not suffice at all
For that bright diadem which dazzles endlessly;

"For it will be contrived of purest light alone,
Drawn from the holy rays of primal energy,
Which, to the eyes of men, their splendor quite outshone,
Are merely plaintive mirrors of obscurity."

2 • THE ALBATROSS

Sometimes, from boredom, sailors snare an albatross:
These are enormous birds, the indolent companions
On voyages, aloft and shadowing the course
Of sailing ships that plow the bitter ocean canyons.

No sooner have the sailors dumped him on the deck
Than he, king of the heavens, shamed and awkward, flaps
His long white wings; then, piteous, the wings go slack;
Like unmanned oars those great wings draggle and collapse.

This soaring voyager, how sprawled he is and weak!
Recently so sleek, now ludicrous and sprung!
One sailor with a cutty pipe torments his beak;
One mocks, by limping, him who through the sky had swung!

The Poet is a brother of this prince of clouds.
Familiar of the storm, he laughs at bows and slings.
But exiled on the earth among the hooting crowds,
He finds his walk is hobbled by his giant wings.

3 • ÉLÉVATION

Au-dessus des étangs, au-dessus des vallées,
Des montagnes, des bois, des nuages, des mers,
Par delà le soleil, par delà les éthers,
Par delà les confins des sphères étoilées,

Mon esprit, tu te meus avec agilité,
Et, comme un bon nageur qui se pâme dans l'onde,
Tu sillonnes gaiement l'immensité profonde
Avec une indicible et mâle volupté.

Envole-toi bien loin de ces miasmes morbides;
Va te purifier dans l'air supérieur,
Et bois, comme une pure et divine liqueur,
Le feu clair qui remplit les espaces limpides.

Derrière les ennuis et les vastes chagrins
Qui chargent de leur poids l'existence brumeuse,
Heureux celui qui peut d'une aile vigoureuse
S'élancer vers les champs lumineux et sereins!

Celui dont les pensers, comme des alouettes,
Vers les cieux le matin prennent un libre essor,
—Qui plane sur la vie, et comprend sans effort
Le langage des fleurs et des choses muettes!

4 • CORRESPONDANCES

La Nature est un temple où de vivants piliers
Laissent parfois sortir de confuses paroles;
L'homme y passe à travers des forêts de symboles
Qui l'observent avec des regards familiers.

Comme de longs échos qui de loin se confondent
Dans une ténébreuse et profonde unité,
Vaste comme la nuit et comme la clarté,
Les parfums, les couleurs et les sons se répondent.

3 • ELEVATION

Above the little lakes, above the river's course,
The mountains and the woods, the cloud banks and the sea,
Extending past our sun, beyond our galaxy,
Beyond the outer limits of the farthest stars,

My spirit, lift yourself aloft in soaring flight
And, like a tireless swimmer spellbound by the sea,
Glide happily across the void's immensity,
To find ineffable and masculine delight.

Take wing to fly away from this miasmal place,
To purify yourself in upper atmosphere,
To drink, as though it were liqueur divine and pure,
The clarity and fire that fill all glistening space.

Evading all the boredom, all the vast chagrin
That load their heaviness upon this fog-bound life,
Happy is he who on a stalwart wing can knife
Across the haze to meadows shining and serene!

Happy is he whose thoughts soar like the lark to sing,
As through the morning skies, in freedom, he ascends,
—Who, gazing down on life, completely comprehends
The language of the flowers and every speechless thing!

4 • CORRESPONDENCES

Nature is a temple where the living pillars
Permit, from time to time, confused words to escape;
Here mankind will cross by, where symbols take the shape
Of forests gazing on his progress like familiars.

As distant, verberating echoes can resound
Together, mingling deep and shadowed harmony
As vast as midnight and as vast as clarity,
So can each scent and hue and sound to each respond.

Il est des parfums frais comme des chairs d'enfants,
doux comme les hautbois, verts comme les prairies,
—Et d'autres, corrompus, riches et triomphants,

Ayant l'expansion des choses infinies,
Comme l'ambre, le musc, le benjoin et l'encens,
Qui chantent les transports de l'esprit et des sens.

J'aime le souvenir de ces époques nues,
Dont Phœbus se plaisait à dorer les statues.
Alors l'homme et la femme en leur agilité
Jouissaient sans mensonge et sans anxiété,
Et, le ciel amoureux leur caressant l'échine,
Exerçaient la santé de leur noble machine.
Cybèle alors, fertile en produits généreux,
Ne trouvait point ses fils un poids trop onéreux,
Mais, louve au cœur gonflé de tendresses communes,
Abreuvait l'univers à ses tétines brunes.
L'homme, élégant, robuste et fort, avait le droit
D'être fier des beautés qui le nommaient leur roi;
Fruits purs de tout outrage et vierges de gerçures,
Dont la chair lisse et ferme appelait les morsures!

Le Poëte aujourd'hui, quand il veut concevoir
Ces natives grandeurs, aux lieux où se font voir
La nudité de l'homme et celle de la femme,
Sent un froid ténébreux envelopper son âme
Devant ce noir tableau plein d'épouvantement.
O monstruosités pleurant leur vêtement!
O ridicules troncs! torses dignes des masques!
O pauvres corps tordus, maigres, ventrus ou flasques
Que le dieu de l'Utile, implacable et serein,
Enfants, emmaillota dans ses langes d'airain!
Et vous, femmes, hélas! pâles comme des cierges
Que ronge et que nourrit la débauche, et vous, vierges,
Du vice maternel traînant l'hérédité
Et toutes les hideurs de la fécondité!

Some perfumes are as fragrant as an infant's flesh,
Sweet as an oboe's cry, and greener than the spring;
—While others are triumphant, decadent or rich,

Having the expansion of infinite things,
Like ambergris and musk, benzoin and frankincense,
Which sing the transports of the mind and every sense.

5 • *I REVEL IN THE NUDITY OF DAYS OF OLD...*

I revel in the nudity of days of old
When Phoebus' light turned statues into gleaming gold.
When men and women sported with agility,
And played without illusion or anxiety.
While lovingly the sun caressed them nape and spine,
Their games displayed the health of each superb machine.
In those days Cybele was superbly generous—
The burden of her sons was never onerous—
And like the mother wolf, a tender-hearted beast,
She suckled all creation at her great, brown breast.
Man, elegant and strong, deserving his reward,
Took great pride in the beauties calling him their lord:
Fruit free of any bruises, not yet broken open,
With flesh so firm and smooth, it cried out to be eaten!

Today the Poet who would seek to understand
The nobleness of nature, who would see first hand
The nudity of women, nakedness of men,
Must feel an icy shadow fall across his ken,
Confronted by that scene of frightfulness and loathing,
O weird monstrosities that all but cry for clothing!
O grisly trunks! O torsos fit for masquerade!
O wretched bodies, twisted, skinny, fat or splayed,
Which, adamant and calm, the god Utility
Has like children swaddled in a brazen napery!
And you, alas! you women, white as candle wax,
Are gnarled and nourished by debauchery and sex,
And you, the virgins, burdened by heredity,
Confront the grim sequelae of fecundity!

Nous avons, il est vrai, nations corrompues,
Aux peuples anciens des beautés inconnues:
Des visages rongés par les chancres du cœur,
Et comme qui dirait des beautés de langueur;
Mais ces inventions de nos muses tardives
N'empêcheront jamais les races maladives
De rendre à la jeunesse un hommage profond,
—A la sainte jeunesse, à l'air simple, au doux front,
A l'œil limpide et clair ainsi qu'une eau courante,
Et qui va répandant sur tout, insouciante
Comme l'azur du ciel, les oiseaux et les fleurs,
Ses parfums, ses chansons et ses douces chaleurs!

6 • LES PHARES

Rubens, fleuve d'oubli, jardin de la paresse,
Oreiller de chair fraîche où l'on ne peut aimer,
Mais où la vie afflue et s'agite sans cesse,
Comme l'air dans le ciel et la mer dans la mer;

Léonard de Vinci, miroir profond et sombre,
Où des anges charmants, avec un doux souris
tous chargé de mystère, apparaissent à l'ombre
Des glaciers et des pins qui ferment leur pays;

Rembrandt, triste hôpital tout rempli de murmures,
Et d'un grand crucifix décoré seulement,
Où la prière en pleurs s'exhale des ordures,
Et d'un rayon d'hiver traversé brusquement;

Michel-Ange, lieu vague où l'on voit des Hercules
Se mêler à des Christs, et se lever tout droits
Des fantômes puissants qui dans les crépuscules
Déchirent leur suaire en étirant leurs doigts;

In our corrupted nations we possess, it's true,
Some things of beauty that the ancients never knew:
Faces gnawed upon by ulcers of their hearts,
And other kinds of beauty slothfulness imparts;
But all these masterworks of our retarded muse
Won't force our puny generation to refuse
The offer to our youth of deepest veneration:
—To sacred youth, their poise, their candor of expression;
Like running water is the sparkle of their eye,
And, more than anything, their free-and-easy way;
Like birds and flowers and azure of the sky and oceans,
Are all their scents and songs, and all their gentle passions.

6 • BEACONS

Reubens:
A river of oblivion, garden of sloth,
Cushions of cool flesh that lack love's poetry,
But where life flows in ceaseless turn and toss,
Like winds in heaven and the sea within the sea;

Leonardo da Vinci:
A mirror that is always somber and profound,
Where fascinating angels with a tender smile
Are charged with the same mystery that seems to bound,
With pine and ice, the shorelines of a distant isle;

Rembrandt:
A joyless hospital alive with murmuring,
A massive crucifix the only ornament,
One ray of winter sunlight spreads a feeble wing
Where prayers provoked by tears exhale from excrement;

Michelangelo:
A vague place where it's possible to see the Christ
Complexed with Hercules, where bolt upright there stands
A host of mighty phantoms writhing in the mist,
Shredding their winding sheets with spastic hands;

Colères de boxeur, impudences de faune,
toi qui sus ramasser la beauté des goujats,
Grand cœur gonflé d'orgueil, homme débile et jaune,
Puget, mélancolique empereur des forçats;

Watteau, ce carnaval où bien des cœurs illustres,
Comme des papillons, errent en flamboyant,
Décors frais et légers éclairés par des lustres
Qui versent la folie à ce bal tournoyant;

Goya, cauchemar plein de choses inconnues,
De fœtus qu'on fait cuire au milieu des sabbats,
De vieilles au miroir et d'enfants toutes nues,
Pour tenter les démons ajustant bien leurs bas;

Delacroix, lac de sang hanté des mauvais anges,
Ombragé par un bois de sapins toujours vert,
Où, sous un ciel chagrin, des fanfares étranges
Passent, comme un soupir étouffé de Weber;

Ces malédictions, ces blasphèmes, ces plaintes,
Ces extases, ces cris, ces pleurs, ces *Te Deum,*
Sont un écho redit par mille labyrinthes;
C'est pour les cœurs mortels un divin opium!

C'est un cri répété par mille sentinelles,
Un ordre renvoyé par mille porte-voix;
C'est un phare allumé sur mille citadelles,
Un appel de chasseurs perdus dans les grands bois!

Car c'est vraiment, Seigneur, le meilleur témoignage
Que nous puissions donner de notre dignité
Que cet ardent sanglot qui roule d'âge en âge
Et vient mourir au bord de votre éternité!

Puget:
Rampaging like a brawler, shameless as a fawn,
You'd search for beauty in the meanness of a cad,
Great heart puffed up with pride, a face bare-boned and wan,
A melancholy King of criminal and bawd;

Watteau:
Like butterflies in flashing colors, see them amble:
The many famous hearts within this carnival
Where fashionable decor and flickering of candle
Diffuses lunacy upon the prancing ball;

Goya:
A nightmare overswarmed with things of turpitude,
A fetus braised and basted on the Sabbath day,
Old women at their mirrors, small girls running nude
Or straightening up a seam to catch a demon's eye;

Delacroix:
A lake of blood, a haunt of angels of ill will
In shadows of the hemlock's evergreen; beneath
A fretful sky where sounds a fanfare's dying fall,
Strangely like Weber's long diminuendo breath.

These curses and the blasphemies and lamentations,
These ecstasies, these tears, the cry of *Te Deum*,
They echo through a thousand miles of complications;
For mortal hearts this is a blessed opium!

It is the *qui vive* of a thousand sentinels,
Commands in thousands passed along by megaphone;
It is a beacon burning on a thousand citadels,
A cry of hunters stranded in the woods alone!

For sure, O Lord, it is the finest heritage
That we could ever offer of our dignity,
This fervent cry that moves apace from age to age
And comes to die upon the shore of your eternity.

Ma pauvre muse, hélas! qu'as-tu donc ce matin?
Tes yeux creux sont peuplés de visions nocturnes,
Et je vois tour à tour réfléchis sur ton teint
La folie et l'horreur, froides et taciturnes.

Le succube verdâtre et le rose lutin
T'ont-ils versé la peur et l'amour de leurs urnes?
Le cauchemar, d'un poing despotique et mutin,
T'a-t-il noyée au fond d'un fabuleux Minturnes?

Je voudrais qu'exhalant l'odeur de la santé
Ton sein de pensers forts fût toujours fréquenté,
Et que ton sang chrétien coulât à flots rhythmiques

Comme les sons nombreux des syllabes antiques,
Où règnent tour à tour le père des chansons,
Phœbus, et le grand Pan, le seigneur des moissons.

O muse de mon cœur, amante des palais,
Auras-tu, quand Janvier lâchera ses Borées,
Durant les noirs ennuis des neigeuses soirées,
Un tison pour chauffer tes deux pieds violets?

Ranimeras-tu donc tes épaules marbrées
Aux nocturnes rayons qui percent les volets?
Sentant ta bourse à sec autant que ton palais,
Récolteras-tu l'or des voûtes azurées?

Il te faut, pour gagner ton pain de chaque soir,
Comme un enfant de chœur, jouer de l'encensoir,
Chanter des *Te Deum* auxquels tu ne crois guère,

Ou, saltimbanque à jeun, étaler tes appas
Et ton rire trempé de pleurs qu'on ne voit pas,
Pour faire épanouir la rate du vulgaire.

7 • THE AILING MUSE

Poor little muse, alas! what troubles you today?
Your sunken eyes are dark with visions of the night;
Reflections in this face I see, by turn display
Madness and horror, silence chilled by fright.

Did green-hued succubus and rosy-tinted fay
Engulf you from their urns with panic and delight?
Did the despotic strength of brutish nightmares slay
You in the dreamed-of depths of a Minturno's tide?

I wish that, breathing in the odor of good health,
Your bosom might become a home where reason dwells,
And may your Christian blood pulse in full harmony

With syllables and music of antiquity
When shining Phoebus reigned as patron of our rhyme,
In turn with mighty Pan, the lord of harvesttime.

8 • THE VENAL MUSE

My heart's own muse, who'd love to live in palaces,
Will you, when January lets the Bora blow
During the boring blackness of the evening snow,
Find embers for your feet to ease their lividness?

Will marble shoulders find renewed vitality
In slender beams which pierce the shutters of the night?
Aware that both your palate and your purse have dried,
Will you collect some gold from heaven's canopy?

Since every day you need to earn your daily bread,
You're like a censer-swinging altar boy who's pledged
To chant *Te Deum,* though you have no true belief,

A hungry *saltimbanque,* you do your best to please;
Your laughter's wet by tears the public never sees,
Yet somehow they dissolve the common fellow's grief.

Les cloîtres anciens sur leurs grandes murailles
Étalaient en tableaux la sainte Vérité,
Dont l'effet, réchauffant les pieuses entrailles,
Tempérait la froideur de leur austérité.

En ces temps où du Christ florissaient les semailles,
Plus d'un illustre moine, aujourd'hui peu cité,
Prenant pour atelier le champ des funérailles,
Glorifiait la Mort avec simplicité.

—Mon âme est un tombeau que, mauvais cénobite,
Depuis l'éternité je parcours et j'habite;
Rien n'embellit les murs de ce cloître odieux.

O moine fainéant! quand saurai-je donc faire
Du spectacle vivant de ma triste misère
Le travail de mes mains et l'amour de mes yeux?

10 • L'ENNEMI

Ma jeunesse ne fut qu'un ténébreux orage,
Traversé çà et là par de brillants soleils;
Le tonnerre et la pluie ont fait un tel ravage,
Qu'il reste en mon jardin bien peu de fruits vermeils.

Voilà que j'ai touché l'automne des idées,
Et qu'il faut employer la pelle et les râteaux
Pour rassembler à neuf les terres inondées,
Où l'on creuse des trous grands comme des tombeaux.

Et qui sait si les fleurs nouvelles que je rêve
Trouveront dans ce sol lavé comme une grève
Le mystique aliment qui ferait leur vigueur?

—O douleur! ô douleur! Le temps mange la vie,
Et l'obscur Ennemi qui nous ronge le cœur
Du sang que nous perdons croît et se fortifie!

On walls of ancient cloisters monks would sometimes form
Designs in fresco of the holy Verities,
Which, in effect, would keep the pious entrails warm,
Thus tempering the chill of their austerities.

In those times, when the seeds of Christ were flourishing,
Was more than one illustrious monk, today unknown,
Who chose the graveyard as his yard for sculpturing;
His eulogy of Death was simply said in stone.

—My spirit is a sepulcher, a bad monk's cell,
Wherein, to waste myself eternally, I dwell;
Nothing embellishes this loathsome cloister's walls.

Do-nothing monk! when will I ever learn to fashion
Out of the living drama of my wretched passion
Creations of my hands, my eyes' devotionals?

10 • THE ENEMY

Lightning and thunderclap, rain upon rain
Laid waste my youth. While sunlight might transform
My garden here and there, the gloomy storm
Has ravaged it; few ripened fruits remain.

Now comes my autumn, one last chance to save
With rake and spade and unremitting toil
The sodden remnants of the garden's soil,
To backfill gullies deeper than a grave.

And who knows if the flowers that I plan
To cultivate in washed-out furrows can
Find mystic sustenance to make them bud?

—O grief! O grief! How Time devours our life,
The hidden Foe who conquers without strife,
Who gnaws our hearts and fattens on our blood!

Pour soulever un poids si lourd,
Sisyphe, il faudrait ton courage!
Bien qu'on ait du cœur à l'ouvrage,
L'Art est long et le Temps est court.

Loin des sépulture célèbres,
Vers un cimetière isolé,
Mon cœur, comme un tambour voilé,
Va battant des marches funèbres.

—Maint joyau dort enseveli
Dans les ténèbres et l'oubli,
Bien loin des pioches et des sondes;

Mainte fleur épanche à regret
Son parfum doux comme un secret
Dans les solitudes profondes.

12 • LA VIE ANTÉRIEURE

J'ai longtemps habité sous de vastes portiques
Que les soleils marins teignaient de mille feux,
Et que leurs grands piliers, droits et majestueux,
Rendaient pareils, le soir, aux grottes basaltiques.

Les houles, en roulant les images des cieux,
Mêlaient d'une façon solennelle et mystique
Les tout-puissants accords de leur riche musique
Aux couleurs du couchant reflété par mes yeux.

C'est là que j'ai vécu dans les voluptés calmes,
Au milieu de l'azur, des vagues, des splendeurs
Et des esclaves nus, tout imprégnés d'odeurs,

Qui me rafraîchissaient le front avec des palmes,
Et dont l'unique soin était d'approfondir
Le secret douloureux qui me faisait languir.

11 · BAD LUCK

One needs your stamina to heave,
O Sisyphus, so great a weight!
The will to work must dominate,
For Art is long and Time is brief.

Far off from famous burial grounds
My heart moves toward a lonely tomb;
In cadence like a muffled drum,
It beats as though a dead march sounds.

—Many a jewel, buried deep
Within the darkness, lies asleep,
Far from the pickax and the drill;

Many a flower, to its despair,
Must waste its scent on desert air
Where solitude is deep and still.

12 · A FORMER LIFE

For many years I lived within a lofty vault
That ocean sunlight dappled with a thousand fires;
The endless colonnades, a majesty of spires,
At eveningtime resembled grottos of basalt.

The ocean's rocking the reflection of the skies
Combined in a mysterious and solemn way
The diapason of the waves' rich harmony
With colors of the sunset mirrored in my eyes.

There I was dwelling in a sybaritic calm
Among the splendors of the azure skies and waves,
And many perfume-impregnated naked slaves,

Who knelt to cool my forehead with their fronds of palm,
With great solicitude attempted to discover
What was the secret pain that underlay my languor.

La tribu prophétique aux prunelles ardentes
Hier s'est mise en route, emportant ses petits
Sur son dos, ou livrant à leurs fiers appétits
Le trésor toujours prêt des mamelles pendantes.

Les hommes vont à pied sous leurs armes luisantes
Le long des chariots où les leurs sont blottis,
Promenant sur le ciel des yeux appesantis
Par le morne regret des chimères absentes.

Du fond de son réduit sablonneux, le grillon,
Les regardant passer, redouble sa chanson;
Cybèle, qui les aime, augmente ses verdures,

Fait couleur le rocher et fleurir le désert
Devant ces voyageurs, pour lesquels est ouvert
L'empire familier des ténèbres futures.

14 • L'HOMME ET LA MER

Homme libre, toujours tu chériras la mer!
La mer est ton miroir; tu contemples ton âme
Dans le déroulement infini de sa lame,
Et ton esprit n'est pas un gouffre moins amer.

Tu te plais à plonger au sein de ton image;
Tu l'embrasses des yeux et des bras, et ton cœur
Se distrait quelquefois de sa propre rumeur
Au bruit de cette plainte indomptable et sauvage.

Vous êtes tous les deux ténébreux et discrets:
Homme, nul n'a sondé le fond de tes abîmes,
O mer, nul ne connaît tes richesses intimes,
Tant vous êtes jaloux de garder vos secrets!

That tribe of fortune tellers with the glowing eyes
Began a journey yesterday; their mewling mites
Hung on their backs or, yielding to fierce appetites,
On pendulous fresh breasts, an ever-ready prize.

The men move out on foot, their ready weapons gleaming,
Beside the wagons where their families sit huddled,
Scrutinizing empty clouds with eyes grown muddled
By sorrowful regrets and vacuous daydreaming.

The cricket, hidden in his lookout on the ground,
Watches them pass, then sings until the fields resound;
Cybele, who loves them, hangs her lushest greenery,

Pours water from the rock and makes the desert bloom
Along the pathways of these travelers to whom
Is known the shrouded empires which are yet to be.

14 • MAN AND THE SEA

Free man, beside the sea that you'll forever cherish!
Your mirror is the sea; you contemplate your soul
Within the pulse of waves that endlessly unroll;
The maelstrom of your busy mind is no less brackish.

You love to plunge into the breast of your own image,
Embrace it with your arms and eyes, and let your heart,
Whose own commotion thus may sometimes be forgot,
Drown in the sea's complaint, untamable and savage.

The two of you remain discreet and shadowy:
Man, no one's ever plumbed the depths of your abyss,
O sea, no one can know your hidden treasury,
You both preserve your secrets with such jealousy!

Et cependant voilà des siècles innombrables
Que vous vous combattez sans pitié ni remord,
Tellement vous aimez le carnage et la mort,
O lutteurs éternels, ô frères implacables!

15 • DON JUAN AUX ENFERS

Quand don Juan descendit vers l'onde souterraine
Et lorsqu'il eut donné son obole à Charon,
Un sombre mendiant, l'œil fier comme Antisthène,
D'un bras vengeur et fort saisit chaque aviron.

Montrant leurs seins pendants et leurs robes ouvertes,
Des femmes se tordaient sous le noir firmament,
Et, comme un grand troupeau de victimes offertes,
Derrière lui traînaient un long mugissement.

Sganarelle en riant lui réclamait ses gages,
Tandis que Don Luis avec un doigt tremblant
Montrait à tous les morts errant sur les rivages
Le fils audacieux qui railla son front blanc.

Frissonnant sous son deuil, la chaste et maigre Elvire,
Près de l'époux perfide et qui fut son amant,
Semblait lui réclamer un suprême sourire
Où brillât la douceur de son premier serment.

Tout droit dans son armure, un grand homme de pierre
Se tenait à la barre et coupait le flot noir;
Mais le calme héros, courbé sur sa rapière,
Regardait le sillage et ne daignait rien voir.

Meanwhile, who recollects the countless centuries
You've fought each other without pity or regret,
So great has been your love of carnage and of death,
O you eternal wrestlers, O brothers without peace!

15 • DON JUAN IN HADES

Don Juan descended to the shores of Hell's dark seas,
And as he was about to give Charon his tip,
That sullen beggar, proud eyed as Antisthenes,
Took hold of both oars with a strong and vengeful grip.

Exposing through unfastened robes their dangling breasts,
A crowd of women writhed beneath the pitch-black skies,
And, like a crawling drove of sacrificial beasts,
Trailed after him and bellowed never-ending sighs.

While laughing, Sganarelle redeemed Juan's every pledge;
Don Luis, in the meantime, with a trembling voice,
Told all the dead assembled at the water's edge
About his shameless son who'd mocked him to his face.

Elvira, chaste and lean and shivering in her veils,
Near her perfidious spouse, who'd had her as a mistress,
Seemed to demand of him that smile beyond all smiles
In which would glow the gentleness of his first promise.

Straight up in armor, an enormous man of stone
Stood to the helm and steered across the darkened lake;
The hero calmly leaned upon his sword, alone,
And deigned to look at nothing but the vessel's wake.

En ces temps merveilleux où la Théologie
Fleurit avec le plus de séve et d'énergie,
On raconte qu'un jour un docteur des plus grands,
—Après avoir forcé les cœurs indifférents;
Les avoir remués dans leurs profondeurs noires;
Après avoir franchi vers les célestes gloires
Des chemins singuliers à lui-même inconnus,
Où les purs Esprits seuls peut-être étaient venus,—
Comme un homme monté trop haut, pris de panique,
S'écria, transporté d'un orgueil satanique:
"Jésus, petit Jésus! Je t'ai poussé bien haut!
Mais, si j'avais voulu t'attaquer au défaut
De l'armure, ta honte égalerait ta gloire,
Et tu ne serais plus qu'un fœtus dérisoire!"

Immédiatement sa raison s'en alla.
L'éclat de ce soleil d'un crêpe se voila;
Tout le chaos roula dans cette intelligence,
Temple autrefois vivant, plein d'ordre et d'opulence,
Sous les plafonds duquel tant de pompe avait lui.
Le silence et la nuit s'installèrent en lui,
Comme dans un caveau dont la clef est perdue.
Dès lors il fut semblable aux bêtes de la rue,
Et, quand il s'en allait sans rien voir, à travers
Les champs, sans distinguer les étés des hivers,
Sale, inutile et laid comme une chose usée,
Il faisait des enfants la joie et la risée.

17 • LA BEAUTÉ

Je suis belle, ô mortels! comme un rêve de pierre,
Et mon sein, où chacun s'est meurtri tour à tour,
Est fait pour inspirer au poëte un amour
Éternel et muet ainsi que la matière.

From olden times of marvels, when Theology
Flowered and flowed with boundless sap and energy,
They tell about a preacher, greatest in those parts,
—After he'd overcome the apathy of hearts;
Had penetrated to their depths of murkiness;
After he'd made long leaps into celestial bliss
By transcendental paths that even he'd not known,
Where only pure intelligence, perhaps, had ever gone—
Who, like a man who's climbed too high is seized with panic,
Cried out in an access of pride, in truth satanic:
"Ah, Jesus, little Jesus! I have raised Thee high!
But what if I'd attacked? Suppose I had let fly
At Thee, Thy glory would be equaled by Thy shame,
Thou wouldst become absurd, and fetus be Thy name!"

Reaction was immediate! His reason vanished.
Beneath a shroud the splendor of the sun was banished;
And chaos gusted through that great intelligence,
That living shrine of order and of opulence;
Where he had had such pomp beneath his lofty ceilings
Within him now existed only night and silence,
The silence of a cellar when the key is lost.
From that time on, he plodded back streets like a beast,
And when he stumbled through the fields alone and blind,
Bedraggled, foul, a useless something left behind,
Uncomprehending,—summer, winter all the same—
The laughing children had him as their glee and game.

17 • BEAUTY

I'm beautiful, O mortals! like a dream of stone;
My breasts, upon which, turn by turn, each one is killed,
Are fashioned so that love, with which the poet's filled,
Stays quiet and eternal as a fossil bone.

Je trône dans l'azur comme un sphinx incompris;
J'unis un cœur de neige à la blancheur des cygnes;
Je hais le mouvement qui déplace les lignes,
Et jamais je ne pleure et jamais je ne ris.

Les poëtes, devant mes grandes attitudes,
Que j'ai l'air d'emprunter aux plus fiers monuments,
Consumeront leurs jours en d'austères études;

Car j'ai, pour fasciner ces dociles amants,
De purs miroirs qui font toutes choses plus belles:
Mes yeux, mes larges yeux aux clartés éternelles!

18 • L'IDÉAL

Ce ne seront jamais ces beautés de vignettes,
Produits avariés, nés d'un siècle vaurien,
Ces pieds à brodequins, ce doigts à castagnettes,
Qui sauront satisfaire un cœur comme le mien.

Je laisse à Gavarni, poëte des chloroses,
Son troupeau gazouillant de beautés d'hôpital,
Car je ne puis trouver parmi ces pâles roses
Une fleur qui ressemble à mon rouge idéal.

Ce qu'il faut à ce cœur profond comme un abîme,
C'est vous, Lady Macbeth, âme puissante au crime,
Rêve d'Eschyle éclos au climat des autans;

Ou bien toi, grande Nuit, fille de Michel-Ange,
Qui tors paisiblement dans une pose étrange
Tes appas façonnés aux bouches des Titans!

I am enthroned in azure; strange as a sphinx am I;
I blend a heart of snow with whiteness of a swan;
Abhorring changes where one line might come undone,
And I have never laughed, and I shall never cry.

Poets, confronted by my majesty of pose,
Which I have borrowed from the proudest monuments,
Will fool away their days in austere studios;

For I possess, to charm these docile suppliants,
Pure mirrors that transfigure everything they see:
My eyes, huge eyes which hold eternal clarity!

18 • THE IDEAL

It never will be them, those beauties of vignettes,
Those damaged goods, the produce of our rotten times,
With buskins on their feet, hands clutching castanets,
They'll never learn to satisfy a heart like mine.

I leave to Gavarni, the poet of chlorosis,
His flock that chirps of beauty from a clinic bed,
Because I cannot find among those pallid roses
One flower that approaches my ideal red.

What's wanted by this heart, as deep as Hell's own hole,
Is you, Lady Macbeth, with murder in your soul;
Aeschylus' dream conceived in the sirocco's blast;

Or better you, great Night of Michelangelo's,
Contorted placidly in your unlikely pose,
Your fascination fashioned to a Titan's taste.

Du temps que la Nature en sa verve puissante
Concevait chaque jour des enfants monstrueux,
J'eusse aimé vivre auprès d'une jeune géante,
Comme aux pieds d'une reine un chat voluptueux.

J'eusse aimé voir son corps fleurir avec son âme
Et grandir librement dans ses terribles jeux;
Deviner si son cœur couve une sombre flamme
Aux humides brouillards qui nagent dans ses yeux;

Parcourir à loisir ses magnifiques formes;
Ramper sur le versant de ses genoux énormes,
Et parfois en été, quand les soleils malsains,

Lasse, la font s'étendre à travers la campagne,
Dormir nonchalamment à l'ombre de ses seins,
Comme un hameau paisible au pied d'une montagne.

20 • LE MASQUE

STATUE ALLÉGORIQUE DANS LE GOUT DE LA RENAISSANCE

À Ernest Christophe, statuaire.

Contemplons ce trésor de grâces florentines;
Dans l'ondulation de ce corps musculeux
L'Élégance et la Force abondent, sœurs divines.
Cette femme, morceau vraiment miraculeux,
Divinement robuste, adorablement mince,
Est faite pour trôner sur des lits somptueux,
Et charmer les loisirs d'un pontife ou d'un prince.

—Aussi, vois ce souris fin et voluptueux
Où la Fatuité promène son extase;
Ce long regard sournois, langoureux et moqueur;
Ce visage mignard, tout encadré de gaze,
Dont chaque trait nous dit avec un air vainqueur:

When time was young and Nature's torrid eagerness
On every day another monstrous child begat,
I would have loved to live with a young giantess,
Luxuriating at her feet, my queen! a lazy cat.

I would have loved to watch her play her boisterous games,
To see her body bloom with life, and to surmise
If ever in her heart there brooded somber flames
Beneath the humid mists that floated in her eyes;

And leisurely along her splendid thighs I'd lope
Or slowly crawl up her enormous knees' steep slope;
Sometimes in summer, when unwholesome suns had dried

Her weary body, stretched across the fields to rest,
I'd nonchalantly snooze in shadows of a breast,
A peaceful village nestled on a mountainside.

20 • THE MASK

ALLEGORICAL STATUE IN THE STYLE OF THE RENAISSANCE

To Ernest Christophe, Sculptor

Let's contemplate this work of Florentine design;
Behold the curving body, muscular yet smooth,
Where splendid sisters, Elegance and Strength, combine.
This woman is a miracle of art, in truth,
Divinely robust, yet provocatively thin;
She is intent to grace some grand bed with her youth,
To charm the idle hour of pope or nobleman.

—Again, observe her smile, sly and voluptuous,
In which her indiscretion flaunts its ecstasy;
That long, slow look, deceitful, mocking, languorous,
That dainty face, framed in a gauze transparency,
Each feature, with an air of triumph, speaks to us:

"La Volupté m'appelle et l'Amour me couronne!"
A cet être doué de tant de majesté
Vois quel charme excitant la gentillesse donne!
Approchons, et tournons autour de sa beauté.

O blasphème de l'art! ô surprise fatale!
La femme au corps divin, promettant le bonheur,
Par le haut se termine en monstre bicéphale!

—Mais non! ce n'est qu'un masque, un décor suborneur,
Ce visage éclairé d'une exquise grimace,
Et, regarde, voici, crispée atrocement,
La véritable tête, et la sincère face
Renversée à l'abri de la face qui ment.
Pauvre grande beauté! la magnifique fleuve
De tes pleurs aboutit dans mon cœur soucieux;
Ton mensonge m'enivre, et mon âme s'abreuve
Aux flots que la Douleur fait jaillir de tes yeux!

—Mais pourquoi pleure-t-elle? Elle, beauté parfaite
Qui mettrait à ses pieds le genre humain vaincu,
Quel mal mystérieux ronge son flanc d'athlète?

—Elle pleure, insensé, parce qu'elle a vécu!
Et parce qu'elle vit! Mais ce qu'elle déplore
Surtout, ce qui la fait frémir jusqu'aux genoux,
C'est que demain, hélas! il faudra vivre encore!
Demain, après-demain et toujours!—comme nous!

21 • HYMNE A LA BEAUTÉ

Viens-tu du ciel profond ou sors-tu de l'abîme,
O Beauté? ton regard, infernal et divin,
Verse confusément le bienfait et le crime,
Et l'on peut pour cela te comparer au vin.

Tu contiens dans ton œil le couchant et l'aurore;
Tu répands des parfums comme un soir orageux;
Tes baisers sont un philtre et ta bouche une amphore
Qui font le héros lâche et l'enfant courageux.

"They say I am the queen of Lust; Love is my crown!"
This darling creature so endowed with majesty:
Her charm and gracefulness could never be outshone!
Come close, we'll walk around the lovely effigy.

O blasphemy of art! O catastrophic blow!
The gorgeous body with its pledge of happiness
Is a monstrosity with not one head but two!

—No, wait! It's just a mask, a pouting artifice,
That visage lighted by an exquisite grimace;
But here it is, look well: with clenched and weeping eyes,
The veritable head, the unpretending face
Is downcast in the shadow of the face that lies.
Sublime and wretched beauty! The majestic spate
Of tears has found a place within my caring heart;
Your lie has stunned me, and my soul will macerate
Within the flood that agony brings gushing forth!

—But why? But why must such perfected beauty weep?
She might have had all mankind vanquished, marked and sworn:
What secret evil gnaws the flank of this athlete?

—She weeps, you idiot, that she was ever born!
Because she is alive! Yet what she must deplore
Above all else—her trembling even shakes her knees—
Is that she must still live tomorrow. And what's more!
Tomorrow and, alas! tomorrow!—So must we!

21 • HYMN TO BEAUTY

Are you from heaven's depths or hell's infinity,
O Beauty? Just your gaze, infernal and divine,
Can pour out such a mix of crime and courtesy
That I have found myself comparing you to wine.

Within your eyes you hold the sunset and the dawn;
You scatter your perfumes like tempests in the night;
Your kisses are a philter and your mouth an urn
That makes our heroes soft and children yearn to fight.

Sors-tu du gouffre noir ou descends-tu des astres?
Le Destin charmé suit tes jupons comme un chien;
Tu sèmes au hasard la joie et les désastres
Et tu gouvernes tout et ne réponds de rien.

Tu marches sur des morts, Beauté, dont tu te moques;
De tes bijoux l'Horreur n'est pas le moins charmant,
Et le Meurtre, parmi tes plus chères breloques,
Sur ton ventre orgueilleux danse amoureusement.

L'éphémère ébloui vole vers toi, chandelle,
Crépite, flambe et dit: Bénissons ce flambeau!
L'amoureux pantelant incliné sur sa belle
A l'air d'un moribond caressant son tombeau.

Que tu viennes du ciel ou de l'enfer, qu'importe,
O Beauté! monstre énorme, effrayant, ingénu!
Si ton œil, ton souris, ton pied, m'ouvrent la porte
D'un Infini que j'aime et n'ai jamais connu?

De Satan ou de Dieu, qu'importe? Ange ou Sirène,
Qu'importe, si tu rends,—fée aux yeux de velours,
Rhythme, parfum, lueur, ô mon unique reine!—
L'univers moins hideux et les instants moins lourds?

22 • PARFUM EXOTIQUE

Quand, les deux yeux fermés, en un soir chaud d'automne,
Je respire l'odeur de ton sein chaleureux,
Je vois se dérouler des rivages heureux
Qu'éblouissent les feux d'un soleil monotone;

Une île paresseuse où la nature donne
Des arbres singuliers et des fruits savoureux;
Des hommes dont le corps est mince et vigoureux,
Et des femmes dont l'œil par sa franchise étonne.

Have you sprung from the pit or fallen from a star?
Fate, as faithful as a dog, becomes your plaything;
At random you dispense catastrophe and cheer;
Despot of everything, responsible for nothing.

You walk on corpses, Beauty, mocking as you go;
Of all your jewels, Horror's not the least entrancing;
And Murder, certainly your dearest cameo,
Is on your proud abdomen amorously dancing.

The dazzled mayfly flitters in your candle flame
To crepitate and blaze and cry: O blessed fire!
The gasping lover leans upon his mistress' frame,
As though to clasp his tomb before he could expire.

Who cares if you have come from heaven or from hell,
O Beauty! artless monster, frightful amazon!
Let us suppose your eye, your smile, your step foretell
An Infinite I've loved but one I've never known?

From Satan or from God, who cares? Angel, siren,
Who cares? if you—O fairy with eyes of velour,
With rhythm, perfume, glimmer, O my only queen!—
Will make the world less grim and moments less a bore.

22 • EXOTIC PERFUME

When I, with both eyes closed this sultry autumn night,
Breathe in the odor of your sympathetic breast,
In my imagining unfolds a happy coast
Beneath a monotone of blazing tropic light;

An isle of laziness where nature fills the sky
With large, outlandish trees with fruit of every taste,
And men with energetic bodies, lean of waist,
And women of astonishingly candid eye.

Guidé par ton odeur vers de charmants climats,
Je vois un port rempli de voiles et de mâts
Encor tout fatigués par la vague marine,

Pendant que le parfum des verts tamariniers,
Qui circule dans l'air et m'enfle la narine,
Se mêle dans mon âme au chant des mariniers.

23 • LA CHEVELURE

O toison, moutonnant jusque sur l'encolure!
O boucles! O parfum chargé de nonchaloir!
Extase! Pour peupler ce soir l'alcôve obscure
Des souvenirs dormant dans cette chevelure,
Je la veux agiter dans l'air comme un mouchoir!

La langoureuse Asie et la brûlante Afrique,
Tout un monde lointain, absent, presque défunt,
Vit dans tes profondeurs, forêt aromatique!
Comme d'autres esprits voguent sur la musique,
Le mien, ô mon amour! nage sur ton parfum.

J'irai là-bas où l'arbre et l'homme, pleins de séve,
Se pâment longuement sous l'ardeur des climats;
Fortes tresses, soyez la houle qui m'enlève!
Tu contiens, mer d'ébène, un éblouissant rêve
De voiles, de rameurs, de flammes et de mâts:

Un port retentissant où mon âme peut boire
A grands flots le parfum, le son et la couleur;
Où les vaisseaux, glissant dans l'or et dans la moire,
Ouvrent leurs vastes bras pour embrasser la gloire
D'un ciel pur où frémit l'éternelle chaleur.

Je plongerai ma tête amoureuse d'ivresse
Dans ce noir océan où l'autre est enfermé;
Et mon esprit subtil que le roulis caresse
Saura vous retrouver, ô féconde paresse!
Infinis bercements du loisir embaumé!

Enchanted by your odor in the atmosphere,
I see a port; and sails and masts are gathered here
Exhausted by the tumult of the heavy seas;

And swirling through the air into my nostril's ken
The perfume of the verdant tamarindus trees
Has mingled in my soul with songs of sailing men.

23 • THE CHEVELURE

O fleece cascading to your shoulders like a foam!
O curls! O apathy that scents this head of hair!
O ecstasy! To populate tonight this darkened room
With all the memories asleep beneath your comb,
I'd shake them out like kerchiefs in the air!

The languor of the East, and Africa ablaze,
An entire world, far off, forgotten, almost dead,
Live deep within your forest's aromatic haze!
As some minds set adrift whenever music plays,
Mine, Oh my love! floats on the perfume of your head.

There I shall go where, filled with sap, both man and tree
Drowse off for hours beneath the climate's ardent blasts;
Vigorous tresses, be the wave that carries me!
You hold a dazzling dream, O sea of ebony,
Of sails, of mariners, of pennants and of masts:

A bustling port of call wherein my soul is filled
With swills of all the smells, the noises and the color;
Where sailing ships glide in on watered silk and gold,
With vast arms open upward, stretching to enfold
Eternities of heat in heaven's trembling pallor.

Enamored of its drunkenness, I'll plunge my head
In that dark sea whose depths another head enclose;
Caressed by cresting surf, my subtle reasoning would
Recover you again, O teeming lassitude!
Endlessly rocking in a balm-perfumed repose!

Cheveux bleus, pavillon de ténèbres tendues,
Vous me rendez l'azur du ciel immense et rond;
Sur les bords duvetés de vos mèches tordues
Je m'enivre ardemment des senteurs confondues
De l'huile de coco, du musc et du goudron.

Longtemps! toujours! ma main dans ta crinière lourde
Sèmera le rubis, la perle et le saphir,
Afin qu'à mon désir tu ne sois jamais sourde!
N'es-tu pas l'oasis où je rêve, et la gourde
Où je hume à longs traits le vin du souvenir?

24 • JE T'ADORE À L'ÉGAL DE LA VOÛTE NOCTURNE...

Je t'adore à l'égal de la voûte nocturne,
O vase de tristesse, ô grande taciturne,
Et t'aime d'autant plus, belle que tu me fuis,
Et que tu me parais, ornement de mes nuits,
Plus ironiquement accumuler les lieues
Qui séparent mes bras des immensités bleues.

Je m'avance à l'attaque, et je grimpe aux assauts,
Comme après un cadavre un chœur de vermisseaux,
Et je chéris, ô bête implacable et cruelle!
Jusqu'à cette froideur par où tu m'es plus belle!

25 • TU METTRAIS L'UNIVERS ENTIER DANS TA RUELLE...

Tu mettrais l'univers entier dans ta ruelle,
Femme impure! L'ennui rend ton âme cruelle.
Pour exercer tes dents à ce jeu singulier,
Il te faut chaque jour un cœur au râtelier.
Tes yeux, illuminés ainsi que des boutiques
Et des ifs flamboyants dans les fêtes publiques,
Usent insolemment d'un pouvoir emprunté,
Sans connaître jamais la loi de leur beauté.

Blue hair, brushed taut in a pavilion of deep shade,
You shape the azure of my sky, round and immense.
Here at the downy edges of your spiral braid,
With oil of coconut and musk and oil of cade,
I'm drunk wih passion, I'm confounded by these scents.

For hours on end! Forever! Through your heavy mane
My hand will sow like seeds the sapphire, pearl and ruby,
That I may never know you deafened by disdain!
Oasis where I dream, the gourd from which I drain,
With long and thirsty drafts, the wine of memory!

24 • *I WORSHIP YOU AS MUCH AS I DO*
NIGHTIME'S PALL . . .

I worship you as much as I do nighttime's pall,
O vase of sadness, woman taciturn and tall.
I love you, lovely one, the more because your flight
Away from me has seemed—adornment of my night—
To multiply the distances, ironically,
That separate my arms from heaven's immensity.

Advancing to attack, I strike with all my force,
As when a choir of vermin swarms across a corpse,
While cherishing, O beast cruel and implacable!
The frost which makes you seem to me more beautiful!

25 • *YOU'D TAKE THE ENTIRE UNIVERSE*
TO BED WITH YOU . . .

You'd take the entire universe to bed with you.
Your soul grows cruel when you're bored, licentious shrew.
To exercise the teeth for your peculiar sport,
Each day you have to chew on yet another heart.
Your eyes, illuminated like two little shops
Or like the flames on torches of carousing mobs,
Bold in factitious power, always fail to see
That beauty has its own responsibility.

Machine aveugle et sourde, en cruautés féconde!
Salutaire instrument, buveur du sang du monde,
Comment n'as-tu pas honte et comment n'as-tu pas
Devant tous les miroirs vu pâlir tes appas?
La grandeur de ce mal où tu te crois savante
Ne t'a donc jamais fait reculer d'épouvante,
Quand la nature, grande en ses desseins cachés,
De toi se sert, ô femme, ô reine des péchés,
—De toi, vil animal,—pour pétrir un génie?

O fangeuse grandeur! sublime ignominie!

26 • *SED NON SATIATA*

Bizarre déité, brune comme les nuits,
Au parfum mélangé de musc et de havane,
Oeuvre de quelque obi, le Faust de la savane,
Sorcière au flanc d'ébène, enfant des noirs minuits,

Je préfère au constance, à l'opium, au nuits,
L'élixir de ta bouche où l'amour se pavane;
Quand vers toi mes désirs partent en caravane,
Tes yeux sont la citerne où boivent mes ennuis.

Par ces deux grands yeux noirs, soupiraux de ton âme
O démon sans pitié! verse-moi moins de flamme;
Je ne suis pas le Styx pour t'embrasser neuf fois,

Hélas! et je ne puis, Mégère libertine,
Pour briser ton courage et te mettre aux abois,
Dans l'enfer de ton lit devenir Proserpine!

You blind, you deaf machine, programmed with cruel deeds!
Convenient instrument that drinks what mankind bleeds,
Why have you no shame, and why should there not be
An ashen face in every mirror that you see?
The grandeur of that evil—you believe it wise:
Why has it never roused revulsion in your eyes
When Nature, grandiose in her concealed design,
Makes use of you, O woman, O queen of every sin,
—Of you, vile animal,—to fabricate a genius?

O splendid filthiness! epitome of meanness!

26 · *SED NON SATIATA*

Bewildering deity, dark as the close of twilight,
Your body-scent a mix of musk and fine havana,
Creation of a wizard, Faust of the savanna,
You witch with thighs of ebony, you child of midnight.

To *Constance*, opium or *Nuits* I prefer
Elixirs of your mouth, a mouth of love's pavane;
And when toward you my lusts debouche in caravan,
Your eyes are cisterns where I drink to quench my care.

From those enormous eyes that vent your soul's desire,
I pray, remorseless fury, scathe me with less fire;
I am no Stygian god, nine times to cover you;

Alas, I cannot break your courage nor compel
Your womanly compliance, you Maegera shrew,
Nor be Proserpina upon your bed in Hell!

Avec ses vêtements ondoyants et nacrés,
Même quand elle marche on croirait qu'elle danse,
Comme ces longs serpents que les jongleurs sacrés
Au bout de leurs bâtons agitent en cadence.

Comme le sable morne et l'azur des déserts,
Insensibles tous deux à l'humaine souffrance,
Comme les longs réseaux de la houle des mers,
Elle se développe avec indifférence.

Ses yeux polis sont faits de minéraux charmants,
Et dans cette nature étrange et symbolique
Où l'ange inviolé se mêle au sphinx antique,

Où tout n'est qu'or, acier, lumière et diamants,
Resplendit à jamais, comme un astre inutile,
La froide majesté de la femme stérile.

28 • LE SERPENT QUI DANSE

Que j'aime voir, chère indolente,
 De ton corps si beau,
Comme une étoffe vacillante,
 Miroiter la peau!

Sur ta chevelure profonde
 Aux âcres parfums,
Mer odorante et vagabonde
 Aux flots bleus et bruns,

Comme un navire qui s'éveille
 Au vent du matin,
Mon âme rêveuse appareille
 Pour un ciel lointain.

The swaying of her skirts of pearl
Makes her, walking, seem to dance,
A long snake moving to the skirl,
The fluting of a charmer's chants.

She's like a desert's somber sands,
Insensitive to human pain;
She spreads a cool indifference
Like ocean swells and winter rain.

Her polished eyes are clear and cruel;
Her nature is a mixture of
The ancient sphinx and God's cold love,

All gold and steel and light and jewel.
Glitter like a sterile star,
Feckless woman that you are.

28 • THE DANCING SERPENT

How I love to see, dear sloth,
 Your beauty smooth and svelte,
Your body quivering in the cloth
 That is your glowing pelt.

Upon your heavy head of hair
 With its dark perfume
Of ocean's smell in ocean's air
 And a blue-brown spume,

As sailing ships get under way
 On the morning breeze,
My soul, still dreaming, sets its sail
 For the distant skies.

Tes yeux, où rien ne se révèle
 De doux ni d'amer,
Sont deux bijoux froids où se mêle
 L'or avec le fer.

A te voir marcher en cadence,
 Belle d'abandon,
On dirait un serpent qui danse
 Au bout d'un bâton.

Sous le fardeau de ta paresse
 Ta tête d'enfant
Se balance avec la mollesse
 D'un jeune éléphant,

Et ton corps se penche et s'allonge
 Comme un fin vaisseau
Qui roule bord sur bord et plonge
 Ses vergues dans l'eau.

Comme un flot grossi par la fonte
 Des glaciers grondants,
Quand l'eau de ta bouche remonte
 Au bord de tes dents,

Je crois boire un vin de Bohême,
 Amer et vainqueur,
Un ciel liquide qui parsème
 D'étoiles mon cœur!

29 • UNE CHAROGNE

Rappelez-vous l'objet que vous vîmes, mon âme,
 Ce beau matin d'été si doux:
Au détour d'un sentier une charogne infâme
 Sur un lit semé de cailloux,

Your eyes, where nothing is beheld,
 Neither sweet nor bitter,
Are two cold jewels in which a meld
 Of gold and iron glitter.

To watch you walk in dalliance
 With beauty and abandon,
Brings to my mind those snakes that dance
 To touches of a baton.

Beneath the weight of idleness,
 Your head, your childish stance
Are carried with the indolence
 Of baby elephants.

Your body, like a slender ship,
 Sways from side to side,
Heels and stretches and lets dip
 A sail's edge in the tide.

When, like a flood from melting ice
 Where groaning glaciers seethe,
The waters of your mouth arise
 Behind your edged teeth,

I think I taste Bohemia's wine,
 Vanquishing and bitter;
Within that heavenly anodyne
 The stars of my heart scatter.

29 • A CARCASS

Do you recall the thing we saw one time, my own,
 One summer morning fair and fresh:
The pathway turned and there, upon a bed of stone,
 A great hulk of decaying flesh,

Les jambes en l'air, comme une femme lubrique,
 Brûlante et suant les poisons,
Ouvrait d'une façon nonchalante et cynique
 Son ventre plein d'exhalaisons.

Le soleil rayonnait sur cette pourriture,
 Comme afin de la cuire à point,
Et de rendre au centuple à la grande Nature
 Tout ce qu'ensemble elle avait joint;

Et le ciel regardait la carcasse superbe
 Comme une fleur s'épanouir.
La puanteur était si forte, que sur l'herbe
 Vous crûtes vous évanouir.

Les mouches bourdonnaient sur ce ventre putride,
 D'où sortaient de noirs bataillons
De larves, qui coulaient comme un épais liquide
 Le long de ces vivants haillons.

Tout cela descendait, montait comme une vague,
 Ou s'élançait en pétillant;
On eût dit que le corps, enflé d'un souffle vague,
 Vivait en se multipliant.

Et ce monde rendait une étrange musique,
 Comme l'eau courante et le vent,
Ou le grain qu'un vanneur d'un mouvement rhythmique
 Agite et tourne dans son van.

Les formes s'effaçaient et n'étaient plus qu'un rêve,
 Une ébauche lente à venir,
Sur la toile oubliée, et que l'artiste achève
 Seulement par le souvenir.

Derrière les rochers une chienne inquiète
 Nous regardait d'un œil fâché,
Épiant le moment de reprendre au squelette
 Le morceau qu'elle avait lâché.

Its legs upthrust to mock female lubricity,
 Seething and sweating its pollution,
Its open belly, cynically and carelessly
 Venting a gaseous corruption?

The sunlight burned intensely through the rottenness
 As though to render it well done,
Returning thus a hundredfold Nature's largesse
 By multiplying what was one;

And God in heaven gazed upon this splendid corpse,
 Luxuriating like a flower.
The horrid stench had almost felled you in the gorse,
 So overwhelming was its power.

Flies in droves descended on that putrid belly
 From whence exuded black brigades
Of larvae trickling slowly like a liquid jelly
 From end to end along its shreds;

All of it heaved and fell as smoothly as the sea
 And writhed and rustled in its motion;
One might surmise the corpse, breathing uncertainly,
 Survived in the proliferation.

That little world was murmuring a mystic sound
 Like running water or the wind
Or grain, in winnowing, that softly swirls around
 In rhythm with the basket's spin.

These shapes dissolved in dreams, grew ever fainter,
 Outlines showing blearily
On a forgotten canvas, sketches by a painter
 Who had worked from memory.

An apprehensive bitch behind a granite slab
 Was watching with offended moans,
Waiting the moment when to leap and, with a grab,
 Retrieve her morsel from the bones.

—Et pourtant vous serez semblable à cette ordure,
 A cette horrible infection,
Étoile de mes yeux, soleil de ma nature,
 Vous, mon ange et ma passion!

Oui! telle que vous serez, ô la reine des grâces,
 Après les derniers sacrements,
Quand vous irez, sous l'herbe et les floraisons grasses,
 Moisir parmi les ossements.

Alors, ô ma beauté! dites à la vermine
 Qui vous mangera de baisers,
Que j'ai gardé la forme et l'essence divine
 De mes amours décomposés!

3 0 • *DE PROFUNDIS CLAMAVI*

J'implore ta pitié, Toi, l'unique que j'aime,
Du fond du gouffre obscur où mon cœur est tombé.
C'est un univers morne à l'horizon plombé,
Où nagent dans la nuit l'horreur et le blasphème;

Un soleil sans chaleur plane au-dessus six mois,
Et les six autres mois la nuit couvre la terre;
C'est un pays plus nu que la terre polaire;
—Ni bêtes, ni ruisseaux, ni verdure, ni bois!

Or il n'est pas d'horreur au monde qui surpasse
La froide cruauté de ce soleil de glace
Et cette immense nuit semblable au vieux Chaos;

Je jalouse le sort des plus vils animaux
Qui peuvent se plonger dans un sommeil stupide,
Tant l'écheveau du temps lentement se dévide!

—And yet, you will become this very sort of ordure,
 This self-same, stinking putrefaction,
You, starlight of my eye, the sun of my good nature,
 You, my angel and my passion!

Yes! This is what you'll be, O queen of every grace,
 When, last rites said, you lie alone;
Beneath the sod and fat bouquets, you'll find your place
 And, moldering, become dry bone.

Then, O my beautiful, repeat this to the worm
 Whose kisses eat your face away:
That I preserve the sacred essence and the form
 Of all my loves as they decay!

30 • DE PROFUNDIS CLAMAVI

Thou one Lord, whom I love, mercy I beg of Thee,
Out of the depths and darkness of my dead heart's tomb.
On the dull horizon, a universe of gloom
Where float, in black of night, horror and blasphemy.

A sun for six months in the heavens coldly broods;
For six months more the earth is overcome by night;
It is more naked than the lands of polar blight;
—No animals, no brooks, no pasturelands, no woods!

Now in the entire world no horror can surpass
In glacial cruelty a sun that's cast in ice
And this enormous night resembling ancient Chaos;

I'm envious of animals, however base,
Who can, in stupid sleep, obliterate the mind,
So tediously do the skeins of time unwind.

Toi qui, comme un coup de couteau,
Dans mon cœur plaintif es entrée;
Toi qui, forte comme un troupeau
De démons, vins, folle et parée,

De mon esprit humilié
Faire ton lit et ton domaine;
—Infame à qui je suis lié
Comme le forçat à la chaîne,

Comme au jeu le joueur têtu,
Comme à la bouteille l'ivrogne,
Comme aux vermines la charogne,
—Maudite, maudite sois-tu!

J'ai prié le glaive rapide
De conquérir ma liberté,
Et j'ai dit au poison perfide
De secourir ma lâcheté.

Hélas! le poison et le glaive
M'ont pris en dédain et m'ont dit:
"Tu n'es pas digne qu'on t'enlève
A ton esclavage maudit,

Imbécile!—de son empire
Si nos efforts te délivraient,
Tes baisers ressusciteraient
Le cadavre de ton vampire!"

32 • *UNE NUIT QUE J'ÉTAIS PRÈS D'UNE*
AFFREUSE JUIVE. . .

Une nuit que j'étais près d'une affreuse Juive,
Comme au long d'un cadavre un cadavre étendu,
Je me pris à songer près de ce corps vendu
A la triste beauté dont mon désir se prive.

You that, like a dagger's thrust,
Have entered my complaining heart,
You that, stronger than a host
Of demons, came, wild yet prepared;

Within my mind's humility
You made your bed and your domain;
—Infamous one who's bound to me
Like any felon by his chain,

Like a gambler by his games,
Like the bottle and the sot,
Like the worms in one's remains,
—Damn you! Damnation be your lot!

I've begged the merciful, swift sword
To overcome my liberty—
To poison I have said the word:
Save me from poltroonery.

Alas the sword! Alas the poison!
Contemptuous, they spoke to me:
"You never can deserve remission
Of your accursed slavery,

"Imbecile!—If our deadly empire
Freed you from your present fate,
Your kiss would soon resuscitate
The cold cadaver of your vampire!"

32 • *ONE NIGHT WHEN I WAS WITH A*
GHASTLY FEMALE JEW...

One night when I was with a ghastly female Jew,
Laid out cadaver to cadaver, so it seemed,
Beside that rented body, how I drowsed and dreamed
Of wistful beauty lost to the desires I knew;

Je me représentai sa majesté native,
Son regard de vigueur et de grâces armé,
Ses cheveux qui lui font un casque parfumé,
Et dont le souvenir pour l'amour me ravive.

Car j'eusse avec ferveur baisé ton noble corps,
Et depuis tes pieds frais jusqu'à tes noires tresses
Déroulé le trésor des profondes caresses,

Si, quelque soir, d'un pleur obtenu sans effort
Tu pouvais seulement, ô reine des cruelles!
Obscurcir la splendeur de tes froides prunelles.

33 • REMORDS POSTHUME

Lorsque tu dormiras, ma belle ténébreuse,
Au fond d'un monument construit en marbre noir
Et lorsque tu n'auras pour alcôve et manoir
Qu'un caveau pluvieux et qu'une fosse creuse;

Quand la pierre, opprimant ta poitrine peureuse
Et tes flancs qu'assouplit un charmant nonchaloir,
Empêchera ton cœur de battre et de vouloir,
Et tes pieds de courir leur course aventureuse,

Le tombeau, confident de mon rêve infini
(Car le tombeau toujours comprendra le poëte),
Durant ces grandes nuits d'où le somme est banni,

Te dira: "Que vous sert, courtisane imparfaite,
De n'avoir pas connu ce que pleurent les morts?"
—Et le ver rongera ta peau comme un remords.

I pictured once again her inborn stately air,
The grace and vigor that invest her candid look,
Her hair which forms upon her head a scented toque—
The memory of love set me again on fire.

How fervently I'd kiss your body, demoiselle!
And from the coolness of your feet to raven tresses
Unroll my treasury of most profound caresses,

If, only once, you would allow a tear to swell,
So effortless, O queen of every cruelty!
And overcast the splendor of your ice-cold eye.

33 • POSTHUMOUS REMORSE

When you will lie asleep, my lovely, dusky slave,
Beneath a monument erected of black stone,
And when at last you have for manor house and room
Only a rain-soaked vault within a sunken grave;

When marble, pressing down upon your frightened breast,
Upon your flanks now cooled to charming nonchalance,
Will halt the beating of your heart and quench its wants,
And from their willful course will force your feet to rest,

The tomb—it shares with me my dreams that never end:
A poet's always comprehended by the tomb—
During the tedious nights of sleeplessness you'll spend,

The tomb will ask, "Flawed courtesan, what use to you
That you have never known for what the dead have wept?"
—And worms beneath your skin will gnaw like old regret.

Viens, mon beau chat, sur mon cœur amoureux;
 Retiens les griffes de ta patte,
Et laisse-moi plonger dans tes beaux yeux,
 Mêlés de métal et d'agate.

Lorsque mes doigts caressent à loisir
 Ta tête et ton dos élastique,
Et que ma main s'enivre du plaisir
 De palper ton corps électrique,

Je vois ma femme en esprit. Son regard,
 Comme le tien, aimable bête,
Profond et froid, coupe et fend comme un dard,

 Et, des pieds jusques à la tête,
Un air subtil, un dangereux parfum
 Nagent autour de son corps brun.

35 • *DUELLUM*

Deux guerriers ont couru l'un sur l'autre; leurs armes
Ont éclaboussé l'air de lueurs et de sang.
Ces jeux, ces cliquetis du fer sont les vacarmes
D'une jeunesse en proie à l'amour vagissant.

Les glaives sont brisés! comme notre jeunesse,
Ma chère! Mais les dents, les ongles acérés,
Vengent bientôt l'épée et la dague traîtresse.
—O fureur des cœurs mûrs par l'amour ulcérés!

Dans le ravin hanté des chats-pards et des onces
Nos héros, s'étreignant méchamment, ont roulé,
Et leur peau fleurira l'aridité des ronces.

—Ce gouffre, c'est l'enfer, de nos amis peuplé!
Roulons-y sans remords, amazone inhumaine,
Afin d'éterniser l'ardeur de notre haine!

Come, come, sweet cat! Come! On my bosom lie;
 I beg you, let the claws retract.
Come, let me plunge myself into your eyes
 Where agates fused in iron refract.

And while my longing fingertips caress,
 You writhe and stretch yourself and purr;
My hands grow numb with aching to possess
 The life in your electric fur.

I see my lover in my mind. Her glance,
 Like yours, dear beast, as well I know,
Profound and cool, can pierce me like a lance

 Or fend me off. From head to toe
A dangerous perfume pervades the air
 That bathes her tawny hide and hair.

35 • *DUELLUM*

Two warriors rush at one another, their sword play
Filling the air with flashing lights and splashing blood.
These games, this clash of steel, are the uproarious fray
Of youth become the victim of untested love.

Our glaives are shattered! even as our youth is gone,
My dear! But with our teeth, with sharpened fingernail
We soon avenge the sword and traitorous dagger drawn.
O wild hearts ulcerated by our love's travail!

In a ravine, in catopards' and ounces' bourne,
Our heroes roll, clutched in malevolent embrace,
And bits of skin, like flowers, deck the arid thorn.

—In this abyss, thronged by our friends, a hellish place!
We roll, inhuman Amazon, with no regret
That we may bring eternal ardor to our hate!

Mère des souvenirs, maîtresse des maîtresses,
O toi, tous mes plaisirs! ô toi, tous mes devoirs!
Tu te rappelleras la beauté des caresses,
La douceur du foyer et le charme des soirs,
Mère des souvenirs, maîtresses des maîtresses!

Les soirs illuminés par l'ardeur du charbon,
Et les soirs au balcon, voilés de vapeurs roses,
Que ton sein m'était doux! que ton cœur m'était bon!
Nous avons dit souvent d'impérissables choses
Les soirs illuminés par l'ardeur du charbon.

Que les soleils sont beaux dans les chaudes soirées!
Que l'espace est profond! Que le cœur est puissant!
En me penchant vers toi, reine des adorées,
Je croyais respirer le parfum de ton sang.
Que les soleils sont beaux dans les chaudes soirées!

La nuit s'épaississait ainsi qu'une cloison,
Et mes yeux dans le noir devinaient tes prunelles,
Et je buvais ton souffle, ô douceur! ô poison!
Et tes pieds s'endormaient dans mes mains fraternelles.
La nuit s'épaississait ainsi qu'une cloison.

Je sais l'art d'évoquer les minutes heureuses,
Et revis mon passé blotti dans tes genoux.
Car à quoi bon chercher tes beautés langoureuses
Ailleurs qu'en ton cher corps et qu'en ton cœur si doux?
Je sais l'art d'évoquer les minutes heureuses!

Ces serments, ces parfums, ces baisers infinis,
Renaîtront-ils d'un gouffre interdit à nos sondes,
Comme montent au ciel les soleils rajeunis
Après s'être lavés au fond des mers profondes?
—O serments! ô parfums! ô baisers infinis!

Mother of memories, mistress of mistresses,
You, my every pleasure! You, my every duty!
Now you shall recollect the joy of our caresses,
The sweetness of the hearth and every evening's beauty,
Mother of memories, mistress of mistresses!

Those evenings lighted by the lustrous coal-fire's heat,
And evenings on the balcony in rose-mist weather,
How kind to me your breast was! and your heart, how sweet!
How often we have said those things that last forever
On evenings lighted by the lustrous coal-fire's heat.

How lovely in the warmth of evening is the sun!
How vast is space! The heart, how mighty! and how proud!
And bending over you, my queen, my worshipped one,
I think that I inhale the perfume of your blood.
How lovely in the warmth of evening is the sun!

The night was overcast, its blackness like a wall,
And in the dark my eyes could only guess your glance;
I drank your breath: O muscadine! O veronal!
Your little feet were sleeping in my friendly hands.
The night was overcast, its darkness like a wall.

I can evoke the moments of our happiness,
To live my past again, spent snuggled in your thighs.
Where must one seek the languor of your loveliness
If not within the body where your warm heart lies?
I can evoke the moments of our happiness.

Those pledges, those perfumes, those kisses without end,
Will they arise again from depths we cannot fathom,
As in the sky we see the sun, renewed, ascend
From cleansing at the bottom of the ocean's chasm?
—O pledges! O perfumes! O kisses without end!

Le soleil s'est couvert d'un crêpe. Comme lui,
O Lune de ma vie! emmitoufle-toi d'ombre;
Dors ou fume à ton gré; sois muette, sois sombre,
Et plonge tout entière au gouffre de l'Ennui;

Je t'aime ainsi! Pourtant, si tu veux aujourd'hui,
Comme un astre éclipsé qui sort de la pénombre,
Te pavaner aux lieux que la Folie encombre,
C'est bien! Charmant poignard, jaillis de ton étui!

Allume ta prunelle à la flamme des lustres!
Allume le désir dans les regards des rustres!
Tout de toi m'est plaisir, morbide ou pétulant;

Sois ce que tu voudras, nuit noire, rouge aurore;
Il n'est pas une fibre en tout mon corps tremblant
Qui ne crie: *O mon cher Belzébuth, je t'adore!*

<center>38 • UN FANTOME</center>

I. LES TÉNÈBRES

Dans les caveaux d'insondable tristesse
Où le Destin m'a déjà relégué;
Où jamais n'entre un rayon rose et gai;
Où, seul avec la Nuit, maussade hôtesse,

Je suis comme un peintre qu'un Dieu moqueur
Condamne à peindre, hélas! sur les ténèbres;
Où, cuisinier aux appétits funèbres,
Je fais bouillir et je mange mon cœur,

Par instants brille, et s'allonge et s'étale
Un spectre fait de grâce et de splendeur.
A sa rêveuse allure orientale,

The sun is covered with a crepe. You have, as he,
O Moon of my existence! wrapped yourself in shade;
Asleep or smoking, as you wish, be still, be sad,
Engulfed entirely in a chasm of Ennui.

I love you as you are! But, if you wish today,
Like stars in an eclipse escaping the penumbra,
To walk with pride in places Folly must encumber,
So be it! Charming dagger, lay your sheath away!

Strike fire into your eyes from flames in chandeliers!
Strike fire into the lust of loutish cavaliers!
To me you are all pleasure: morbid, petulant;

Black night, red dawn, be what you ever wish to be;
Within my trembling body not one filament
But cries: *Beloved Beelzebub, I worship thee!*

38 • A PHANTOM

I. THE SHADOWS

In caverns of unfathomable sadness
Where Destiny has relegated me;
Where sunlight's cheerfulness I never see;
Where I, alone with Night, a sullen hostess,

Live like a painter mocked by God. My art
Is doomed, alas! I labor without light;
Where, cooking with a mournful appetite,
I bring it to a boil and eat my heart,

Sometimes a glow appears and seems to spread,
A specter with a mood of grace and splendor.
And with a swaying, oriental tread,

Quand il atteint sa totale grandeur,
Je reconnais ma belle visiteuse:
C'est Elle! noire et pourtant lumineuse.

2. LE PARFUM

Lecteur, as-tu quelquefois respiré
Avec ivresse et lente gourmandise
Ce grain d'encens qui remplit une église,
Ou d'un sachet le musc invétéré?

Charme profond, magique, dont nous grise
Dans le présent le passé restauré!
Ainsi l'amant sur un corps adoré
Du souvenir cueille la fleur exquise.

De ses cheveux élastiques et lourds,
Vivant sachet, encensoir de l'alcôve,
Une senteur montait, sauvage et fauve,

Et des habits, mousseline ou velours,
Tout imprégnés de sa jeunesse pure,
Se dégageait un parfum de fourrure.

3. LE CADRE

Comme un beau cadre ajoute à la peinture,
bien qu'elle soit d'un pinceau très-vanté,
Je ne sais quoi d'étrange et d'enchanté
En l'isolant de l'immense nature,

Ainsi bijoux, meubles, métaux, dorure,
S'adaptaient juste à sa rare beauté;
Rien n'offusquait sa parfaite clarté,
Et tout semblait lui servir de bordure.

Même on eût dit parfois qu'elle croyait
Que tout voulait l'aimer; elle noyait
Sa nudité voluptueusement

When it attains at last a total grandeur,
I recognize my visitor's loveliness:
It's She! who, black, is also luminous.

2. THE PERFUME

Dear reader, have you sometimes drawn a breath
With connoisseur's intensity to search
It for the waft of incense from a church,
The scent of swirlings of a woman's dress?

Intoxicating sense of smell! You move
The memory, restore the bygone hour:
A lover from the body of his love
Can pluck a smell as though he'd found a flower.

A live sachet, her heavy, curling hair
Gives off a wild, a savage woman-scent
That permeates her alcove and its air.

Her gowns, velour and muslin, redolent
Of female youthfulness unflawed and pure,
Disseminate the muskiness of fur.

3. THE FRAME

Even as the pleasures of great art
Seem sharper in a handsome frame (Somehow
The hugeness of the earth is held apart:
By wonder? or enchantment? Who can know?),

So have her furnishings, gems, gowns and fur
Accommodated her. Rare beauty's flame,
Her perfect clarity nothing could blur,
And all things seemed to function as her frame.

We sometimes even said she must have known
That everyone adored her? She would drown,
Voluptuous and naked, in the kiss

Dans les baisers du satin et du linge,
Et, lente ou brusque, à chaque mouvement
Montrait la grâce enfantine du singe.

4. LE PORTRAIT

La Maladie et la Mort font des cendres
De tout le feu qui pour nous flamboya.
De ces grands yeux si fervents et si tendres,
De cette bouche où mon cœur se noya,

De ces baisers puissants comme un dictame,
De ces transports plus vifs que des rayons,
Que reste-t-il? C'est affreux, ô mon âme!
Rien qu'un dessin fort pâle, aux trois crayons,

Qui, comme moi, meurt dans la solitude,
Et que le Temps, injurieux vieillard,
Chaque jour frotte avec son aile rude...

Noir assassin de la Vie et de l'Art,
Tu ne tueras jamais dans ma mémoire
Celle qui fut mon plaisir et ma gloire!

39 • *JE TE DONNE CES VERS AFIN QUE
SI MON NOM...*

Je te donne ces vers afin que si mon nom
Aborde heureusement aux époques lointaines,
Et fait rêver un soir les cervelles humaines,
Vaisseau favorisé par un grand aquilon,

Ta mémoire, pareille aux fables incertaines,
Fatigue le lecteur ainsi qu'un tympanon,
Et par un fraternel et mystique chaînon
Reste comme pendue à mes rimes hautaines;

Of silks and linens pressed against her face.
And, suave or brusque, each move seemed a caress
As darling as a monkey's childlike grace.

4. THE PORTRAIT

Death and Disease at last will make a cinder
Of everything that blazes in our fires.
Of those great eyes so fervent and so tender,
Of that mouth where my drowning heart expires,

Of kisses potent as a King's decree,
Of lust more vivid than a lightning flash,
What's left? How grim it is, my soul! to see
A three-tint drawing, pallid as an ash,

That dies in solitude as I shall die
And which the old destroyer, Time, must hurt
By scouring with his brutal wing each day....

Swarthy assassin of both Life and Art,
You'll not destroy the memories I treasure:
They have become my glory and my pleasure!

39 • *I GIVE TO YOU THESE VERSES SHOULD MY NAME...*

I give to you these verses should my name
Make port by happy chance in far-off times
And bring an evening dream to human minds,
A lucky ship borne on the winds of fame;

Your memory, where vague fables intertwine,
Fatigues the reader like a twanging string,
Yet by a mystic and fraternal link
Remains suspended in my lofty rhyme;

Être maudit à qui, de l'abîme profond
Jusqu'au plus haut du ciel, rien, hors moi, ne répond!
—O toi qui, comme une ombre à la trace éphémère,

Foules d'un pied léger et d'un regard serein
Les stupides mortels qui t'ont jugée amère,
Statue aux yeux de jais, grand ange au front d'airain!

40 • SEMPER EADEM

"D'où vous vient, disiez-vous, cette tristesse étrange,
Montant comme la mer sur le roc noir et nu?"
—Quand notre cœur a fait une fois sa vendange,
Vivre est un mal. C'est un secret de tous connu,

Une douleur très-simple et non mystérieuse,
Et, comme votre joie, éclatante pour tous.
Cessez donc de chercher, ô belle curieuse!
Et, bien que votre voix soit douce, taisez-vous!

Taisez-vous, ignorante! âme toujours ravie!
Bouche au rire enfantin! Plus encor que la Vie,
La Mort nous tient souvent par des liens subtils.

Laissez, laissez mon cœur s'enivrer d'un *mensonge,*
Plonger dans vos beaux yeux comme dans un beau songe
Et sommeiller longtemps à l'ombre de vos cils!

41 • TOUT ENTIÈRE

Le Démon, dans ma chambre haute,
Ce matin est venu me voir,
Et, tâchant à me prendre en faute,
Me dit: "Je voudrais bien savoir,

Cursed creature, from the deepest pit of hell
To heaven's height, you've none but me to call!
—O you, how like a shadow is your style!

Trampling with dainty foot, your face serene,
On boors who brought your irony to trial,
O jet-eyed mask, an angel's brazen mien!

40 • SEMPER EADEM

You ask, "Whence does it come to you, this wincing pain
That rises like the sea against black naked stone?"
—When finally our heart has harvested its wine,
Life turns sour. That is a secret all have known,

A truly simple grief, devoid of mystery,
And, similar to joy, it dawns on everyone.
Stop questioning, sweet cup of curiosity!
Although your voice is soft, I beg you hold your tongue!

Be quiet, ignoramus! Gushing with delight!
Your mouth spills childish laughter! Even more than Life,
Death often pulls us up with insubstantial sashes.

Allow, allow my heart to linger, drunk on *lies,*
To plunge as in a dream into your lovely eyes
And sleep forever in the shadow of your lashes!

41 • AS A WHOLE

Here in my little room on high
The Demon paid a call today;
He tried to catch me in a lie
"Come, tell the truth," he seemed to say,

Parmi toutes les belles choses
Dont est fait son enchantement,
Parmi les objets noirs ou roses
qui composent son corps charmant,

Quel est le plus doux."—O mon âme!
Tu répondis à l'Abhorré:
"Puisqu'en Elle tout est dictame,
Rien ne peut être préféré.

Lorsque tout me ravit, j'ignore
si quelque chose me séduit.
Elle éblouit comme l'Aurore
Et console comme la Nuit;

Et l'harmonie est trop exquise,
Qui gouverne tout son beau corps,
Pour que l'impuissante analyse
En note les nombreux accords.

O métamorphose mystique
De tous mes sens fondus en un!
Son haleine fait la musique,
Comme sa voix fait le parfum!"

42 • *QUE DIRAS-TU CE SOIR, PAUVRE
ÂME SOLITAIRE...*

Que diras-tu ce soir, pauvre âme solitaire,
Que diras-tu, mon cœur, cœur autrefois flétri,
A la très-belle, à la très-bonne, à la très-chère,
Dons le regard divin t'a soudain refleuri?

—Nous mettrons notre orgueil à chanter ses louanges:
Rien ne vaut la douceur de son autorité;
Sa chair spirituelle a le parfum des Anges,
Et son œil nous revêt d'un habit de clarté.

"Of all the beauties that compose
The essence of her charmed mystique,
Of all her parts, her black and rose,
Alluring points of her physique,

Which is the sweetest?"—O my soul!
My soul, reply to the Abhorred:
"She is a tonic as a whole;
No part of her can be preferred.

"When every part is ravishing,
No single grace seduces me.
Like Sunrise, she is glistening;
Like Nighttime, warm with sympathy.

"The harmony is so refined,
Which rules the beauty of her presence,
I cannot meld within my mind
Any adequate concordance.

"By mystic metamorphoses
My several senses seem as one!
The air is music as she breathes,
Her voice perfumery in song!"

42 • *WHAT WILL YOU SAY TONIGHT, POOR
SOLITARY SOUL...*

What will you say tonight, poor solitary soul,
What will you say, my heart, my heart which once was blighted,
To her who is most dear, most kind, most beautiful?
In her divine regard your flame is quickly lighted.

—Let us now take pride to sing a song of praise;
Let us sing the gentleness of her commands;
The perfumes of her flesh, the angels' own bouquets;
Her eye invests us in the clothes of radiance.

Que ce soit dans la nuit et dans la solitude,
Que ce soit dans la rue et dans la multitude,
Son fantôme dans l'air danse comme un flambeau.

Parfois il parle et dit: "Je suis belle, et j'ordonne
Que pour l'amour de moi vous n'aimiez que le Beau;
Je suis l'Ange gardien, la Muse et la Madone!"

43 • LE FLAMBEAU VIVANT

Ils marchent devant moi, ces Yeux pleins de lumières,
Qu'un Ange très-savant a sans doute aimantés;
Ils marchent, ces divins frères qui sont mes frères,
Secouant dans mes yeux leurs feux diamantés.

Me sauvant de tout piége et de tout péché grave,
Ils conduisent mes pas dans la route du Beau;
Ils sont mes serviteurs et je suis leur esclave;
Tout mon être obéit as ce vivant flambeau.

Charmants Yeux, vous brillez de la clarté mystique
Qu'ont les cierges brûlant en plein jour; le soleil
Rougit, mais n'éteint pas leur flamme fantastique;

Ils célèbrent la Mort, vous chantez le Réveil;
Vous marchez en chantant le réveil de mon âme,
Astres dont nul soleil ne peut flétrir la flamme!

44 • RÉVERSIBILITÉ

Ange plein de gaieté, connaissez-vous l'angoisse,
La honte, les remords, les sanglots, les ennuis,
Et les vagues terreurs de ces affreuses nuits
Qui compriment le cœur comme un papier qu'on froisse?
Ange plein de gaieté, connaissez-vous l'angoisse?

Whether it be in the night, in solitude,
Whether in the streets, among a multitude,
Her phantom like a flame is dancing in the air.

Sometimes it speaks: "I'm beautiful! My will be done!
For love of me let Beauty be your only care;
I am your Guardian Angel, Muse, and your Madone."

43 • THE LIVING TORCH

They move in front of me, hypnotic Eyes that shine
With such assurance only Angels could inspire;
They move, those godlike brothers, brothers which are mine,
Who glitter in my eyes like diamonds set afire.

From every snare and every sin I have been saved;
And, following their steps, to Beauty's path I came;
Indeed, they are my ministers—yet I'm their slave;
My entire being must obey this living flame.

Enchanted Eyes that shine mysteriously bright,
Like candles at midday, pink in the reflection
Of the sun, yet burning with fantastic light;

Some celebrate the Death, you sing the Resurrection;
You walk around me singing of my risen soul,
Two morning stars whose flame no sun can ever dull!

44 • REVERSIBILITY

Angel full of gaiety, have you felt depressed,
Disgraced, remorseful, bored, when weeping blurred your sight,
And vague dissatisfactions rousing terrors in the night
Could crush your heart like paper crumpled in your fist?
Angel full of gaiety, have you felt depressed?

Ange plein de bonté, connaissez-vous la haine,
Les poings crispés dans l'ombre et les larmes de fiel,
Quand la Vengeance bat son infernal rappel,
Et de nos facultés se fait le capitaine?
Ange plein de bonté, connaissez-vous la haine?

Ange plein de santé, connaissez-vous les Fièvres,
Qui, le long des grands murs de l'hospice blafard,
Comme des exilés, s'en vont d'un pied traînard,
Cherchant le soleil rare et remuant les lèvres?
Ange plein de santé, connaissez-vous les Fièvres?

Ange plein de beauté, connaissez-vous les rides,
Et la peur de vieillir, et ce hideux tourment
De lire la secrète horreur du dévouement
Dans des yeux où longtemps burent nos yeux avides?
Ange plein de beauté, connaissez-vous les rides?

Ange plein de bonheur, de joie et de lumières,
David mourant aurait demandé la santé
Aux émanations de ton corps enchanté;
Mais de toi je n'implore, ange, que tes prières,
Ange plein de bonheur, de joie et de lumières!

45 • CONFESSION

Une fois, une seule, aimable et douce femme,
 A mon bras votre bras poli
S'appuya (sur le fond ténébreux de mon âme
 Ce souvenir n'est point pâli);

Il était tard; ainsi qu'une médaille neuve
 La pleine lune s'étalait,
Et la solennité de la nuit, comme un fleuve,
 Sur Paris dormant ruisselait.

Et le long des maisons, sous les portes cochères,
 Des chats passaient furtivement,
L'oreille au guet, ou bien, comme des ombres chères,
 Nous accompagnaient lentement.

Angel full of kindness, have you seethed with hate,
With fists clenched in the darkness, shedding tears of gall,
With Vengeance sounding an infernal bugle call
To arms, and all our faculties are subjugate?
Angel full kindness, have you seethed with hate?

Angel full of health, have you not known the Fevers
That haunt the whitewashed halls of the infirmary,
Sought for a patch of sunshine like the refugee
Who moves with halting footstep and a lip that quivers?
Angel full of health, have you not known those Fevers?

Angel full of beauty, have you known marks of age,
The dread of growing old, the hideous commotion,
Discovering a secret horror of devotion
In those eyes where so long your own eyes drank his pledge?
Angel full of beauty, have you known marks of age?

Angel full of joy, of happiness and light,
The dying David would have cried out to refresh
His health with emanations from your magic flesh;
But, Angel, I begged nothing but your prayers this night,
Angel full of joy, of happiness and light!

45 • CONFESSION

One time, and one time only, woman kind and sweet,
 You let your smooth arm rest on mine
(Within the caverns of my soul, where shades lie deep,
 That memory will always shine);

The hour was late; a bright medallion in the sky,
 The moon revealed itself and gleamed.
Like water, night's solemnity appeared to lie
 Upon all Paris while it dreamed.

Along the houses and beneath the portes cocheres,
 Gray cats were passing furtively
With ears pricked up, or, like the ghost of someone dear,
 Quietly joined our company.

Tout à coup, au milieu de l'intimité libre
 Éclose à la pâle clarté,
De vous, riche et sonore instrument où ne vibre
 Que la radieuse gaieté,

De vous, claire et joyeuse ainsi qu'une fanfare
 Dans le matin étincelant,
Une note plaintive, une note bizarre
 S'échappa tout en chancelant

Comme une enfant chétive, horrible, sombre, immonde,
 Dont sa famille rougirait,
Et qu'elle aurait longtemps, pour la cacher au monde,
 Dans un caveau mise au secret.

Pauvre ange, elle chantait, votre note criarde:
 "Que rien ici-bas n'est certain,
Et que toujours, avec quelque soin qu'il se farde,
 Se trahit l'égoïsme humain;

Que c'est un dur métier que d'être belle femme,
 Et que c'est le travail banal
De la danseuse folle et froide qui se pâme
 Dans un sourire machinal;

Que bâtir sur les cœurs est une chose sotte;
 Que tout craque, amour et beauté,
Jusqu'à ce que l'Oubli les jette dans sa hotte
 Pour les rendre à l'Éternité!"

J'ai souvent évoqué cette lune enchantée,
 Ce silence et cette langueur,
Et cette confidence horrible chuchotée
 Au confessionnal du cœur.

Abruptly, in the midst of open friendliness
 That flowered in the pallid light,
From you, a thrilling instrument of happiness
 Who only radiates delight,

From you, a woman joyful as a trumpet call
 Across the sparkle of the dawn,
A sullen cry, a cry that was incredible,
 Escaped, and it went wailing on

Like a defective baby, horrid, dark, unclean,
 Whose presence made her family blush,
Who'd held her from the world for many years, unseen,
 Her grotto hid by underbrush.

Poor angel, singing out in such discordant cries:
 "That everything seems disarrayed;
That always, though solicitude is its disguise,
 Man's ego is at last betrayed;

"That women of great beauty have a wretched lot;
 That expectations are banal
For silly, frigid dancers who become distraught,
 Whose smiles become mechanical;

"That hopes we build upon the human heart are futile,
 That love and beauty finally die;
Oblivion will toss them both into his scuttle,
 And tote them to Eternity!"

How often I remember that enchanted moon,
 That quietness, that languid lull,
That dreadful confidence shared in a whispered groan
 Within the heart's confessional.

Quand chez les débauchés l'aube blanche et vermeille
Entre en société de l'Idéal rongeur,
Par l'opération d'un mystère vengeur
Dans la brute assoupie un ange se réveille.

Des Cieux Spirituels l'inaccessible azur,
Pour l'homme terrassé qui rêve encore et souffre,
S'ouvre et s'enfonce avec l'attirance du gouffre.
Ainsi, chère Déesse, Être lucide et pur,

Sur les débris fumeux des stupides orgies
Ton souvenir plus clair, plus rose, plus charmant,
A mes yeux agrandis voltige incessamment.

Le soleil a noirci la flamme des bougies;
Ainsi, toujours vainqueur, ton fantôme est pareil,
Ame resplendissante, à l'immortel soleil!

47 • HARMONIE DU SOIR

Voici venir les temps où vibrant sur sa tige
Chaque fleur s'évapore ainsi qu'un encensoir;
Les sons et les parfums tournent dans l'air du soir;
Valse mélancolique et langoureux vertige!

Chaque fleur s'évapore ainsi qu'un encensoir;
Le violon frémit comme un cœur qu'on afflige;
Valse mélancolique et langoureux vertige!
Le ciel est triste et beau comme un grand reposoir.

Le violon frémit comme un cœur qu'on afflige,
Un cœur tendre, qui hait le néant vaste et noir!
Le ciel est triste et beau comme un grand reposoir;
Le soleil s'est noyé dans son sang qui se fige.

When, at the debauchee's, dawn's rose and white arrive,
Spurred on by gnawings of a long-forgot Ideal,
A mystical avenger breaks a dingy seal,
And in the drowsing brute an angel comes alive.

Spiritual Skies: their inaccessible azure
Is not for earth-bound man, who still knows dreams and pain,
To bare himself and plunge into empyrean.
Dear Goddess, so it is, O Being clear and pure,

Over the fuming rags of stupid revelry
Your memory most vivid, charming, rose and red,
To my wide eyes seems endlessly disquieted.

The sunlight tarnishes the candles' lambency;
And thus, resplendent soul, the daily victory won,
Your spectacle is equal to the deathless sun.

47 • EVENING HARMONY

The hour has come at last when, trembling to and fro,
Each flower is a censer sifting its perfume;
The scent and sounds all swirl in evening's gentle fume;
A melancholy waltz, a languid vertigo!

Each flower is a censer sifting its perfume;
A violin's vibrato wounds the heart of woe;
A melancholy waltz, a languid vertigo!
The sky, a lofty altar, lovely in the gloom,

A violin's vibrato wounds the heart of woe,
A tender heart detests the black of nullity,
The sky, a lofty altar, lovely in the gloom;
The sun is drowning in the evening's blood-red glow.

Un cœur tendre qui hait le néant vaste et noir,
Du passé lumineux recueille tout vestige!
Le soleil s'est noyé dans son sang qui se fige...
Ton souvenir en moi luit comme un ostensoir!

48 • LE FLACON

Il est de forts parfums pour qui toute matière
Est poreuse. On dirait qu'ils pénètrent le verre.
En ouvrant un coffret venu de l'Orient
Dont la serrure grince et rechigne en criant,

Ou dans une maison déserte quelque armoire
Pleine de l'âcre odeur des temps, poudreuse et noire,
Parfois on trouve un vieux flacon qui se souvient,
D'où jaillit toute vive une âme qui revient.

Mille pensers dormaient, chrysalides funèbres,
Frémissant doucement dans les lourdes ténèbres,
Qui dégagent leur aile et prennent leur essor,
Teintés d'azur, glacés de rose, lamés d'or.

Voilà le souvenir enivrant qui voltige
Dans l'air troublé; les yeux se ferment; le Vertige
Saisit l'âme vaincue et la pousse à deux mains
Vers un gouffre obscurci de miasmes humains;

Il la terrasse au bord d'un gouffre séculaire,
Où, Lazare odorant déchirant son suaire,
Se meut dans son réveil le cadavre spectral
D'un viel amour ranci, charmant et sépulcral.

Ainsi, quand je serai perdu dans la mémoire
Des hommes, dans le coin d'une sinistre armoire
Quand on m'aura jeté, vieux flacon désolé,
Décrépit, poudreux, sale, abject, visqueux, fêlé,

A tender heart detests the black of nullity,
And lovingly preserves each trace of long ago!
The sun is drowning in the evening's blood-red glow . . .
Your memory shines through me like an ostensory!

48 • THE FLASK

There are perfumes so powerful they seem to pass
Through all materials, perfusing even glass.
On opening a casket from the Orient,
The sullen hinges grinding as they come unbent,

Or, in a long-deserted house, some empty chest
Filled with the pungent stench of time and black with dust,
One sometimes finds an ancient flask, and from its spout
A spirit, now restored and much alive, pours out.

A thousand slumbering thoughts, dismal chrysalids,
Within the shadows trembling like new butterflies,
Which set themselves to fly, as crumpled wings unfold
In tints of azure, frosts of rose, and flakes of gold.

Behold intoxicating memories that go
Flitting in riffled air. Eyes close, and Vertigo
Lays hold upon the vanquished soul and with both fists
Impels it toward a gulf obscured in human mists;

He crushes it to earth upon the age-old brink
Where Lazarus, triumphant in his shroud and stink,
Steps forth awakened to become the corpse-like ghost,
Charming and sepulchral, of rancid love long lost.

And thus when I'll be lost at last from memory
Of all mankind, when finally I've been tossed away
Into some dreadful chest, an empty flask, forsaken,
Decrepit, dusty, dirty, abject, sticky, broken,

Je serai ton cercueil, aimable pestilence!
Le témoin de ta force et de ta virulence,
Cher poison préparé par les anges! liqueur
Qui me ronge, ô la vie et la mort de mon cœur!

49 • LE POISON

Le vin sait revêtir le plus sordide bouge
 D'un luxe miraculeux,
Et fait surgir plus d'un portique fabuleux
 Dans l'or de sa vapeur rouge,
Comme un soleil couchant dans un ciel nébuleux.

L'opium agrandit ce qui n'a pas de bornes,
 Allonge l'illimité,
Approfondit le temps, creuse la volupté,
 Et de plaisirs noirs et mornes
Remplit l'âme au-delà de sa capacité.

Tout cela ne vaut pas le poison qui découle
 De tes yeux, de tes yeux verts,
Lacs où mon âme tremble et se voit à l'envers...
 Mes songes viennent en foule
Pour se désaltérer à ces gouffres amers.

Tout cela ne vaut pas le terrible prodige
 De ta salive qui mord,
Qui plonge dans l'oubli mon âme sans remord,
 Et charriant le vertige,
La roule défaillante aux rives de la mort!

50 • CIEL BROUILLÉ

On dirait ton regard d'une vapeur couvert;
Ton œil mystérieux (est-il bleu, gris ou vert?)
Alternativement tendre, rêveur, cruel,
Réfléchit l'indolence et la pâleur du ciel.

hall become your coffin, friendly pestilence!
e witness of your strength and of your virulence,
ır poison processed by the angels! alcohol
..at gnaws within me, O my living, dying soul!

49 • THE POISON

Wine knows how to dress the sorriest abode
 With miracles of luxury,
Creating porticoes of wild variety
 In red-hued mists of gold that glow
Like sunset burning in a clouded-over sky.

Opium expands the space with no frontier,
 Stretching out the boundlessness;
It fathoms time, it carves out the voluptuous,
 And then with pleasures dark and drear
Refills the dreaming soul beyond the limitless.

All this is nothing, likened to the poison streams
 Within your eyes, those great green eyes,
Lakes in which my trembling soul seems to capsize,
 And where, in jostling throngs, my dreams
Crowd close to slake their thirst beside the salt abyss.

All this is nothing, likened to the terrible awe
 Inspired by your saliva's sting;
It makes my soul oblivious of everything,
 Swept into a vertigo
Which leaves it fainting at death's very brink!

50 • TURBULENT SKIES

One could say your gaze is hid in hazy sheen;
Your eye, a mystery (is it blue or grey or green?)
In turn becoming tender, filled with dreams, or proud,
Reflects the indolence and pallor of a cloud.

Tu rappelles ces jours blancs, tièdes et voilés,
Qui font se fondre en pleurs les cœurs ensorcelés,
Quand, agités d'un mal inconnu qui les tord,
Les nerfs trop éveillés raillent l'esprit qui dort.

Tu ressembles parfois à ces beaux horizons
Qu'allument les soleils des brumeuses saisons. . . .
Comme tu resplendis, paysage mouillé
Qu'enflamment les rayons tombant d'un ciel brouillé!

O femme dangereuse, ô séduisants climats!
Adorerai-je aussi ta neige et vos frimas,
Et saurai-je tirer de l'implacable hiver
Des plaisirs plus aigus que la glace et le fer?

51 • LE CHAT

I

Dans ma cervelle se promène,
ainsi qu'en son appartement,
Un beau chat, fort, doux et charmant.
Quand il miaule, on l'entend à peine,

Tant son timbre est tendre et discret;
Mais que sa voix s'apaise ou gronde,
Elle est toujours riche et profonde.
C'est là son charme et son secret.

Cette voix qui perle et qui filtre
Dans mon fonds le plus ténébreux,
Me remplit comme un vers nombreux
Et me réjouit comme un philtre.

Elle endort les plus cruels maux
Et contient toutes les extases;
Pour dire les plus longues phrases,
Elle n'a pas besoin de mots.

You bring to mind a silvery, tepid, misty day
That melts enchanted hearts in teardrops of dismay,
When, agitated by an unfamiliar pain,
Your high-strung nerves provoke the torpid soul again.

And sometimes you resemble beautiful horizons
Illuminated by the suns of cloudy seasons....
And watery landscapes that can match your radiance
Reflect the many hues of heaven's turbulence.

O woman fraught with danger, O seductive clime!
Shall I adore as much your snowfall and your rime,
And shall I sometime find in winter's hostile vise
A pleasure more acute than those of iron and ice?

51 • THE CAT

1

Along the hallways of my thought,
As if at home, there prowls a cat,
A strong, sweet, charming, splendid cat.
He mews: the sound is barely caught,

So soft and diffident its tone.
Cries of contentment or complaint
A throaty resonance contain,
A charm, a secret of their own.

A voice that slakes and saturates
The deepest shaded parts of me
And fills my soul like poetry;
Like magic, it rejuvenates.

It lulls to sleep my cruel malaise,
Contains all ecstasy as well;
There is no need of words to tell
The long complexities of phrase.

Non, il n'est pas d'archet qui morde
Sur mon cœur, parfait instrument,
Et fasse plus royalement
Chanter sa plus vibrante corde,

Que ta voix, chat mystérieux,
Chat séraphique, chat étrange,
En qui tout est, comme en un ange,
Aussi subtil qu'harmonieux!

2

De sa fourrure blonde et brune
Sort un parfum si doux, qu'un soir
J'en fus embaumé, pour l'avoir
Caressée une fois, rien qu'une.

C'est l'esprit familier du lieu;
Il juge, il préside, ils inspire
Toutes choses dans son empire;
Peut-être est-il fée, est-il dieu?

Quand mes yeux, vers ce chat que j'aime
Tirés comme par un aimant,
Se retournent docilement
Et que je regarde en moi-même,

Je vois avec étonnement
Le feu de ses prunelles pâles,
Clairs fanaux, vivantes opales,
Qui me contemplent fixement.

52 • LE BEAU NAVIRE

Je veux te raconter, ô molle enchanteresse!
Les diverses beautés qui parent ta jeunesse;
Je veux te peindre ta beauté,
Où l'enfance s'allie à la maturité.

No bow could rasp across my heart,
Though perfect instrument it be,
And make it throb more royally,
More resonant in every part,

Than does your voice, mysterious,
Seraphic cat, eccentric cat;
An angel's song is in your throat,
So subtle and harmonious.

2

His fur is dappled brown and blond,
And has such sweet perfume, last night
When I had touched him with one light
Caress, my hand became embalmed.

He is the soul of our abode:
The judge, the king, the inspiration
Of everything in his small nation.
Perhaps a demon, is he God?

When, as by a magnet's spell,
This cherished cat has caught my eyes,
Then, docilely, to analyze
They turn and gaze into my self,

With what astonishment I see
The fire within his pallid pupils,
Lighted beacons, living opals,
Which contemplate me fixedly!

52 • THE BEAUTIFUL BOAT

O indolent enchantress! let me count in truth
The many kinds of beauty that adorn your youth;
 I'll sketch your beauty and you'll see
How childhood intermingles with maturity.

Quand tu vas balayant l'air de ta jupe large,
Tu fais l'effet d'un beau vaisseau qui prend le large,
 Chargé de toile, et va roulant
Suivant un rhythme doux, et paresseux, et lent.

Sur ton cou large et rond, sur tes épaules grasses,
Ta tête se pavane avec d'étranges grâces;
 D'un air placide et triomphant
Tu passes ton chemin, majestueuse enfant.

Je veux te raconter, ô molle enchanteresse!
Les diverses beautés qui parent ta jeunesse;
 Je veux te peindre ta beauté,
Où l'enfance s'allie à la maturité.

Ta gorge qui s'avance et qui pousse la moire,
Ta gorge triomphante est une belle armoire
 Dont les panneaux bombés et clairs
Comme les boucliers accrochent des éclairs;

Boucliers provocants, armés de pointes roses!
Armoire à doux secrets, pleine de bonnes choses,
 De vins, de parfums, de liqueurs
Qui feraient délirer les cerveaux et les cœurs!

Quand tu vas balayant l'air de ta jupe large,
Tu fais l'effet d'un beau vaisseau qui prend le large,
 Chargé de toile, et va roulant
Suivant un rhythme doux, et paresseux, et lent.

Tes nobles jambes, sous les volants qu'elles chassent,
Tourmentent les désirs obscurs et les agacent,
 Comme deux sorcières qui font
Tourner un philtre noir dans un vase profond.

Tes bras, qui se joueraient des précoces hercules,
Sont des boas luisants les solides émules,
 Faits pour serrer obstinément,
Comme pour l'imprimer dans ton cœur, ton amant.

With full skirts sweeping through the air, you seem to be
A lovely two-mast vessel putting out to sea,
 Full sail, and swaying to and fro,
Obedient to a rhythm that is sweet and slow.

Upon your full, round neck, upon your sturdy shoulder,
Your head moves with the stately grace of someone older.
 With airs triumphant, although mild,
You move along your way, a most majestic child.

O indolent enchantress! let me count in truth
The many kinds of beauty that adorn your youth;
 I'll sketch your beauty and you'll see
How childhood intermingles with maturity.

Your bosom pouts; against your silk it's pressed;
Your bosom is a triumph; it's a treasure chest,
 With panels arched in full relief
Like bucklers that a flash of lightning brings to life;

Provocative, those bucklers, each with rosy boss!
A treasure chest of secrets, filled—most generous—
 With wine, with perfume and liqueur
To make the softened brain and heart grow giddier.

With full skirts sweeping through the air, you seem to me
A lovely two-mast vessel putting out to sea,
 Full sail, and swaying to and fro,
Obedient to a rhythm that is sweet and slow.

Your noble legs concealed within a flouncing hem,
Tormenting shadowy desires, inflaming them,
 Become, each one, a sorceress
Who churns a magic philter in a slender vase.

Your arms that could make sport of Infant Hercules
Are firm and pitilessly strong enough to squeeze,
 Playing the glossy boa's part,
As though you would imprint your lover on your heart.

Sur ton cou large et rond, sur tes épaules grasses,
Ta tête se pavane avec d'étranges grâces;
 D'un air placide et triomphant
Tu passes ton chemin, majestueuse enfant.

53 • L'INVITATION AU VOYAGE

 Mon enfant, ma sœur,
 Songe à la douceur
D'aller là-bas vivre ensemble!
 Aimer à loisir,
 Aimer et mourir
Au pays qui te ressemble!
 Les soleils mouillés
 De ces ciels brouillés
Pour mon esprit ont les charmes
 Si mystérieux
 De tes traîtres yeux,
Brillant à travers leurs larmes.

Là, tout n'est qu'ordre et beauté
Luxe, calme et volupté.

 Des meubles luisants,
 Polis par les ans,
Décoreraient notre chambre;
 Les plus rares fleurs
 Mêlant leurs odeurs
Aux vagues senteurs de l'ambre,
 Les riches plafonds,
 Les miroirs profonds,
La splendeur orientale,
 Tout y parlerait
 A l'âme en secret
Sa douce langue natale.

Là, tout n'est qu'ordre et beauté,
Luxe, calme et volupté.

Upon your full, round neck, upon your sturdy shoulder,
Your head moves with the stately grace of someone older.
　　　With airs triumphant, although mild,
You go your easy way, O my majestic child!

53 • *L'INVITATION AU VOYAGE*

　　　Sister mine, my child,
　　　Dreamily beguiled,
There we'll go to live, we two!
　　　Live as time goes by,
　　　Love and then to die
In a land that looks like you!
　　　Water-sodden suns,
　　　Skies of turbulence
Bring to mind that cheer
　　　Filled with mysteries
　　　Of your faithless eyes,
Shining brightly through their tears.

There all is ordered loveliness,
Luxuriously calm, voluptuous.

　　　Gleaming beds and chairs,
　　　Polished by the years,
Such would decorate our chamber;
　　　And the rarest blooms
　　　Mix their soft perfumes
With the vague bouquet of amber.
　　　Lofty ceilings' riches,
　　　Mirrors in their niches,
Splendors of the Orient,
　　　Everything would tell
　　　Secrets to the soul
In their native tongue's descant.

There all is ordered loveliness,
Luxuriously calm, voluptuous.

Vois sur ces canaux
Dormir ces vaisseaux
Dont l'humeur est vagabonde;
C'est pour assouvir
ton moindre désir
Qu'ils viennent du bout du monde.
—Les soleils couchants
Revêtent les champs,
Les canaux, la ville entière,
D'hyacinthe et d'or;
Le monde s'endort
Dans une chaude lumière.

Là, tout n'est qu'ordre et beauté,
Luxe, calme et volupté

54 • L'IRRÉPARABLE

Pouvons-nous étouffer le vieux, le long Remords,
Qui vit, s'agite et se tortille,
Et se nourrit de nous comme le ver des morts,
Comme du chêne la chenille?
Pouvons-nous étouffer l'implacable Remords?

Dans quel philtre, dans quel vin, dans quelle tisane,
Noierons-nous ce vieil ennemi,
Destructeur et gourmand comme la courtisane,
Patient comme la fourmi?
Dans quel philtre?—dans quel vin?—dans quelle tisane?

Dis-le, belle sorcière, oh! dis, si tu le sais,
A cet esprit comblé d'angoisse
Et pareil au mourant qu'écrasent les blessés,
Que le sabot du cheval froisse,
Dis-le, belle sorcière, oh! dis, si tu le sais,

See on the canals
Ships with sagging sails
Restless as a vagabond;
They, that they might grant
Your very least intent,
Come from far lands and beyond.
—The sun while going down
Colors all the town,
All canals and every heath,
Hyacinth and gold;
Last sunbeams enfold,
Tenderly, the world in sleep.

There all is ordered loveliness
Luxuriously calm, voluptuous.

54 • BEYOND REPAIR

How can we suffocate the ancient, long Remorse
That lives, ferments and overgrows,
That feeds upon us like the worms within a corpse,
Like caterpillars on the boughs?
How can we suffocate implacable Remorse?

In what potation, in what wine, what kind of tea
We'll drown the ancient combatant,
Whore-like in ruination and in gluttony,
Yet with the patience of an ant?
In what potation?—In what wine?—What tea?

Tell it, fair sorceress, Oh! tell it, if you know,
To him deep in his mind's morass
And like a dying man, demolished by a blow,
And bruised by horseshoes as they pass,
Tell it, fair sorceress, Oh! tell it if you know,

A cet agonisant que le loup déjà flaire
 Et que surveille le corbeau,
A ce soldat brisé! s'il faut qu'il désespère
 D'avoir sa croix et son tombeau;
Ce pauvre agonisant que déjà le loup flaire!

Peut-on illuminer un ciel bourbeux et noir?
 Peut-on déchirer des ténèbres
Plus denses que la poix, sans matin et sans soir,
 Sans astres, sans éclairs funèbres?
Peut-on illuminer un ciel bourbeux et noir?

L'Espérance qui brille aux carreaux de l'Auberge
 Est soufflée, est morte à jamais!
Sans lune et sans rayons, trouver où l'on héberge
 Les martyrs d'un chemin mauvais!
Le Diable a tout éteint aux carreaux de l'Auberge!

Adorable sorcière, aimes-tu les damnés?
 Dis, connais-tu l'irrémissible?
Connais-tu le Remords, aux traits empoisonnés,
 A qui notre cœur sert de cible?
Adorable sorcière, aimes-tu les damnés?

L'Irréparable ronge, avec sa dent maudite
 Notre âme, piteux monument,
Et souvent il attaque, ainsi que le termite,
 Par la base le bâtiment.
L'Irréparable ronge avec sa dent maudite!

—J'ai vu parfois, au fond d'un théâtre banal
 Qu'enflammait l'orchestre sonore,
Une fée allumer dans un ciel infernal
 Une miraculeuse aurore;
J'ai vu parfois au fond d'un théâtre banal

Un être, qui n'était que lumière, or et gaze,
 Terrasser l'énorme Satan;
Mais mon cœur, que jamais ne visite l'extase,
 Est un théâtre où l'on attend
Toujours, toujours en vain, l'Être aux ailes de gaze!

To him in agony whom wolves already scent,
 To whom the crows already come:
This broken soldier! if he must lament
 His having neither cross nor tomb;
Poor man in agony whom wolves already scent!

Can one illuminate a heaven black as slime?
 Can one shred darkness with a lash,
A darkness dense as pitch, no dawn, no eventime,
 No stars, no somber lightning flash?
Can one illuminate a heaven black as slime?

Hope is the light that through the windows of the Inn
 Gutters before it dies forever!
Where shall they lodge (there is no moon, there's not one gleam),
 The martyrs on the paths of evil!
The Devil's darkened all the windows of the Inn!

Adorable enchantress, do you love the damned?
 Or know the irremissible?
Or know Remorse, its poisoned arrows aimed
 Into the targets of the soul?
Adorable enchantress, do you love the damned?

The Irretrievable grinds with its cursed teeth
 Our soul, a piteous monument,
And often it attacks the structures underneath,
 The framework, like a termite-ant.
The Irretrievable grinds with its accursed teeth!

Sometimes I've seen among some cheap stage scenery,
 The brasses shaking it like flame,
A fairy who'd light up across a hellish sky
 The miracle of dawn's demesne.
I've seen sometimes among some cheap stage scenery

A creature, who was made of light and gold and gauze,
 Throw to the ground Satan the Great;
My heart, which ecstasy has never given pause,
 Has been a stage where I must wait
In vain, in vain the creature with the wings of gauze!

Vous êtes un beau ciel d'automne, clair et rose!
Mais la tristesse en moi monte comme la mer,
Et laisse, en refluant, sur ma lèvre morose
Le souvenir cuisant de son limon amer.

—Ta main se glisse en vain sur mon sein qui se pâme;
Ce qu'elle cherche, amie, est un lieu saccagé
Par la griffe et la dent féroce de la femme.
Ne cherchez plus mon cœur; les bêtes l'ont mangé.

Mon cœur est un palais flétri par la cohue;
On s'y soûle, on s'y tue, on s'y prend aux cheveux!
—Un parfum nage autour de votre gorge nue!...

O Beauté, dur fléau des âmes, tu le veux!
Avec tes yeux de feu, brillants comme des fêtes,
Calcine ces lambeaux qu'ont épargnés les bêtes!

56 • CHANT D'AUTOMNE

I

Bientôt nous plongerons dans les froides ténèbres;
Adieu, vive clarté de nos étés trop courts!
J'entends déjà tomber avec des chocs funèbres
Le bois retentissant sur le pavé des cours.

Tout l'hiver va rentrer dans mon être: colère,
Haine, frissons, horreur, labeur dur et forcé,
Et, comme le soleil dans son enfer polaire,
Mon cœur ne sera plus qu'un bloc rouge et glacé.

J'écoute en frémissant chaque bûche qui tombe;
L'échafaud qu'on bâtit n'a pas d'écho plus sourd.
Mon esprit est pareil à la tour qui succombe
Sous les coups du bélier infatigable et lourd.

Your rose-clear beauty is an autumn sky!
But seas of sadness swelled in me have spilt
Upon my lips; the tide has left to dry
The pungent traces of its bitter silt.

—Your fingers stroke my breast in vain, because
That place you seek, dear friend, is torn apart
By women's talons and ferocious jaws.
Seek it no more; the beasts devoured my heart.

My heart's a palace tarnished by the crowd;
They murder here, they riot here, they swill!
—Around your nude breast swims a perfumed cloud!....

O Beauty, scourge of souls, this is your will!
And with your eyes of flame, brilliant as feasts,
Incinerate the shreds left by the beasts!

56 • AUTUMN SONG

1

Soon we shall plunge into the shadow's chill;
Farewell to summer's brilliance, all too short!
Already I hear fateful blows that fell
The great trees crashing in the flagstone court.

All winter long, once more, my soul will swell
With hatred, rage, forced labor, chills and vice;
The sun descends into its polar hell;
My heart becomes a lump of crimson ice.

I listen, quaking, as each tree goes down:
Dull echoes from a gallows being built;
My mind has yielded like a taken town
Destroyed by engines ramming to the hilt.

Il me semble, bercé par ce choc monotone,
Qu'on cloue en grande hâte un cercueil quelque part.
Pour qui?—C'était hier l'été; voici l'automne!
Ce bruit mystérieux sonne comme un départ.

2

J'aime de vos longs yeux la lumière verdâtre,
Douce beauté, mais tout aujourd'hui m'est amer,
Et rien, ni votre amour, ni le boudoir, ni l'âtre,
Ne me vaut le soleil rayonnant sur la mer.

Et pourtant aimez-moi, tendre cœur! soyez mère,
Même pour un ingrat, même pour un méchant;
Amante ou sœur, soyez la douceur éphémère
D'un glorieux automne ou d'un soleil couchant.

Courte tâche! La tombe attend; elle est avide!
Ah! laissez-moi, mon front posé sur vos genoux,
Goûter, en regrettant l'été blanc et torride,
De l'arrière-saison le rayon jaune et doux!

57 • A UNE MADONE

EX-VOTO DANS LE GOUT ESPAGNOL

Je veux bâtir pour toi, Madone, ma maîtresse,
Un autel souterrain au fond de ma détresse,
Et creuser dans le coin le plus noir de mon cœur,
Loin du désir mondain et du regard moqueur,
Une niche, d'azur et d'or tout émaillée,
Où tu te dresseras, Statue émerveillée.
Avec mes Vers polis, treillis d'un pur métal
Savamment constellé de rimes de cristal,
Je ferai pour ta tête une énorme Couronne;
Et dans ma Jalousie, ô mortelle Madone,
Je saurai te tailler un Manteau, de façon
Barbare, roide et lourd, et doublé de soupçon,
Qui, comme une guérite, enfermera tes charmes;

I hear them, somewhere, nailing up a tomb,
Lulled by the monotone of blows that fall.
For whom?—Summer was here; now autumn's come!
The strange din seems the hailings of farewell.

2

I love the greenish light of your long eyes,
Sweet one, yet all is bitterness for me,
And not your love, your room, your hearthfire's blaze
I value over sunlight on the sea.

Yet love me, tender heart; come, be a mother
Even for an ingrate, evil one,
Be, brief sweetness, sister or a lover,
Like autumn's glory or the setting sun.

Be quick! The tomb is waiting; it is avid.
Ah! let me, with my forehead on your knees,
Taste, while regretting summer clean and torrid,
The golden sweetness of autumnal peace.

57 • TO A MADONNA

EX-VOTO IN THE SPANISH STYLE

I wish to build for you, Madone, my own mistress,
An altar underground, beneath my deep distress,
Burrowed in the blackest corner of my heart,
Away from worldly lusts and cynical regard,
A lovely niche enameled all in gold and azure,
Where you will stand upright, a bright and shining Statue.
Where polished verses weave a trellis of pure metal
Embellished by a cunning craft with rhymes of crystal,
I'll fabricate for you a lovely, large Corona;
Because of Jealousy, implacable Madonna,
The Mantle I will cut for you in gothic fashion
Of stiff, ungainly stuff and lined with my suspicion,
Will, like a belvedere, incarcerate your beauty;

Non de Perles brodé, mais de toutes mes Larmes!
Ta Robe, ce sera mon Désir, frémissant,
Onduleux, mon Désir qui monte et qui descend,
Aux pointes se balance, aux vallons se repose,
Et revêt d'un baiser tout ton corps blanc et rose.
Je te ferai de mon Respect de beaux Souliers
De satin, par tes pieds divins humiliés,
Qui, les emprisonnant dans une molle étreinte,
Comme un moule fidèle en garderont l'empreinte.
Si je ne puis, malgré tout mon art diligent,
Pour Marchepied tailler une Lune d'argent,
Je mettrai le Serpent qui me mord les entrailles
Sous tes talons, afin que tu foules et railles,
Reine victorieuse et féconde en rachats,
Ce monstre tout gonflé de haine et de crachats.
Tu verras mes Pensers, rangés comme les Cierges
Devant l'autel fleuri de la Reine des Vierges,
Étoilant de reflets le plafond peint en bleu,
Te regarder toujours avec des yeux de feu;
Et comme tout en moi te chérit et t'admire,
Tout se fera Benjoin, Encens, Oliban, Myrrhe,
Et sans cesse vers toi, sommet blanc et neigeux,
En Vapeurs montera mon Esprit orageux.

Enfin, pour compléter ton rôle de Marie,
Et pour mêler l'amour avec la barbarie,
Volupté noire! des sept Péchés capitaux,
Bourreau plein de remords, je ferai sept Couteaux
Bien affilés, et, comme un jongleur insensible,
Prenant le plus profond de ton amour pour cible,
Je les planterai tous dans ton Cœur pantelant,
Dans ton Cœur sanglotant, dans ton Cœur ruisselant!

58 • CHANSON D'APRÈS-MIDI

Quoique tes sourcils méchants
Te donnent un air étrange
Qui n'est pas celui d'un ange,
Sorcière aux yeux alléchants,

Not Pearls, my flow of Tears will fashion its embroidery!
Trembling and writhing, my Desire will be your Dress,
Desire that swells to match the curving of your flesh,
Erect upon the peaks, reposing in the vale,
It clothes with kisses all your body, rose and pale.
From my Respect I'll fashion Slippers of pongee
Humiliated by your foot's divinity,
Which, holding as a prisoner in a gentle grasp,
Preserves a footprint perfectly within its clasp.
If I, despite my art and diligence, cannot
Carve from the silver Moon a Marchepied for your foot,
I shall dispose the Serpent biting my entrails
Beneath your heel that you can bruise his head and rail
At him, this monster stuffed with spittle and with hate,
Victorious Queen, who hastens to emancipate.
You shall behold my Thoughts like lighted Candles strewn
Before the Queen of Virgins altar hung with bloom;
They'll stud the azure ceiling with reflected stars
To watch you evermore with eyes like distant fires;
And just as all I am admires you, holds you dear,
All turns to Benzoin, Incense, Olibanum, Myrrh,
And ceaselessly toward you, O summit white with snow,
My troubled Soul, ascending through the Mists, must go.

At last, to bring your Mary to catastrophe,
To mingle adoration with barbarity
Of black debauchery! of seven Deadly Sins,
A rueful hangman, I shall fashion seven Skeans
Well honed, and, knowing well a callous juggler's art,
Selecting for my target your love's deepest part,
I'll hurl each one of them into your throbbing Heart,
Into your bleeding Heart, into your sobbing Heart!

58 • AFTERNOON SONG

Even though your wicked brow
Makes your manner rather quaint,
Not the manner of a saint,
Sorceress with eyes that glow,

Je t'adore ô ma frivole,
Ma terrible passion!
Avec la dévotion
Du prêtre pour son idole.

Le désert et la forêt
Embaument tes tresses rudes:
Ta tête a les attitudes
De l'énigme et du secret.

Sur ta chair le parfum rôde
Comme autour d'un encensoir;
Tu charmes comme le soir,
Nymphe ténébreuse et chaude.

Ah! les philtres les plus forts
Ne valent pas ta paresse,
Et tu connais la caresse
Qui fait revivre les morts!

Tes hanches sont amoureuses
De ton dos et de tes seins,
Et tu ravis les coussins
Par tes poses langoureuses

Quelquefois, pour apaiser
Ta rage mystérieuse,
Tu prodigues, sérieuse,
La morsure et le baiser;

Tu me déchires, ma brune,
Avec un rire moqueur,
Et puis tu mets sur mon cœur
Ton œil doux comme la lune.

Sous tes souliers de satin,
Sous tes charmants pieds de soie,
Moi, je mets ma grande joie,
Mon génie et mon destin,

I adore you, cheery bee,
My unmitigated passion!
With the resolute devotion
Priests must have for deity.

Winds from deserts and from woods
Bring fragrance to your tousled hair;
You toss your head and will not share
Your secret, enigmatic moods.

Perfume prowls upon your skin
Like a dark and spicy incense;
You're charming as the evening's presence,
Dusky, humid Nymphalin.

The strongest philters I contrive
Are stifled by your slothfulness;
Yours is the magical caress
That brings the fallen one to life!

Your thighs and hips become the lovers
Of your back and of your breast;
The attitudes in which you rest
Ravish your cushions and the covers.

Sometimes, trying to appease
Your own wild and mysterious rage,
You open with a swift barrage
Of tiny bitings with your kiss.

You lash me, little octaroon,
Your mocking laugh tears me apart,
Then solace flows into my heart
From eyes as gentle as the moon.

Under your slipper's satin ply,
Under your charming silken foot,
All my joys I gladly set,
My genius and my destiny;

Mon âme par toi guérie,
Par toi, lumière et couleur!
Explosion de chaleur
Dans ma noire Sibérie!

59 • SISINA

Imaginez Diane en galant équipage,
Parcourant les forêts ou battant les halliers,
Cheveux et gorge au vent, s'enivrant de tapage,
Superbe et défiant les meilleurs cavaliers!

Avez-vous vu Théroigne, amante du carnage,
Excitant à l'assaut un peuple sans souliers,
La joue et l'œil en feu, jouant son personnage,
Et montant, sabre au poing, les royaux escaliers?

Telle la Sisina! Mais la douce guerrière
A l'âme charitable autant que meurtrière;
Son courage, affolé de poudre et de tambours,

Devant les suppliants sait mettre bas les armes,
Et son cœur, ravagé par la flamme, a toujours,
Pour qui s'en montre digne, un réservoir de larmes.

60 • À UNE DAME CRÉOLE

Au pays parfumé que le soleil caresse,
J'ai connu, sous un dais d'arbres tout empourprés
Et de palmiers d'où pleut sur les yeux la paresse,
Une dame créole aux charmes ignorés.

Son teint est pâle et chaud; la brune enchanteresse
A dans le cou des airs noblement maniérés;
Grande et svelte en marchant comme une chasseresse,
Son sourire est tranquille et ses yeux assurés.

My soul's revived by what you are,
Warm explosions in the night!
Detonations of the heat
In my black Siberia!

59 • SISINA

Imagine chaste Diana, armed in elegance,
Running through the forests, shoving through the gorse,
Her hair windblown, her throat aglow with turbulence,
Superb as she defies the best of men on horse!

Have you not seen Théroigne, whose love is butchery,
Inciting shoeless rabble to a vain assault,
With blazing eyes and cheeks—her role is gallantry—
Ascending, sword in fist, to breech the royal vault?

Such is Sisina! Even though the charming huntress
May seem to be a caring soul, she is a murderess;
Her courage, driven mad by musketry and drum,

Knows to disarm itself before idolaters;
Her heart, laid waste by flames, can always count upon,
For purpose of display, a reservoir of tears.

60 • TO A CREOLE LADY

In a land of perfume that tropic suns caress,
I came to know, beneath an arch of crimson trees
And palms which wet the eyes with drops of laziness,
A Creole lady's unexpected sorceries.

Her skin is pale and warm; the tawny-haired enchantress
Has in her curving neck most nobly mannered ways;
Erect and slim, she strides as easy as a huntress,
Her mouth a tranquil smile, her eyes a level gaze.

Si vous alliez, Madame, au vrai pays de gloire,
Sur les bords de la Seine ou de la verte Loire,
Belle digne d'orner les antiques manoirs,

Vous feriez, à l'abri des ombreuses retraites,
Germer mille sonnets dans le cœur des poëtes,
Que vos grands yeux rendraient plus soumis que vos noirs.

61 • MOESTA ET ERRABUNDA

Dis-moi, ton cœur parfois s'envole-t-il, Agathe,
Loin du noir océan de l'immonde cité,
Vers un autre océan où la splendeur éclate,
Bleu, clair, profond, ainsi que la virginité?
Dis-moi, ton cœur parfois s'envole-t-il, Agathe?

La mer, la vaste mer, console nos labeurs!
Quel démon a doté la mer, rauque chanteuse
Qu'accompagne l'immense orgue des vents grondeurs,
De cette fonction sublime de berceuse?
Le mer, la vaste mer, console nos labeurs!

Emporte-moi, wagon! enlève-moi, frégate!
Loin, loin! ici la boue est faite de nos pleurs!
—Est-il vrai que parfois le triste cœur d'Agathe
Dise: Loin des remords, des crimes, des douleurs,
Emporte-moi, wagon, enlève-moi, frégate?

Comme vous êtes loin, paradis parfumé,
Où sous un clair azur tout n'est qu'amour et joie,
Où tout ce que l'on aime est digne d'être aimé,
Où dans la volupté pure le cœur se noie!
Comme vous êtes loin, paradis parfumé?

Mais le vert paradis des amours enfantines,
Les courses, les chansons, les baisers, les bouquets,
Les violons vibrant derrière les collines,
Avec les brocs de vin, le soir, dans les bosquets,
—Mais le vert paradis des amours enfantines,

If to true lands of glory, Madam, you would come,
On the embankments of the Seine or verdant Loire,
With beauty worthy to adorn an ancient home,

You'd plant beneath the arches of their shaded parks
A thousand seedling sonnets in the poets' hearts
Made by your gaze more abject than your blackamoor.

61 • MOESTA ET ERRABUNDA

Say, Agatha, does your heart sometimes wish to fly
Far from the swarthy ocean of the town's debris,
On toward another ocean through a splendid sky
All blue and clear and flawless as virginity?
Say, Agatha, does your heart sometimes wish to fly?

The sea, the boundless sea, consoles us for our toil!
The strident sea whose raucous songs accompany
The heavy organ of the winds' complaining howl:
What demon also gave the sea a lullaby?
The sea, the boundless sea, consoles us for our toil!

Coach, carry me away! O frigate, fly with me!
Away! Away! In this place mud is made with tears!
—Is it not true the heart of Agatha may say:
Away from sadness, from remorse, from crimes and cares
Coach, carry me away, O frigate, fly with me?

How far, perfumed paradise, how far from me,
Where only love and joy reflect an azure sky,
Where everything is loved, and all deserves to be,
Where hearts are so suffused in pleasure they could die!
How far, perfumed paradise, how far from me!

But it's still green, that paradise of love-struck youth,
The races and the songs, the kisses and the flowers,
The vibrant violins behind the hummock's growth,
With flasks of wine at evening in the shaded bowers,
—It is still green, the paradise of love-struck youth.

L'innocent paradis, plein de plaisirs furtifs,
Est-il déjà plus loin que l'Inde et que la Chine?
Peut-on le rappeler avec des cris plaintifs,
Et l'animer encor d'une voix argentine,
L'innocent paradis plein de plaisirs furtifs?

62 • LE REVENANT

Comme les anges à l'œil fauve,
Je reviendrai dans ton alcôve
Et vers toi glisserai sans bruit
Avec les ombres de la nuit;

Et je te donnerai, ma brune,
Des baisers froids comme la lune
Et des caresses de serpent
Autour d'une fosse rampant.

Quand viendra le matin livide,
Tu trouveras ma place vide,
Où jusqu'au soir il fera froid.

Comme d'autres par la tendresse,
Sur ta vie et sur ta jeunesse,
Moi, je veux régner par l'effroi.

63 • SONNET D'AUTOMNE

Ils me disent, tes yeux, clairs comme le cristal:
"Pour toi, bizarre amant, quel est donc mon mérite?"
—Sois charmante et tais-toi! Mon cœur, que tout irrite,
Excepté la candeur de l'antique animal,

Ne veut pas te montrer son secret infernal,
Berceuse dont la main aux longs sommeils m'invite,
Ni sa noire légende avec la flamme écrite.
Je hais la passion et l'esprit me fait mal!

Innocent paradise, suffused with furtive joys,
Is it not further now than Madras or Shantung?
How can we restore it with a plaintive voice
And bring it back to life with silver tongue,
Innocent paradise, suffused with furtive joys?

62 • THE GHOST

Like the angels wild of eye
I shall discover where you lie;
As shadows lengthen on the ground,
I'll come to you without a sound.

For you, my little octaroon,
Cold kisses, colder than the moon;
Caresses like a serpent slide
Along the smooth crevasse's side.

And when the dawn is not yet gray
You'll find your lover's slipped away,
My place beside you cold till night.

Others try by being kind
To rule your youthfulness and mind;
I will subjugate by fright!

63 • AUTUMN SONNET

Your eyes are crystal clear, their question natural;
"Tell me, eccentric lover, what am I to you?"
—Be charming and be quiet! My crabbed heart, it's true,
But for the candor of an antique animal,

Would only wish to keep its hellish secret still,
That blackened legend written out in burning embers,
Hidden from you, my nurse, whose touch invites long slumbers.
I hate the passion, and the spirit makes me ill.

Aimons-nous doucement. L'Amour dans sa guérite,
Ténébreux, embusqué, bande son arc fatal.
Je connais les engins de son vieil arsenal:

Crime, horreur et folie!—O pâle marguerite!
Comme moi n'es-tu pas un soleil automnal,
O ma si blanche, ô ma si froide Marguerite?

64 • TRISTESSES DE LA LUNE

Ce soir, la lune rêve avec plus de paresse;
Ainsi qu'une beauté, sur de nombreux coussins,
Qui d'une main discrète et légère caresse
Avant de s'endormir le contour de ses seins,

Sur le dos satiné des molles avalanches,
Mourante, elle se livre aux longues pâmoisons,
Et promène ses yeux sur les visions blanches
Qui montent dans l'azur comme des floraisons.

Quand parfois sur ce globe, en sa langueur oisive,
Elle laisse filer une larme furtive,
Un poëte pieux, ennemi du sommeil,

Dans le creux de sa main prend cette larme pâle,
Aux reflets irisés comme un fragment d'opale,
Et la met dans son cœur loin des yeux du soleil.

65 • LES CHATS

Les amoureux fervents et les savants austères
Aiment également, dans leur mûre saison,
Les chats puissants et doux, orgueil de la maison,
Qui comme eux sont frileux et comme eux sédentaires.

Be gentle in our love. Love in his catbird seat,
Obscured, in ambuscade, draws back his fatal bow.
I know the engines of his arsenal by now:

Crime, horror, madness!—O my pallid marguerite!
Are you not now, like me, an autumn's sunlit glow,
O white as snow, as cold as snow, my Marguerite?

64 • SORROWS OF THE MOON

Tonight the moon dreams in a deeper languidness,
And, like a beauty on her cushions, lies at rest;
While drifting off to sleep, a tentative caress
Seeks, with a gentle hand, the contour of her breast;

As on a crest above her silken avalanche,
Dying, she yields herself to an unending swoon,
And sees a pallid vision everywhere she'd glance,
In the azure sky where blossoms have been strewn.

When sometimes, in her weariness, upon our sphere
She might permit herself to shed a furtive tear,
A poet of great piety, a foe of sleep,

Catches in the hollow of his hand that tear,
An opal fragment, iridescent as a star;
Within his heart, far from the sun, it's buried deep.

65 • CATS

They are alike, prim scholar and perfervid lover:
When comes the season of decay, they both decide
Upon sweet, husky cats to be the household pride;
Cats choose, like them, to sit, and like them, shudder.

Amis de la science et de la volupté,
Ils cherchent le silence et l'horreur des ténèbres;
L'Érèbe les eût pris pour ses coursiers funèbres,
S'ils pouvaient au servage incliner leur fierté.

Ils prennent en songeant les nobles attitudes
Des grands sphinx allongés au fond des solitudes,
Qui semblent s'endormir dans un rêve sans fin;

Leurs reins féconds sont pleins d'étincelles magiques,
Et des parcelles d'or, ainsi qu'un sable fin,
Étoilent vaguement leurs prunelles mystiques.

66 • LES HIBOUX

Sous les ifs noirs qui les abritent,
Les hiboux se tiennent rangés,
Ainsi que les dieux étrangers,
Dardant leur œil rouge. Ils méditent.

Sans remuer ils se tiendront
Jusqu'à l'heure mélancolique
Où, poussant le soleil oblique,
Les ténèbres s'établiront.

Leur attitude au sage enseigne
Qu'il faut en ce monde qu'il craigne
Le tumulte et le mouvement;

L'homme ivre d'une ombre qui passe
Porte toujours le châtiment
D'avoir voulu changer de place.

Like partisans of carnal dalliance and science,
They search for silence and the shadowings of dread;
Hell well might harness them as horses for the dead,
If it could bend their native proudness in compliance.

In reverie they emulate the noble mood
Of giant sphinxes stretched in depths of solitude
Who seem to slumber in a never-ending dream;

Within their fertile loins a sparkling magic lies;
Finer than any sand are dusts of gold that gleam,
Vague starpoints, in the mystic iris of their eyes.

66 • OWLS

Under the yew tree's somber shade
The owls sit hunched upon a bough,
Outlandish idols in a row.
Their red eyes roll. They meditate.

Motionless, they sit and wait
The hour of melancholy light,
Of dwindling sun and failing sight
When lines of shadows finally fade.

Their attitude instructs the wise
That in this world one must despise
The tumult and the turbulent;

The man made wild by passing shades
Will always suffer chastisement
For having wished to change his place.

Je suis la pipe d'un auteur;
On voit, à contempler ma mine
D'Abyssinienne ou de Cafrine,
Que mon maître est un grand fumeur.

Quand il est comblé de douleur,
Je fume comme la chaumine
Où se prépare la cuisine
Pour le retour du laboureur.

J'enlace et je berce son âme
Dans le réseau mobile et bleu
Qui monte de ma bouche en feu,

Et je roule un puissant dictame
Qui charme son cœur et guérit
De ses fatigues son esprit.

68 • LA MUSIQUE

La musique souvent me prend comme une mer!
 Vers ma pâle étoile,
Sous un plafond de brume ou dans un vaste éther,
 Je mets à la voile;

La poitrine en avant et les poumons gonflés
 Comme de la toile,
J'escalade le dos des flots amoncelés
 Que la nuit me voile;

Je sens vibrer en moi toutes les passions
 D'un vaisseau qui souffre;
Le bon vent, la tempête et ses convulsions

 Sur l'immense gouffre
Me bercent. D'autres fois, calme plat, grand miroir
 De mon désespoir!

I am the pipe of an old author
Who smokes a lot, as one could guess,
Because the color of my face
Is Abyssinian or Kaffir.

When his remorse begins to burn,
I fume like anybody's cottage
Where someone's wife prepares a pottage
Against her workingman's return.

I cradle and entwine his soul
Within a drifting blue-grey cloud
That rises from my fiery bowl;

A powerful comfort spreads about
His tired heart and begins to cure
His spirit's sad discomfiture.

68 • MUSIC

Music often carries me as though at sea!
 Toward my star grown pale,
Beneath cloud cover or through spaces vast and free,
 I set my sail;

Then with my chest thrust out and with my lungs filled up
 Like a swelling sail,
I climb each wave as though it were a mountain top
 Beneath night's veil;

I feel vibrating in my body all the passion
 Of vessels in distress;
Stiff winds, the tempest and its terrible convulsion

 Within the deep abyss
Soothe me. At other times dead calm becomes a mirror
 Of my despair!

Si par une nuit lourde et sombre
Un bon chrétien, par charité,
Derrière quelque vieux décombre
Enterre votre corps vanté.

A l'heure où les chastes étoiles
Ferment leurs yeux appesantis,
L'araignée y fera ses toiles,
Et la vipère ses petits;

Vous entendrez toute l'année
Sur votre tête condamnée
Les cris lamentables des loups

Et des sorcières faméliques,
Les ébats des vieillards lubriques
Et les complots des noirs filous.

70 • UNE GRAVURE FANTASTIQUE

Ce spectre singulier n'a pour toute toilette,
Grotesquement campé sur ton front de squelette,
Qu'un diadème affreux sentant le carnaval.
Sans éperons, sans fouet, il essouffle un cheval,
Fantôme comme lui, rosse apocalyptique,
Qui bave des naseaux comme un épileptique.
Au travers de l'espace ils s'enfoncent tous deux,
Et foulent l'infini d'un sabot hasardeux.
Le cavalier promène un sabre qui flamboie
Sur les foules sans nom que sa monture broie,
Et parcourt, comme un prince inspectant sa maison,
Le cimetière immense et froid, sans horizon,
Où gisent, aux lueurs d'un soleil blanc et terne,
Les peuples de l'histoire ancienne et moderne.

Suppose one somber, sultry night
A Christian, out of charity,
Inters behind a midden site
That flesh of yours, worn vauntingly,

At such an hour when stars' chaste light
Will close your eyelids heavily,
When scheming spiders tug webs tight
And vipers spawn their progeny;

Each night you'll hear above the bed
Of your bereft, unshriven head
The howling when a wolfpack grieves

And famished sorcerers complain,
Lubricious frolics of old men
And whispered plotting of black thieves.

70 • A FANTASTIC ENGRAVING

This singular phantasm, dressed for carnival,
Has planted on the forehead of his naked skull
A ghastly diadem: it is his entire dress.
Sans spurs, sans crop, he rides his horse to breathlessness;
Also a phantom, his apocalyptic nag,
It heaves and slobbers like an epileptic hag.
Through space the two of them together shove
And trample on the infinite with chancy hoof.
The sword that blazes in the horseman's hand is thrust
Above the faceless throng his horse grinds into dust;
He surveys, as a prince might overlook his sphere,
The cemetery, vast and cold, without frontier,
Where, stretched beneath a white and listless sun, they lie,
The people of all old and modern history.

Dans une terre grasse et pleine d'escargots
Je veux creuser moi-même une fosse profonde,
Où je puisse à loisir étaler mes vieux os
Et dormir dans l'oubli comme un requin dans l'onde.

Je hais les testaments et je hais les tombeaux;
Plutôt que d'implorer une larme du monde,
Vivant, j'aimerais mieux inviter les corbeaux
A saigner tous les bouts de ma carcasse immonde.

O vers! noirs compagnons sans oreille et sans yeux,
Voyez venir à vous un mort libre et joyeux;
Philosophes viveurs, fils de la pourriture,

A travers ma ruine allez donc sans remords,
Et dites-moi s'il est encor quelque torture
Pour ce vieux corps sans âme et mort parmi les morts!

72 • LE TONNEAU DE LA HAINE

La Haine est le tonneau des pâles Danaïdes;
La Vengeance éperdue aux bras rouges et forts
A beau précipiter dans ses ténèbres vides
De grands seaux pleins du sang et des larmes des morts,

Le Démon fait des trous secrets à ces abîmes,
Par où fuiraient mille ans de sueurs et d'efforts,
Quand même elle saurait ranimer ses victimes,
Et pour les pressurer ressusciter leurs corps.

La Haine est un ivrogne au fond d'une taverne,
Qui sent toujours la soif naître de la liqueur
Et se multiplier comme l'hydre de Lerne.

—Mais les buveurs heureux connaissent leur vainqueur,
Et la Haine est vouée à ce sort lamentable
De ne pouvoir jamais s'endormir sous la table.

Somewhere, in a country lush and fat with snails,
I wish that I might dig myself a narrow grave
Where my old bones, at leisure, could stretch out a while
And sleep, oblivious like sharks beneath the wave.

Last wills and testaments I hate, and tombs I hate;
And rather than implore the world to weep for me,
While I'm still living I'd be happy to invite
The crows to drain blood from my carcass's debris.

O worms! black comrades without ears or even eyes,
Behold, there comes to you a free and joyful prize;
You philosophic wastrels, children of putrescence:

Within my ruins carry on without regret,
And tell me what is still to come, what novel torments
For this, my soulless corpse, this dead among the dead!

72 • VAT OF HATRED

Hate is the leaking vat of the Danaides;
Even baffled Vengeance, his shoulders hard and red,
Exerts himself in vain to fill the puzzling space
With buckets full of blood and tears drained from the dead.

The Fiend has opened secret sewers in the well
Through which could pour a thousand years of sweat and strain,
When he himself will raise each victim's mortal shell
To squeeze, to resurrect the body once again.

Hate is a sodden drunkard on the tavern floor
Who suffers from an endless thirst for alcohol;
Like Lorna's hydra, it's his own progenitor.

—The cheerful drunkards know the reason for their fall,
But Hatred is an addict who is never able
To fall down drunk and sleep it off under the table.

Il est amer et doux, pendant les nuits d'hiver,
D'écouter, près du feu qui palpite et qui fume,
Les souvenirs lointains lentement s'élever
Au bruit des carillons qui chantent dans la brume.

Bienheureuse la cloche au gosier vigoureux
Qui, malgré sa vieillesse, alerte et bien portante,
Jette fidèlement son cri religieux,
Ainsi qu'un vieux soldat qui veille sous la tente!

Moi, mon âme est fêlée, et lorsqu'en ses ennuis
Elle veut de ses chants peupler l'air froid des nuits,
Il arrive souvent que sa voix affaiblie

Semble le râle épais d'un blessé qu'on oublie
Au bord d'un lac de sang, sous un grand tas de morts,
Et qui meurt, sans bouger, dans d'immenses efforts.

74 • SPLEEN

Pluviôse, irrité contre la ville entière,
De son urne à grands flots verse un froid ténébreux
Aux pâles habitants du voisin cimetière
Et la mortalité sur les faubourgs brumeux.

Mon chat sur le carreau cherchant une litière
Agite sans repos son corps maigre et galeux;
L'âme d'un vieux poëte erre dans la gouttière
Avec la triste voix d'un fantôme frileux.

Le bourdon se lamente, et la bûche enfumée
Accompagne en fausset la pendule enrhumée,
Cependant qu'en un jeu plein de sales parfums,

Héritage fatal d'une vieille hydropique,
Le beau valet de cœur et la dame de pique
Causent sinistrement de leurs amours défunts.

It's sweet and bitter during winter nights,
To listen, by the coals that smoke and flare,
For distant memories that slowly rise
Among the sounds of chimes in misty air.

How blessed is that bell with lusty throat;
Despite his age, alert, belligerent,
He faithfully hurls forth his pious note:
A keen old soldier upright in his tent!

And I? My soul is cracked. When in despair
It tries to fill with songs the cold night air,
Its voice will often make so weak a sound,

The gasp of a forgotten one whose wound
Has dropped him in a lake of blood, who lies
Piled with the dead. He gives one heave, then dies.

74 • SPLEEN

Pluvius pauses at our town with petulance,
Pours from his urn a cloudburst, cold and shadowy,
Upon the nearby graveyard's pale inhabitants,
Upon the fogbound suburbs pours mortality.

My cat attempts to bed down on the tiles; her gaunt
And mangy body writhes and stretches restlessly.
An aging poet's soul hunts gutter spouts to haunt,
His sad voice sounding like a quavering banshee.

The heavy bell laments; the smoke-enshrouded log
Accompanies in falsetto the asthmatic clock,
While in a deck of cards, exhaling stale perfume,

A dropsical old woman's deathbed heritage,
Side by side the knave of hearts and queen of spades
Speak evil of their lovers lying in the tomb.

J'ai plus de souvenirs que si j'avais mille ans.

Un gros meuble à tiroirs encombré de bilans,
De vers, de billets doux, de procès, de romances,
Avec de lourds cheveux roulés dans des quittances,
Cache moins de secrets que mon triste cerveau.
C'est une pyramide, un immense caveau,
Qui contient plus de morts que la fosse commune.
—Je suis un cimetière abhorré de la lune,
Où comme des remords se traînent de longs vers
Qui s'acharnent toujours sur mes morts les plus chers.
Je suis un vieux boudoir plein de roses fanées,
Où gît tout un fouillis de modes surannées,
Où les pastels plaintifs et les pâles Boucher,
Seuls, respirent l'odeur d'un flacon débouché.

Rien n'égale en longueur les boiteuses journées,
Quand sous les lourds flocons des neigeuses années,
L'ennui, fruit de la morne incuriosité,
Prend les proportions de l'immortalité.
—Désormais tu n'es plus, ô matière vivante!
Qu'un granit entouré d'une vague épouvante,
Assoupi dans le fond d'un Saharah brumeux;
Un vieux sphinx ignoré du monde insoucieux,
Oublié sur la carte, et dont l'humeur farouche
Ne chante qu'aux rayons du soleil qui se couche.

Je suis comme le roi d'un pays pluvieux,
Riche, mais impuissant, jeune et pourtant très-vieux,
Qui, de ses précepteurs méprisant les courbettes,
S'ennuie avec ses chiens comme avec d'autres bêtes.
Rien ne peut l'égayer, ni gibier, ni faucon,
Ni son peuple mourant en face du balcon.
Du bouffon favori la grotesque ballade
Ne distrait plus le front de ce cruel malade;

I couldn't hold more memories in a thousand years.

A heavy chest of drawers containing scraps of verse,
Check stubs, love letters, writs, a summons, a ballade,
Thick curls of hair preserved in twists of bills marked paid,
Holds fewer secrets than my melancholy brain.
It is a pyramid; it is an open drain
Containing more cadavers than a pauper's tomb.
—I am a cemetery hated by the moon
Where, like remorse, long worms have dragged themselves inside
To work away forever on dear ones who've died.
I am an old boudoir filled with the faded rose,
Where, all in disarray, outmoded styles repose,
Where only plaintive pastels and the pale Bouchers
Inhale the dull perfumes of flagons long since dry.

Nothing can match the tedium of halting days,
When, slowly captured in the drifts of years and snows,
Ennui, the fruit of dull incuriosity,
Achieves the amplitude of immortality.
—From this time forth, O stuff of life, you are no more
Than blocks of granite compassed round by some vague fear,
Dozing in the depths of a Sahara's dust;
An ancient sphinx, lost in the world's disinterest,
Lost on the map, your wild caprice was never sung
Except beneath the luster of the setting sun.

I am, it seems, the monarch of these rain-drenched lands,
Who's young yet somehow old, rich, with feeble hands,
Who waves away with scorn his sycophantic teachers,
Bored to nausea with his dogs and other creatures.
Nothing amuses him: nor chase, nor falconry,
Nor people dying opposite his balcony.
Nor can the favored jester's new, grotesque ballade
Unclench again the brow of this cruel invalid;

Son lit fleurdelisé se transforme en tombeau,
Et les dames d'atour, pour qui tout prince est beau,
Ne savent plus trouver d'impudique toilette
Pour tirer un souris de ce jeune squelette.
Le savant qui lui fait de l'or n'a jamais pu
De son être extirper l'élément corrompu,
Et dans ces bains de sang qui des Romains nous viennent,
Et dont sur leurs vieux jours les puissants se souviennent,
Il n'a su réchauffer ce cadavre hébété
Où coule au lieu de sang l'eau verte du Léthé.

77 • SPLEEN

Quand le ciel bas et lourd pèse comme un couvercle
Sur l'esprit gémissant en proie aux longs ennuis,
Et que de l'horizon embrassant tout le cercle
Il nous verse un jour noir plus triste que les nuits;

Quant la terre est changée en un cachot humide,
Où l'Espérance, comme une chauve-souris,
S'en va battant les murs de son aile timide
Et se cognant la tête à des plafonds pourris;

Quand la pluie étalant ses immenses traînées
D'une vaste prison imite les barreaux,
Et qu'un peuple muet d'infâmes araignées
Vient tendre ses filets au fond de nos cerveaux,

Des cloches tout à coup sautent avec furie
Et lancent vers le ciel un affreux hurlement,
Ainsi que des esprits errants et sans patrie
Qui se mettent à geindre opiniâtrément.

—Et de longs corbillards, sans tambours ni musique,
Défilent lentement dans mon âme; l'Espoir,
Vaincu, pleure, et l'Angoisse atroce, despotique,
Sur mon crâne incliné plante son drapeau noir.

His bed of fleur-de-lis is transformed to a tomb;
Young ladies of the court in impudent costume,
With skilled, adoring tricks besport themselves the while,
But from this pale young skull cannot entice a smile.
The alchemist who makes him gold is never able
To extirpate from him the stain of the ignoble;
And even baths of blood, a Roman heritage
That strong men might recall in days of their old age,
Cannot suffuse with warmth this indolent cadaver
Through which, instead of blood, meanders Lethe's river.

77 • SPLEEN

When low and sullen skies lie solid as a lid
Upon the groaning spirit, prey to long ennui,
And the encompassing horizons overspread
Us with a dismal day, more sad than night could be,

When earth has changed itself to humid prison cells
Where every expectation like a frightened bat
Flies up on timid wing, flapping against the walls
And battering its head into the ceiling's rot,

When rain deploying an immense down-pouring sheet
That seems to be as hard as walls around a prison,
And when a silent swarm of loathsome spiders seat
Their filaments into the fabric of our reason,

All of a sudden bells arouse themselves in fury
And hurl against the sky a frightful bellowing
Like souls without a land, astray and solitary,
Who only now begin a stubborn clamoring.

—Long hearses, without drums and without music, file
In languishing procession through my soul, and Hope,
Defeated by atrocious Agony, weeps while
The despot plants her somber flag on my skuil's slope.

Grands bois, vous m'effrayez comme des cathédrales;
Vous hurlez comme l'orgue; et dans nos cœurs maudits,
Chambres d'éternel deuil où vibrent de vieux râles,
Répondent les échos de vos *De profundis.*

Je te hais, Océan! tes bonds et tes tumultes,
Mon esprit les retrouve en lui; ce rire amer
De l'homme vaincu, plein de sanglots et d'insultes,
Je l'entends dans le rire énorme de la mer.

Comme tu me plairais, ô nuit! sans ces étoiles
Dont la lumière parle un langage connu!
Car je cherche le vide, et le noir, et le nu!

Mais les ténèbres sont elles-mêmes des toiles
Où vivent, jaillissant de mon œil par milliers,
Des êtres disparus aux regards familiers.

79 • LE GOUT DU NÉANT

Morne esprit, autrefois amoureux de la lutte,
L'Espoir, dont l'éperon attisait ton ardeur,
Ne veut plus t'enfourcher! Couche-toi sans pudeur,
Vieux cheval dont le pied à chaque obstacle butte.

Résigne-toi, mon cœur; dors ton sommeil de brute.

Esprit vaincu, fourbu! Pour toi, vieux maraudeur,
L'amour n'a plus de goût, non plus que la dispute;
Adieu donc, chants du cuivre et soupirs de la flûte!
Plaisirs, ne tentez plus un cœur sombre et boudeur!

Le Printemps adorable a perdu son odeur!

You great woods, like a leaved cathedral, frighten me;
You bellow like an organ; in our cursed breasts
Are chambers filled with pain where rales of agony
Reverberate your *De profundis* anapests.

I hate you, Ocean! hate your tumble and your tumult,
My spirit knows them well; the cold hilarity
Of vanquished men, the hidden weeping and the insult,
I hear them in the boisterous laughter from the sea.

How you would gladden me, O night! without those stars
Whose light speaks in a language so well understood!
Instead, I seek the black, the vacant, and the nude!

Upon the empty canvas of the void appears,
Projected from my eye, many a vanished face;
And each one stares at me with a familiar gaze.

79 • THE TASTE OF NOTHINGNESS

My weary mind, once lover of the rough and tumble,
Now Hope, whose spur could always make your nostrils flame,
No longer wants to ride you! Lie down without shame,
Old horse whose hoof on any stone might stumble.

Resign yourself, my heart; be torpid with the humble.

Exhausted, vanquished soul! For you, my old marauder,
Love is no longer to your taste, nor is dispute;
Farewell then, singing brasses and the sighing flute!
Pleasures, tempt him no more, the gloomy-hearted pouter!

Even the darling Springtime's lost her thrilling odor!

Et le Temps m'engloutit minute par minute,
Comme la neige immense un corps pris de roideur;
Je contemple d'en haut le globe en sa rondeur,
Et je n'y cherche plus l'abri d'une cahute.

Avalanche, veux-tu m'emporter dans ta chute?

80 • ALCHIMIE DE LA DOULEUR

L'un t'éclaire avec son ardeur,
L'autre en toi met son deuil, Nature!
Ce qui dit à l'un: Sépulture!
Dit à l'autre: Vie et splendeur!

Hermès inconnu qui m'assistes
Et qui toujours m'intimidas,
Tu me rends l'égal de Midas,
Le plus triste des alchimistes;

Par toi je change l'or en fer
Et le paradis en enfer;
Dans le suaire des nuages

Je découvre un cadavre cher,
Et sur les célestes rivages
Je bâtis de grands sarcophages.

81 • HORREUR SYMPATHIQUE

—Dans ce ciel bizarre et livide,
Tourmenté comme ton destin,
Quels pensers dans ton âme vide
Descendent? réponds, libertin.

And minute by swift minute Time's dissolving me,
Swept like a frozen corpse where clouds of snow are swirled;
From heights I contemplate the roundness of the world
And don't search any longer for a sheltering lee.

Avalanche, in your crush will you not swallow me?

80 • ALCHEMY OF GRIEF

Nature! One lights you up with ardor,
Another offers you his gloom!
That which says to one: The Tomb!
Says to another: Life and splendor!

Mysterious Hermes, who assists
And threatens me from day to day,
You've made me Midas' protege,
That saddest of all alchemists.

But I somehow make dross from gold;
I transmute paradise to hell,
And clouds to shrouds where I behold

A corpse beloved and beautiful
For which, along celestial quays,
A grand sarcophagus I raise.

81 • SYMPATHETIC HORROR

—From this sky, grey and overwrought,
As turbulent as your own fate,
Into your empty soul have dropped
What concepts? Answer, profligate.

—Insatiablement avide
De l'obscur et de l'incertain,
Je ne geindrai pas comme Ovide
Chassé du paradis latin.

Cieux déchirés comme des grèves,
En vous se mire mon orgueil;
Vos vastes nuages en deuil

Sont les corbillards de mes rêves,
Et vos lueurs sont le reflet
De l'Enfer où mon cœur se plaît.

82 • *L'HÉAUTON TIMOROUMÉNOS*

À J.G.F.

Je te frapperai sans colère
Et sans haine, comme un boucher,
Comme Moïse le rocher!
Et je ferai de ta paupière,

Pour abreuver mon Saharah,
Jaillir les eaux de la souffrance.
Mon désir gonflé d'espérance
Sur tes pleurs salés nagera

comme un vaisseau qui prend le large,
Et dans mon cœur qu'ils soûleront
Tes chers sanglots retentiront
Comme un tambour qui bat la charge!

Ne suis-je pas un faux accord
Dans la divine symphonie,
Grâce à la vorace Ironie
Qui me secoue et qui me mord?

—I am insatiably avid
To gamble and to improvise,
But I don't fret and fume like Ovid
Expelled from a Latin paradise.

Smashed like seacliffs, O torn skies,
My pride is mirrored in your clouds
That drift along like massive shrouds,

A cortege in my reveries,
Your far off flickering the lights
Of Hell in which my heart delights.

82 • *HEAUTON TIMOROUMENOS*

To J.G.F.

I shall strike you without wrath
And, like a butcher, without hate,
Like Moses when the rock was smote!
And from your eye will gush a bath

Refilling my Sahara's weirs
With waters that arise from pain.
My lust, swelled up with hope again,
Will float upon your salty tears,

A ship that will not hug the shore;
Your darling sobs intoxicate
My heart, where they reverberate,
Sounding like the drums of war.

For am I not an acrid note
In the heavens' symphony,
Thanks to voracious Irony
That bites and shakes me by the throat?

Elle est dans ma voix, la criarde!
C'est tout mon sang, ce poison noir!
Je suis le sinistre miroir
Où la mégère se regarde!

Je suis la plaie et le couteau!
Je suis le soufflet et la joue!
Je suis les membres et la roue,
Et la victime et le bourreau!

Je suis de mon cœur le vampire,
—Un de ces grands abandonnés
Au rire éternel condamnés,
Et qui ne peuvent plus sourire!

83 • L'IRRÉMÉDIABLE

I

Une Idée, une Forme, un Être
Parti de l'azur et tombé
Dans un Styx bourbeux et plombé
Où nul œil du Ciel ne pénètre;

Un Ange, imprudent voyageur
Qu'a tenté l'amour du difforme,
Au fond d'un cauchemar énorme
Se débattant comme un nageur,

Et luttant, angoisses funèbres!
Contre un gigantesque remous
Qui va chantant comme les fous
Et pirouettant dans les ténèbres;

Un malheureux ensorcelé
Dans ses tâtonnements futiles,
Pour fuir d'un lieu plein de reptiles,
Cherchant la lumière et la clé;

Her squalling rises in my voice!
Black venom has replaced my blood!
I'm the dark glass of turpitude
Wherein the vixen views her face!

I am the knifewound and the blade!
I am the buffet and the cheek!
I am the rack, the bones that break,
And both the headsman and the head!

I am the vampire of my gore,
—One of those great castaways,
Who is condemned for all his days
To laugh but smile no more!

83 • THE IRREMEDIABLE

1

A thought, a form, an entity
Broke from the azure sky and fell
Into the muck of stygian hell
Invisible to Heaven's eye;

A feckless Angel, straying down
To test a love of deviate form,
Spins through a nightmare of a storm,
A swimmer struggling not to drown,

Fighting the agonies of doom!
Within gigantic, whirling pools
That churn on, chattering like fools
Pirouetting in the gloom;

A wretch in dazed futility
Of clumsy efforts that he makes
To flee a place that swarms with snakes,
Looking for light to find the key;

Un damné descendant sans lampe,
Au bord d'un gouffre dont l'odeur
Trahit l'humide profondeur,
D'éternels escaliers sans rampe,

Où veillent des monstres visqueux
Dont les larges yeux de phosphore
Font une nuit plus noire encore
Et ne rendent visibles qu'eux;

Un navire pris dans le pôle,
Comme en un piége de cristal,
Cherchant par quel détroit fatal
Il est tombé dans cette geôle;

—Emblèmes nets, tableau parfait
D'une fortune irrémédiable,
Qui donne à penser que le Diable
Fait toujours bien tout ce qu'il fait!

2

Tête-à-tête sombre et limpide
Qu'un cœur devenu son miroir!
Puits de Vérité, clair et noir,
Où tremble une étoile livide,

Un phare ironique, infernal,
Flambeau des grâces sataniques,
Soulagement et gloires uniques,
—La conscience dans le Mal!

84 • L'HORLOGE

Horloge! dieu sinistre, effrayant, impassible,
Dont le doigt nous menace et nous dit: "*Souviens-toi!*
Les vibrantes Douleurs dans ton cœur plein d'effroi
Se planteront bientôt comme dans une cible;

A damned one without a lamp
Descending in a pit whose stink
Betrays the deepness of its sink,
Along an open, endless ramp

Where slimy monsters lie in wait
And peer with eyes whose phosphorescence,
Intensifying night's black presence,
Gives nothing but itself a light;

A ship seized up in polar ice
As though it were fixed fast in glass
Still searches for that fatal pass
Through which it slid into the vise;

—Examples in a true tableau
Of fate that cannot be unspun;
Always, the Devil's work, when done,
Is well done, as we come to know!

2

Tête-à-tête, somber and bright,
A heart becoming its own mirror!
The Well of Truth, darker, clearer,
Where, trembling, glows a pale starlight,

Ironic beacon of the Devil,
Torchlight of the grace of Hell,
A glory and relief as well,
—Awareness of our state of Evil!

84 • THE CLOCK

Clock! You demon god, impassive, sinister,
Whose finger threatens us, who calls: "*Remember thou!*
Sorrows whirring in your dreadful heart will now
Strike as they might impale a target on a spear;

Le Plaisir vaporeux fuira vers l'horizon
Ainsi qu'une sylphide au fond de la coulisse;
Chaque instant te dévore un morceau du délice
A chaque homme accordé pour toute sa saison.

Trois mille six cents fois par heure, la Seconde
Chuchote: *Souviens-toi!*—Rapide, avec sa voix
D'insecte, Maintenant dit: Je suis Autrefois,
Et j'ai pompé ta vie avec ma trompe immonde!

Remember! Souvienx-toi! prodigue! *Esto memor!*
(Mon gosier de métal parle toutes les langues.)
Les minutes, mortel folâtre, sont des gangues
Qu'il ne faut pas lâcher sans en extraire l'or!

Souviens-toi que le Temps est un joueur avide
Qui gagne sans tricher, à tout coup! c'est la loi.
Le jour décroît; la nuit augmente; *souviens-toi!*
Le gouffre a toujours soif; la clepsydre se vide.

Tantôt sonnera l'heure où le divin Hasard,
Où l'auguste Vertu, ton épouse encor vierge,
Où le Repentir même (oh! la dernière auberge!),
Où tout te dira: Meurs, vieux lâche! il est trop tard!"

"And pleasure, like a mist, will fade at the horizon,
Like a sylphid fleeing tiptoe to the wings;
Each moment eats one crumb of those delicious things
Apportioned to each man to last his entire season.

"Three thousand and six hundred times an hour the tick
Whispers: *Remember thou!* And—speaking soft and fast,
An insect's whine—the Present says: I'm now the Past,
And I have sucked your life out through my dirty beak!

"*Souviens! Remember thou!* Wastrel! *Esto memor!*
(My brazen vocal cords speak out in every tongue!)
Your minutes, foolish mortal, are the heap of gangue
From which you must extract the gold you're searching for!

"*Remember thou!* that Time takes every bet with joy
And without cheating wins them all! That is the law.
Now daylight dwindles; night descends; *Remember thou!*
The chasm always thirsts; the clepsydra drains dry.

"Soon it will sound, the hour when you must risk your Fate,
When monumental Virtue, your still-virgin wife,
When true Repentance (Ah! the Last-Chance Inn of Life!),
When all will say to you: Die, coward! It's too late!"

TABLEAUX PARISIENS

PARISIAN SCENES

Je veux, pour composer chastement mes églogues,
Coucher auprès du ciel, comme les astrologues,
Et, voisin des clochers, écouter en rêvant
Leurs hymnes solennels emportés par le vent.
Les deux mains au menton, du haut de ma mansarde,
Je verrai l'atelier qui chante et qui bavarde;
Les tuyaux, les clochers, ces mâts de la cité,
Et les grands ciels qui font rêver d'éternité.

Il est doux, à travers les brumes, de voir naître
L'étoile dans l'azur, la lampe à la fenêtre,
Les fleuves de charbon monter au firmament
Et la lune verser son pâle enchantement.
Je verrai les printemps, les étés, les automnes,
Et quand viendra l'hiver aux neiges monotones,
Je fermerai partout portières et volets
Pour bâtir dans la nuit mes féeriques palais.
Alors je rêverai des horizons bleuâtres,
Des jardins, des jets d'eau pleurant dans les albâtres,
Des baisers, des oiseaux chantant soir et matin,
Et tout ce que l'Idylle a de plus enfantin.
L'Émeute, tempêtant vainement à ma vitre,
Ne fera pas lever mon front de mon pupitre;
Car je serai plongé dans cette volupté
D'évoquer le Printemps avec ma volonté,
De tirer un soleil de mon cœur, et de faire
De mes pensers brûlants une tiède atmosphère.

86 • LE SOLEIL

Le long du vieux faubourg, où pendent aux masures
Les persiennes, abri des secrètes luxures,
Quant le soleil cruel frappe à traits redoublés
Sur la ville et les champs, sur les toits et les blés,
Je vais m'exercer seul à ma fantasque escrime,
Flairant dans tous les coins les hasards de la rime,

To write my own eclogues, I wish that I might lie
Like an astrologer in bed beside the sky,
A neighbor of the bell towers, so in dreams I'll hear
Their solemn cantillations borne upon the air.
And from my mansard window, fists beneath my chin,
I'll contemplate the workingmen who jape and sing,
The chimneys and the spires that seem like masts to me,
And skies providing dreams for an eternity.

How pleasant it can be, this watching through the haze,
To see the stars reborn and lamps once more ablaze,
The threads of smoke that rise into the firmament,
The moonlight pouring down, a pallid blandishment.
And I shall watch the spring, the summer and the autumn,
And when the winter brings a snowfall's boring stratum,
I'll close the shades and shutters, holding in the light,
Creating fairy palisades against the night.
Then I shall dream my dreams of distant misty mountains,
Of parks with lofty jets in alabaster fountains,
Of kisses and of birds—from dawn to dark they sing—
A childish Idyll to provide me everything.
The tumult's rage against the glass, the winds that boil,
Can never turn my forehead from the scribbler's toil.
For I shall plunge myself into this pleasuring,
This calling up at will the spirit of the Spring
To kindle sunlight in my heart and to aspire
To warm the air with my imagination's fire!

86 • THE SUN

Along the old faubourg where, hanging on the hovels,
The battened shutters curtain off lubricious evils,
When the sun blasts cruelly with redoubled spite
The city and the fields, the roofs and wheat alike;
I take my walk, alone with my fantastic job,
Sniffing for lucky rhymes at every thingamabob,

Trébuchant sur les mots comme sur les pavés,
Heurtant parfois des vers depuis longtemps rêvés.

Ce père nourricier, ennemi des chloroses,
Éveille dans les champs les vers comme les roses;
Il fait s'évaporer les soucis vers le ciel,
Et remplit les cerveaux et les ruches de miel.
C'est lui qui rajeunit les porteurs de béquilles
Et les rend gais et doux comme des jeunes filles,
Et commande aux moissons de croître et de mûrir
Dans le cœur immortel qui toujours veut fleurir!

Quand, ainsi qu'un poëte, il descend dans les villes,
Il ennoblit le sort des choses les plus viles,
Et s'introduit en roi, sans bruit et sans valets,
Dans tous les hôpitaux et dans tous les palais.

87 • A UNE MENDIANTE ROUSSE

Blanche fille aux cheveux roux,
Dont la robe par ses trous
Laisse voir la pauvreté
 Et la beauté,

Pour moi, poëte chétif,
Ton jeune corps maladif,
Plein de taches de rousseur,
 A sa douceur.

Tu portes plus galamment
Qu'une reine de roman
Ses cothurnes de velours
 Tes sabots lourds.

Au lieu d'un haillon trop court,
Qu'un superbe habit de cour
Traîne à plis bruyants et longs
 Sur tes talons;

Stumbling on a word as on a paving stone,
Colliding now and then against some verse long gone.

This foster father, adversary of chlorosis,
Awakens in the meadows worms as well as roses;
Evaporates anxieties into the skies,
And loads with honey both the brain and hives.
It's he who brings to life the cripple on his cane,
Making him lighthearted as a child again,
And he commands the harvests to burgeon and mature
In the immortal heart that longs to come to flower!

He comes into a city, as the poet does,
Ennobling all he sees, even the nauseous;
Without fanfare or cortege, enters like a king
The hospital and palace, touching everything.

87 • TO A REDHEADED BEGGAR GIRL

Redhaired hoyden, frock worn thin
And torn, through holes I glimpse pale skin,
The pallor of your poverty
 And beauty.

A worthless poet, yet I feel
For you, though you may not be well,
The tug of unexpected charm—
 That freckled arm!

No queen of fiction ever wore
A stylish buskin of velour
With greater elegance than you
 Your wooden shoe.

Your tattered skirt is far too short.
We'll change it: for the royal court
A pleated satin's soft frou-frou
 Will follow you.

En place de bas troués,
Que pour les yeux des roués
Sur ta jambe un poignard d'or
 Reluise encor;

Que des nœuds mal attachés
Dévoilent pour nos péchés
Tes deux beaux seins, radieux
 Comme des yeux;

Que pour te déshabiller
Tes bras se fassent prier
Et chassent à coups mutins
 Les doigts lutins;

Perles de la plus belle eau,
Sonnets de maître Belleau
Par tes galants mis aux fers
 Sans cesse offerts,

Valetaille de rimeurs
Te dédiant leurs primeurs
Et contemplant ton soulier
 Sous l'escalier,

Maint page épris du hasard,
Maint seigneur et maint Ronsard
Épieraient pour le déduit
 Ton frais réduit!

Tu compterais dans tes lits
Plus de baisers que de lis
Et rangerais sous tes lois
 Plus d'un Valois!

—Cependant tu vas gueusant
Quelque vieux débris gisant
Au seuil de quelque Véfour
 De carrefour;

Remove those stockings pocked and holed!
Upon your leg a dirk of gold
Should caution any wayward eye
 That dares to spy.

The slackness of your bodice may,
For our most sinful gaze, display
Two breasts as radiant with surprise
 As your two eyes.

And may your hands alone, I pray,
Disrobe you; may they chase away
Those roguish paws that grope your straps
 With saucy slaps.

Pearls, the finest, row on row,
Odes and sonnets of Belleau—
Enslaved gallants will bring such treasure
 Without measure.

Little poets seeking fame
Will make bold rhymes upon your name
And glimpse your slippers, when they dare,
 Beneath the stair.

Many a pageboy smitten hard,
Many a seigneur and Ronsard
Might send a spy to learn the road
 To your abode!

Above your bed may you count this:
For every fleur-de-lys a kiss;
You could alone lay down the law
 For all Valois!

—But in the meantime search the street
For cast-off scraps that you can eat
In the square outside the door
 Of some Véfour.

Tu vas lorgnant en dessous
Des bijoux de vingt-neuf sous
Dont je ne puis, oh! pardon!
 Te faire don.

Va donc, sans autre ornement,
Parfum, perles, diamant,
Que ta maigre nudité,
 O ma beauté!

88 • LE CYGNE

À Victor Hugo.

1

Andromaque, je pense à vous! Ce petit fleuve,
Pauvre et triste miroir où jadis resplendit
L'immense majesté de vos douleurs de veuve,
Ce Simoïs menteur qui par vos pleurs grandit,

A fécondé soudain ma mémoire fertile,
Comme je traversais le nouveau Carrousel.
Le vieux Paris n'est plus (la forme d'une ville
Change plus vite, hélas! que le cœur d'un mortel);

Je ne voix qu'en esprit tout ce camp de baraques,
Ces tas de chapiteaux ébauchés et de fûts,
Les herbes, les gros blocs verdis par l'eau des flaques,
Et, brillant aux carreaux, le bric-à-brac confus.

Là s'étalait jadis une ménagerie;
Là je vis, un matin, à l'heure où sous les cieux
Froids et clairs le Travail s'éveille, où la voirie
Pousse un sombre ouragan dans l'air silencieux,

Un cygne qui s'était évadé de sa cage,
Et, de ses pieds palmés frottant le pavé sec,
Sur le sol raboteux traînait son blanc plumage.
Près d'un ruisseau sans eau la bête ouvrant le bec

Window shopping as you pass
The dimestore's jewelry, gems of glass,
While I, poor author of this rhyme,
 Haven't a dime.

Now go along, slim starveling girl,
No diamond, no perfume, no pearl,
No ornament save nudity,
 O my beauty!

88 · THE SWAN

To Victor Hugo

l

Andromache, I think of you! This little brook,
A sad and meager mirror which in bygone years
Gleamed with the widow's grief in your majestic look,
This counterfeit Simoïs so swollen by your tears,

Had suddenly refreshed my fertile memory,
As I was strolling through the new-built Carrousel.
Old Paris is no more (a city changes rapidly;
Alas! not even human hearts are quite so casual);

I see, in mind's eye, booths across this entire camp
Where roughed-out capitals and columns lie in piles,
The grass, the blocks of stone grown mossy in the damp,
The bric-a-brac confusion glittering in tiles.

There stood, in years gone by, a small menagerie;
And there, one morning when the sky was cold and clear,
The hour when Toil awakes, when sweepers' brooms set free
Their melancholy clouds into the silent air,

I came upon a swan that had escaped his pound;
He scuffed the dried-out pavement with his web-foot walk,
White plumage trailing slack along the stony ground;
Beside a dry stream-bed he gaped as though to talk.

Baignait nerveusement ses ailes dans la poudre,
Et disait, le cœur plein de son beau lac natal:
"Eau, quand donc pleuvras-tu? quand tonneras-tu, foudre?"
Je vois ce malheureux, mythe étrange et fatal,

Vers le ciel quelquefois, comme l'homme d'Ovide,
Vers le ciel ironique et cruellement bleu,
Sur son cou convulsif tendant sa tête avide,
Comme s'il adressait des reproches à Dieu!

2

Paris change! mais rien dans ma mélancolie
N'a bougé! palais neufs, échafaudages, blocs,
Vieux faubourgs, tout pour moi devient allégorie,
Et mes chers souvenirs sont plus lourds que des rocs.

Aussi devant ce Louvre une image m'opprime:
Je pense à mon grand cygne, avec ses gestes fous,
Comme les exilés, ridicule et sublime,
Et rongé d'un désir sans trêve! et puis à vous,

Andromaque, des bras d'un grand époux tombée,
Vil bétail, sous la main du superbe Pyrrhus,
Auprès d'un tombeau vide en extase courbée;
Veuve d'Hector, hélas! et femme d'Hélénus!

Je pense à la négresse, amaigrie et phthisique,
Piétinant dans la boue, et cherchant, l'œil hagard,
Les cocotiers absents de la superbe Afrique
Derrière la muraille immense du brouillard;

A quiconque a perdu ce qui ne se retrouve
Jamais, jamais! a ceux qui s'abreuvent de pleurs
Et tettent la Douleur comme une bonne louve!
Aux maigres orphelins séchant comme des fleurs!

Ainsi dans la forêt où mon esprit s'exile
Un vieux Souvenir sonne à plein souffle du cor!
Je pense aux matelots oubliés dans une île,
Aux captifs, aux vaincus!. . . à bien d'autres encor!

Distractedly, he dipped his feathers in the dust,
And, heartsick for his lovely native lake, he said,
"Rain! When wilt thou rain down? O lightning, when thy thrust?"
I see the wretched bird, a myth obscure and dead:

Toward heaven like the face of Ovid's suppliant,
Toward heaven's cruel, ironic blue the draggled cob
Stretched up an avid head, his neck convulsed and bent,
As though he would address reproaches to his God.

2

Paris changes! but nothing in my melancholy
Moves; new palaces and scaffoldings, new blocks,
Old suburbs, all become for me an allegory,
And dearest memories grow heavier than rocks.

I loiter by the Louvre; a dream oppresses me:
I think of my great swan and his demented act:
Ridiculous! Sublime! Like exiles who, though free,
Are gnawed by fixed desires! Then thoughts of you distract,

Andromache, lost from the arms of your bridegroom,
An abject chattel in the hands of proud Pyrrhus,
You kneel in ecstasy beside an empty tomb;
Alas, widow of Hector! Wife of Helenus!

I think of the negress, tuberculous and lean,
Scuffing in the mud, who seeks with haggard eyes
The absent coco palms of Africa's proud scene,
Lying beyond the ramparts of a distant haze.

I think of all whose loss can never know relief,
Not ever! and of everyone who must drink tears;
As though it were a kindly wolf, they suckle Grief!
Of orphans withered like the blooms of wasted years!

Thus in the forest where my soul lives in exile
Old recollections clearly sound for me a trumpet call!
I think of mariners forgotten on an isle,
Of captives, of the vanquished!... I think of them all!

À Victor Hugo.

Fourmillante cité, cité pleine de rêves,
Où le spectre, en plein jour, raccroche le passant!
Les mystères partout coulent comme des séves
Dans les canaux étroits du colosse puissant.

Un matin, cependant que dans la triste rue
Les maisons, dont la brume allongeait la hauteur,
Simulaient les deux quais d'une rivière accrue,
Et que, décor semblable à l'âme de l'acteur,

Un brouillard sale et jaune inondait tout l'espace,
Je suivais, roidissant mes nerfs comme un héros
Et discutant avec mon âme déjà lasse,
Le faubourg secoué par les lourds tombereaux.

Tout à coup, un vieillard dont les guenilles jaunes
Imitaient la couleur de ce ciel pluvieux,
Et dont l'aspect aurait fait pleuvoir les aumônes,
Sans la méchanceté qui luisait dans ses yeux,

M'apparut. On eût dit sa prunelle trempée
Dans le fiel; son regard aiguisait les frimas,
Et sa barbe à longs poils, roide comme une épée,
Se projetait, pareille à celle de Judas.

Il n'était pas voûté, mais cassé, son échine
Faisant avec sa jambe un parfait angle droit,
Si bien que son bâton, parachevant sa mine,
Lui donnait la tournure et le pas maladroit

D'un quadrupède infirme ou d'un juif à trois pattes.
Dans la neige et la boue il allait s'empêtrant,
Comme s'il écrasait des morts sous ses savates,
Hostiles à l'univers plutôt qu'indifférent.

To Victor Hugo

A swarming anthill city, city full of dreams,
Where ghosts in open daylight pluck at passersby!
Some mystery is everywhere and like a plasma streams
Along the small canals of this monstrosity.

One day at dawn, although the houses, row by row,
That lined the mournful street seemed taller in the mists,
Resembling wharves along a river in full flow,
Like scenes imagined in the souls of dramatists,

In foul and yellow fog that flooded everywhere,
I screwed my courage up after the style of heroes,
Debating with my soul already in despair,
And took to streets that trembled under heavy barrows.

Abruptly, an old man in ragged yellow clothes
—The color seemed to imitate the showery sky—
Whose aspect might have prompted showerings of sous
Save for the villainy that glittered in his eye,

Came up to me. His look, I must confess, was wet
With hate that made the weather's edge feel more severe.
His long and pointed beard, stiff as a bayonet,
Projected from his chin as straight as Judas' beard;

He seemed not bent but sharply broken; thus his spine
Upon his thighs described a true right angle
So well, a travesty completed by his cane,
It forced on him the posture and the clumsy shamble

Of crippled quadrupeds, or Jews with just three paws.
He mired his feet completely in the mud and ice,
Stomping as though to crush the dead beneath his clogs,
More hostile than indifferent to the universe.

Son pareil le suivait: barbe, œil, dos, bâton, loques,
Nul trait ne distinguait, du même enfer venu,
Ce jumeau centenaire, et ces spectres baroques
Marchaient du même pas vers un but inconnu.

A quel complot infâme étais-je donc en butte,
Ou quel méchant hasard ainsi m'humiliait?
Car je comptai sept fois, de minute en minute,
Ce sinistre vieillard qui se multipliait!

Que celui-là qui rit de mon inquiétude,
Et qui n'est pas saisi d'un frisson fraternel,
Songe bien que malgré tant de décrépitude
Ces sept monstres hideux avaient l'air éternel!

Aurais-je, sans mourir, contemplé le huitième,
Sosie inexorable, ironique et fatal,
Dégoûtant Phénix, fils et père de lui-même?
—Mais je tournai le dos au cortége infernal.

Exaspéré comme un ivrogne qui voit double,
Je rentrai, je fermai ma porte, épouvanté,
Malade et morfondu, l'esprit fiévreux et trouble,
Blessé par le mystère et par l'absurdité!

Vainement ma raison voulait prendre la barre;
La tempête en jouant déroutait ses efforts,
Et mon âme dansait, dansait, vieille gabarre
Sans mâts, sur une mer monstrueuse et sans bords!

90 • LES PETITES VIEILLES

À Victor Hugo.

1

Dans les plis sinueux des vieilles capitales,
Où tout, même l'horreur, tourne aux enchantements,
Je guette, obéissant à mes humeurs fatales,
Des êtres singuliers, décrépits et charmants.

His living image trailed him: beard, eye, cane, rags, back,
Not one distinctive trait; he'd come from the same hell,
This hundred-year-old twin. These ghosts of the baroque
Hobbled along in lock step toward their unknown goal.

Of what infamous plot had I become the game,
Or by what wretched chance was I humiliated?
For, one by one, I counted seven all the same:
That sinister old man was somehow replicated!

If anyone might wish to laugh at my despair,
Who is not seized by shuddering in sympathy,
Consider well: in spite of their decrepit air
These seven ghastly fiends were like eternity!

Could I have survived an eighth one of their dire,
Relentless species, deadly and ironical,
A loathsome Phoenix, each of them, both son and sire?
—I had to turn my back on this cortege from Hell.

Disheartened as a drunk when everything looks doubled,
I stumbled home, I closed my door, seized by dismay,
Insensible and ill, my mind febrile and troubled,
Wounded by the mystery and absurdity!

Though reason strove to take the helm before the swell,
Its strength was nothing in the tempest's revelry.
My soul went dancing, dancing like a cockleshell
Unmasted in a monstrous and unbounded sea!

90 • LITTLE OLD WOMEN

To Victor Hugo

1

Along the ancient city's convoluted roads,
Where all things, even horror, can transmit delight,
I watch, obedient to all my fatal moods,
Queer creatures who, decrepit, still enchant my sight.

Ces monstres disloqués furent jadis des femmes,
Éponine ou Laïs! Monstres brisés, bossus
Ou tordus, aimons-les! ce sont encor des âmes.
Sous des jupons troués ou sous de froids tissus

Ils rampent, flagellés par les bises iniques,
Frémissant au fracas roulant des omnibus,
Et serrant sur leur flanc, ainsi que des reliques,
Un petit sac brodé de fleurs ou de rébus;

Ils trottent, tous pareils à des marionnettes;
Se traînent, comme font les animaux blessés,
Ou dansent, sans vouloir danser, pauvres sonnettes
Où se pend un Démon sans pitié! Tous cassés

Qu'ils sont, ils ont des yeux perçants comme une vrille,
Luisants comme ces trous où l'eau dort dans la nuit;
Ils ont les yeux divins de la petite fille
Qui s'étonne et qui rit à tout ce qui reluit.

—Avez-vous observé que maints cercueils de vieilles
Sont presque aussi petits que celui d'un enfant?
La Mort savante met dans ces bières pareilles
Un symbole d'un goût bizarre et captivant,

Et lorsque j'entrevois un fantôme débile
Traversant de Paris le fourmillant tableau,
Il me semble toujours que cet être fragile
S'en va tout doucement vers un nouveau berceau;

A moins que, méditant sur la géométrie,
Je ne cherche, à l'aspect de ces membres discords,
Combien de fois il faut que l'ouvrier varie
La forme de la boîte où l'on met tous ces corps.

—Ces yeux sont des puits faits d'un million de larmes,
Des creusets qu'un métal refroidi pailleta...
Ces yeux mystérieux ont d'invincibles charmes
Pour celui que l'austère Infortune allaita!

They all were women long ago, these fractured trolls,
Laïs or Eponine! But, broken trolls, hunch back
Or twisted, we must love them! Even they have souls.
In tattered petticoats, in shifts of clammy sack,

They creep along, whipped by the wicked winter wind
And shaken by the omnibus's rumbling fracas;
Treasured like sacred relics, to each flank is pinned
A little purse embroidered with a flower or rebus.

They trot along together, huddled marionettes;
Or drag themselves along as wounded creatures do,
Or dance without the will to dance, poor castanets
With which a Demon without pity plays! Although

They're broken, they have eyes as piercing as a drill,
Gleaming like the sockets where water sleeps at night;
They have the heavenly eyes seen in a little girl
Astonished into laughter by anything that's bright.

—Have you not noticed that the coffin for a crone
Is sometimes just about the size to fit a child?
In this equivalence of biers, wise Death has shown
A sample of his taste, so fetching and yet wild.

And when I've glimpsed an insubstantial phantom fleeing
Across the swarming life of the Parisian scene,
I always can imagine that the fragile being
Is quietly in haste to find his crib again.

Again, while meditating on geometry
And diverse shapes of arms and legs, my mind retains
This thought: that carpenters must often modify
The conformation of the box which holds the last remains.

A million tears have turned those eyes to brimming wells;
—They're crucibles besmutched with stars of frozen steel. . . .
The mystery of those eyes casts overpowering spells
On those of us for whom misfortune makes a meal!

De Frascati défunt Vestale enamourée;
Prêtresse de Thalie, hélas! dont le souffleur
Enterré sait le nom; célèbre évaporée
Que Tivoli jadis ombragea dans sa fleur,

Toutes m'enivrent! mais parmi ces êtres frêles
Il en est qui, faisant de la douleur un miel,
Ont dit au Dévouement qui leur prêtait ses ailes;
Hippogriffe puissant, mène-moi jusqu'au ciel!

L'une, par sa patrie au malheur exercée,
L'autre, que son époux surchargea de douleurs,
L'autre, par son enfant Madone transpercée,
Toutes auraient pu faire un fleuve avec leurs pleurs!

Ah! que j'en ai suivi de ces petites vieilles!
Une, entre autres, à l'heure où le soleil tombant
Ensanglante le ciel de blessures vermeilles,
Pensive, s'asseyait à l'écart sur un banc,

Pour entendre un de ces concerts, riches de cuivre,
Dont les soldats parfois inondent nos jardins,
Et qui, dans ces soirs d'or où l'on se sent revivre,
Versent quelque héroïsme au cœur des citadins.

Celle-là, droite encor, fière et sentant la règle,
Humait avidement ce chant vif et guerrier;
Son œil parfois s'ouvrait comme l'œil d'un vieil aigle;
Son front de marbre avait l'air fait pour le laurier!

Telles vous cheminez, stoïques et sans plaintes,
A travers le chaos des vivantes cités,
Mères au cœur saignant, courtisanes ou saintes,
Dont autrefois les noms par tous étaient cités.

The love-sick Vestal of Frascati (long closed down);
The priestess of Thalia, (alas! her prompter knew
Her name, but he is dead); the famed but flighty one
(She fell from grace at Tivoli some years ago);

They all beguile me! But among these fragile things
Are those who, making honey of their miseries,
Beseech Devoutness as he spreads his gracious wings:
"Almighty Hippogryph, transport me to the skies!"

The fatherland trained one in sweet adversity,
Another has a spouse who weighs her down with fears,
A third learned from her son the Virgin's agony,
Each one could overflow a river with her tears!

How many times have I pursued these little ones!
Among them was a woman: when the sun had set,
Staining the sky with blood, poured from vermilion wounds,
She'd sit, deep in her thoughts, upon a park banquette

To listen to those concerts, heavy in the brasses,
With which the military sometimes floods our parks,
And which, on golden evenings when life effervesces,
Pour heroism into all good people's hearts.

She'd sit, always erect, distinguished, almost regal,
Inhaling brisk and warlike tunes with every breath;
Her eye would open like the eye of an old eagle;
Her alabaster brow deserved a laurel wreath.

And thus you move along, stoic, without complaints
Across the living city's chaos and despair,
You broken-hearted mothers, courtesans, or saints
Whose names in days gone by were mentioned everywhere.

Vous qui fûtes la grâce ou qui fûtes la gloire,
Nul ne vous reconnaît! un ivrogne incivil
Vous insulte en passant d'un amour dérisoire;
Sur vos talons gambade un enfant lâche et vil.

Honteuses d'exister, ombres ratatinées,
Peureuses, le dos bas, vous côtoyez les murs;
Et nul ne vous salue, étranges destinées!
Débris d'humanité pour l'éternité mûrs!

Mais moi, moi qui de loin tendrement vous surveille,
L'œil inquiet fixé sur vos pas incertains,
Tout comme si j'étais votre père, ô merveille!
Je goûte à votre insu des plaisirs clandestins:

Je vois s'épanouir vos passions novices;
Sombres ou lumineux, je vis vos jours perdus;
Mon cœur multiplié jouit de tous vos vices!
Mon âme resplendit de toutes vos vertus!

Ruines! ma famille! ô cerveaux congénères!
Je vous fais chaque soir un solennel adieu!
Où serez-vous demain, Èves octogénaires,
Sur qui pèse la griffe effroyable de Dieu?

91 • LES AVEUGLES

Contemple-les, mon âme; ils sont vraiment affreux!
Pareils aux mannequins; vaguement ridicules;
Terribles, singuliers, comme les somnambules;
Dardant on ne sait où leurs globes ténébreux.

Leurs yeux, d'où la divine étincelle est partie,
Comme s'ils regardaient au loin, restent levés
Au ciel; on ne les voit jamais vers les pavés
Pencher rêveusement leur tête appesantie.

Ils traversent ainsi le noir illimité
Ce frère du silence éternel. O cité!
Pendant qu'autour de nous tu chantes, ris et beugles,

You who have dwelt in grace, who one time lived in glory,
Are known to no one now! A boorish drunk assails
You as you pass him, mocking and derogatory;
A vile, malicious waif is skipping at your heels.

Such wizened little wraiths! How life makes you afraid!
You hug against the palings, hunching timidly,
And no one speaks to you, what a peculiar fate!
Debris of humankind ripe for eternity!

And I, with tenderness, behold you from afar,
Watching with anxious eyes your hesitating measures
As though I were your father, a marvel, to be sure!
Quite unbeknownst to you, I taste clandestine pleasures:

I see the warming of your passions as they start;
Somber or luminous, I watch your wasted days;
Your vices, all of them, I relish in my heart!
Your virtues make my soul resplendent in their praise!

Ruins! My family! O my congeneric peers!
The farewells that I say to you each night are sad!
Where will you be tomorrow, Eves of eighty years,
Upon whom rests the frightful fingernail of God?

91 • THE BLIND

Consider them, my soul, how hideous they are!
How much like mannequins; ridiculous extravagants;
How terrible; how queer; how like somnambulants;
Their eyeballs, deep in shadows, darting who knows where.

Dull eyes—the sparkle of divinity is dead—
Seem always fixed upon infinity and raised
Toward heaven; earthward they seem never to have gazed
Or bent, compliant, dreamily, a torpid head.

Thus do they find their way across the boundless night,
That brother of eternal silence. O great city!
While you encompass us, you sing and laugh and roar,

Éprise du plaisir jusqu'à l'atrocité,
Vois! je me traîne aussi! mais, plus qu'eux hébété,
Je dis: Que cherchent-ils au Ciel, tous ces aveugles?

92 • A UNE PASSANTE

La rue assourdissante autour de moi hurlait.
Longue, mince, en grand deuil, douleur majestueuse,
Une femme passa, d'une main fastueuse
soulevant, balançant le feston et l'ourlet;

Agile et noble, avec sa jambe de statue.
Moi, je buvais, crispé comme un extravagant,
Dans son œil, ciel livide où germe l'ouragan,
La douceur qui fascine et le plaisir qui tue.

Un éclair... puis la nuit!—Fugitive beauté
Dont le regard m'a fait soudainement renaître,
Ne te verrai-je plus que dans l'éternité?

Ailleurs, bien loin d'ici! trop tard! *jamais* peut-être!
Car j'ignore où tu fuis, tu ne sais où je vais,
O toi que j'eusse aimée, ô toi qui le savais!

93 • LE SQUELETTE LABOUREUR

l

Dans les planches d'anatomie
Qui traînent sur ces quais poudreux
Où maint livre cadavéreux
Dort comme une antique momie,

Dessins auxquels la gravité
Et le savoir d'un vieil artiste,
Bien que le sujet en soit triste,
Ont communiqué la Beauté,

In love with pleasure; even atrocities delight.
More stunned than they, I drag myself and ask in pity:
What in Heaven are all these blind ones searching for?

92 • TO A WOMAN PASSING BY

The boom and yelping in the street had deafened me.
Majestic in her grief and widow's weeds, so grand,
So slim, the woman passed, one ostentatious hand
Lifting festoon and hem to sway them casually,

Lightfooted, svelte, her ankle nonpareil.
Me? I was drinking up, preposterous, forlorn,
From her grey eyes, like clouds where hurricanes are born,
The sweetness that ensnares, the pleasure that can kill.

One flash... then night—O beauty, must you pass from me?
One look and I'm reborn; my life is changed forever;
Shall I see you again in all eternity?

Somewhere very far from here! too late! or *never*!
You know not who I am; I know not where you go.
O you, I could have loved you. And I know you know.

93 • THE SKELETON AT WORK

I

Among the anatomic plates
Hung in a bookstall's dusty nook
Where many a cadaverous book
Like an Egyptian mummy waits,

In drawings that fidelity
And wisdom of the artist clad,
Despite their subject, grimly sad,
With Beauty I can't help but see,

On voit, ce qui rent plus complètes
Ces mystérieuses horreurs,
Bêchant comme des laboureurs,
Des Écorchés et des Squelettes.

2

De ce terrain que vous fouillez,
Manants résignés et funèbres,
De tout l'effort de vos vertèbres,
Ou de vos muscles dépouillés,

Dites, quelle moisson étrange,
Forçats arrachés au charnier,
Tirez-vous, et de quel fermier
Avez-vous à remplir la grange?

Voulez-vous (d'un destin trop dur
Épouvantable et clair emblème!)
Montrer que dans la fosse même
Le sommeil promis n'est pas sûr;

Qu'envers nous le Néant est traître;
Que tout, même la Mort, nous ment,
Et que sempiternellement,
Hélas! il nous faudra peut-être

Dans quelque pays inconnu
Écorcher la terre revêche
Et pousser une lourde bêche
Sous notre pied sanglant et nu?

94 • LE CRÉPUSCULE DU SOIR

Voici le soir charmant, ami du criminel;
Il vient comme un complice, à pas de loup; le ciel
Se ferme lentement comme une grande alcôve,
Et l'homme impatient se change en bête fauve.

Are fantasies of flesh and bones,
Depicted in minute detail:
Bowed under weariest travail
Are skinless men and skeletons.

<p style="text-align:center">2</p>

From earth turned over by your spade,
Submissive bondsmen of the soil,
From all of your backbreaking toil
With ligaments and muscles flayed,

Confess, what strange crop do you garner,
You convicts salvaged from your graves
And, having filled his barn, sad slaves,
Confess to us: who is the farmer?

Is it your wish (appalling token
Of destiny's deceitfulness!)
To show that even promises
Of sleep within the grave are broken,

That Nothingness is treachery,
That all things, even Death's a lie,
And that, alas! both you and I,
Perhaps through all eternity,

Must labor in some unknown spot,
Flaying an irritable soil,
Driving a spade with heavy toil
Beneath a naked, bloody foot?

94 • EVENING TWILIGHT

Now gentle evening comes, the criminal's good friend,
As stealthy as a wolf; the shades of night descend
And shutter down the earth like an enormous room.
Men brusquely change to monsters in the twilit gloom.

O soir, aimable soir, désiré par celui
Dont les bras, sans mentir, peuvent dire: Aujourd'hui
Nous avons travaillé!—C'est le soir qui soulage
Les esprits que dévore une douleur sauvage,
Le savant obstiné dont le front s'alourdit,
Et l'ouvrier courbé qui regagne son lit.
Cependant des démons malsains dans l'atmosphère
S'éveillent lourdement, comme des gens d'affaire,
Et cognent en volant les volets et l'auvent.
A travers les lueurs que tourmente le vent
La Prostitution s'allume dans les rues;
Comme une fourmilière elle ouvre ses issues;
Partout elle se fraye un occulte chemin,
Ainsi que l'ennemi qui tente un coup de main;
Elle remue au sein de la cité de fange
Comme un ver qui dérobe à l'Homme ce qu'il mange.
On entend çà et là les cuisines siffler,
Les théâtres glapir, les orchestres ronfler;
Les tables d'hôte, dont le jeu fait les délices,
S'emplissent de catins et d'escrocs, leurs complices,
Et les voleurs, qui n'ont ni trêve ni merci,
Vont bientôt commencer leur travail, eux aussi,
Et forcer doucement les portes et les caisses
Pour vivre quelques jours et vêtir leurs maîtresses.

Recueille-toi, mon âme, en ce grave moment,
Et ferme ton oreille à ce rugissement.
C'est l'heure où les douleurs des malades s'aigrissent!
La sombre Nuit les prend à la gorge; ils finissent
Leur destinée et vont vers le gouffre commun;
L'hôpital se remplit de leurs soupirs.—Plus d'un
Ne viendra plus chercher la soupe parfumée,
Au coin du feu, le soir, auprès d'une âme aimée.

Encore la plupart n'ont-ils jamais connu
La douceur du foyer et n'ont jamais vécu!

O evening, blessed evening, sigh those whose arms can say:
We tell you in all truth that through this life-long day
We have worked hard!—Now comes the season of relief,
At eveningtime, for souls devoured by savage grief,
For obstinate savants with thought-bedazzled heads,
For the gnarled and toilworn who finally find their beds.
Meanwhile, unhealthy demons, sluggishly awake,
Like bankers on the town, careen about and shake
The awnings and the shutters, bumping them in flight.
The wind is tantalized by flamings up of light
In streets where Prostitution's suddenly aflare:
Like any anthill opening outlets everywhere;
This swarm, in secret passages, forms ambuscades,
Like enemies intent on military raids;
They gnaw the nipples of the city's rottenness,
A worm concealed in Mankind where it eats his flesh.
We listen to the kitchen whistles here and there,
The yelling in the theaters, the combos' blare.
The tables where the dice and cards provide the thrills
Are crowded round by chippies, swindlers and their shills;
And thieves who understand no part of fear or favor
Move smoothly to the work at hand as they endeavor,
With gentle force, to loosen lids and locks and doors
To filch a few days' livelihood and clothe their whores.

Within these solemn times, my fascinated soul,
Close, if you can, your ears to the incessant howl.
This is the hour of pain, the ill lie desolate!
The hopelessness of Night has grasped them by the throat;
They meet their fate as they approach the pit where all
Must end; their rasping breathing fills the hospital.
—More than one won't find again a fireside's cheer
At evening with a fragrant soup and someone dear.

For most of them a peaceful hearth was never known,
And he has never lived who's never known a home!

Dans des fauteuils fanés des courtisanes vieilles,
Pâles, le sourcil peint, l'œil câlin et fatal,
Minaudant, et faisant de leurs maigres oreilles
Tomber un cliquetis de pierre et de métal;

Autour des verts tapis des visages sans lèvre,
Des lèvres sans couleur, des mâchoires sans dent,
Et des doigts convulsés d'une infernale fièvre,
Fouillant la poche vide ou le sein palpitant;

Sous de sales plafonds un rang de pâles lustres
Et d'énormes quinquets projetant leurs lueurs
Sur des fronts ténébreux de poëtes illustres
Qui viennent gaspiller leurs sanglantes sueurs;

Voilà le noir tableau qu'en un rêve nocturne
Je vis se dérouler sous mon œil clairvoyant.
Moi-même, dans un coin de l'antre taciturne,
Je me vis accoudé, froid, muet, enviant,

Enviant de ces gens la passion tenace,
De ces vieilles putains la funèbre gaieté
Et tous gaillardement trafiquant à ma face,
L'un de son vieil honneur, l'autre de sa beauté!

Et mon cœur s'effraya d'envier maint pauvre homme
Courant avec ferveur à l'abîme béant,
Et qui, soûl de son sang, préférerait en somme
La douleur à la mort et l'enfer au néant!

In wornout armchairs sit aged courtesans turned grey
And pale, with eyebrows blacked, with glances arch and fatal,
With mincing cries; from skinny ear lobes' rich array
Each tremor brings a clattering of stones and metal;

Around the gaming boards float faces lacking lips,
Lips lacking color, sagging jawbones lacking teeth;
Convulsed and feverish, the questing finger slips,
Ransacking pockets and the cleavage of chemise;

Beneath the soot-stained ceiling, banks of flaring gas
And massive Argand lamps project a feeble flood
Of light on each illustrious poet's gloomy face
Who's come to spend his time for nothing, sweating blood;

This is the black tableau which in a nightly dream
I watch as it unfolds to my clairvoyant sight.
I'm there myself; within the hushed resort I seem,
Leaning on an elbow, mute and cold with spite

And envy of these people held in passion's clutch,
Envious while the aging whores attend to duty,
All cheerfully negotiating as I watch:
One trades her rotted virtue, others sell their beauty!

I'm terrified that I should envy the poor soul
Who feverishly races toward the great abyss
And who, though glutted with his blood, would, on the whole,
Prefer his pain to death and hell to nothingness.

À Ernest Christophe.

Fière, autant qu'un vivant, de sa noble stature,
Avec son gros bouquet, son mouchoir et ses gants,
Elle a la nonchalance et la désinvolture
D'une coquette maigre aux airs extravagants.

Vit-on jamais au bal une taille plus mince?
Sa robe exagérée, en sa royale ampleur,
S'écroule abondamment sur un pied sec que pince
Un soulier pomponné, joli comme une fleur.

La ruche qui se joue au bord des clavicules,
Comme un ruisseau lascif qui se frotte au rocher,
Défend pudiquement des lazzi ridicules
Les funèbres appas qu'elle tient à cacher.

Ses yeux profonds sont faits de vide et de ténèbres,
Et son crâne, de fleurs artistement coiffé
Oscille mollement sur ses frêles vertèbres.
O charme d'un néant follement attifé!

Aucuns t'appelleront une caricature,
Qui ne comprennent pas, amants ivres de chair,
L'élégance sans nom de l'humaine armature.
Tu réponds, grand squelette, à mon goût le plus cher!

Viens-tu troubler, avec ta puissante grimace,
La fête de la Vie? ou quelque vieux désir,
Éperonnant encor ta vivante carcasse,
Te pousse-t-il, crédule, au sabbat du Plaisir?

Au chant des violons, aux flammes des bougies,
Espères-tu chasser ton cauchemar moqueur,
Et viens-tu demander au torrent des orgies
De rafraîchir l'enfer allumé dans ton cœur?

To Ernest Christophe

As though she were alive, her stature gives her pride;
The great bouquet, the handkerchief, the gloves she wears
Fit with her nonchalance and with that easy stride
Of skinny models flaunting their outrageous airs.

Has there been seen at any ball a waist so slight?
Her gown, extravagant with royal ostentation,
Abundantly cascades to wizened feet tucked tight
In little shoes with pompoms neat as a carnation.

The ruffles frolicking upon her clavicles,
Like wanton rivulets that purl around a stone,
Modestly protect from witless ridicules
The ominous appeal she strives to keep unknown.

The sockets of her eyes are vacuous and black,
The skull, coifed with flowers shaped to a frilly cup,
Is indolently swaying on her fragile neck.
O charm of nothingness so foolishly got up!

By some you will be thought of as a travesty:
Those lovers, drunk on flesh, who do not understand
The human frame's ineffable complexity.
But to my taste, good skeleton, you're simply grand!

Do you come here to dampen, with your fixed grimace,
The festivals of Life? Or does some ancient habit,
Applying still its spurs to your enlivened carcass,
Propel you, credulously, into Pleasure's Sabbath?

Do you have hope that violins and candlelights
Can make nightmarish revelries depart,
And do you come demanding orgiastic rites
To quench the fires of hell that burn within your heart?

Inépuisable puits de sottise et de fautes!
De l'antique douleur éternel alambic!
A travers le treillis recourbé de tes côtes
Je vois, errant encor, l'insatiable aspic.

Pour dire vrai, je crains que ta coquetterie
Ne trouve pas un prix digne de ses efforts;
Qui, de ces cœurs mortels, entend la raillerie?
Les charmes de l'horreur n'enivrent que les forts!

Le gouffre de tes yeux, plein d'horribles pensées,
Exhale le vertige, et les danseurs prudents
Ne contempleront pas sans d'amères nausées
Le sourire éternel de tes trente-deux dents.

Pourtant, qui n'a serré dans ses bras un squelette,
Et qui ne s'est nourri des choses du tombeau?
Qu'importe le parfum, l'habit ou la toilette?
Qui fait le dégoûté montre qu'il se croit beau.

Bayadère sans nez, irrésistible gouge,
Dis donc à ces danseurs qui font les offusqués:
"Fiers mignons, malgré l'art des poudres et du rouge,
Vous sentez tous la mort! O squelettes musqués,

Antinoüs flétris, dandys à face glabre,
Cadavres vernissés, lovelaces chenus,
Le branle universel de la danse macabre
Vous entraîne en des lieux qui ne sont pas connus!

Des quais froids de la Seine aux bords brûlants du Gange,
Le troupeau mortel saute et se pâme, sans voir
Dans un trou du plafond la trompette de l'Ange
Sinistrement béante ainsi qu'un tromblon noir.

En tout climat, sous tout soleil, la Mort t'admire
En tes contorsions, risible Humanité,
Et souvent, comme toi, se parfumant de myrrhe,
Mêle son ironie à ton insanité!"

Eternal wellspring of stupidity and sin,
Perpetual alembic of our antique suffering,
Across the lattice of your ribs I see within,
The serpent, still insatiable, still hovering.

To tell the truth, I fear that your coquettishness
Will never get a prize that's worth the diligence;
Who among mortal hearts, can grasp your cleverness?
Only the strong are thrilled by horror's blandishments!

A vertigo exhales from caverns of your eyes
Where horrid thoughts repose; and prudent dancers breathe
With caution, contemplating, as their gorges rise,
The smile that never fades from thirty-two white teeth.

However, who has not embraced a skeleton,
And who has never lived on morsels from the grave?
For what good is perfume, the clothes that one has on?
And who would show disgust believing that he's brave?

Bayadere without a nose, coercive *gouge*,
Speak out, then, to those dancers who would take offense:
"Proud dears, despite the artfulness of kohl and rouge,
All of you stink of death! O musky skeletons,

"Wrinkled Antinoüs, fops smooth as any girl,
Shellacked cadavers, lovelaces as bald as bone,
The danse macabre in its universal whirl
Is sweeping all of you away to space unknown.

"Along the Seine's cold quays, the Ganges' burning bourne,
The human gaggle leaps and swoons, but does not see
The crack across the ceiling where the Angel's horn
Is gaping like a muzzle of artillery.

"In every climate of the world Death fancies you
In your contortions, laughable Humanity,
And often, as you do, perfumes himself with rue
To mingle irony with your insanity."

Quand je te vois passer, ô ma chère indolente,
Au chant des instruments qui se brise au plafond
Suspendant ton allure harmonieuse et lente,
Et promenant l'ennui de ton regard profond;

Quand je contemple, aux feux du gaz qui le colore,
Ton front pâle, embelli par un morbide attrait,
Où les torches du soir allument une aurore,
Et tes yeux attirants comme ceux d'un portrait,

Je me dis: Qu'elle est belle! et bizarrement fraîche!
Le souvenir massif, royale et lourde tour,
La couronne, et son cœur, meurtri comme une pêche,
Est mûr, comme son corps, pour le savant amour.

Es-tu le fruit d'automne aux saveurs souveraines?
Es-tu vase funèbre attendant quelques pleurs,
Parfum qui fait rêver aux oasis lointaines,
Oreiller caressant, ou corbeille de fleurs?

Je sais qu'il est des yeux, des plus mélancoliques,
Qui ne recèlent point de secrets précieux;
Beaux écrins sans joyaux, médaillons sans reliques,
Plus vides, plus profonds que vous-mêmes, ô Cieux!

Mais ne suffit-il pas que tu sois l'apparence,
Pour réjouir un cœur qui fuit la vérité?
Qu'importe ta bêtise ou ton indifférence?
Masque ou décor, salut! J'adore ta beauté.

When you go gliding past, O darling indolence,
To wailing instruments refracting off the wall,
Your lazy cadence captured in the languid dance,
Your gaze unblinking with the boredom of it all;

I contemplate the pallor of your face grown wan
By gaslight, yet embellished by a tender grace,
When torches of the evening set the fires of dawn,
Your eyes that seem to track me like a portrait's gaze;

I tell myself: How beautiful! and strangely fresh!
The mass of memories, a solid royal tower,
A coronet, and now her heart, bruised like a peach,
Is ripened like her body for the patient lover.

Are you the fruit of autumn to a sovereign's taste?
Are you a funeral urn awaiting sorrow's showers,
Perfumes bringing dreams of oases in the waste,
A pillow that will comfort, baskets filled with flowers?

Of all the eyes I know, they are most melancholic
That never have a single precious secret hidden;
Jewel boxes without gems, medallions with no relic,
More vacuous, more vast than even yours, O Heaven!

But is it not enough to gladden by dissemblence
A heart who finds that flight from truth is no disgrace?
Of what importance are your grossness and indifference?
Salut! Though mask or makeup, I adore your face.

Je n'ai pas oublié, voisine de la ville,
Notre blanche maison, petite mais tranquille;
Sa Pomone de plâtre et sa vieille Vénus
Dans un bosquet chétif cachant leurs membres nus,
Et le soleil, le soir, ruisselant et superbe,
Qui, derrière la vitre où se brisait sa gerbe,
Semblait, grand œil ouvert dans le ciel curieux,
Contempler nos dîners longs et silencieux,
Répandant largement ses beaux reflet de cierge
Sur la nappe frugale et les rideaux de serge.

La servante au grand cœur dont vous étiez jalouse,
Et qui dort son sommeil sous une humble pelouse,
Nous devrions pourtant lui porter quelques fleurs.
Les morts, les pauvres morts, ont de grandes douleurs,
Et quand Octobre souffle, émondeur des vieux arbres,
Son vent mélancolique à l'entour de leurs marbres,
Certe, ils doivent trouver les vivants bien ingrats,
A dormir, comme ils font, chaudement dans leurs draps,
Tandis que, dévorés de noires songeries,
Sans compagnon de lit, sans bonnes causeries,
Vieux squelettes gelés travaillés par le ver,
Ils sentent s'égoutter les neiges de l'hiver
Et le siècle couler, sans qu'amis ni famille
Remplacent les lambeaux qui pendent à leur grille.

Lorsque la bûche siffle et chante, si le soir,
Calme, dans le fauteuil, je la voyais s'asseoir,
Si, par une nuit bleue et froide de décembre,
Je la trouvais tapie en un coin de ma chambre,
Grave, et venant du fond de son lit éternel
Couver l'enfant grandi de son œil maternel,
Que pourrais-je répondre à cette âme pieuse,
Voyant tomber des pleurs de sa paupière creuse?

I have not forgot our place not far from town,
The peaceful whitewashed cottage where we lived alone,
The plaster Pomona, the Venus turning green
Whose nakedness behind the shrubs could not be seen.
The sun at evening would appear superbly bright,
The prisms in our windows shattering his light;
He watched, that eye of heaven's curiosity,
As we two ate our dinner, slowly, silently.
His scattered beams like points of candlefire were shed
Through drapes of serge along the frugal cloth we spread.

My old great-hearted nurse who stirred your jealousy,
Who now beneath a humble sward sleeps quietly,
We should in human kindness carry her a wreath.
The dead, the wretched dead, must know enormous grief,
And when that stripper of old trees, October, vents
His melancholy blast among their monuments,
They surely must believe the living to be thankless,
To sleep, as we are wont, tucked snugly in our blankets;
And all the while devoured by dreams of endless black,
Without a bed fellow, without good pillow talk,
Old icy skeletons, worked over by the worm,
They feel the drip of snow, the drift of winter storm,
And ages slip away; no friends and family come
To change the tattered offerings hanging on the stone.

If one evening, while the log fires hiss and flare
Serenely, I should see her seated in her chair,
If, on a frozen night of blue December gloom,
I found her nested in a corner of my room
Sedately, coming from the depths of her long night
To watch her grown-up child with a maternal eye,
To this devoted soul what reason could I plead,
Watching the tears that swim beneath her sunken lid?

O fins d'automne, hivers, printemps trempés de boue,
Endormeuses saisons! je vous aime et vous loue
D'envelopper ainsi mon cœur et mon cerveau
D'un linceul vaporeux et d'un vague tombeau.

Dans cette grande plaine où l'autan froid se joue,
Où par les longues nuits la girouette s'enroue,
Mon âme mieux qu'au temps du tiède renouveau
Ouvrira largement ses ailes de corbeau.

Rien n'est plus doux au cœur plein de choses funèbres,
Et sur qui dès longtemps descendent les frimas,
O blafardes saisons, reines de nos climats,

Que l'aspect permanent de vos pâles ténèbres,
—Si ce n'est, par un soir sans lune, deux à deux,
D'endormir la douleur sur un lit hasardeux.

101 • RÊVE PARISIEN

À Constantin Guys.

1

De ce terrible paysage,
Tel que jamais mortel n'en vit,
Ce matin encore l'image,
Vague et lointaine, me ravit.

Le sommeil est plein de miracles!
Par un caprice singulier,
J'avais banni de ces spectacles
Le végétal irrégulier,

O end of autumn, winter, springtime's mire and wet,
The sleepiest of seasons! Loving you, I let
You snugly fold yourself about my heart and brain;
You are my shroud of mist, my sepulcher of rain.

Upon a boundless heath where freezing breezes browse,
And where through endless nights the weathervanes carouse,
My spirit, more than in the balmy days of spring,
Will spread the raven span of its enormous wing.

Nothing is more comforting to hearts of woe,
Where frost and sleet have lain so long a time together,
O pallid season, queen of every kind of weather,

Than is the changeless aspect of your fogs and snow,
—Unless it is a moonless night, when, come to bed
By chance, two sufferers together hush their dread.

101 • PARISIAN DREAM

To Constantin Guys

1

That astounding countryside,
Which mortal eye will never see,
Again this morning was descried,
Far off and vague—it ravished me.

My sleep is filled with miracles!
And so by singular caprice,
I'd banished from these spectacles
All living grass and shrubs and trees.

Et, peintre fier de mon génie,
Je savourais dans mon tableau
L'enivrante monotonie
Du métal, du marbre et de l'eau.

Babel d'escaliers et d'arcades,
C'était un palais infini,
Plein de bassins et de cascades
Tombant dans l'or mat ou bruni;

Et des cataractes pesantes,
Comme des rideaux de cristal,
Se suspendaient, éblouissantes,
A des murailles de métal.

Non d'arbres, mais de colonnades
Les étangs dormants s'entouraient,
Où de gigantesques naïades,
Comme des femmes, se miraient.

Des nappes d'eau s'épanchaient, bleues,
Entre des quais roses et verts,
Pendant des millions de lieues,
Vers les confins de l'univers;

C'étaient des pierres inouïes
Et des flots magiques; c'étaient
D'immenses glaces éblouies
Par tout ce qu'elles reflétaient!

Insouciants et taciturnes,
Des Ganges, dans le firmament,
Versaient le trésor de leurs urnes
Dans des gouffres de diamant.

Architecte de mes féeries,
Je faisais, à ma volonté
Sous un tunnel de pierreries
Passer un océan dompté;

I gloated in my reverie,
Proud of my genius as a painter,
Drunk with the monotony
Of metal, marble, even water.

Stairways of Babel and arcades
Joined endless palaces to hold
Uncounted basins and cascades
Pouring dull and burnished gold.

Huge and heavy waterfalls
Hung motionless like crystal shrouds
Suspended on the metal walls,
Silent within their dazzling clouds.

Not by trees, by colonnades
Were sleeping pools marked in their places,
In which gigantic, stone naiads
Gazed, like women, at their faces.

Blue sheets of water filled the slips
Between rose-red and emerald piers,
And stretched out from a million ships
To edges of the universe.

And there were stones of sorts unknown
And magic floods and plates of glass
Immense and gleaming wherein shown
The mirrored selves of all who'd pass!

Indifferent and taciturn,
The Ganges of the distant skies
Was pouring treasure from its urn
Into the gulfs of diamond seas.

An architect of fantasy,
By domination, by my will,
Through tunnels formed from jewelry
I bid obedient oceans spill.

Et tout, même la couleur noire,
Semblait fourbi, clair, irisé;
Le liquide enchâssait sa gloire
Dans le rayon cristallisé.

Nul astre d'ailleurs, nuls vestiges
De soleil, même au bas du ciel,
Pour illuminer ces prodiges,
Qui brillaient d'un feu personnel!

Et sur ces mouvantes merveilles
Planait (terrible nouveauté!
Tout pour l'œil, rien pour les oreilles!)
Un silence d'éternité.

2

En rouvrant mes yeux pleins de flamme
J'ai vu l'horreur de mon taudis,
Et senti, rentrant dans mon âme,
La pointe des soucis maudits;

La pendule aux accents funèbres
Sonnait brutalement midi,
Et le ciel versait des ténèbres
Sur le triste monde engourdi.

102 • LE CRÉPUSCULE DU MATIN

La diane chantait dans les cours des casernes,
Et le vent du matin soufflait sur les lanternes.

C'était l'heure où l'essaim des rêves malfaisants
Tord sur leurs oreillers les bruns adolescents;
Où, comme un œil sanglant qui palpite et qui bouge,
La lampe sur le jour fait une tache rouge;
Où l'âme, sous le poids du corps revêche et lourd,
Imite les combats de la lampe et du jour.
Comme un visage en pleurs que les brises essuient,

And every color, even black,
Seemed iridescent, smooth and bright;
The liquid glory showered back
In crystallized, prismatic light.

No distant moon, no trace of sun,
No glimmer from the galaxy
Upon these prodigies had shown,
Each lit by inner brilliancy.

Upon these marvels lay a spell,
(A terrifying novelty!
Though all was shining, all was still!)
Silent for eternity.

<center>2</center>

I woke up with my eyes aflame
To see the squalor of my room,
And felt within my soul again
The spearthrust of a damning gloom.

The clock with its funereal stress
Struck midday with a brutal sound;
The sky poured down its dreariness
Upon the numbed and sodden ground.

102 • MORNING TWILIGHT

The reveille was sounded in the barracks square;
Fitful gusts of morning wind made streetlights flare.

It was the hour when swarming dreams of wickedness
Tossed dusky adolescents on their mattresses,
When, like a blood-shot eye that rolls and throbs in pain,
Across the day the lamplight spills a crimson stain;
And when the soul, beneath the body's stupid brawn,
Imitates the strife between the lamp and dawn.
Like faces wet with tears that breezes will soon dry,

L'air est plein du frisson des choses qui s'enfuient,
Et l'homme est las d'écrire et la femme d'aimer.

Les maisons çà et là commençaient à fumer.
Les femmes de plaisir, la paupière livide,
Bouche ouverte, dormaient de leur sommeil stupide;
Les pauvresses, traînant leurs seins maigres et froids,
Soufflaient sur leurs tisons et soufflaient sur leurs doigts.
C'était l'heure où parmi le froid et la lésine
S'aggravent les douleurs des femmes en gésine;
Comme un sanglot coupé par un sang écumeux
Le chant du coq au loin déchirait l'air brumeux;
Une mer de brouillards baignait les édifices,
Et les agonisants dans le fond des hospices
Poussaient leur dernier râle en hoquets inégaux.
Les débauchés rentraient, brisés par leurs travaux.

L'aurore grelottante en robe rose et verte
S'avançait lentement sur la Seine déserte,
Et le sombre Paris, en se frottant les yeux,
Empoignait ses outils, veillard laborieux.

The air is full of trembling things intent to fly,
And man is tired of writing, and woman's tired of love.

A household here and there had lighted up a stove.
The ladies of the evening, their eyelids tinted purple,
Their mouth-holes gaping open, slept in stupid torpor;
The pauper women chafed their chilled and skinny breasts,
Blowing on their coals and blowing in their fists.
By now it was the hour when poverty and cold
Encourage pangs of childbirth to aggravate their hold;
Like a convulsive sob cut off by froths of blood,
The crowing of a distant cock cuts through the cloud;
A sea of fog had flooded to the buildings' walls,
While men in agony within the hospitals
Were sucking final breaths through hiccups' spastic jerk.
Debauchees straggled homeward, worn-out by their work.

The dawn, ashiver in her robes of rose and green,
Was carefully advancing on the empty Seine,
And, like an aged laborer, glum Paris woke,
And rubbed his eyes and groped for tools to set to work.

LE VIN

WINE

Un soir, l'âme du vin chantait dans les bouteilles:
"Homme, vers toi je pousse, ô cher déshérité,
Sous ma prison de verre et mes cires vermeilles,
Un chant plein de lumière et de fraternité!

Je sais combien il faut, sur la colline en flamme,
De peine, de sueur et de soleil cuisant
Pour engendrer ma vie et pour me donner l'âme;
Mais je ne serai point ingrat ni malfaisant,

Car j'éprouve une joie immense quand je tombe
Dans le gosier d'un homme usé par ses travaux,
Et sa chaude poitrine est une douce tombe
Où je me plais bien mieux que dans mes froids caveaux.

Entends-tu retentir les refrains des dimanches
Et l'espoir qui gazouille en mon sein palpitant?
Les coudes sur la table et retroussant tes manches,
Tu me glorifieras et tu seras content;

J'allumerai les yeux de ta femme ravie;
A ton fils je rendrai sa force et ses couleurs
Et serai pour ce frêle athlète de la vie
L'huile qui raffermit les muscles des lutteurs.

En toi je tomberai, végétale ambroisie,
Grain précieux jeté par l'éternel Semeur,
Pour que de notre amour naisse la poésie
Qui jaillira vers Dieu comme une rare fleur!"

104 • LE VIN DES CHIFFONNIERS

Souvent, à la clarté rouge d'un réverbère
Dont le vent bat la flamme et tourmente le verre,
Au cœur d'un vieux faubourg, labyrinthe fangeux
Où l'humanité grouille en ferments orageux,

One night the soul of wine was singing in its bottles:
"Mankind, to you I send, dear disinherited,
From prison walls of glass with their vermilion stopples,
Songs of enlightenment and songs of brotherhood.

"I know how much is needed on the scorching hill,
How much pain and how much sweat and fierce sunshine,
To propagate my life and furnish me my soul;
And I shall never be ungrateful nor malign.

"I know enormous joy whenever I can ease
The thirstiness of men worn weary to their bones,
Whose warm throats bring me to a peaceful resting place
Where I feel more at home than in cool catacombs.

"Do you hear, echoing the Sabbath melodies,
The hope that bubbles in my palpitating breast?
With elbows on the table, rolling up your sleeves,
Contented, you will glorify me to your rest;

"I'll brighten up the eyes of your delighted wife;
I'll render manly strength and color to your son,
And I'll become for him, that frail athlete of life,
The oil that wrestlers use to give their muscles tone.

"Ambrosia from the vine, within you let me be
A precious grain broadcast by the Eternal Sower,
So that our love will bear the buds of poetry
That thrust aloft to God an unexpected flower."

104 • RAGPICKERS' WINE

How many times beneath a streetlamp's dull red glare,
While gusts of wind torment the glass and shake the flare,
Within the ancient slums in labyrinths of mud
Where humankind of sorts swarms in a restless flood,

On voit un chiffonnier qui vient, hochant la tête,
Buttant, et se cognant aux murs comme un poëte,
Et, sans prendre souci des mouchards, ses sujets,
Épanche tout son cœur en glorieux projets.

Il prête des serments, dicte des lois sublimes,
Terrasse les méchants, relève les victimes,
Et sous le firmament comme un dais suspendu
S'enivre des splendeurs de sa propre vertu.

Oui, ces gens harcelés de chagrins de ménage,
Moulus par le travail et tourmentés par l'âge,
Éreintés et pliant sous un tas de débris,
Vomissement confus de l'énorme Paris,

Reviennent, parfumés d'une odeur de futailles,
Suivis de compagnons, blanchis dans les batailles,
Dont la moustache pend comme les vieux drapeaux.
Les bannières, les fleurs et les arcs triomphaux

Se dressent devant eux, solennelle magie!
Et dans l'étourdissante et lumineuse orgie
Des clairons, du soleil, des cris et du tambour,
Ils apportent la gloire au peuple ivre d'amour!

C'est ainsi qu'à travers l'Humanité frivole
Le vin roule de l'or, éblouissant Pactole;
Par le gosier de l'homme il chante ses exploits
Et règne par ses dons ainsi que les vrais rois.

Pour noyer la rancœur et bercer l'indolence
De tous ces vieux maudits qui meurent en silence,
Dieu, touché de remords, avait fait le sommeil;
L'Homme ajouta le Vin, fils sacré du Soleil!

A scavenger comes lurching by. He wags his poll.
He stumbles, like a poet bumps against a wall,
And, heedless of informers, babbles unafraid,
Pouring from his heart the glory in his head.

He takes the oaths of office, dictates noble laws,
Punishes the wicked, pleads the victim's cause;
He stands beneath the sky, his fretted carapace,
Intoxicated by his splendid righteousness.

Yes, such men, pestered by the boredom of menage,
Ground down by heavy labor, tormented by age,
Exhausted and resigned, beneath heaped-up debris,
The vomitus of Paris's enormity,

Still rise up, perfumed by the odor of stale wines,
In step with comrades, hair gone white in old campaigns,
Mustaches drooped like fallen battle flags. They march,
The banners and the flowers, the triumphal arch

Raised up before them by a solemn sorcery!
And in the fulminating, incandescent spree,
The bugle calls, the shouts, the dreams, sunlight above,
Restore some glory to a cohort drunk with love!

Thus wine regales Humanity the Frivolous,
Pouring out streams of gold, a dazzling Pactolus;
And from the throats of men his great exploits he sings,
And with these gifts he reigns as do authentic kings.

To drown their rancor and to soothe the indolence
Of all these mad old men who die in diffidence,
God, prompted by remorse, bestowed sleep's benison;
Then man provided Wine, the Sun's own sacred son!

Ma femme est morte, je suis libre!
Je puis donc boire tout mon soûl.
Lorsque je rentrais sans un sou,
Ses cris me déchiraient la fibre.

Autant qu'un roi je suis heureux;
L'air est pur, le ciel admirable. . . .
Nous avions un été semblable
Lorsque j'en devins amoureux!

L'horrible soif qui me déchire
Aurait besoin pour s'assouvir
D'autant de vin qu'en peut tenir
Son tombeau;—ce n'est pas peu dire:

Je l'ai jetée au fond d'un puits,
Et j'ai même poussé sur elle
Tous les pavés de la margelle.
—Je l'oublierai si je le puis!

Au nom des serments de tendresse,
Dont rien ne peut nous délier,
Et pour nous réconcilier
Comme au beau temps de notre ivresse,

J'implorai d'elle un rendez-vous,
Le soir, sur une route obscure.
Elle y vint!—folle créature!
Nous sommes tous plus ou moins fous!

Elle était encore jolie,
Quoique bien fatiguée! et moi,
Je l'aimais trop! voilà pourquoi
Je lui dis: Sors de cette vie!

Nul ne peut me comprendre. Un seul
Parmi ces ivrognes stupides
Songea-t-il dans ses nuits morbides
A faire du vin un linceul?

My wife is dead, and now I'm free!
Now I can guzzle all I want.
When I'd lurch home without a cent,
Her whining always bothered me.

But now I'm happy as a king;
The air is pure, the sky is clear. . . .
The summer was like this the year
That we began our frolicking!

This thirst that has me by the throat,
How much wine would it take to kill?
As much as it would take to fill
Her tomb—that is to say, a lot:

For I have thrown her down a well,
And for good measure I let drop
On her the rocks around the top.
—I shall forget her in a spell!

Using our tender declaration,
From which no one can grant release,
To find again, by making peace,
A time of sweet intoxication,

I begged her for a rendezvous
That evening up a darkened lane,
And, like a little fool, she came!
—We all have foolish moments, too!

She was a pretty bit of fluff,
Although she was so tired! and I,
I loved her too much! that was why
I told her: You've lived long enough!

None understands these thoughts of mine.
Is there one other stupid sot
Who'd dream, when nighttime turns to rot,
That one can make a shroud of wine?

Cette crapule invulnérable
Comme les machines de fer
Jamais, ni l'été ni l'hiver,
N'a connu l'amour véritable,

Avec ses noirs enchantements,
Son cortége infernal d'alarmes,
Ses fioles de poison, ses larmes,
Ses bruits de chaîne et d'ossements!

—Me voilà libre et solitaire!
Je serai ce soir ivre mort;
Alors, sans peur et sans remord,
Je me coucherai sur la terre,

Et je dormirai comme un chien!
Le chariot aux lourdes roues
Chargé de pierres et de boues,
Le wagon enragé peut bien

Écraser ma tête coupable
Ou me couper par le milieu,
Je m'en moque comme de Dieu,
Du Diable ou de la Sainte-Table!

106 • LE VIN DU SOLITAIRE

Le regard singulier d'une femme galante
Qui se glisse vers nous comme le rayon blanc
Que la lune onduleuse envoie au lac tremblant,
Quand elle y veut baigner sa beauté nonchalante;

Le dernier sac d'écus dans les doigts d'un joueur;
Un baiser libertin de la maigre Adeline;
Les sons d'une musique énervante et câline,
Semblable au cri lointain de l'humaine douleur,

Tout cela ne vaut pas, ô bouteille profonde,
Les baumes pénétrants que ta panse féconde
Garde au cœur altéré du poëte pieux;

Invulnerable debauchery,
Like a machinery of steel,
Can never—summer, winter—feel
What veritable love can be:

Its nights of bliss that I have known,
Its hellish retinue of fears,
Its flasks of poison and its tears,
The rattle of a chain on bone!

—Now I'm alone, and safe and sound!
Tonight I'll be my drunkest yet;
Without a fear, without regret,
Tonight I'm sleeping on the ground,

And I'll be sleeping like a dog.
Perhaps a farm cart with an ox,
Loaded down with dirt and rocks,
Perhaps a wagon in the fog

Will quickly crunch my guilty head,
Or slice my belly in the mud;
I do not give a damn for God,
The Devil or the wine and bread!

106 • LONERS' WINE

The lewd appraisal in a woman's level stare
That slides in our direction like the pallid ray
An undulating moon casts on a rippling bay
When she would nonchalantly bathe her beauty there;

The last few coins that in a gambler's hand remain;
The libertine embraces of the starveling Adeline;
The sounds of sordid music, a caressing whine,
Which seem to be a far-off cry of human pain,

All this, unfathomed bottle, this could never match
The penetrating balm that your prodigious paunch
Reserves for times when thirsting poets beg rewards;

Tu lui verses l'espoir, la jeunesse et la vie,
—Et l'orgueil, ce trésor de toute gueuserie,
Qui nous rend triomphants et semblables aux Dieux!

107 • LE VIN DES AMANTS

Aujourd'hui l'espace est splendide!
Sans mors, sans éperons, sans bride,
Partons à cheval sur le vin
Pour un ciel féerique et divin!

Comme deux anges que torture
Une implacable calenture,
Dans le bleu cristal du matin
Suivons le mirage lointain!

Mollement balancés sur l'aile
Du tourbillon intelligent,
Dans un délire parallèle,

Ma sœur, côte à côte nageant,
Nous fuirons sans repos ni trêves
Vers le paradis de mes rêves!

For them you pour out hope and life and youthfulness
—And pride, that treasure of aggressive wretchedness;
You make us feel triumphant, you make us seem like Gods!

107 • LOVERS' WINE

Today the prospect is superb!
Without a halter, spurs or curb,
To horse, to horse, we'll ride on wine
Through skies enchanted, skies divine!

A pair of angels in the torture
Of an unremitting pleasure,
Into the crystal blue of dawn,
To the mirage we carry on!

Smoothly poised on wings we come,
Out of the whirlwind of the mind,
Our parallel delirium,

My sister, swimming intertwined,
We flee, no pause and no reprise,
On to my dreamed-of paradise!

FLEURS DU MAL

Sans cesse à mes côtés s'agite le Démon;
Il nage autour de moi comme un air impalpable;
Je l'avale et le sens qui brûle mon poumon
Et l'emplit d'un désir éternel et coupable.

Parfois il prend, sachant mon grand amour de l'Art,
La forme de la plus séduisante des femmes,
Et, sous de spécieux prétextes de cafard,
Accoutume ma lèvre à des philtres infâmes.

Il me conduit ainsi, loin du regard de Dieu,
Haletant et brisé de fatigue, au milieu
Des plaines de l'Ennui, profondes et désertes,

Et jette dans mes yeux pleins de confusion
Des vêtements souillés, des blessures ouvertes,
Et l'appareil sanglant de la Destruction!

109 • UNE MARTYRE

DESSIN D'UN MAÎTRE INCONNU

Au milieu des flacons, des étoffes lamées
 Et des meubles voluptueux,
Des marbres, des tableaux, des robes parfumées
 Qui traînent à plis somptueux,

Dans une chambre tiède où, comme en une serre,
 L'air est dangereux et fatal,
Où des bouquets mourants dans leur cercueils de verre
 Exhalent leur soupir final,

Un cadavre sans tête épanche, comme un fleuve,
 Sur l'oreiller désaltéré
Un sang rouge et vivant, dont la toile s'abreuve
 Avec l'avidité d'un pré.

Relentlessly upon my ribs the Demon's clung;
He swims around in me impalpable as air;
I swallow him and feel him burning in my lung,
Filling it with eternal, culpable desire.

Aware of my great love of Art, he'll sometimes take
The form and fashion of a most seductive woman
And, with the calculated cunning of a snake,
Habituates my lips to his ungodly venom.

Thus does he entice me far from God's own face,
Gasping and shattered by fatigue, to open space
Upon the planes of Ennui, vacant and profound.

He throws into my eyes, already in confusion,
Contaminated clothing, and the gaping wound,
And all the bloody apparatus of Destruction!

109 • A MARTYR

DRAWING BY AN UNKNOWN MASTER

Among the perfume flasks, the drapes of stiff lamé,
 Among the gilded furnishings,
The marbles and the pictures and the frocks that lay
 In sumptuous and scented trains,

As in a warm conservatory, in this place,
 Its air grown redolent of death,
As in a bell-jar where a dying bloom decays,
 Exhaling now a final breath,

A corpse without a head pours out its heavy blood
 Upon the bedclothes and the pillow,
The linens swallowing the red and living flood
 As thirsty as a summer meadow.

Semblable aux visions pâles qu'enfante l'ombre
 Et qui nous enchaînent les yeux,
La tête, avec l'amas de sa crinière sombre
 Et de ses bijoux précieux,

Sur la table de nuit, comme une renoncule,
 Repose; et, vide de pensers,
Un regard vague et blanc comme le crépuscule
 S'échappe des yeux révulsés.

Sur le lit, le tronc nu sans scrupules étale
 Dans le plus complet abandon
La secrète splendeur et la beauté fatale
 Dont la nature lui fit don;

Un bas rosâtre, orné de coins d'or, à la jambe,
 Comme un souvenir est resté;
La jarretière, ainsi qu'un œil secret qui flambe,
 Darde un regard diamanté.

Le singulier aspect de cette solitude
 Et d'un grand portrait langoureux,
Aux yeux provocateurs comme son attitude,
 Révèle un amour ténébreux,

Une coupable joie et des fêtes étranges
 Pleines de baisers infernaux,
Dont se réjouissait l'essaim des mauvais anges
 Nageant dans les plis des rideaux;

Et cependant, à voir la maigreur élégante
 De l'épaule au contour heurté,
La hanche un peu pointue et la taille fringante
 Ainsi qu'un reptile irrité,

Elle est bien jeune encor!—Son âme exaspérée
 Et ses sens par l'ennui mordus
S'étaient-ils entr'ouverts à la meute altérée
 Des désirs errants et perdus?

Resembling pallid apparitions which appear
 At night and captivate the eye,
The head, its hair in massive, somber pompadour
 With crusts of sumptuous jewelry,

Upon the bedside table, like a potted flower,
 Reposes; vacant of all thought,
A gaze as vague and blank as evening's tiresome hour
 Has fixed her eyes and veered them out.

In bed, her torso, sprawling in complete undress,
 Displays with lack of modesty
The secret splendors and the fatal loveliness
 Of nature's generosity;

One stocking, pink and trimmed with crests of gold, remains
 A memory upon her thigh,
Its spangled garter sparkling secret little flames,
 The winkings of a diamond eye.

The singular impression of this solitude,
 This wasted, languorous display,
Upon a mind as troubled as her attitude,
 Is one of love in disarray,

A guilt-stained joy, ineffable festivities
 Replete with such infernal kisses
As would delight the imps of Mephistopheles,
 Swimming in the drapes' recesses.

Yet one can see, from shoulders slim and elegant,
 Though twisted cruelly out of shape,
The hip a little sharp, the stylish midriff bent,
 Contorted like a wounded snake,

She is still very young!—Her soul exasperated
 And all her senses gnawed by ennui,
Were they thrown open to a tainted pack of sated
 Lusts grown deviant and lonely?

L'homme vindicatif que tu n'as pu, vivante,
 Malgré tant d'amour, assouvir,
Combla-t-il sur ta chair inerte et complaisante
 L'immensité de son désir?

Réponds, cadavre impur! et par tes tresses roides
 Te soulevant d'un bras fiévreux,
Dis-moi, tête effrayante, a-t-il sur tes dents froides
 Collé les suprêmes adieux?

—Loin du monde railleur, loin de la foule impure
 Loin des magistrats curieux,
Dors en paix, dors en paix, étrange créature,
 Dans ton tombeau mystérieux;

Ton époux court le monde, et ta forme immortelle
 Veille près de lui quand il dort;
Autant que toi sans doute il te sera fidèle,
 Et constant jusques à la mort.

110 • FEMMES DAMNÉES

Comme un bétail pensif sur le sable couchées,
Elles tournent leurs yeux vers l'horizon des mers,
Et leurs pieds se cherchant et leurs mains rapprochées
Ont de douces langueurs et des frissons amers.

Les unes, cœurs épris de longues confidences,
Dans le fond des bosquets où jasent les ruisseaux,
Vont épelant l'amour des craintives enfances
Et creusent le bois vert des jeunes arbrisseaux;

D'autres, comme des sœurs, marchent lentes et graves
A travers les rochers pleins d'apparitions,
Où saint Antoine a vu surgir comme des laves
Les seins nus et pourprés de ses tentations;

The angry man whom you, when living, were unable,
 Despite your so great love, to satiate,
Did he not crush your flesh, inert and supple,
 Beneath his lust's enormous weight?

Reply, defiled cadaver! tell me, frightful head,
 Lifted by your stiffened tresses,
Held by a feverish arm, on lips already dead,
 On cold teeth did he press last kisses?

—Far from the jeering world, far from the crowd's caprice,
 Far from the quizzing magistrates
At last you'll rest in peace, strange creature, rest in peace
 In the mysterious tomb that waits;

Your husband roves the world, but deathless fantasy
 Awaits him when he shuts his eyes;
Even as you are faithful, so he too will be
 As constant till the day he dies.

110 • CURSED WOMEN

Like ruminating cows relaxed upon the sands,
They turn their eyes to the horizons of the sea,
Their feet seek out each other's, and their groping hands
Now soft and languorous, now trembling bitterly.

Some with their hearts enthralled by endless confidences,
Deep in the little woods where rills flow chattering,
Spell out the words of love in timid adolescence
And carve the tender bark of young trees in the spring;

While others seem like nuns, parading grave and slow
Across a rock-strewn plain swarming with apparitions,
Where Anthony beheld the surging lava-flow,
The nakedness, the blushing breasts of his temptations;

Il en est, aux lueurs des résines croulantes,
Qui dans le creux muet des vieux antres païens
T'appellent au secours de leurs fièvres hurlantes,
O Bacchus, endormeur des remords anciens!

Et d'autres, dont la gorge aime les scapulaires
Qui, recélant un fouet sous leurs longs vêtements,
Mêlent, dans le bois sombre et les nuits solitaires,
L'écume du plaisir aux larmes des tourments.

O vierges, ô démons, ô monstres, ô martyres,
De la réalité grands esprits contempteurs,
Chercheuses d'infini, dévotes et satyres,
Tantôt pleines de cris, tantôt pleines de pleurs,

Vous que dans votre enfer mon âme a poursuivies,
Pauvres sœurs, je vous aime autant que je vous plains,
Pour vos mornes douleurs, vos soifs inassouvies,
Et les urnes d'amour dont vos grands cœurs sont pleins!

111 • LES DEUX BONNES SOEURS

La Débauche et la Mort sont deux aimables filles,
Prodigues de baisers et riches de santé,
Dont le flanc toujours vierge et drapé de guenilles
Sous l'éternel labeur n'a jamais enfanté.

Au poëte sinistre, ennemi des familles,
Favori de l'enfer, courtisan mal renté,
Tombeaux et lupanars montrent sous leurs charmilles
Un lit que le remords n'a jamais fréquenté.

Et la bière et l'alcôve en blasphèmes fécondes
Nous offrent tour à tour, comme deux bonnes sœurs,
De terribles plaisirs et d'affreuses douceurs.

Quand veux-tu m'enterrer, Débauche aux bras immondes?
O Mort, quand viendras-tu, sa rivale en attraits,
Sur ses myrtes infects enter tes noirs cyprès?

And those who, while the gleams of resin torches quiver
In silent pagan dens behind old cavern doors,
Appeal to you to help them through their howling fever,
O Bacchus, opiate of all antique remorse!

The necks of some yearn for the scourge of scapulars,
And hide their whips within the folds of flowing vestments
To blend, in summer woods alone beneath the stars,
The froth of pleasures with the cruelty of torments.

O virgins, O demons, O monsters, O martyrs,
Great spirits, scornful of the way the world appears,
Who search the infinite, O devotees and satyrs,
That sometimes swells with shrieks and sometimes fills with tears,

You whom my soul pursues into your private hell,
Poor sisters, I both pity you and love you so,
For sorrows that are bleak, for thirsts unquenchable,
And urns of love from which your great hearts overflow!

111 • TWO GOOD SISTERS

Debauchery and Death, two amiable bags,
Are prodigal with kisses and robustly fit;
Their flanks, forever virginal, are decked in rags;
Eternally in childbirth, they've never borne a kit.

The evil-minded poet, foe of the family,
Darling of the devil and the homeless whores,
Is welcome at both tomb and brothel, there to see
His alcove with a bed that never knows remorse.

The coffin and the crib, suffused with blasphemy,
Provide us, each in turn, as two good sisters should,
With dreadful pleasures and obscene solicitude.

Debauchery, when will your soiled arms bury me?
O Death, the rival of her charms, when will you move
The black of cypress trees into her myrtle grove?

Il me semble parfois que mon sang coule à flots,
Ainsi qu'une fontaine aux rhythmiques sanglots.
Je l'entends bien qui coule avec un long murmure,
Mais je me hâte en vain pour trouver la blessure.

A travers la cité, comme dans un champ clos,
Il s'en va, transformant les pavés en îlots,
Désaltérant la soif de chaque créature,
Et partout colorant en rouge la nature.

J'ai demandé souvent à des vins captieux
D'endormir pour un jour la terreur qui me mine;
Le vin rend l'œil plus clair et l'oreille plus fine!

J'ai cherché dans l'amour un sommeil oublieux;
Mais l'amour n'est pour moi qu'un matelas d'aiguilles
Fait pour donner à boire à ces cruelles filles!

113 • ALLÉGORIE

C'est une femme belle et de riche encolure,
Qui laisse dans son vin traîner sa chevelure.
Les griffes de l'amour, les poisons du tripot,
Tout glisse et tout s'émousse au granit de sa peau.
Elle rit à la Mort et nargue la Débauche,
Ces monstres dont la main, qui toujours gratte et fauche,
Dans ses jeux destructeurs a pourtant respecté
De ce corps ferme et droit la rude majesté.
Elle marche en déesse et repose en sultane;
Elle a dans le plaisir la foi mahométane,
Et dans ses bras ouverts, que remplissent ses seins,
Elle appelle des yeux la race des humains.
Elle croit, elle sait, cette vierge inféconde
Et pourtant nécessaire à la marche du monde,
Que la beauté du corps est un sublime don
Qui de toute infamie arrache le pardon.

Sometimes it seems my blood is pulsing out of me
As though it were a fountain weeping rhythmically.
How well I hear it—pouring with a whispered sound—
Yet scrutinize myself in vain to find the wound.

It swamps the town as if a battlefield, the blood
Transforming paving stones to islands in the flood,
To satisfy the thirst of every living creature,
And, flowing out, it colors red the whole of nature.

How often I have called upon the mocking wine
To numb, for just one day, my devastating fear;
Wine only clarifies my eye, makes more acute my ear!

Have I not sought to find, through love, sleep's anodyne?
But love has only made a bed of thorns for me
That leaks a bloody drink for harlots' cruelty!

113 • ALLEGORY

Her neckline richly trimmed, this woman, passing fair,
Trails idly through her wine the tip-ends of her hair.
The claws of passion and the pests of harlotry,
Blunted on her granite skin, slide harmlessly.
She laughs at Death, and all Debauchery she flouts,
Those monsters of the fist that always scours and knouts,
Who in a deadly game do nonetheless respect
Her body's rugged majesty, firm and erect.
She swaggers like a goddess, rests like a sultane;
She has the faith in pleasure of a Mussulman;
Between her open arms, her breasts' sweet symmetry
Beckons to the eyes of all humanity.
She can believe, indeed she knows, this sterile maid,
—Who still is necessary to the world's parade—
That beauty of the body is a gift sublime
Which can extort forgiveness for the basest crime.

Elle ignore l'Enfer comme le Purgatoire,
Et quand l'heure viendra d'entrer dans la Nuit noire,
Elle regardera la face de la Mort,
Ainsi qu'un nouveau-né,—sans haine et sans remord.

114 • LA BÉATRICE

Dans des terrains cendreux, calcinés, sans verdure,
Comme je me plaignais un jour à la nature,
Et que de ma pensée, en vaguant au hasard,
J'aiguisais lentement sur mon cœur le poignard,
Je vis en plein midi descendre sur ma tête
Un nuage funèbre et gros d'une tempête,
Qui portait un troupeau de démons vicieux,
Semblables à des nains cruels et curieux.
A me considérer froidement ils se mirent,
Et, comme des passants sur un fou qu'ils admirent,
Je les entendis rire et chuchoter entre eux,
En échangeant maint signe et maint clignement d'yeux:

—"Contemplons à loisir cette caricature
Et cette ombre d'Hamlet imitant sa posture,
Le regard indécis et les cheveux au vent.
N'est-ce pas grand'pitié de voir ce bon vivant,
Ce gueux, cet histrion en vacances, ce drôle,
Parce qu'il sait jouer artistement son rôle,
Vouloir intéresser au chant de ses douleurs
Les aigles, les grillons, les ruisseaux et les fleurs,
Et même à nous, auteurs de ces vieilles rubriques,
Réciter en hurlant ses tirades publiques?"

J'aurais pu (mon orgueil aussi haut que les monts
Domine la nuée et le cri des démons)
Détourner simplement ma tête souveraine,
Si je n'eusse pas vu parmi leur troupe obscène,
Crime qui n'a pas fait chanceler le soleil!
La reine de mon cœur au regard nonpareil,
Qui riait avec eux de ma sombre détresse
Et leur versait parfois quelque sale caresse.

She's blandly ignorant of Hell and Purgatory,
And when, at last, the blackest Night will end her story,
She will gaze up intently on the face of Death,
As listless as a newborn—no hatred, no regret.

114 • BEATRICE

Once, in a burned out land, a land without a leaf,
While I complained to Nature how I'd come to grief,
Alone I rambled, whetting thoughts upon my heart
But slowly, as to set the point on a poniard.
In broad daylight I saw, descending on my poll,
A thunderhead, enormous and funereal.
A pack of vicious fiends was carried on that cloud,
Cruel and curious dwarfs. Oh, what an evil crowd!
They coldly studied me, exchanging looks askance,
As if I were some loon for passersby to glimpse;
I heard their chortles and their furtive whisperings;
I saw their knowing nods and understanding winks.

—"Come, let us contemplate at length this comic strip,
This wisp of Hamlet mimicking his showmanship
With indecisive glance and ringlets turbulent.
Is it not a shame? Behold this bon vivant,
This tramp, this mountebank at large, this worthless sneak,
Playing his squalid role with such artistic cheek,
Striving to sing of sorrow and his sundry ills
To eagles and to crickets, to flowers and to rills,
And yet to us, the authors of these old ad-libs,
He'd howl a public try-out of his diatribes!"

I might have (for my pride transcends the mountain peaks,
And overrides the clouds and otherworldly shrieks)—
I might have turned my sovereign head away from them,
If I had not discovered in their loathsome scrum,
O crime that should have made the very sun stand still!
My heart's own queen, her, of the manner nonpareil,
Her! laughing with them at my woebegone distress
And lavishing on them betimes a foul caress.

Mon cœur, comme un oiseau, voltigeait tout joyeux
Et planait librement à l'entour des cordages;
Le navire roulait sous un ciel sans nuages,
Comme un ange enivré d'un soleil radieux.

Quelle est cette île triste et noire?—C'est Cythère,
Nous dit-on, un pays fameux dans les chansons,
Eldorado banal de tous les vieux garçons.
Regardez, après tout, c'est une pauvre terre.

—Ile des doux secrets et des fêtes du cœur!
De l'antique Vénus le superbe fantôme
Au-dessus de tes mers plane comme un arome,
Et charge les esprits d'amour et de langueur.

Belle île aux myrtes verts, pleine de fleurs écloses,
Vénérée à jamais par toute nation,
Où les soupirs des cœurs en adoration
Roulent comme l'encens sur un jardin de roses

Ou le roucoulement éternel d'un ramier!
—Cythère n'était plus qu'un terrain des plus maigres,
Un désert rocailleux troublé par des cris aigres.
J'entrevoyais pourtant un objet singulier!

Ce n'était pas un temple aux ombres bocagères,
Où la jeune prêtresse, amoureuse des fleurs,
Allait, le corps brûlé de secrètes chaleurs,
Entre-bâillant sa robe aux brises passagères;

Mais voilà qu'en rasant la côte d'assez près
Pour troubler les oiseaux avec nos voiles blanches,
Nous vîmes que c'était un gibet à trois branches,
Du ciel se détachant en noir, comme un cyprès.

De féroces oiseaux perchés sur leur pâture
Détruisaient avec rage un pendu déjà mûr,
Chacun plantant, comme un outil, son bec impur
Dans tous les coins saignants de cette pourriture;

My heart rose like a bird, and, winging joyfully,
It soared without restraint among the masts and shrouds;
The vessel rolled beneath a heaven free of clouds,
An angel tipsy from the sun's ferocity.

What dismal isle is that?—It's Cythera, they say.
In song it is a land of great celebrity,
An Eldorado in the gaffers' history.
But look at it: a place in dismal disarray.

—Isle of tender secrets and love's festivity!
The ancient Venus hovers, a resplendent ghost,
And, spreading her aroma on your seas and coast,
Replenishes the sense of love and lethargy.

Sweet isle of verdant myrtle, strewn with blooming flowers,
Forever venerated, and by every nation,
Where every heart exhales a sigh of adoration
Suffusing like an incense from the rosy bowers,

A land where turtledoves eternally should sing!
—Yet Cythera appeared to be a meager place,
Troubled by bitter cries, a stone-infested waste.
However, I caught sight of an astounding thing!

It was no little temple in a grove of trees
To which the virgin priestess with a flower-filled passion
Might come, her inner body warmed in secret fashion,
Robes lifting halfway open on a willful breeze.

But as we neared the shore, so close along the lea
That our white sails aroused the birds to loud alarms,
In front of us we saw a gibbet with three arms
Outlined against the sky, black as a cypress tree.

A few ferocious birds were perched on their refection
And in a rage destroyed a corpse already foul;
Each used a filthy beak for gouging like a tool
Into each bloody cranny of the putrefaction.

Les yeux étaient deux trous, et du ventre effondré
Les intestins pesants lui coulaient sur les cuisses,
Et ses bourreaux, gorgés de hideuses délices,
L'avaient à coups de bec absolument châtré.

Sous les pieds, un troupeau de jaloux quadrupèdes,
Le museau relevé, tournoyait et rôdait;
Une plus grande bête au milieu s'agitait
Comme un exécuteur entouré de ses aides.

Habitant de Cythère, enfant d'un ciel si beau,
Silencieusement tu souffrais ces insultes
En expiation de tes infâmes cultes
Et des péchés qui t'ont interdit le tombeau.

Ridicule pendu, tes douleurs sont les miennes!
Je sentis, à l'aspect de tes membres flottants,
Comme un vomissement, remonter vers mes dents
Le long fleuve de fiel des douleurs anciennes;

Devant toi, pauvre diable au souvenir si cher,
J'ai senti tous les becs et toutes les mâchoires
Des corbeaux lancinants et des panthères noires
Qui jadis aimaient tant à triturer ma chair.

—Le ciel était charmant, la mer était unie;
Pour moi tout était noir et sanglant désormais,
Hélas! et j'avais, comme en un suaire épais,
Le cœur enseveli dans cette allégorie.

Dans ton île, ô Vénus! je n'ai trouvé debout
Qu'un gibet symbolique où pendait mon image...
—Ah! Seigneur! donnez-moi la force et le courage
De contempler mon cœur et mon corps sans dégoût!

The eyes were two bleak holes, and through the ruined skin
The ponderous intestines dangled on the thighs.
His executioners, gorged on their hideous prize,
With snappings of the beak slowly castrated him.

Below his feet a pack of jealous quadrupeds,
With muzzles elevated, pushed and prowled about;
Among them moved one rangy, energetic brute,
Distraught as an executive among his aides.

Inhabitant of Cythera, child of a sky so blue,
In silence you have suffered these insulting deeds,
In expiation of your ignominious creeds
And of those sins that interdict a grave for you.

Ridiculous cadaver, your sorrows are my own!
And when I saw your limbs unhinged and pendulous
I felt against my teeth a surging vomitus,
A cataract of bitterness of ancient woe.

Confronting you, poor devil—the memory is fresh—
I felt the prodding of each beak, the clench of every jaw,
The lancinating crow, the swarthy panther's maw
That would have loved to grind its molars on my flesh.

—The sky was charming and the sea smooth all around.
But everything became, for me, as black as blood;
Alas! I found my heart, as in a heavy shroud,
Caught in this allegory and securely wound.

Upon your isle, O Venus, what I found was just
A dark, symbolic gibbet with my dangling image. . . .
—Ah! Lord! If you would only give me strength and courage
To contemplate my heart and flesh without disgust!

VIEUX CUL-DE-LAMPE

L'amour est assis sur le crâne
 De l'Humanité,
Et sur ce trône le profane,
 Au rire effronté,

Souffle gaiement des bulles rondes
 Qui montent dans l'air,
Comme pour rejoindre les mondes
 Au fond de l'éther.

Le globe lumineux et frêle
 Prend un grand essor,
Crève et crache son âme grêle
 Comme un songe d'or.

J'entends le crâne à chaque bulle
 Prier et gémir:
"Ce jeu féroce et ridicule,
 Quand doit-il finir?

Car ce que ta bouche cruelle
 Éparpille en l'air,
Monstre assassin, c'est ma cervelle,
 Mon sang et ma chair?"

AN OLD COLOPHON

Love is seated on the skull
 Of Humanity,
And from this throne he laughs at all
 With blithe profanity;

His glistening bubbles gayly rise,
 Swimming in the air;
Up they lurch across the skies
 Toward a furthest star.

Each bubble, luminous and frail,
 Seems to float supreme
Until it bursts its puny soul
 Like a golden dream.

With every sphere I hear the skull
 Suffer and lament:
"This savage, stupid spectacle,
 Will it ever end?

"For with the stuff that your cruel breath
 Scatters on the wind,
Assassin, you condemn to death
 My flesh, my blood, my mind!"

RÉVOLTE

REVOLT

Qu'est-ce que Dieu fait donc de ce flot d'anathèmes
Qui monte tous les jours vers ses chers Séraphins?
Comme un tyran gorgé de viande et de vins,
Il s'endort au doux bruit de nos affreux blasphèmes.

Les sanglots des martyrs et des suppliciés
Sont une symphonie enivrante sans doute,
Puisque, malgré le sang que leur volupté coûte,
Les cieux ne s'en sont point encore rassasiés!

—Ah! Jésus, souviens-toi du Jardin des Olives!
Dans ta simplicité tu priais à genoux
Celui qui dans son ciel riait au bruit des clous
Que d'ignobles bourreaux plantaient dans tes chairs vives,

Lorsque tu vis cracher sur ta divinité
La crapule du corps de garde et des cuisines,
Et lorsque tu sentis s'enfoncer les épines
Dans ton crâne où vivait l'immense Humanité;

Quand de ton corps brisé la pesanteur horrible
Allongeait tes deux bras distendus, que ton sang
Et ta sueur coulaient de ton front pâlissant,
Quand tu fus devant tous posé comme une cible,

Rêvais-tu de ces jours si brillants et si beaux
Où tu vins pour remplir l'éternelle promesse,
Où tu foulais, monté sur une douce ânesse,
Des chemins tout jonchés de fleurs et de rameaux,

Ou, le cœur tout gonflé d'espoir et de vaillance,
Tu fouettais tous ces vils marchands à tour de bras
Où tu fus maître enfin? Le remords n'a-t-il pas
Pénétré dans ton flanc plus avant que la lance?

—Certes, je sortirai, quant à moi, satisfait
D'un monde où l'action n'est pas la sœur du rêve;
Puissé-je user du glaive et périr par le glaive!
Saint Pierre a renié Jésus... il a bien fait!

What does God do about the flood of obloquy
That rises every day around his Seraphim?
Like a good tyrant gorged on wine and venison,
He falls asleep to sweet sounds of our blasphemy.

The sobs of martyrs and the beaten felon's cry
Provide intoxicating symphonies, no doubt;
Despite the spate of blood spilled at their sensuous bout,
The heavens never have enough to satisfy!

—Ah! Jesus! mind the Garden and the Olive Tree!
In pure simplicity, upon your knees you prayed
To Him who in His heaven laughed while you were splayed
By hangmen pounding spikes into your live anatomy.

When you saw how they spat on your divinity,
The hoodlums of the guard, the filthy kitchen help,
And when you felt the crowning thorns impale your scalp
And cranium where dwelt your vast Humanity;

When your afflicted body's dreadful heaviness
Unhinged your weary arms, your pallid face ran wet
And glittering with drops of mingled blood and sweat;
When you were made a target of vindictiveness,

Did you dream of those beautiful, those brilliant hours
You spent to keep the promise of eternity;
When on a gentle ass, you rode triumphantly
Along the crowd-lined pavements strewn with fronds and flowers;

When your great heart was swelled with bravery and pride,
With mighty arms you whipped those merchants through the doors;
When you were lord at last? And now, does not remorse
Thrust deeper than the soldier's spear into your side?

—For me, most certainly, I shall be satisfied
To leave a world where action fails to match the word;
Would I might use the sword and perish by the sword!
Saint Peter denied Jesus. . . . And he did right!

I

Race d'Abel, dors, bois et mange;
Dieu te sourit complaisamment.

Race de Caïn, dans la fange
Rampe et meurs misérablement.

Race d'Abel, ton sacrifice
Flatte le nez du Séraphin!

Race de Caïn, ton supplice
Aura-t-il jamais une fin?

Race d'Abel, vois tes semailles
Et ton bétail venir à bien;

Race de Caïn, tes entrailles
Hurlent la faim comme un vieux chien.

Race d'Abel, chauffe ton ventre
A ton foyer patriarcal;

Race de Caïn, dans ton antre
Tremble de froid, pauvre chacal!

Race d'Abel, aime et pullule!
Ton or fait aussi des petits.

Race de Caïn, cœur qui brûle,
Prends garde à ces grands appétits.

Race d'Abel, tu croîs et broutes
Comme les punaises des bois!

Race de Caïn, sur les routes
Traîne ta famille aux abois.

I

Tribe of Abel, eat, drink, and sleep;
God smiles on you complacently.

Tribe of Cain, you filthy heap,
Cringe and perish miserably.

Tribe of Abel, your burnt offering
Flatters all the Seraphim!

Tribe of Cain, your suffering,
Will it have no requiem?

Tribe of Abel, your crop prevails;
You fatten every beef and hog;

Tribe of Cain, your entrails
Howl from hunger like a dog.

Tribe of Abel, a warm fire crackles
On your patriarchal hearth;

Tribe of Cain, whining jackals,
Shiver in the frozen earth!

Tribe of Abel you swarm and breed!
Your gold, too, will proliferate;

Tribe of Cain, hearts that seethe,
Beware the heavy appetite.

Tribe of Abel, spend your life
Like bugs that live beneath the woods!

Tribe of Cain, you and your wife,
Drag your brood along the roads.

Ah! race d'Abel, ta charogne
Engraissera le sol fumant!

Race de Caïn, ta besogne
N'est pas faite suffisamment;

Race d'Abel, voici ta honte:
Le fer est vaincu par l'épieu!

Race de Caïn, au ciel monte
Et sur la terre jette Dieu!

119 • LES LITANIES DE SATAN

O toi, le plus savant et le plus beau des Anges,
Dieu trahi par le sort et privé de louanges,

O Satan, prends pitié de ma longue misère!

O Prince de l'exil, à qui l'on a fait tort,
Et qui, vaincu, toujours te redresses plus fort,

O Satan, prends pitié de ma longue misère!

Toi qui sais tout, grand roi des choses souterraines,
Guérisseur familier des angoisses humaines,

O Satan, prends pitié de ma longue misère!

Toi qui, même aux lépreux, aux parias maudits,
Enseignes par l'amour le goût du Paradis,

O Satan, prends pitié de ma longue misère!

O toi qui de la Mort, ta vieille et forte amante,
Engendras l'Espérance,—une folle charmante!

O Satan, prends pitié de ma longue misère!

Ah! tribe of Abel your cadaver
Will fertilize the reeking earth.

Tribe of Cain, your work can never
Be rewarded for its worth.

Tribe of Abel, here's disgrace:
The scythe yields to the hunter's bow!

Tribe of Cain, seek out God's place;
From heaven hurl Him here below!

119 • THE LITANIES OF SATAN

O thou, most wise of Angels and most salutary,
A god betrayed by destiny, deprived of glory,

O Satan, pray take pity on my endless pain!

O Prince of all in exile, who hast suffered wrong,
And who, though vanquished, hast forever grown more strong,

O Satan, pray take pity on my endless pain!

Omniscient King of all beneath the land and seas,
The friendly healer of our human agonies,

O Satan, pray take pity on my endless pain!

From thee the madman and the leper learn to prize,
Through love, a most unlikely taste of Paradise,

O Satan, pray take pity on my endless pain!

O thou who by thy tough old lover, Death, dost bless
Man with eternal Hope.—What charming foolishness!

O Satan, pray take pity on my endless pain!

Toi qui fais au proscrit ce regard calme et haut
Qui damne tout un peuple autour d'un échafaud,

O Satan, prends pitié de ma longue misère!

Toi qui sais en quels coins des terres envieuses
Le Dieu jaloux cacha les pierres précieuses,

O Satan, prends pitié de ma longue misère!

Toi dont l'œil clair connaît les profonds arsenaux
Où dort enseveli le peuple des métaux,

O Satan, prends pitié de ma longue misère!

Toi dont la large main cache les précipices
Au somnambule errant au bord des édifices,

O Satan, prends pitié de ma longue misère!

Toi qui, magiquement, assouplis les vieux os
De l'ivrogne attardé foulé par les chevaux,

O Satan, prends pitié de ma longue misère!

Toi qui, pour consoler l'homme frêle qui souffre,
Nous appris à mêler le salpêtre et le soufre,

O Satan, prends pitié de ma longue misère!

Toi qui poses ta marque, ô complice subtil,
Sur le front du Crésus impitoyable et vil,

O Satan, prends pitié de ma longue misère!

Toi qui mets dans les yeux et dans le cœur des filles
Le culte de la plaie et l'amour des guenilles,

O Satan, prends pitié de ma longue misère!

Bâton des exilés, lampe des inventeurs,
Confesseur des pendus et des conspirateurs,

Who dost impel the convict, cheerful and unruffled,
To curse the crowd of people jammed around his scaffold,

O Satan, pray take pity on my endless pain!

Who knows the every corner of an envious earth
Where jealous God has hidden stones of priceless worth,

O Satan, pray take pity on my endless pain!

Thou whose clear eye knows well the sunken arsenals,
Where hosts of metals hide away to sleep like moles,

O Satan, pray take pity on my endless pain!

O thou whose great hand at the very brink will stop
Somnambulists who wander on the building's top,

O Satan, pray take pity on my endless pain!

Thou who by magic dost preserve the brittle bone
When hapless drunkards under horses' feet are thrown,

O Satan, pray take pity on my endless pain!

Thou who as consolation for the weakness that we suffer,
Hast taught us virtues of saltpeter mixed with sulfur,

O Satan, pray take pity on my endless pain!

Thou who hast set thy mark, with an accomplice smile,
Upon the face of Croesus, merciless and vile,

O Satan, pray take pity on my endless pain!

Thou who hast by their hearts and eyes ordained our daughters
As sisters of the wound who husband rags and tatters,

O Satan, pray take pity on my endless pain!

Rod and staff of exiles, lamp for the inventor,
Confessor for the hanged and every wretched traitor,

O Satan, prends pitié de ma longue misère!

Père adoptif de ceux qu'en sa noire colère
Du paradis terrestre a chassés Dieu le Père,

O Satan, prends pitié de ma longue misère!

Prière

Gloire et louange à toi, Satan, dans les hauteurs
Du Ciel, où tu régnas, et dans les profondeurs
De l'Enfer, où, vainvu, tu rêves en silence!
Fais que mon âme un jour, sous l'Arbre de Science,
Près de toi se repose, à l'heure où sur ton front
Comme un Temple nouveau ses rameaux s'épandront!

O Satan, pray take pity on my endless pain!

Thou foster father of those driven, in His wrath,
By God the Father from their paradise on earth,

O Satan, pray take pity on my endless pain!

Prayer

All glory to thee Satan, and all praise as well,
In Heaven where thou reigned and in the depths of Hell
Where, vanquished, Thou dost dream thy dreams in silence!
Grant that my soul one day, beneath the Tree of Science,
May rest in peace near thee when, slow across thy brow,
As though to form a Temple, it extends its bough!

LA MORT

DEATH

Nous aurons des lits pleins d'odeurs légères,
Des divans profonds comme des tombeaux,
Et d'étranges fleurs sur des étagères,
Écloses pour nous sous des cieux plus beaux.

Usant à l'envi leurs chaleurs dernières,
Nos deux cœurs seront deux vastes flambeaux,
Qui réfléchiront leurs doubles lumières
Dans nos deux esprits, ces miroirs jumeaux.

Un soir fait de rose et de bleu mystique,
Nous échangerons un éclair unique,
Comme un long sanglot, tout chargé d'adieux;

Et plus tard un Ange, entr-ouvrant les portes,
Viendra ranimer, fidèle et joyeux,
Les miroirs ternis et les flammes mortes.

121 • LA MORT DES PAUVRES

C'est la Mort qui console, hélas! et qui fait vivre;
C'est le but de la vie, et c'est le seul espoir
Qui, comme un élixir, nous monte et nous enivre,
Et nous donne le cœur de marcher jusqu'au soir;

A travers la tempête, et la neige, et le givre,
C'est la clarté vibrante à notre horizon noir;
C'est l'auberge fameuse inscrite sur le livre,
Où l'on pourra manger, et dormir, et s'asseoir;

C'est un Ange qui tient dans ses doigts magnétiques
Le sommeil et le don des rêves extatiques,
Et qui refait le lit des gens pauvres et nus;

C'est la gloire des Dieux, c'est le grenier mystique,
C'est la bourse du pauvre et sa patrie antique,
C'est le portique ouvert sur les Cieux inconnus!

We shall have beds suffused with faint perfumes,
We'll have divans that are as deep as graves,
And on the mantelpiece outlandish blooms
That blossomed for us in our better days.

Using their final warmth to vie together,
Our two hearts will blaze out, great beacon fires,
Like double flames reflecting one another
In both our minds, mirrors of twin desires.

One evening, mystical in rose and blue,
A final gleam will pass between us two,
A sob that bears the weight of long farewell;

And afterward an Angel, opening wide
With faith and joy the doorways of the cell,
Lights tarnished mirrors and the flames that died.

121 • THE DEATH OF THE POOR

It is death that consoles, alas! that makes us live;
It is the point of life; it is the only hope
That, like elixir, can elate and calm the nerve
With courage to keep heart till evening when we stop.

Across the hoarfrost and the snow and winter gales,
It is the pulsing light on our horizon's black;
It is the famous tavern mentioned in the tales,
Where one has time to eat and sleep and just sit back;

It is an Angel whose hypnotic fingertip
Provides ecstatic dreams within the gift of sleep,
Who makes the beds for poor and naked men and women;

It is the home and wealth of those in poverty,
The glory of the Gods, the mystic granary,
It is the portal opened to an unknown Heaven!

Combien faut-il de fois secouer mes grelots
Et baiser ton front bas, morne caricature?
Pour piquer dans le but, de mystique nature,
Combien, ô mon carquois, perdre de javelots?

Nous userons notre âme en de subtils complots,
Et nous démolirons mainte lourde armature,
Avant de contempler la grande Créature
Dont l'infernal désir nous remplit de sanglots!

Il en est qui jamais n'ont connu leur Idole,
Et ces sculpteurs damnés et marqués d'un affront,
qui vont se martelant la poitrine et le front,

N'ont qu'un espoir, étrange et sombre Capitole!
C'est que la Mort, planant comme un soleil nouveau,
Fera s'épanouir les fleurs de leur cerveau!

Sous une lumière blafarde
Court, danse et se tord sans raison
La Vie, impudente et criarde.
Aussi, sitôt qu'à l'horizon

La nuit voluptueuse monte,
Apaisant tout, même la faim,
Effaçant tout, même la honte,
Le Poëte se dit: "Enfin!

Mon esprit, comme mes vertèbres,
Invoque ardemment le repos;
Le cœur plein de songes funèbres,

Je vais me coucher sur le dos
Et me rouler dans vos rideaux,
O rafraîchissantes ténèbres!"

How often must I give my harness bells a shake
And kiss your sloping brow, glum travesty?
Before I hit the mark of mystic quality,
How many arrows, O my quiver, will it take?

We wear away our souls in subtleties of plot,
And we demolish many clumsy scaffoldings,
Before we match Creation with our renderings
Whose hellish aspirations render us distraught!

Some have their Idols which they never can extol.
The sculptor who's condemned and branded by disgrace,
Who hammers at his breast and even on his face,

Has but one hope, a strange and somber Capitol!
It is that Death, a soaring sun of some new kind,
Will force the blossoms of the flowers of his mind!

123 • DAY'S END

By the pallid light of day
Life writhes and runs without a reason,
Cavorting, shrieking any way.
Finally, on the far horizon,

Voluptuous nighttime takes her place,
Relieving the relentless fast,
Expunging everyone's disgrace;
The Poet tells himself: "At last!

"My mind also my vertebrae,
Ardently invoke repose;
My heart holds dreams of misery,

"I'll stretch my back and try to doze
And wrap myself within your robes,
O web of darkness, comfort me!"

À F. N.

Connais-tu, comme moi, la douleur savoureuse,
Et de toi fais-tu dire: "Oh! l'homme singulier!"
—J'allais mourir. C'était dans mon âme amoureuse,
Désir mêlé d'horreur, un mal particulier;

Angoisse et vif espoir, sans humeur factieuse.
Plus allait se vidant le fatal sablier,
Plus ma torture était âpre et délicieuse;
Tout mon cœur s'arrachait au monde familier.

J'étais comme l'enfant avide du spectacle,
Haïssant le rideau comme on hait un obstacle...
Enfin la vérité froide se révéla:

J'étais mort sans surprise, et la terrible aurore
M'enveloppait.—Eh quoi! n'est-ce donc que cela?
La toile était levée et j'attendais encore.

125 • LE VOYAGE

À Maxime du Camp.

I

Pour l'enfant, amoureux de cartes et d'estampes,
L'univers est égal à son vaste appétit.
Ah! que le monde est grand à la clarté des lampes!
Aux yeux du souvenir que le monde est petit!

Un matin nous partons, le cerveau plein de flamme,
Le cœur gros de rancune et de désirs amers,
Et nous allons, suivant le rhythme de la lame,
Berçant notre infini sur le fini des mers:

To F. N.

Have you not known, as I have known, delicious pain?
Are not folks wont to say of you, "How singular!"
—As I lay dying, deep in my enamored brain
Desire and horror mixed, an illness most bizarre;

Distress with vivid hope, without a fractious mood.
The emptier the fatal hour-glass became,
The bitterer and tastier my torture grew;
My heart was torn away from its familiar frame.

I had become a child impatient for the play,
Hating the unraised curtain as one hates delay. . . .
At last the truth revealed its cold simplicity:

I was dead, no great surprise; the terrible dawn
Came over me.—What's this! It's all there is to be?
The curtain had gone up, and I just lingered on.

125 • THE JOURNEY

To Maxime du Camp

1

For any child who learns a love of maps and stamps
His hunger for the universe includes it all.
Ah! but the world is massive by the light of lamps!
Yet seen through eyes of memory the world is small!

One morning we depart, a wildfire in the brain,
Hearts swelled with sour desires and rancorous unease;
We travel, borne along by rhythms of the main,
Our own infinity soothed on the finite seas.

Les uns, joyeux de fuir une patrie infâme;
D'autres, l'horreur de leurs berceaux, et quelques-uns,
Astrologues noyés dans les yeux d'une femme,
La Circé tyrannique aux dangereux parfums.

Pour n'être pas changés en bêtes, ils s'enivrent
D'espace et de lumière et de cieux embrasés;
La glace qui les mord, les soleils qui les cuivrent,
Effacent lentement la marque des baisers.

Mais les vrais voyageurs sont ceux-là seuls qui partent
Pour partir; cœurs légers, semblables aux ballons,
De leur fatalité jamais ils ne s'écartent,
Et, sans savoir pourquoi, disent toujours: Allons!

Ceux-là dont les désirs ont la forme des nues,
Et qui rêvent, ainsi qu'un conscrit le canon,
De vastes voluptés, changeantes, inconnues,
Et dont l'esprit humain n'a jamais su le nom!

2

Nous imitons, horreur! la toupie et la boule
Dans leur valse et leurs bonds; même dans nos sommeils
La Curiosité nous tourmente et nous roule,
Comme un Ange cruel qui fouette des soleils.

Singulière fortune où le but se déplace,
Et, n'étant nulle part, peut être n'importe où!
Où l'Homme, dont jamais l'espérance n'est lasse,
Pour trouver le repos court toujours comme un fou!

Notre âme est un trois-mâts cherchant son Icarie;
Une voix retentit sur le pont: "Ouvre l'œil!"
Une voix de la hune, ardente et folle, crie:
"Amour... gloire... bonheur!" Enfer! c'est un écueil!

Chaque îlot signalé par l'homme de vigie
Est un Eldorado promis par le Destin;
L'Imagination qui dresse son orgie
Ne trouve qu'un récif aux clartés du matin.

Some, joyful to escape from lands of infamies,
Some others, from the horror of their cradles, some—
Astrologers—are drowning in a woman's eyes:
The tyrant Circe of the dangerous perfume.

In order not to be transmogrified to swine,
They stay stone drunk on space and light and skies ablaze;
With ice that gnaws them and with suns that bronze their skin,
The blemish of her impure kisses slowly fades.

But veritable travelers are the ones who leave
For leaving's sake; with hearts as light as a balloon
They go; their destiny is clear; they never swerve,
Forever calling out, they don't know why: Come on!

They propagate desires the way that clouds are grown,
And, as recruits may dream of cannon, so they dream
Of varied pleasures, vast, voluptuous, unknown,
To which the human mind has never put a name.

2

We imitate (Good God!) the top and bowling ball
By spinning, leaping, waltzing. Curiosity
Torments us, even when we sleep, to make us roll,
A cruel Angel scourging suns across the sky.

Man's fortune is absurd; the goal can change its place,
And, being nowhere can perhaps be anywhere!
Wherever Man with tireless hope can run his race,
Forever, like a fool, he strives against despair!

Our soul's a three-mast ship; Icaria, our goal;
"Now look sharp!" from the bridge we hear a voice resound;
Then from the crow's nest comes an ardent, crazy howl,
"Love... glory... happiness!" Oh Hell! We've run aground!

Each islet sighted by our lookout is declared
To be the Eldorado promised us by Fate;
In his Imagination orgies are prepared,
But morning light finds only reefs to celebrate.

O le pauvre amoureux des pays chimériques!
Faut-il le mettre aux fers, le jeter à la mer,
Ce matelot ivrogne, inventeur d'Amériques
Dont le mirage rend le gouffre plus amer?

Tel le vieux vagabond, piétinant dans la boue,
Rêve, le nez en l'air, de brillants paradis;
Son œil ensorcelé découvre une Capoue
Partout où la chandelle illumine un taudis.

3

Étonnants voyageurs! quelles nobles histoires
Nous lisons dans vos yeux profonds comme les mers!
Montrez-nous les écrins de vos riches mémoires,
Ces bijoux merveilleux, faits d'astres et d'éthers.

Nous voulons voyager sans vapeur et sans voile!
Faites, pour égayer l'ennui de nos prisons,
Passer sur nos esprits, tendus comme une toile,
Vos souvenirs avec leurs cadres d'horizons.

Dites, qu'avez-vous vu?

4

 "Nous avons vu des astres
Et des flots; nous avons vu des sables aussi;
Et, malgré bien des chocs et d'imprévus désastres,
Nous nous sommes souvent ennuyés, comme ici.

La gloire du soleil sur la mer violette,
La gloire des cités dans le soleil couchant,
Allumaient dans nos cœurs une ardeur inquiète
De plonger dans un ciel au reflet alléchant.

Les plus riches cités, les plus grands paysages,
Jamais ne contenaient l'attrait mystérieux
De ceux que le hasard fait avec les nuages.
Et toujours le désir nous rendait soucieux!

O wretch in love with an imaginary land!
We'll throw him in the brig? or feed him to a shark?
That drunken gob invents a New World out of hand,
With each mirage the gulf becomes more salt and dark!

Thus, slogging through the mud, the aged vagabond,
With nose in air, dreams of a shining paradise,
And, glimpsing just a candle in a hut of sod,
Discovers Capua with his enchanted eyes.

3

Astounding travelers! What noble history
We read within the depths of your unfathomed eyes!
Open the jewel cases of your memory
And show the glistening marvels of the stars and skies.

We have a yen for travel, but not with steam and sails!
Therefore, to lighten up the boredom of our prisons,
Upon our spirits, taut as canvas, stretch your tales
Of marvels. Let their frames become the wide horizons.

"Speak up! What have you seen?"

4

 "We've seen the stars; some waves
We've seen; and we have also seen some desert sands;
In spite of accidents and unforeseen close shaves,
We have been bored, as we are now—Time on our hands.

"The glory of the sun upon the purple sea,
The glory of great cities in the setting sun
Lit in our hearts an anxious longing to fling free
Into the sky's reflections of a luring halcyon.

"The grandest countryside, the richest city's crowd
Have never had the same mysterious attraction
As apparitions formed by chance within a cloud.
Yet our desires have always clouded satisfaction!

—La jouissance ajoute au désir de la force.
Désir, vieil arbre à qui le plaisir sert d'engrais,
Cependant que grossit et durcit ton écorce,
Tes branches veulent voir le soleil de plus près!

Grandiras-tu toujours, grand arbre plus vivace
Que le cyprès?—Pourtant nous avons, avec soin,
Cueilli quelques croquis pour votre album vorace,
Frères qui trouvez beau tout ce qui vient de loin!

Nous avons salué des idoles à trompe;
Des trônes constellés de joyaux lumineux;
Des palais ouvragés dont la féerique pompe
Serait pour vos banquiers un rêve ruineux;

Des costumes qui sont pour les yeux une ivresse;
Des femmes dont les dents et les ongles sont teints,
Et des jongleurs savants que le serpent caresse."

5

Et puis, et puis encore?

6

"O cerveaux enfantins!

Pour ne pas oublier la chose capitale,
Nous avons vu partout, et sans l'avoir cherché,
Du haut jusques en bas de l'échelle fatale,
Le spectacle ennuyeux de l'immortel péché:

La femme, esclave vile, orgueilleuse et stupide,
Sans rire s'adorant et s'aimant sans dégoût;
L'homme, tyran goulu, paillard, dur et cupide,
Esclave de l'esclave et ruisseau dans l'égout;

Le bourreau qui jouit, le martyr qui sanglote;
La fête qu'assaisonne et parfume le sang;
Le poison du pouvoir énervant le despote,
Et le peuple amoureux du fouet abrutissant;

"—Enjoyment aggravates the power of desire.
Desire, old tree, our pleasures fertilize your soil,
And as your bark grows thick and tough, your limbs aspire
To see the sun up close as all your leaves uncoil!

"Enormous tree, that's longer lived than cypresses,
Would you grow forever?—We have here an array
Of sketches for your scrapbook's aching emptiness,
O brothers who find beauty in the far away!

"We have saluted idols carved like elephants;
Thrones studded like the sky where bursts of star-gems gleam;
Some palaces from fairytales where pomp enchants
And circumstance would ruin any banker's dream;

"Some costumes of a glory to besot the eyes;
Some girls of painted tooth and lacquered fingernail,
And skillful jugglers snugged within a serpent's vise."

5

"And then? And then? What more?"

6

"Your minds are infantile!

"We never have forgot one thing preempting all;
We have not sought it out, yet everywhere we've been,
From bottom to the top of the predestined scale,
We found that boring spectacle, immortal sin:

"The women, wretched slaves, proud in stupidity,
Adore themselves without amusement or disgust;
The men are slaves of slaves, tough in cupidity,
Tyrannic, swinish, lewd, a gutter-stream of lust;

"The hebephrenic hangman and his weeping martyr;
The festival which is perfumed and spiced by blood;
The poisoning of power that saps the despot's ardor,
And men who love the agony of lash and club;

Plusieurs religions semblables à la nôtre,
Toutes escaladant le ciel; la Sainteté,
Comme en un lit de plume un délicat se vautre,
Dans les clous et le crin cherchant la volupté;

L'Humanité bavarde, ivre de son génie,
Et, folle maintenant comme elle était jadis,
Criant à Dieu, dans sa furibonde agonie:
"O mon semblable, ô mon maître, je te maudis!"

Et les moins sots, hardis amants de la Démence,
Fuyant le grand troupeau parqué par le Destin,
Et se réfugiant dans l'opium immense!
—Tel est du globe entier l'éternel bulletin."

7

Amer savoir, celui qu'on tire du voyage!
Le monde, monotone et petit, aujourd'hui,
Hier, demain, toujours, nous fait voir notre image:
Une oasis d'horreur dans un désert d'ennui!

Faut-il partir? rester? Si tu peux rester, reste;
Pars, s'il le faut. L'un court, et l'autre se tapit
Pour tromper l'ennemi vigilant et funeste,
Le Temps! Il est, hélas! des coureurs sans répit,

Comme le Juif errant et comme les apôtres,
A qui rien ne suffit, ni wagon ni vaisseau,
Pour fuir ce rétiaire infâme; il en est d'autres
Qui savent le tuer sans quitter leur berceau.

Lorsque enfin il mettra le pied sur notre échine,
Nous pourrons espérer et crier: En avant!
De même qu'autrefois nous partions pour la Chine,
Les yeux fixés au large et les cheveux au vent,

Nous nous embarquerons sur la mer des Ténèbres
Avec le cœur joyeux d'un jeune passager.
Entendez-vous ces voix, charmantes et funèbres,
Qui chantent: "Par ici! vous qui voulez manger

"Religions similar to ours have multiplied;
Each one, a stair, ascends to heaven. Saintliness
Lolls like a sybarite upon a feather bed,
Content that nails and hairshirts are voluptuous.

"Humanity talks cant and, drunk on its own genius,
Has always been insane, is now and ever shall be;
It cries to God in savage agonies of meanness,
O my image! O my master! I curse Thee!

"And those less foolish, boldly loving Lunacy,
Escape from the enormous herd corralled by Fate
And find surcease in opium's immensity.
—And so each day such news has kept us up to date.

7

What bitter knowledge we have learned along the way!
The world, marked by its smallness and monotony,
Reflects ourselves today, tomorrow, yesterday:
A dread oasis in the deserts of ennui!

It's time to go? Or stay? If you can stay, feel free;
Go if you must. One runs; another hunkers down
To fool the vigilant and deadly enemy:
Time! Respite for a few alas! is never known;

They travel like Apostles, like the Wandering Jew,
And nothing is enough for them, not wheels nor sail,
To flee the dreaded retiary. Yet a few
Know how to kill the foe before they learn to crawl.

When, in the end, he sets his foot upon our neck
We'll still be capable of hope, to cry, "Let's go!"
As in the good old days, starting the China trek,
With eyes on the horizon, hair let free to blow.

Embarked, we'll set our course across the Sea of Shade,
Like youthful vagabonds adrift with carefree heart.
Do you not hear those voices, beckoning and sad?
They sing, "Come! Come away! Come you who yearn to eat

Le Lotus parfumé! c'est ici qu'on vendange
Les fruits miraculeux dont votre cœur a faim;
Venez vous enivrer de la douceur étrange
De cette après-midi qui n'a jamais de fin?"

A l'accent familier nous devinons le spectre;
Nos Pylades là-bas tendent leurs bras vers nous.
"Pour rafraîchir ton cœur nage vers ton Électre!"
Dit celle dont jadis nous baisions les genoux.

<div align="center">

8

</div>

O Mort, vieux capitaine, il est temps! levons l'ancre.
Ce pays nous ennuie, ô Mort! Appareillons!
Si le ciel et la mer sont noirs comme de l'encre,
Nos cœurs que tu connais sont remplis de rayons!

Verse-nous ton poison pour qu'il nous réconforte!
Nous voulons, tant ce feu nous brûle le cerveau,
Plonger au fond du gouffre, Enfer ou Ciel, qu'importe?
Au fond de l'Inconnu pour trouver du *nouveau!*

"The perfumed Lotus flower! On this isle is grown
That wondrous fruit which hunger of the heart demands;
Come, come away! Intoxicate yourselves upon
The sweetness of the afternoon that never ends."

Familiar accents tell who plays the phantom's part;
Far off our Pylades extend their arms to us.
"Swim to Electra and refresh your lips and heart!"
Says she upon whose knees we one time placed a kiss.

8

O Death, old captain, raise the anchor! It is time!
This land has wearied us, O Death! Let us depart!
And even though the sky and sea are dark as wine,
You know the brilliance of the light that fills our heart!

Comfort us with poison! Desire so fills the brain
It burns us with a lust to plunge ourselves into
The gulf of—Hell or Heaven, which? They're both the same.
Within the Unknown's depths we still seek *something new!*

WRECKAGE

Que le Soleil est beau quand tout frais il se lève,
Comme une explosion nous lançant son bonjour!
—Bienheureux celui-là qui peut avec amour
Saluer son coucher plus glorieux qu'un rêve!

Je me souviens!... J'ai vu tout, fleur, source, sillon,
Se pâmer sous son œil comme un cœur qui palpite...
—Courons vers l'horizon, il est tard, courons vite,
Pour attraper au moins un oblique rayon!

Mais je poursuis en vain le Dieu qui se retire;
L'irrésistible Nuit établit son empire,
Noire, humide, funeste et pleine de frissons;

Une odeur de tombeau dans les ténèbres nage,
Et mon pied peureux froisse, au bord du marécage,
Des crapauds imprévus et de froids limaçons.

127 • LESBOS

Mère des jeux latins et des voluptés grecques,
Lesbos, où les baisers, languissants ou joyeux,
Chauds comme les soleils, frais comme les pastèques,
Font l'ornement des nuits et des jours glorieux;
Mère des jeux latins et des voluptés grecques,

Lesbos, où les baisers sont comme les cascades
Qui se jettent sans peur dans les gouffres sans fonds,
Et courent, sanglotant et gloussant par saccades,
Orageux et secrets, fourmillants et profonds;
Lesbos, où les baisers sont comme les cascades!

Lesbos, où les Phrynés l'une l'autre s'attirent,
Où jamais un soupir ne resta sans écho,
A l'égal de Paphos les étoiles t'admirent,
Et Vénus, à bon droit peut jalouser Sapho!
Lesbos, où les Phrynés l'une l'autre s'attirent,

How beautiful the Sun appears at dawn's first gleam,
And hurls at us like an explosion his good-day!
—But blessed is the fellow who with love can say,
Greetings to the sunset, more splendid than a dream!

I recollect!. . . I've seen them all, rill, flower and furrow,
Swooning beneath his eye like hearts that palpitate. . . .
—Let's race to the horizon, fast, run fast, it's late;
Let's catch at least one slanting beam before tomorrow!

But I pursue in vain the God who must retire;
Relentless Night can now establish his empire,
Humid, black, disastrous; shuddering prevails;

Within the darkness odors of the graveyard float,
And at the margin of the swamp my fearful foot
Draws back from unexpected toads and clammy snails.

127 • LESBOS

Mother of Latin games and pleasures of old Greece,
Lesbos, land where kisses, languishing or gay,
As warm as noonday suns, or cool as melon's flesh,
Embellish every night, make glorious each day;
Mother of Latin games and pleasures of old Greece,

Lesbos, where the kisses like a waterfall
Hurl fearlessly into their chasms underground,
Racing onward, sobbing, halting, whimsical,
Tempestuous and secret, swarming and profound;
Lesbos, where a kiss is like a waterfall!

Lesbos, where the Phrynes couple two by two,
Where not a single sigh can rest without its echo,
Even the stars of Paphos are in love with you,
And Venus, with good cause, is envious of Sappho!
Lesbos where the Phrynes couple two by two,

Lesbos, terre des nuits chaudes et langoureuses,
Qui font qu'à leurs miroirs, stérile volupté!
Les filles aux yeux creux, de leurs corps amoureuses,
Caressent les fruits mûrs de leur nubilité;
Lesbos, terre des nuits chaudes et langoureuses,

Laisse du vieux Platon se froncer l'œil austère;
Tu tires ton pardon de l'excès des baisers,
Reine du doux empire, aimable et noble terre,
Et des raffinements toujours inépuisés.
Laisse du vieux Platon se froncer l'œil austère.

Tu tires ton pardon de l'éternel martyre,
Infligé sans relâche aux cœurs ambitieux,
Qu'attire loin de nous le radieux sourire
Entrevu vaguement au bord des autres cieux!
Tu tires ton pardon de l'éternel martyre!

Qui des Dieux osera, Lesbos, être ton juge
Et condamner ton front pâli dans les travaux,
Si ses balances d'or n'ont pesé le déluge
De larmes qu'à la mer ont versé tes ruisseaux?
Qui des Dieux osera, Lesbos, être ton juge?

Que nous veulent les lois du juste et de l'injuste?
Vierges au cœur sublime, honneur de l'archipel,
Votre religion comme une autre est auguste,
Et l'amour se rira de l'Enfer et du Ciel!
Que nous veulent les lois du juste et de l'injuste?

Car Lesbos entre tous m'a choisi sur la terre
Pour chanter le secret de ses vierges en fleurs,
Et je fus dès l'enfance admis au noir mystère
Des rires effrénés mêlés aux sombres pleurs;
Car Lesbos entre tous m'a choisi sur la terre.

Et depuis lors je veille au sommet de Leucate,
Comme une sentinelle à l'œil perçant et sûr,
Qui guette nuit et jour brick, tartane, ou frégate,
Dont les formes au loin frissonnent dans l'azur;
Et depuis lors je veille au sommet de Leucate

Lesbos, land of nights bloodwarm and languorous,
Where mirrors are the witness of the sterile play
Of deep-eyed girls, their bodies moist and amorous,
Caressing ripened fruits of their nubility;
Lesbos, land of nights bloodwarm and languorous,

Let antique Plato turn away a frowning face;
You are forgiven by the excess of your kisses,
Queen of a sweet empire, a pleasant, noble place,
Your inexhaustible refinement of caresses.
Let antique Plato turn away his frowning face.

You are forgiven the eternal martyrdom
Inflicted without respite on your votaries
Inveigled by a radiant smile so far from home,
Perceived but vaguely at the edge of distant skies!
You are forgiven the eternal martyrdom!

Which of the Gods, Lesbos, will dare to be your judge,
Condemning your pale face for such activity,
Unless his scales of gold have measured the deluge
That rivers of your tears have carried to the sea?
Which of the Gods, Lesbos, will dare to be your judge?

What good are they to us, these laws, just and unjust?
Brave virgins, honor of the archipelago,
For your religion, like another, is august,
And love will scoff from Heaven above to Hell below!
What good are they to us, these laws, unjust and just?

For Lesbos, from the entire world, has chosen me
To sing the secret of virginity in flower;
From childhood I have known the deadly mystery
Of frenzied laughter mingled with a somber shower;
For Lesbos from the entire world has chosen me.

And since then I keep watch from Leucate's granite spine:
I am a sentinel, my steady, piercing eye
Forever on alert for bark or brigantine,
Whose distant outlines quiver in the azure sky,
And since then I have watched from Leucate's granite spine

Pour savoir si la mer est indulgente et bonne,
Et parmi les sanglots dont le roc retentit
Un soir ramènera vers Lesbos, qui pardonne,
Le cadavre adoré de Sapho, qui partit,
Pour savoir si la mer est indulgente et bonne!

De la mâle Sapho, l'amante et le poëte,
Plus belle que Vénus par ses mornes pâleurs!
—L'œil d'azur est vaincu par l'œil noir que tachète
Le cercle ténébreux tracé par les douleurs
De la mâle Sapho, l'amante et le poëte!

—Plus belle que Vénus se dressant sur le monde
Et versant les trésors de sa sérénité
Et le rayonnement de sa jeunesse blonde
Sur le vieil Océan de sa fille enchanté;
Plus belle que Vénus se dressant sur le monde!

—De Sapho qui mourut le jour de son blasphème,
Quand, insultant le rite et le culte inventé
Elle fit son beau corps la pâture suprême
D'un brutal dont l'orgueil punit l'impiété
De Sapho qui mourut le jour de son blasphème.

Et c'est depuis ce temps que Lesbos se lamente,
Et, malgré les honneurs que lui rend l'univers,
S'enivre chaque nuit du cri de la tourmente
Que poussent vers les cieux ses rivages déserts!
Et c'est depuis ce temps que Lesbos se lamente!

128 • FEMMES DAMNÉES

A la pâle clarté des lampes languissantes,
Sur de profonds coussins tout imprégnés d'odeur,
Hippolyte rêvait aux caresses puissantes
Qui levaient le rideau de sa jeune candeur.

Elle cherchait, d'un œil troublé par la tempête,

To find out if the sea is tolerant and just,
And soon, with tears washed up against the rocky shelf,
One evening will return to Lesbos' patient coast
The worshipped corpse of Sappho who had drowned herself
To find out if the sea is tolerant and just

Regarding virile Sappho, paramour and bard,
Made lovelier than Venus by her waxen skin!
—The azure eyes surpassed by dark eyes deeply marred,
Encircled by the shadows which have traced the pain
Of virile Sappho who was paramour and bard!

—More beautiful than Venus towering over all
And pouring out the wealth of her serenity,
The blonde resplendence of her youthful aureole,
Casting a spell upon her sire, the ancient Sea;
More beautiful than Venus towering over all!

—Was Sappho, dead the morning of her blasphemy,
When, flouting rubrics of her credo and her pact,
She offered up her body as a savory
To that proud brute whose scorn paid out the impious act
Of Sappho, dead the morning of her blasphemy.

And it has been since then that Lesbos makes lament,
Despite the universal homage she receives;
Each night she's drunk with wailing at her punishment
Which the deserted seacliffs echo to the skies!
Thus has it been, since then, that Lesbos makes lament.

128 • CURSED WOMEN

By pallid light from lamps of languid gloominess,
Within deep cushions of enduring redolence,
Hippolyta reflected how a wild caress
Had raised the curtain of her innocence.

Elle cherchait, d'un œil troublé par la tempête,
De sa naïveté le ciel déjà lointain,
Ainsi qu'un voyageur qui retourne la tête
Vers les horizons bleus dépassés le matin.

De ses yeux amortis les paresseuses larmes,
L'air brisé, la stupeur, la morne volupté,
Ses bras vaincus, jetés comme de vaines armes,
Tout servait, tout parait sa fragile beauté.

Étendue à ses pieds, calme et pleine de joie,
Delphine la couvait avec des yeux ardents,
Comme un animal fort qui surveille une proie,
Après l'avoir d'abord marquée avec les dents.

Beauté forte à genoux devant la beauté frêle,
Superbe, elle humait voluptueusement
Le vin de son triomphe, et s'allongeait vers elle,
Comme pour recueillir un doux remercîment.

Elle cherchait dans l'œil de sa pâle victime
Le cantique muet que chante le plaisir,
Et cette gratitude infinie et sublime
Qui sort de la paupière ainsi qu'un long soupir.

—"Hippolyte, cher cœur, que dis-tu de ces choses?
Comprends-tu maintenant qu'il ne faut pas offrir
L'holocauste sacré de tes premières roses
Aux souffles violents qui pourraient les flétrir?

Mes baisers sont légers comme ces éphémères
Qui caressent le soir les grands lacs transparents,
Et ceux de ton amant creuseront leurs ornières
Comme des chariots ou des socs déchirants;

Ils passeront sur toi comme un lourd attelage
De chevaux et de bœufs aux sabots sans pitié...
Hippolyte, ô ma sœur! tourne donc ton visage,
Toi, mon âme et mon cœur, mon tout et ma moitié,

Her eyes still clouded by the storm, she sought in vain
The paradise of the naivete she'd lost;
She looked back like a traveler who turns once again
To see the blue horizons of a morning past.

The apathetic tears of her lackluster eyes,
The wornout look, the torpid, satiated gloom,
Her vanquished arms lay, useless weapons, at her sides,
—All served to grace the beauty of her fragile bloom.

Stretched out at her feet, composed and filled with joy,
Delphine examined her with shining eyes,
As animals will sometimes scrutinize their prey,
First having torn it with their teeth to mark the prize.

Before young beauty's weakness, stronger beauty knelt,
Superb, voluptuously savoring the taste,
The wine of triumph, looking up as though she felt
That she might somehow seize sweet gratitude at last.

Now she was seeking in her pallid victim's eye
The silent canticle that is fulfillment's song,
That gratitude exalting to infinity,
As though the eye could breathe a sigh forever long.

—"Hippolyta, dear heart, what do you say of this?
Now do you understand that you need not condemn
Your pristine roses, that most holy sacrifice,
To gusting violence that well might wither them?

"My kisses are as gentle as a mayfly's touch
That scarcely stirs a ripple on the evening lake;
Your lover's kisses, though, will cut you up with ruts
Like furrows gouged by wagons or the coulter's rake.

"They'll run you over as a driven team might do,
A team of horse or oxen. . . . Pitiless the hoof. . . .
Hippolyta, my sister, let me look at you:
You are my soul, my heart, my all, my other self,

Tourne vers moi tes yeux pleins d'azur et d'étoiles!
Pour un de ces regards charmants, baume divin,
Des plaisirs plus obscurs je lèverai les voiles
Et je t'endormirai dans un rêve sans fin!"

Mais Hippolyte alors, levant sa jeune tête:
—"Je ne suis point ingrate et ne me repens pas,
Ma Delphine, je souffre et je suis inquiète,
Comme après un nocturne et terrible repas.

Je sens fondre sur moi de lourdes épouvantes
Et de noirs bataillons de fantômes épars,
Qui veulent me conduire en des routes mouvantes
Qu'un horizon sanglant ferme de toutes parts.

Avons-nous donc commis une action étrange?
Explique, si tu peux, mon trouble et mon effroi:
Je frissonne de peur quand tu me dis: "Mon ange!"
Et cependant je sens ma bouche aller vers toi.

Ne me regarde pas ainsi, toi, ma pensée!
Toi que j'aime à jamais, ma sœur d'élection,
Quand même tu serais une embûche dressée
Et le commencement de ma perdition!"

Delphine, secouant sa crinière tragique,
Et comme trépignant sur le trépied de fer,
L'œil fatal, répondit d'une voix despotique:
—"Qui donc devant l'amour ose parler d'enfer?

Maudit soit à jamais le rêveur inutile
Qui voulut le premier, dans sa stupidité,
S'éprenant d'un problème insoluble et stérile,
Aux choses de l'amour mêler l'honnêteté!

Celui qui veut unir dans un accord mystique
L'ombre avec la chaleur, la nuit avec le jour,
Ne chauffera jamais son corps paralytique
A ce rouge soleil que l'on nomme l'amour!

"Turn to me your brimming eyes of stars and azure!
For one of their enchanting looks, O balm divine,
I'll part the veils that you may see a darker pleasure;
I'll lull you endlessly within these arms of mine!"

Hippolyta, however, raising her young head:
—"I am not ungrateful, repenting what I feel,
But, Delphine, how I hurt; I feel a touch of dread,
As though at night I'd gulped a nauseating meal.

"I feel an avalanche of overwhelming terror;
Phantoms in black battalions, scattered far and wide,
Attempt to force my feet along the paths of error;
Blood-stained horizons close on me from every side.

"The act that we've committed, was it somehow queer?
Can you explain for me my turbulence and rue:
When you cry, 'Angel mine!' my skin goes rough with fear;
In spite of that, I feel my mouth is drawn to you.

"My heart of hearts, I beg, don't look at me like that!
I shall forever love you, sister of my choosing,
And yet you seem a waiting trap where I'll be caught,
A first step toward perdition. . . . Heaven's for the losing!"

Then Delphine, shaking out her tragic head of hair,
Rising as though to mount the tripod frame of steel,
Her face malign, responded with a despot's glare:
—"Who dares defy the face of love and speak of hell?

"A curse forever on the useless dreamer's head
Who was the first to mix, in his stupidity,
—Beguiled by problems inexplicable and dead—
Those things concerning love with his morality!

"He who aspires to join in mystical accord
Sultriness with shade, or daytime with the night,
He shall not ever warm his paralytic heart
Beneath what we may call love's radiant sunlight!

Va, si tu veux, chercher un fiancé stupide;
Cours offrir un cœur vierge à ses cruels baisers;
Et, pleine de remords et d'horreur, et livide,
Tu me rapporteras tes seins stigmatisés...

On en peut ici-bas contenter qu'un seul maître!"
Mais l'enfant, épanchant une immense douleur,
Cria soudain:—"Je sens s'élargir dans mon être
Un abîme béant; cet abîme est mon cœur!

Brûlant comme un volcan, profond comme le vide!
Rien ne rassasiera ce monstre gémissant
Et ne rafraîchira la soif de l'Euménide
Qui, la torche à la main, le brûle jusqu'au sang.

Que nos rideaux fermés nous séparent du monde,
Et que la lassitude amène le repos!
Je veux m'anéantir dans ta gorge profonde
Et trouver sur ton sein la fraîcheur des tombeaux!"

—Descendez, descendez, lamentables victimes,
Descendez le chemin de l'enfer éternel!
Plongez au plus profond du gouffre où tous les crimes,
Flagellés par un vent qui ne vient pas du ciel,

Bouillonnent pêle-mêle avec un bruit d'orage.
Ombres folles, courez au but de vos désirs;
Jamais vous ne pourrez assouvir votre rage,
Et votre châtiment naîtra de vos plaisirs.

Jamais un rayon frais n'éclaira vos cavernes;
Par les fentes des murs des miasmes fiévreux
Filtrent en s'enflammant ainsi que des lanternes
Et pénètrent vos corps de leurs parfums affreux.

L'âpre stérilité de votre jouissance
Altère votre soif et roidit votre peau,
Et le vent furibond de la concupiscence
Fait claquer votre chair ainsi qu'un vieux drapeau.

"Go, if you wish, go seek some stupid fiancé;
And spread your virgin heart for his atrocious feast;
Then, livid in your shame, in horror and dismay,
You will bring back to me your bruised and poxy breast. . . .

"For we must satisfy one master here below."
The child, however, drowning in a great distress,
Cried suddenly:—"My very being feels as though
A deep abyss has yawned; my heart is that abyss!

"As hot as a volcano and deeper than the seas!
Nothing will subdue this groaning monster's mood,
Nothing will quench the thirst of the Eumenides
Who, with a torch in hand, can set fire to the blood.

"If only sliding screens could shut out all the rest,
If only lassitude could be our halcyon!
I wish that I could vanish on your easeful breast,
And find within your bosom coolness of the tomb!"

—Go down lamented victims, go! Go, get you down!
Go down the slippery slope to everlasting hell!
Plunge to the deepest pit where every crime is known,
Scourged by a wind that's not from heaven's pinnacle,

Convulsing helter-skelter in the thunder's quake.
You frenzied phantoms, speed to objects of your heat;
The raging of your passions you can never slake;
Your punishment rewards the pleasures that you seek.

The sun has never cast clean light into your caverns;
Through crannies in the walls miasmal mists descend
And suddenly burst into flames that burn like lanterns,
And penetrate your bodies with a ghastly scent.

The grim sterility of your orgasmic dance
Intensifies your thirst and dries your skin to slag;
Infuriated winds of your concupiscence
Rattle your flesh as though it were a tattered flag.

Loin des peuples vivants, errantes condamnées,
A travers les déserts courez comme les loups;
Faites votre destin, âmes désordonnées,
Et fuyez l'infini que vous portez en vous!

129 • LE LÉTHÉ

Viens sur mon cœur, âme cruelle et sourde,
Tigre adoré, monstre aux airs indolents;
Je veux longtemps plonger mes doigts tremblants
Dans l'épaisseur de ta crinière lourde;

Dans tes jupons remplis de ton parfum
Ensevelir ma tête endolorie,
Et respirer, comme une fleur flétrie,
Le doux relent de mon amour défunt.

Je veux dormir! dormir plutôt que vivre!
Dans un sommeil aussi doux que la mort,
J'étalerai mes baisers sans remord
Sur ton beau corps poli comme le cuivre.

Pour engloutir mes sanglots apaisés
Rien ne vaut l'abîme de ta couche;
L'oubli puissant habite sur ta bouche,
Et le Léthé coule dans tes baisers.

A mon destin, désormais mon délice,
J'obéirai comme un prédestiné;
Martyr docile, innocent condamné,
Dont la ferveur attise le supplice,

Je sucerai, pour noyer ma rancoeur,
Le népenthès et la bonne ciguë
Aux bouts charmants de cette gorge aiguë,
Qui n'a jamais emprisonné de coeur.

Far from the land of living, damned and deviate,
Course across the desert like a brace of wolves,
Anarchic souls, determine, if you can, your fate,
Escaping, if you can, the void within yourselves!

129 • LETHE

Upon my heart, cruel blunted soul, come linger,
Dear tiger, monster with a languid air;
I long to plunge for hours my trembling fingers
Into the richness of your heavy hair;

In these skirts suffused with your perfume
Let me lay to rest my painful head,
Let me inhale, like a decaying bloom,
The pleasant aftertaste of love now dead.

I long to sleep! To sleep more than to live!
My sleep's as sweet as death, and in my slumber
Dream of remorseless kisses I will give
To all your lovely body, smooth as amber.

The soft persistence of my sobbing breath
Will quiet down within your bed's abyss;
Your mouth holds the oblivion of death,
And Lethe's waters flow beneath your kiss.

My destiny, hereafter my delight,
Will now become my duty preordained;
A docile martyr, innocent, contrite,
Whose fervor must intensify his pain,

I'll suck, that I may drown my bitterness,
Nepenthe and the hemlock's sweetest poison
From nipples of that beautiful, proud breast
Wherein no heart has ever been imprisoned.

Ta tête, ton geste, ton air
Sont beaux comme un beau paysage;
Le rire joue en ton visage
Comme un vent frais dans un ciel clair.

Le passant chagrin que tu frôles
Est ébloui par la santé
Qui faillit comme une clarté
De tes bras et de tes épaules.

Les retentissantes couleurs
Dont tu parsèmes tes toilettes
Jettent dans l'esprit des poëtes
L'image d'un ballet de fleurs.

Ces robes folles sont l'emblème
De ton esprit bariolé;
Folle dont je suis affolé,
Je te hais autant que je t'aime!

Quelquefois dans un beau jardin
Où je traînais mon atonie,
J'ai senti comme une ironie,
Le soleil déchirer mon sein;

Et le printemps et la verdure
Ont tant humilié mon cœur,
Que j'ai puni sur une fleur
L'insolence de la Nature.

Ainsi je voudrais, une nuit,
Quand l'heure des voluptés sonne,
Vers les trésors de ta personne,
Comme un lâche, ramper sans bruit,

Pour châtier ta chair joyeuse,
Pour meurtrir ton sein pardonné,
Et faire à ton flanc étonné
Une blessure large et creuse,

Your head, your gesture, and your air
Are beautiful as sunlit space;
Laughter plays across your face
Like winds that blow the heavens clear.

A downcast fellow passing by
Is dazzled by the healthy gleam
That like a beacon pours a stream
Of brightness from your breast and eye.

The clear cacophony of colors
With which you accent every dress
Awakens in my consciousness
A dream, a ballet of the flowers.

The mad designs of stuffs that clothe you
Are emblems of your motley mood,
You madcap who have made me mad.
I hate you even as I love you.

When to a garden's loveliest
Of beds I drag my apathy,
I feel—it seems an irony—
The sun is tearing at my breast;

And there the springtime and its verdure
So humiliate my heart,
I want to rip a flower apart
To score the insolence of Nature.

And so one night while you're asleep,
Sharp on the hour of ecstasy,
Close to your body's treasury,
A silent coward, I will creep

To chasten your vivacious flesh,
Murder those breasts, which I forgive,
And in your startled flank I'll drive
A stab wound deep and generous;

Et, vertigineuse douceur!
A travers ces lèvres nouvelles,
Plus éclatantes et plus belles,
T'infuser mon venin, ma sœur!

131 • LES BIJOUX

La très-chère était nue, et, connaissant mon cœur,
Elle n'avait gardé que ses bijoux sonores,
Dont le riche attirail lui donnait l'air vainqueur
Qu'ont dans leurs jours heureux les esclaves des Mores.

Quand il jette en dansant son bruit vif et moqueur,
Ce monde rayonnant de métal et de pierre
Me ravit en extase, et j'aime à la fureur
Les choses où le son se mêle à la lumière.

Elle était donc couchée et se laissait aimer,
Et du haut du divan elle souriait d'aise
A mon amour profond et doux comme la mer,
Qui vers elle montait comme vers sa falaise.

Les yeux fixés sur moi, comme un tigre dompté,
D'un air vague et rêveur elle essayait des poses,
Et la candeur unie à la lubricité
Donnait un charme neuf à ses métamorphoses;

Et son bras et sa jambe, et sa cuisse et ses reins,
Polis comme de l'huile, onduleux comme un cygne,
Passaient devant mes yeux clairvoyants et sereins;
Et son ventre et ses seins, ces grappes de ma vigne,

S'avançaient, plus câlins que les Anges du mal,
Pour troubler le repos où mon âme était mise,
Et pour la déranger du rocher de cristal
Où, calme et solitaire, elle s'était assise.

My sister, what sweet vertigo!
Between those lips so freshly spread,
Most beautifully bejeweled,
To pour my venom into you!

131 • THE JEWELS

The darling girl was nude, and, knowing well my heart,
She'd kept on nothing but her plangent jewelry,
Which rich adornments let her play the victor's part
As Moorish slave girls will on days of revelry.

Her dancing cast about a bright and brittle sound;
A world all glittering with metals and with stones
Held me in frenzied ecstasy; I was spellbound
By glory-dappled things and flashes mixed with tones.

She stretched herself full length to give herself to me,
And from the height of her divan she smiled delight
Upon my love as deep and gentle as the sea,
Rising to her as waves ascend a cliff's smooth height.

A placid tiger, she had fixed her eyes on me;
In vague and dreamy ways she posed herself to please,
Such innocence combined with such lubricity
Somehow refreshed her charming metamorphoses.

Her slender arms, her legs, her pelvis and her thighs,
Polished as smooth as oil, and curved in swan-like lines,
Displayed themselves to my serene, discerning eyes;
Her belly and her breasts, those clusters on my vines,

Thrust forward, mocking as the evil Angels mock,
To wreck my soul's repose within its quiet place,
And disarticulate it from the crystal rock
Where, calm and solitary, it had found a space.

Je croyais vois unis par un nouveau dessin
Les hanches de l'Antiope au buste d'un imberbe,
Tant sa taille faisait ressortir son bassin.
Sur ce teint fauve et brun le fard était superbe!

—Et la lampe s'étant résignée à mourir,
Comme le foyer seul illuminait la chambre,
Chaque fois qu'il poussait un flamboyant soupir,
Il inondait de sang cette peau couleur d'ambre!

132 • LES MÉTAMORPHOSES DU VAMPIRE

La femme cependant, de sa bouche de fraise,
En se tordant ainsi qu'un serpent sur la braise,
Et pétrissant ses seins sur le fer de son busc,
Laissait couler ces mots tout imprégnés de musc:
—"Moi, j'ai la lèvre humide, et je sais la science
De perdre au fond d'un lit l'antique conscience.
Je sèche tous les pleurs sur mes seins triomphants,
Et fais rire les vieux du rire des enfants.
Je remplace, pour qui me voit nue et sans voiles,
La lune, le soleil, le ciel et les étoiles!
Je suis, mon cher savant, si docte aux voluptés,
Lorsque j'étouffe un homme en mes bras redoutés,
Ou lorsque j'abandonne aux morsures mon buste,
Timide et libertine, et fragile et robuste,
Que sur ces matelas qui se pâment d'émoi,
Les anges impuissants se damneraient pour moi!"

Quand elle eut de mes os sucé toute la moelle,
Et que languissamment je me tournai vers elle
Pour lui rendre un baiser d'amour, je ne vis plus
Qu'une outre aux flancs gluants, toute pleine de pus!
Je fermai les deux yeux, dans ma froide épouvante,
Et quand je les rouvris à la clarté vivante,
A mes côtés, au lieu du mannequin puissant
Qui semblait avoir fait provision de sang,

I thought I saw combining in a new design
Antiope's slim haunch with shoulders of a youth,
So well her waist deployed into her hips' soft line.
The rouge on her brown face was spread superbly smooth!

—And when the failing lamp resigned itself to die,
Only the hearthfire cast a light throughout the chamber;
Each time the glowing coals exhaled a blazing sigh,
It seemed to inundate with blood that skin of amber!

132 • METAMORPHOSES OF A VAMPIRE

The woman, in the meantime, she with strawberry lips,
Moved like a snake on embers, writhing from her hips,
Kneading her breasts upon the iron edge of her stays,
In flowing words, impregnated with musk, she says:
—"I have a humid kiss, and I well know the science
Of shaking loose in bed the bonds of antique conscience.
I dry up every tear; my bosom is triumphant.
I change an old man's laugh to laughter of an infant.
For him who sees my nakedness without the scarves,
I am the moon, the sun, the heavens and the stars!
I am, my dear savant, so wise in ecstasy
That when in my dread arms I smother men on me
Or when to bitings I surrender up my breast,
Timid and libertine, and fragile and robust,
Upon these mattresses agape with gaiety,
The angels, impotent, would damn themselves for me!"

After she had sucked up every gout of marrow,
I turned to her again, despondent in my sorrow,
To give a kiss of love, and I discovered this:
A goatskin flask with gummy sides, a sack of pus!
Shuddering in horror, I shut both my eyes,
And when I opened them again to living lights,
There lay beside me, not the lusty manikin
Who'd seemed somehow to get my blood beneath her skin,

Tremblaient confusément des débris de squelette,
Qui d'eux-mêmes rendaient le cri d'une girouette
Ou d'une enseigne, au bout d'une tringle de fer,
Que balance le vent pendant les nuits d'hiver.

133 • LE JET D'EAU

Tes beaux yeux sont las, pauvre amante!
Reste longtemps, sans les rouvrir,
Dans cette pose nonchalante
Où t'a surprise le plaisir.
Dans la cour le jet d'eau qui jase
Et ne se tait ni nuit ni jour,
Entretient doucement l'extase
Où ce soir m'a plongé l'amour.

La gerbe épanouie
 En mille fleurs,
Où Phœbé réjouie
 Met ses couleurs,
Tombe comme une pluie
 De larges pleurs.

Ainsi ton âme qu'incendie
L'éclair brûlant des voluptés
S'élance, rapide et hardie,
Vers les vastes cieux enchantés.
Puis, elle s'épanche, mourante,
En un flot de triste langueur,
Qui par une invisible pente
Descend jusqu'au fond de mon cœur.

La gerbe épanouie
 En mille fleurs,
Où Phœbé réjouie
 Met ses couleurs,
Tombe comme une pluie
 De larges pleurs.

But, trembling in confusion, a skeleton's debris;
Without a wind, it gave a weathercock's cree-cree,
Or, like a signboard hanging on a shaft of steel,
Swinging in the winter night, sets up a squeal.

133 • THE FOUNTAIN

Your lovely eyes are tired, poor dear!
Lie back and rest them. Close your eyes;
Breathe in the listless atmosphere
Where pleasure took you by surprise.
The courtyard's fountain in its fashion
Softly whispers night and day,
Seeming to prolong the passion
Of our evening's afterplay.

 The jet bursts into bloom
 A thousand flowers
 Where the beaming moon
 Sets crowns of colors
 Falling in a spume
 Of teardrop showers.

And thus your soul that set a spark
To blazing sensuality,
Ascended swiftly as a lark
Into the vast, enchanted sky.
And there it melted, died away,
On tides of langour to depart,
And, gliding downward in dismay,
Fell to the bottom of my heart.

 The jet bursts into bloom
 A thousand flowers
 Where the beaming moon
 Sets crowns of colors
 Falling in a spume
 Of teardrop showers.

O toi, que la nuit rend si belle,
Qu'il m'est doux, penché vers tes seins,
D'écouter la plainte éternelle
Qui sanglote dans les bassins!
Lune, eau sonore, nuit bénie,
Arbres qui frissonnez autour,
Votre pure mélancolie
Est le miroir de mon amour.

La gerbe épanouie
En mille fleurs,
Où Phœbé réjouie
Met ses couleurs,
Tombe comme une pluie
De larges pleurs.

134 • LES YEUX DE BERTHE

Vous pouvez mépriser les yeux les plus célèbres,
Beaux yeux de mon enfant, par où filtre et s'enfuit
Je ne sais quoi de bon, de doux comme la Nuit!
Beaux yeux, versez sur moi vos charmantes ténèbres!

Grands yeux de mon enfant, arcanes adorés,
Vous ressemblez beaucoup à ces grottes magiques
Où, derrière l'amas des ombres léthargiques,
Scintillent vaguement des trésors ignorés!

Mon enfant a des yeux obscurs, profonds et vastes,
Comme toi, Nuit immense, éclairés comme toi!
Leurs feux sont ces pensers d'Amour, mêlés de Foi,
Qui pétillent au fond, voluptueux ou chastes.

O you, so lovely in the night,
I lay so softly on your breast,
To listen as the fountain sighed
And splashed on water without rest!
The moon, the fountain, nighttime's grace,
The trees that trembled there above,
Your pure and melancholy face,
Became a mirror of my love.

The jet bursts into bloom
A thousand flowers
Where the beaming moon
Sets crowns of colors
Falling in a spume
Of teardrop showers.

134 • BERTHA'S EYES

The world's most famous eyes your own eyes could disarm,
O soft eyes of my child which, filtering the light,
Emit, somehow, the grace and softness of the night!
O lovely eyes, pour down on me your darkling charm!

My child's enormous eyes, beloved mysteries,
You very much resemble those enchanted grottoes
Wherein, behind the masses of lethargic shadows,
Lie unknown, softly scintillating treasuries!

My child has eyes so dark, so fathomless, so vast,
They seem like you, as clear as you, enormous Night!
With mingled thoughts of Love and Faith their fires burn bright
And sparkle from their depths, voluptuous or chaste.

A la très-chère, à la très-belle
Qui remplit mon cœur de clarté,
A l'ange, à l'idole immortelle,
Salut en l'immortalité!

Elle se répand dans ma vie
Comme un air imprégné de sel,
Et dans mon âme inassouvie
Verse le goût de l'éternel.

Sachet toujours frais qui parfume
L'atmosphère d'un cher réduit,
Encensoir oublié qui fume
En secret à travers la nuit,

Comment, amour incorruptible,
T'exprimer avec vérité?
Grain de musc qui gis, invisible,
Au fond de mon éternité!

A la très-bonne, à la très-belle
Qui fait ma joie et ma santé,
A l'ange, à l'idole immortelle,
Salut en l'immortalité!

136 • LES PROMESSES D'UN VISAGE

J'aime, ô pâle beauté, tes sourcils surbaissés,
 D'où semblent couler des ténèbres;
Tes yeux, quoique très-noirs, m'inspirent des pensers
 Qui ne sont pas du tout funèbres.

Tes yeux, qui sont d'accord avec tes noirs cheveux,
 Avec ta crinière élastique,
Tes yeux, languissamment, me disent: "Si tu veux,
 Amant de la muse plastique,

To the most dear, most beautiful
Who fills my heart with harmony,
The angel, idol, the immortal,
Salut in immortality!

She is diffused through all my hours
Like salt air blown across the sea,
And in my avid soul she pours
The flavor of infinity.

An always fresh sachet perfumes
The atmosphere of our retreat,
Forgotten censers' smoking plumes
Drifting silent through the night,

How, love that lives without decay,
Can I explain you truthfully?
A grain of musk that's shut away
Within my own eternity!

To the most dear, most beautiful
Who is my joy and sanity,
The angel, idol, the immortal,
Salut in immortality!

136 • PROMISES OF A FACE

I love your brow, pale beauty, and that level gaze
 From darkest pools of reverie;
Although your eyes are black as crepe, they never raise
 A funerary thought in me.

Your lustrous eyes in harmony with raven hair,
 Those buoyant curls that stand apart,
Your eyes in languor speak to me: "If you should care,
 O lover of the plastic art,

Suivre l'espoir qu'en toi nous avons excité,
Et tous les goûts que tu professes,
Tu pourras constater notre véracité
Depuis le nombril jusqu'aux fesses;

Tu trouveras, au bout de deux beaux seins bien lourds,
Deux larges médailles de bronze,
Et sous un ventre uni, doux comme du velours,
Bistré comme la peau d'un bonze,

Une riche toison qui, vraiment, est la sœur
De cette énorme chevelure,
souple et frisée, et qui t'égale en épaisseur,
Nuit sans étoiles, Nuit obscure!"

137 • LE MONSTRE

OU

LE PARANYMPHE D'UNE NYMPHE MACABRE

I

Tu n'es certes pas, ma très-chère,
Ce que Veuillot nomme un tendron.
Le jeu, l'amour, la bonne chère,
Bouillonnent en toi, vieux chaudron!
Tu n'es plus fraîche, ma très-chère,

Ma vieille infante! Et cependant
Tes caravanes insensées
T'ont donné ce lustre abondant
Des choses qui sont très-usées,
Mais qui séduisent cependant.

Je ne trouve pas monotone
La verdeur de tes quarante ans;
Je préfère tes fruits, Automne,
Aux fleurs banales du Printemps!
Non! tu n'es jamais monotone!

"To satisfy the hope that we have caused to rise,
 And all those fancies you profess,
You are right now invited—from the throat to thighs—
 To verify our truthfulness;

"You'll find two breasts, both large, and lovely to be sure,
 Tipped with medallions dark as bronze,
And, there, beneath a belly smoother than velour,
 With skin as tawny as a Bonze,

"A rich fleece that, in truth, is sister to the hair
 Upon this head, with splendid height,
Compliant, curling hair, hair blacker than you are,
 Night without stars, O darkest Night!"

137 • THE MONSTER

OR

THE PARANYMPH OF A GRUESOME NYMPH

1

I'll tell you what, my sweet old dear,
What Veuillot calls a slip you're not.
The games, the loves, the good old cheer,
Still bubble in your sweet old pot!
But strictly fresh you're not my dear,

My sweet old babe! Yet, nonetheless,
The crazy habits that you choose
Have given you the lustrousness
Of things become well worn with use,
Which stay seductive nonetheless.

I do not find monotonous
Your silky bloom of forty years;
Your fruits, dear Autumn, I would choose
Over the blossoms Springtime bears!
You never are monotonous!

Ta carcasse a des agréments
Et des grâces particulières;
Je trouve d'étranges piments
Dans le creux de tes deux salières;
Ta carcasse a des agréments!

Nargue des amants ridicules
Du melon et du giraumont!
Je préfère tes clavicules
A celles du roi Salomon,
Et je plains ces gens ridicules!

Tes cheveux, comme un casque bleu,
Ombragent ton front de guerrière,
Qui ne pense et rougit que peu,
Et puis se sauvent par derrière
Comme les crins d'un casque bleu.

Tes yeux qui semblent de la boue,
Où scintille quelque fanal,
Ravivés au fard de ta joue,
Lancent un éclair infernal!
Tes yeux sont noirs comme la boue!

Par sa luxure et son dédain
Ta lèvre, c'est un Éden
Qui nous attire et qui nous choque.
Quelle luxure! et quel dédain!

Ta jambe musculeuse et sèche
Sait gravir au haut des volcans,
Et malgré la neige et la dèche
Danser les plus fougueux cancans.
Ta jambe est musculeuse et sèche;

Ta peau brûlante et sans douceur,
Comme celle des vieux gendarmes,
Ne connaît pas plus la sueur
que ton œil ne connaît les larmes.
(Et pourtant elle a sa douceur!)

Your carcass always had its charms;
It still has little private graces;
I can find beneath your arms
Traces of the strangest spices;
Your carcass has such happy charms!

The connoisseurs I ridicule
Of pumpkins and of melons sing!
I much prefer your clavicle
To that of Solomon the king;
I pity those I ridicule!

Your hair, a helmet—seems like steel—
It shields the forehead of a fighter
Who thinks and blushes not at all;
Behind your nape it grasps you tighter
Than plumes on helmets of blue steel!

The muddy color of your eyes
Can sparkle like a warning light
And give your cheeks a fresh disguise
With flashes that seem hellish bright!
Yet black as mud are your two eyes!

Beneath its lust and its disdain,
The foulness of your mouth provokes us;
That tongue rekindles Eden's pain,
Attracts us, at the same time shocks us.
O what lust! And what disdain!

Your shanks are muscular and tough
Enough to climb Vesuvius;
In spite of snow, when things get rough
Your cancan warms the lot of us.
Your slender shanks are tough enough;

Your skin is parched, its softness spent,
Like that of hardened grenadiers,
A skin as innocent of sweat
As eyes are innocent of tears.
(Yet, with its softness I'm content!)

Sotte, tu t'en vas droit au Diable!
Volontiers, j'irais avec toi
Si cette vitesse effroyable
Ne me causait pas quelque émoi.
Va-t'en donc, toute seule, au Diable!

Mon rein, mon poumon, mon jarret
Ne me laissent plus rendre hommage
A ce Seigneur, comme il faudrait.
"Hélas! c'est vraiment bien dommage!
Disent mon rein et mon jarret.

Oh! très-sincèrement je souffre
De ne pas aller aux sabbats,
Pour voir, quand il pète du soufre,
Comment tu lui baises son cas!
Oh! très-sincèrement je souffre!

Je suis diablement affligé
De ne pas être ta torchère,
Et de te demander congé,
Flambeau d'enfer! Juge, ma chère,
Combien je dois être affligé,

Puisque depuis longtemps je t'aime,
Étant très-logique! En effet,
Voulant du Mal chercher la crème
Et n'aimer qu'un monstre parfait,
Vraiment oui! vieux monstre, je t'aime!

138 • VERS POUR LE PORTRAIT DE M. HONORÉ DAUMIER

Celui dont nous t'offrons l'image,
Et dont l'art, subtil entre tous,
Nous enseigne à rire de nous,
Celui-là, lecteur, est un sage.

You fool, you're going to the Devil!
Oh! I would gladly go with you
If the appalling speeds you travel
Had never set my nerves askew.
Go on alone! Go to the Devil!

My loins, my lungs, my aching hams
No longer let me pay my homage
To the Lord as he commands.
"Alas! there's quite a lot of damage!"
Say my kidneys and my hams.

Oh! Most sincerely do I suffer
Not celebrating Sabbath mass;
To watch him when he's farting sulfur,
To see you when you kiss his ass!
Oh! Most sincerely, how I suffer!

I'm diabolically afflicted
That I can't put the torch to you,
And can't demand I be acquitted,
Torch of hell! Consider, too,
How truly I must be afflicted,

For all the many years I've loved you,
Being logical, indeed,
Requiring Evil, who but you?
A perfect monster's what I need,
It's true! old monster, that I love you!

138 • VERSES FOR THE PORTRAIT OF
HONORÉ DAUMIER

This man whose portrait here you scan,
Whose art, more subtle than all else,
Has set us laughing at ourselves;
Dear reader, he's a wise old man.

C'est un satirique, un moqueur;
Mais l'énergie avec laquelle
Il peint le Mal et sa séquelle,
Prouve la beauté de son cœur.

Son rire n'est pas la grimace
De Melmoth ou de Méphisto
Sous la torche de l'Alecto
Qui les brûle, mais qui nous glace.

Leur rire, hélas! de la gaieté
N'est que la douloureuse charge;
Le sien rayonne, franc et large,
Comme un signe de sa bonté!

139 • LOLA DE VALENCE

Entre tant de beautés que partout on peut voir,
Je comprends bien, amis, que le désir balance;
Mais on voit scintiller en Lola de Valence
Le charme inattendu d'un bijou rose et noir.

140 • SUR *LE TASSE EN PRISON* D'EUGÈNE DELACROIX

Le poëte au cachot, débraillé, maladif,
Roulant un manuscrit sous son pied convulsif,
Mesure d'un regard que la terreur enflamme
L'escalier de vertige où s'abîme son âme.

Les rires enivrants dont s'emplit la prison
Vers l'étrange et l'absurde invitent sa raison;
Le Doute l'environne, et la Peur ridicule,
Hideuse et multiforme, autour de lui circule.

His mockery may make us smart;
And yet his energetic wrath
With Evil and its aftermath
Displays the beauty of his heart.

His laugh is not the spastic sneers
Of Melmoth or of Mephisto
Put to the torches by Alecto,
Which chars their hearts but freezes ours.

Their laughter does not rise from pleasure,
It's charged with fault and weariness;
While his is bright and generous,
A candid sign of his good nature!

139 • LOLA DE VALANCE

Among the beauties everywhere, one might suppose
That finally, friends, desire could strike a balance;
But one can see a sparkle in Lola de Valence,
Who charms past expectation, a jewel of black and rose.

140 • ON *TASSO IN PRISON* BY EUGÈNE DELACROIX

The poet held in jail, untidy and unwell,
Grinding a manuscript beneath his spastic heel,
Does, with a gaze inflamed by terror, contemplate
The stairwell where his soul is plunging to its fate.

While gusts of drunken laughter echo in the prison,
Enticing strange absurdities into his reason,
Confusion makes him drunk, and Fear makes him a lout.
Hideous and multiform, they whirl about.

Ce génie enfermé dans un taudis malsain,
Ces grimaces, ces cris, ces spectres dont l'essaim
Tourbillonne, ameuté derrière son oreille,

Ce rêveur que l'horreur de son logis réveille,
Voilà bien ton emblème, Ame aux songes obscurs,
Que le Réel étouffe entre ses quatre murs!

141 • LA VOIX

Mon berceau s'adossait à la bibliothèque,
Babel sombre, où roman, science, fabliau,
Tout, la cendre latine et la poussière grecque,
Se mêlaient. J'étais haut comme un in-folio.
Deux voix me parlaient. L'une, insidieuse et ferme,
Disait: "La Terre est un gâteau plein de douceur;
Je puis (et ton plaisir serait alors sans terme!)
Te faire un appétit d'une égale grosseur."
Et l'autre: "Viens! oh! viens voyager dans les rêves,
Au delà du possible, au delà du connu!"
Et celle-là chantait comme le vent des grèves,
Fantôme vagissant, on ne sait d'où venu,
Qui caresse l'oreille et cependant l'effraie.
Je te répondis: "Oui! douce voix!" C'est d'alors
Que date ce qu'on peut, hélas! nommer ma plaie
Et ma fatalité. Derrière les décors
De l'existence immense, au plus noir de l'abîme,
Je vois distinctement des mondes singuliers,
Et, de ma clairvoyance extatique victime,
Je traîne des serpents qui mordent mes souliers.
Et c'est depuis ce temps, que pareil aux prophètes,
J'aime si tendrement le désert et la mer;
Que je ris dans les deuils et pleure dans les fêtes,
Et trouve un goût suave au vin le plus amer;
Que je prends très-souvent les faits pour des mensonges,
Et que, les yeux au ciel, je tombe dans des trous.
Mais la Voix me console et dit: "Garde tes songes;
Les sages n'en ont pas d'aussi beaux que les fous!"

The genius locked away in this unhealthy slum,
Those grimaces, the crying out, the specters' swarm,
The frenzy of a whirlwind whistling in his ear,

The dreamer, roused at last to horrors now made clear,
Behold your emblem, Soul of abstract reverie,
Is stifled by four walls of stone Reality!

141 • THE VOICE

The bookcase in my nursery was a tower of Babel
Where novels, science, legend leaned, an overflow,
With Latin ash and Grecian dust upon the table;
There I was, not yet taller than a folio.
Two voices spoke to me. The first one, firm and sly,
Would say, "The World's a piece of cake, so large and sweet
That it can give you pleasure without end! And I
Can fit you with an appetite that's just as great."
The other: "Come! O come and travel in a dream
Beyond the possible, beyond what's still to come!"
And that one sang like wind across the field and stream,
It was a phantom's wail—Who knows where it was from—
It soothed and at the same time terrified my ear.
But I replied, "O yes! Sweet voice!" And from that date
The name and nature of my wound, alas! were clear
As my mortality. Behind the masquerade
Of life's enormity, deep in the blackest pit,
I see distinctly wondrous worlds I did not choose,
And I, ecstatic victim of my second sight,
Am dragging with me serpents, biting at my shoes.
And since that time, so like the age of prophecy,
I've loved the desert and the sea with tenderness;
Laughing at sorrow, weeping in festivity;
And to my taste the bitter wine is sweet and fresh;
And frequently the truth's a lie, or so it seems;
And staring at the sky I stumble into holes.
The Voice consoles me all the while: "Preserve your dreams.
The wise can never match the splendid dreams of fools!"

Harpagon qui veillait son père agonisant,
Se dit, rêveur, devant ces lèvres déjà blanches:
"Nous avons au grenier un nombre suffisant,
　　Ce me semble, de vieilles planches?"

Célimène roucoule et dit: "Mon cœur est bon,
Et naturellement, Dieu m'a faite très-belle."
—Son cœur! cœur racorni, fumé comme un jambon
　　Recuit à la flamme éternelle!

Un gazetier fumeux, qui se croit un flambeau,
Dit au pauvre, qu'il a noyé dans les ténèbres:
"Où donc l'aperçois-tu, ce créateur du Beau,
　　Ce Redresseur que tu célèbres?"

Mieux que tous, je connais certain voluptueux
Qui bâille nuit et jour, et se lamente et pleure,
Répétant, l'impuissant et le fat: "Oui, je veux
　　Être vertueux, dans une heure!"

L'horloge, à son tour, dit à vois basse: "Il est mûr,
Le damné! J'avertis en vain la chair infecte.
L'homme est aveugle, sourd, fragile, comme un mur
　　Qu'habite et que ronge un insecte!"

Et puis, Quelqu'un paraît, que tous avaient nié,
Et qui leur dit, railleur et fier: "Dans mon ciboire,
Vous avez, que je crois, assez communié,
　　A la joyeuse Messe noire?

Chacun de vous m'a fait un temple dans son cœur;
Vous avez, en secret, baisé ma fesse immonde!
Reconnaissez Satan à son rire vainqueur,
　　Énorme et laid comme le monde!

Avez-vous donc pu croire, hypocrites surpris,
Qu'on se moque du maître, et qu'avec lui l'on triche,
Et qu'il soit naturel de recevoir deux prix,
　　D'aller au Ciel et d'être riche?

Harpagon watched his father at the point of death,
And meditated as the old man's lips grew white:
"It seems to me the planking we have stored beneath
　　　The granary should be just right?"

Celimene coos and says: "God made me as I am,
Good hearted. Naturally, I'm very beautiful."
—Her heart! her callus-covered heart, smoked like a ham,
　　　Twice roasted in the fires of Hell!

A smoking gazetteer, who thinks himself a flame,
Says to a wretch whom he has almost drowned in gloom:
"Now, where is that creator of Beauty you proclaim,
　　　Who sets things right, so you assume?"

But, best of all, I know a true voluptuary
Who, gasping night and day with weeping and regret,
Repeats, the impotent old fop: "God make me very
　　　Virtuous but, please, not yet!"

The Clock in turn is muttering: "Ripe for a fall!
He's damned! In vain his tainted flesh have I protested.
The man is blind and deaf and fragile as a wall
　　　Where ants have undermined and nested!"

And then someone appears whom all repudiate,
Who, proud and jeering says: "How often you have come
To seek communion—I believe—to celebrate
　　　Black Mass at my ciborium?

"Within each heart you've set a shrine on my behalf;
In secret you have kissed my ass for all you're worth!
Behold me—Satan! known by my triumphant laugh,
　　　As huge and ugly as the earth!

"You think, O hypocrites, so taken by surprise,
That you can mock your master, maybe pull a switch,
And have him think it right to take a double prize:
　　　Heaven you want? and also rich?

Il faut que le gibier paye le vieux chasseur
Qui se morfond longtemps à l'affût de la proie.
Je vais vous emporter à travers l'épaisseur,
 Compagnons de ma triste joie,

A travers l'épaisseur de la terre et du roc,
A travers les amas confus de votre cendre,
Dans un palais aussi grand que moi, d'un seul bloc
 Et qui n'est pas de pierre tendre;

Car il est fait avec l'universel Péché,
Et contient mon orgueil, ma douleur et ma gloire!"
—Cependant, tout en haut de l'univers juché,
 Un Ange sonne la victoire

De ceux dont le cœur dit: "Que béni soit son fouet,
Seigneur! que la Douleur, ô Père, soit bénie!
Mon âme dans tes mains n'est pas un vain jouet,
 Et ta prudence est infinie."

Le son de la trompette est si délicieux,
Dans ces soirs solennels de célestes vendanges,
Qu'il s'infiltre comme une extase dans tous ceux
 Dont elle chante les louanges.

143 • LA RANÇON

L'homme a, pour payer sa rançon,
Deux champs au tuf profond et riche,
Qu'il faut qu'il remue et défriche
Avec le fer de la raison;

Pour obtenir la moindre rose,
Pour extorquer quelques épis,
Des pleurs salés de son front gris
Sans cesse il faut qu'il les arrose.

"The quarry must provide the huntsman with his due,
For shivering alone while waiting out the prey.
And now let's go! Down to the depths I carry you,
 Companions of my wistful joy,

"Down to the depths, through thicknesses of earth and rock,
Down to the depths, through muddles of your ash and bone,
Into a palace, huge as I, one solid block
 Of hard, uncompromising stone;

"I have compounded it of Universal Sin,
Contained in it my pride, my glory and my pain!"
—Meanwhile, an angel, perched above the world of men,
 Sounds a victorious refrain

For those whose hearts can say: "How blest can be thy scathing,
Lord! Our Father, How blest the Agony can be!
My soul, reposing in Thy hands, is not a plaything;
 Thy prudence is infinity."

Ineffably delicious is the trumpet call
On solemn evenings of the Heaven's harvest days;
It is perfusing like an ecstasy through all
 Those chosen by its song of praise.

143 • RANSOM

To pay his ransom off, mankind
Has two fields, rich but separate,
Which he must clear and cultivate
With his implements of mind;

To harvest just one ear of wheat,
To keep alive the smallest rose,
From his grey forehead always flows
A rivulet of tears and sweat.

L'un est l'Art, et l'autre l'Amour.
—Pour rendre le juge propice,
Lorsque de la stricte justice
Paraîtra le terrible jour,

Il faudra lui montrer des granges
Pleines de moissons, et des fleurs
Dont les formes et les couleurs
Gagnent le suffrage des Anges.

144 • À UNE MALABARAISE

Tes pieds sont aussi fins que tes mains, et ta hanche
Est large à faire envie à la plus belle blanche;
A l'artiste pensif ton corps est doux et cher;
Tes grands yeux de velours sont plus noirs que ta chair.
Aux pays chauds et bleus où ton Dieu t'a fait naître,
Ta tâche est d'allumer le pipe de ton maître,

De pourvoir les flacons d'eaux fraîches et d'odeurs,
De chasser loin du lit les moustiques rôdeurs,
Et, dès que le matin fait chanter les platanes,
D'acheter au bazar ananas et bananes.
Tout le jour, où tu veux, tu mènes tes pieds nus,
Et fredonnes tout bas de vieux airs inconnus;
Et quand descend le soir au manteau d'écarlate,
Tu poses doucement ton corps sur une natte,
Où tes rêves flottants sont pleins de colibris,
Et toujours, comme toi, gracieux et fleuris.

Pourquoi, l'heureuse enfant, veux-tu voir notre France,
Ce pays trop peuplé que fauche la souffrance,
Et, confiant ta vie aux bras forts des marins,
Faire de grands adieux à tes chers tamarins?
Toi, vêtue à moitié de mousselines frêles,
Frissonnante là-bas sous la neige et les grêles,
Comme tu pleurerais tes loisirs doux et francs,
Si, le corset brutal emprisonnant tes flancs,

One field is Art, the other Love.
—If judgment is to be propitious
According to a stringent justice
By the judge who sits above,

We must prepare and show our granges
Overfilled with flowers and grain
Of many sorts and hues, to gain
The approbation of the Angels.

144 • TO A GIRL OF MALABAR

Your feet are slender as your hands, your shapely flank
Is envied by white beauties of the highest rank.
Your body, to an artist's mind, is sweet and fresh;
Enormous velvet eyes are darker than your flesh.
Where God bid you be born, in this land warm and bright,
Your duty is to keep your master's pipe alight,
To fetch fresh water and new bottles of perfume,
To chase the wild mosquito from the sleeping room.
At dawn when birds in plantain trees begin to call,
You bring pineapples and bananas from the stall.
You take your barefeet where you will the whole day long,
Murmuring, as you go, a half forgotten song,
And when the faded evening drops a veil of scarlet,
Your body settles sweetly on your little pallet,
Where hummingbirds delight the drifting, dreaming hour,
And where your dreams, like you, are gracious and aflower.
Why do you wish to come to France, you happy thing,
This overcrowded country, slashed by suffering,
And, trusting your young life to strong-armed sailing men,
Include in your farewells the cherished tamarind?
Here, dressed in pieces of a flimsy muslin sheet,
Trembling against a freezing storm of snow and sleet,
How you will weep, remembering free and easy days,
If, with your flanks caught up in brutal corset stays,

Il te fallait glaner ton souper dans nos fanges
Et vendre le parfum de tes charmes étranges,
L'œil pensif, et suivant, dans nos sales brouillards,
Des cocotiers absents les fantômes épars!

145 • SUR LES DÉBUTS D'AMINA BOSCHETTI

AU THÉATRE DE LA MONNAIE, A BRUXELLES

Amina bondit,—fuit,—puis voltige et sourit;
Le Welche dit: "Tout ça, pour moi, c'est du prâcrit;
Je ne connais, en fait de nymphes bocagères,
Que celles de *Montagne-aux-Herbes-Potagères.*"

Du bout de son pied fin et de son œil qui rit,
Amina verse à flots le délire et l'esprit;
Le Welche dit: "Fuyez, délices mensongères!
Mon épouse n'a pas ces allures légères."

Vous ignorez, sylphide au jarret triomphant,
Qui voulez enseigner la walse à l'éléphant,
Au hibou la gaieté, le rire à la cigogne,

Que sur la grâce en feu le Welche dit: "Haro!"
Et que le doux Bacchus lui versant du bourgogne,
Le monstre répondrait: "J'aime mieux le faro!"

146 • A M. EUGÈNE FROMENTIN

A PROPOS D'UN IMPORTUN QUI SE DISAIT SON AMI

Il me dit qu'il était très-riche,
Mais qu'il craignait le choléra;
—Que de son or il était chiche,
Mais qu'il goûtait fort l'Opéra;

You have to glean your supper in our muddy earth,
And barter the perfumes of your exotic mirth,
Your pensive eye on lookout in our foggy slums,
For slender phantoms of the distant coco-palms!

145 • ON THE DEBUT OF AMINA BOSCHETTI

AT THE THÉÂTRE DE LA MONNAIE, IN BRUSSELS

Amina soars—she cringes—flutters, then she smiles;
The Goth exclaims: "Those tricks, I call them female wiles;
The only wood-nymphs that I know of anywhere
Are those who work *Montagne-aux-Herbes-potagères.*"

Amina with her slender feet and laughing eyes
Provides a happy froth of humor and surprise;
The Goth exclaims: "Away with your deceitful pleasures!
My wife would never stoop to such light-minded measures."

Remember, little sylph of the triumphant glance,
Although you'd love to teach the waltz to elephants,
Teach gaiety to owls and teach the storks to laugh,

The Goth would groan: "Good riddance!" with his usual sneer.
If gentle Bacchus brought him burgundy to quaff,
The monster would reply: "I'd rather drink black beer!"

146 • TO M. EUGÈNE FROMENTIN

CONCERNING A BORE WHO CLAIMED TO BE HIS FRIEND

He told me he was very wealthy,
But feared the plague of cholera;
—His appetite for gold was healthy;
He also liked the opera;

—Qu'il raffolait de la nature,
Ayant connu monsieur Corot;
—Qu'il n'avait pas encor voiture,
Mais que cela viendrait bientôt;

—Qu'il aimait le marbre et la brique,
Les bois noirs et les bois dorés;
—Qu'il possédait dans sa fabrique
Trois contre-maîtres décorés;

—Qu'il avait, sans compter le reste,
Vingt mille actions sur le *Nord*;
—Qu'il avait trouvé, pour un zeste,
Des encadrements d'Oppenord;

—Qu'il donnerait (fût-ce à Luzarches!)
Dans le bric-à-brac jusqu'au cou,
Et qu'au Marché des Patriarches
Il avait fait plus d'un bon coup;

—Qu'il n'aimait pas beaucoup sa femme,
Ni sa mère;—mais qu'il croyait
A l'immortalité de l'âme,
Et qu'il avait lu Niboyet!

—Qu'il penchait pour l'amour physique,
Et qu'à Rome, séjour d'ennui,
Une femme, d'ailleurs phthisique,
Était morte d'amour pour lui.

Pendant trois heures et demie,
Ce bavard, venu de Tournai,
M'a dégoisé toute sa vie;
J'en ai le cerveau consterné.

S'il fallait décrire ma peine,
Ce serait à n'en plus finir;
Je me disais, domptant ma haine:
"Au moins, si je pouvais dormir!"

—Nature became another passion,
Once having met Monsieur Corot;
—He lacked a coach to be in fashion;
He'd buy one soon from So-and-so;

—He loved brick, marblework and slate,
And gilded wood and ebony;
—This year three prizes from the state
Were given in his factory.

—His holdings now were fairly strong:
Twenty thousand shares of *Nord;*
—He had purchased for a song
Some picture frames by Oppenord;

—He would bid (even at Luzarches!)
Up to his neck for bric-a-brac;
At the *Marché des Patriarches*
He'd pulled off more than one good trick.

—He disliked women as a whole,
His wife and mother too;—yet he
Believed in his immortal soul,
And read a lot of Niboyet!

—His bent was for the physical,
And while in Rome, one boring time,
A woman, somewhat phthisical,
Had really died of love for him.

For three long hours and a half
This blabber, haling from Tournai,
Threw his life into my lap,
My mind in dreadful disarray.

Were I to dwell on my frustration,
The pain would surely make me weep;
I thought in my exasperation,
"If I could only fall asleep."

Comme un qui n'est pas à son aise,
Et qui n'ose pas s'en aller,
Je frottais de mon cul ma chaise,
Rêvant de le faire empaler.

Ce monstre se nomme Bastogne;
Il fuyait devant le fléau.
Moi, je fuirai jusqu'en Gascogne,
Ou j'irai me jeter à l'eau,

Si dans ce Paris, qu'il redoute,
Quand chacun sera retourné,
Je trouve encore sur ma route,
Ce fléau, natif de Tournai

147 • UN CABARET FOLÂTRE

(SUR LA ROUTE DE BRUXELLES À UCCLE)

Vous qui raffolez des squelettes
Et des emblèmes détestés,
Pour épicer les voluptés,
(Fût-ce de simples omelettes!)

Vieux Pharaon, ô Monselet!
Devant cette enseigne imprévue,
J'ai rêvé de vous: *A la vue
Du Cimetière, Estaminet!*

As one who wished he were not there
But hadn't got the guts to go,
I ground my ass into my chair
And dreamed of drilling right on through.

This monster's family's named Bastogne.
He was fleeing from the plague.
I was headed for Gascogne
Where I'll go jump into the lake,

If when to Paris, which he fears,
We shall return and on our way
He once more gets me by the ears,
That plague, that native of Tournai.

147 • A CHEERFUL ROADHOUSE

(ON THE WAY FROM BRUSSELS TO UCCLE)

Skeletons, your specialty,
And emblems of a like device,
Provide your life a sensual spice
(Even an omelette's recipe!)

You antique Pharaoh, Monselet!
When I first saw this startling sign,
Your weirdness came at once to mind:
A Graveyard View. Estaminet.

POÈMES SUPPLÉMENTAIRES

AUX FLEURS DU MAL

ADDITIONAL POEMS

IN THE THIRD EDITION

Lecteur paisible et bucolique,
Sobre et naïf homme de bien,
Jette ce livre saturnien,
Orgiaque et mélancolique.

Si tu n'as fait ta rhétorique
Chez Satan, le rusé doyen,
Jette! tu n'y comprendrais rien,
Ou tu me croirais hystérique.

Mais si, sans se laisser charmer,
Ton œil sait plonger dans les gouffres,
Lis-moi, pour apprendre à m'aimer;

Ame curieuse qui souffres
Et vas cherchant ton paradis,
Plains-moi... Sinon je te maudis!

149 • LA PRIÈRE D'UN PAÏEN

Ah! ne ralentis pas tes flammes;
Réchauffe mon cœur engourdi,
Volupté, torture des ames!
Diva! supplicem exaudi!

Déesse dans l'air répandue,
Flamme dans notre souterrain!
Exauce une âme morfondue,
qui te consacre un chant d'airain.

Volupté, sois toujours ma reine!
Prends le masque d'une sirène
Faite de chair et de velours,

Ou verse-moi tes sommeils lourds
Dans le vin informe et mystique,
Volupté, fantôme élastique!

Dear reader, peaceful and bucolic,
Pleasant, sane, a little dense,
Chuck this gloomy book at once,
So orgiastic, melancholic.

If you've not been to Satan's school
To learn his moral sleight of hand,
Chuck it, you won't understand,
You'll take me for some sort of fool.

But if your ways are not so set,
If still your mind can sound the deep,
Read me, learn to love me yet,

Questing soul who still can weep,
Who still can search for paradise,
Pity me . . . or, Damn your eyes!

149 • A PAGAN'S PRAYER

Ah, do not quench your flaming coals;
My heart is numb; rekindle me,
Volupté, torturer of souls!
Diva! supplicem exaudi!

Goddess diffused through all the air,
Take fire within our sunken vault!
Hear a song that's brassy clear
Sung by a soul who shakes with cold.

Volupté, always be my queen!
Behind a mask, a siren's mien,
Partly flesh and part velour;

Or give me sleep: Pray, Goddess, pour
The wine I covet, harsh and mystic,
Volupté, spectral and elastic!

La pendule, sonnant minuit,
Ironiquement nous engage
A nous rappeler quel usage
Nous fîmes du jour qui s'enfuit:
—Aujourd'hui, date fatidique,
Vendredi, treize, nous avons,
Malgré tout ce que nous savons,
Mené le train d'un hérétique;

Nous avons blasphémé Jésus,
Des Dieux le plus incontestable!
Comme un parasite à la table
De quelque monstrueux Crésus,
Nous avons, pour plaire à la brute,
Digne vassale des Démons,
Insulté ce que nous aimons,
Et flatté ce qui nous rebute;

Contristé, servile bourreau,
Le faible qu'à tort on méprise;
Salué l'énorme Bêtise,
La Bêtise au front de taureau;
Baisé la stupide Matière
Avec grande dévotion,
Et de la putréfaction
Béni la blafarde lumière.

Enfin, nous avons, pour noyer
Le vertige dans le délire,
Nous, prêtre orgueilleux de la Lyre,
Dont la gloire est de déployer
L'ivresse des choses funèbres,
Bu sans soif et mangé sans faim!...
—Vite soufflons la lampe, afin
De nous cacher dans les ténèbres!

At midnight hear the clock intone;
Ironically, it seems to ask
If we've accomplished any task
During the day that now is gone:
—Today, a most unlucky day,
On Friday, thirteen, we have shown,
In spite of everything we've known,
All of the traits of heresy.

We have blasphemed the risen Jesus,
Most incontestable of Gods!
Like parasites that grub for foods
Beneath the table of some Croesus,
In order to placate the brute,
Pay homage to the Demons' slave,
We have insulted those we love
And flattered those who prostitute;

The torturers were sorrowful:
In error innocents were maimed;
Again the Great Beast was proclaimed,
The Beast whose face is like a bull;
We kissed our idiot possessions
To show appropriate devotion;
And blessed, in piles of putrefaction,
Pallid gleams of phosphorescence.

At last, to drown our vertigo
In a frenzy of despair,
We, the high priests of the Lyre,
Whose priestly glory is to show
The rapture in the things of sorrow,
We gorged sans hunger, swilled sans thirst!...
—Quick, snuff the lamp, and then, immersed
In darkness, hide until tomorrow.

1

Que m'importe que tu sois sage?
Sois belle! et sois triste! Les pleurs
Ajoutent un charme au visage,
Comme le fleuve au paysage;
L'orage rajeunit les fleurs.

Je t'aime surtout quand la joie
S'enfuit de ton front terrassé;
Quand ton cœur dans l'horreur se noie;
Quand sur ton présent se déploie
Le nuage affreux du passé.

Je t'aime quand ton grand œil verse
Une eau chaude comme le sang;
Quand, malgré ma main qui te berce,
Ton angoisse, trop lourde, perce
Comme un râle d'agonisant.

J'aspire, volupté divine!
Hymne profond, délicieux!
Tous les sanglots de ta poitrine,
Et crois que ton cœur s'illumine
Des perles que versent tes yeux!

2

Je sais que ton cœur, qui regorge
De vieux amours déracinés,
Flamboie encor comme une forge,
Et que tu couves sous ta gorge
Un peu de l'orgueil des damnés;

Mais tant, ma chère, que tes rêves
N'auront pas reflété l'Enfer,
Et qu'en un cauchemar sans trêves,
Songeant de poisons et de glaives,
Éprise de poudre et de fer,

1

What do I care if you are wise?
Be beautiful! Be sad! Those showers
Of tears illuminate your eyes
Like brooks in landscapes where they rise;
A storm rejuvenates the flowers.

I love you most when joy has fled
Your face and left your brow downcast;
When your heart's drowned itself in dread;
When over your bright present's spread
The shadows of a frightful past.

I love you when your large eyes flow
With waters that are warm as blood;
When, though my fingers cosset you,
An overwhelming pain bursts through,
A gasping, agonizing flood.

I breathe—divine voluptuousness!
Profound, delicious harmonies!—
All of the sobbings from your breast;
I know that on your heart is cast
The glow of pearls shed from your eyes.

2

I know that your heart overflows
With rootless loves of long ago;
It is a furnace that still glows,
And, seething in your throat, still grows
The pride that some condemned men show;

But, dear one, if your reverie
Does not reflect the flames of Hell,
But is a nightmare, endlessly
Dreaming of swords and musketry,
And love of poisons and of steel,

N'ouvrant à chacun qu'avec crainte,
Déchiffrant le malheur partout,
Te convulsant quand l'heure tinte,
Tu n'auras pas senti l'étreinte
De l'irrésistible Dégoût,

Tu ne pourras, esclave reine
Qui ne m'aimes qu'avec effroi,
Dans l'horreur de la nuit malsaine
Me dire, l'âme de cris pleine:
"Je suis ton égale, ô mon Roi!"

152 • L'AVERTISSEUR

Tout homme digne de ce nom
A dans le cœur un Serpent jaune,
Installé comme sur un trône,
Qui, s'il dit: "Je veux!" répond: "Non!"

Plonge tes yeux dans les yeux fixes
Des Satyresses ou des Nixes,
La Dent dit: "Pense à ton devoir!"

Fais des enfants, plante des arbres,
Polis des vers, sculpte des marbres,
La Dent dit: "Vivras-tu ce soir?"

Quoi qu'il ébauche ou qu'il espère,
L'homme ne vit pas un moment
Sans subir l'avertissement
De l'insupportable Vipère.

Or yielding with a need to cower,
Perceiving everything as pain,
Convulsing when clocks strike the hour,
You never will have known the power
Of irresistible Disdain,

And you will have no way, slave-queen
Who loves me, although shuddering
With horror when the night's unclean,
To say, your spirit sick with spleen:
"I am your equal, O my King!"

152 • WARNING

Every worthy man must know
The yellow Serpent in his heart,
Established there as in a court;
Man says: "I want to!" Snake says: "No!"

Even when your mind's eye fixes
On Satyresses or on Nixes,
The Fang speaks up, "Remember troth!"

Get you children, plant a tree,
Polish stone or poetry,
The Fang speaks up, "Remember death!"

No hope of man to do or make,
No moment of his night and morning
Appears and fades without a warning
From this insufferable Snake.

Les amants des prostituées
Sont heureux, dispos et repus;
Quant à moi, mes bras sont rompus
Pour avoir étreint des nuées.

C'est grâce aux astres nonpareils,
Qui tout au fond du ciel flamboient,
Que mes yeux consumés ne voient
Que des souvenirs de soleils.

En vain j'ai voulu de l'espace
Trouver la fin et le milieu;
Sous je ne sais quel œil de feu
Je sens mon aile qui se casse;

Et brûlé par l'amour du beau,
Je n'aurai pas l'honneur sublime
De donner mon nom à l'abîme
Qui me servira de tombeau.

154 • LE REBELLE

Un Ange furieux fond du ciel comme un aigle,
Du mécréant saisit à plein poing les cheveux,
Et dit, le secouant: "Tu connaîtras la règle!
(Car je suis ton bon Ange, entends-tu?) Je le veux!

Sache qu'il faut aimer, sans faire la grimace,
Le pauvre, le méchant, le tortu, l'hébété,
Pour que tu puisses faire à Jésus, quand il passe,
Un tapis triomphal avec ta charité.

Tel est l'Amour! Avant que ton cœur ne se blase,
A la gloire de Dieu rallume ton extase;
C'est la Volupté vraie aux durables appas!"

Lovers of prostitutes seem blessed,
Well fed, delighted and well spoken;
Alas for me, my arms are broken,
For I clutched clouds against my breast.

And thanks to stars beyond compare
That blaze within the deepest sky,
My burned-out eyes can only see
The image of a solar flare.

In vain I traveled out to seek
The center and the edge of space;
Before who knows which flaming face
I felt my wings begin to break.

The love of beauty was my doom:
And I shall never know the bliss
Of giving name to the abyss
That now will serve me as my tomb.

154 • THE REBEL

An Angel struck in fury like an eagle's claw.
He seized the miscreant's forelock in a solid hand,
And shaking him he said, "You shall obey the law!
(Because I am your Angel, hear me?) I command!

"Know now that you must learn to love—with no grimace—
The poor, the evil ones, the gnarled, those dazed of eye,
In order to prepare for Jesus, when he'll pass,
A fine, triumphal carpet of your charity.

"For such is Love! Before your heart and feelings cloy,
Kindle, to God's great glory, once again your joy;
That is the true, the lasting ecstasy to choose!"

Et l'Ange, châtiant autant, ma foi! qu'il aime,
De ses poings de géant torture l'anathème;
Mais le damné répond toujours: "Je ne veux pas!"

155 • BIEN LOIN D'ICI

C'est ici la case sacrée
Où cette fille très-parée,
Tranquille et toujours préparée,

D'une main éventant ses seins,
Et son coude dans les coussins,
Écoute pleurer les bassins:

C'est la chambre de Dorothée.
—La brise et l'eau chantent au loin
Leur chanson de sanglots heurtée
Pour bercer cette enfant gâtée.

De haut en bas, avec grand soin,
Sa peau délicate est frottée
D'huile odorante et de benjoin.
—Des fleurs se pâment dans un coin.

156 • LE GOUFFRE

Pascal avait son gouffre, avec lui se mouvant.
—Hélas! tout est abîme,—action, désir, rêve,
Parole! et sur mon poil qui tout droit se relève
Maintes fois de la Peur je sens passer le vent.

En haut, en bas, partout, la profondeur, la grève,
Le silence, l'espace affreux et captivant...
Sur le fond de mes nuits Dieu de son doigt savant
Dessine un cauchemar multiforme et sans trêve.

My word! the Angel chastened him he loved, his fist,
That of a giant, torturing the poor accursed;
But always the condemned one answered: "I refuse!"

155 • FAR, FAR FROM HERE

Here is a house that's doubly blessed
Where dwells a girl, much overdressed,
Tranquil yet ready as the best.

With one small hand she fans her breast,
An elbow in her cushions pressed;
Her fountains weep without a rest.

This now is Dorothea's suite.
—Far off a falls or breeze complains:
The sobbings of their songs compete
To soothe this pampered little cheat.

From high and low, by greatest pains,
Her tender skin is made replete
With salves and scents and lovely stains.
—A flower in its nook repines.

156 • THE ABYSS

Pascal had his abyss that moved about with him.
—Alas! for all's a gulf,—actions, desires, dreams,
The Word! and many times my hairs stand up, it seems
From Fear that I feel pass across them like a wind.

Above, below, on every side, the deep, the strand,
The silences, the terrifying lure of space . . .
In dead of night appear, motley, without surcease,
The nightmares that God sketches with a skillful hand.

J'ai peur du sommeil comme on a peur d'un grand trou,
Tout plein de vague horreur, menant on ne sait où;
Je ne vois qu'infini par toutes les fenêtres,

Et mon esprit, toujours du vertige hanté,
Jalouse du néant l'insensibilité.
—Ah! ne jamais sortir des Nombres et des Êtres!

157 • RECUEILLEMENT

Sois sage, ô ma Douleur, et tiens-toi plus tranquille.
Tu réclamais le Soir; il descend; le voici:
Une atmosphère obscure enveloppe la ville,
Aux uns portant la paix, aux autres le souci.

Pendant que des mortels la multitude vile,
Sous le fouet du Plaisir, ce bourreau sans merci,
Va cueillir des remords dans la fête servile,
Ma Douleur, donne-moi la main; viens par ici,

Loin d'eux. Vois se pencher les défuntes Années,
Sur les balcons du ciel, en robes surannées;
Surgir du fond des eaux le Regret souriant;

Le Soleil moribond s'endormir sous une arche,
Et, comme un long linceul traînant à l'Orient,
Entends, ma chère, entends la douce Nuit qui marche.

158 • LE COUVERCLE

En quelque lieu qu'il aille, ou sur mer ou sur terre,
Sous un climat de flamme ou sous un soleil blanc,
Serviteur de Jésus, courtisan de Cythère,
Mendiant ténébreux ou Crésus rutilant,

I dread to sleep; it's like a cavern that I fear,
Filled with uncertain horror, leading who knows where;
I see infinity beyond my window panes;

My mind is always haunted by this lunacy,
By nothingness and by insensibility.
—Ah! never to escape from Numbers and from Names.

157 • MEDITATION

Be still, my Sorrow; hold to your tranquillity,
You pled for Evening; darkness falls, the evening's here:
A somber air pervades the city, quietly
Bestowing peace on some; to others bringing care.

While all those loathsome multitudes of mortals loll
Beneath the whip of Lust the executioner,
Or scrabble for remorse in craven festival,
My Sorrow, take my hand and come away, come far

From all of them. Behold the dead Years leaning down
From balconies of heaven, dressed in faded gown;
Up from the water's depths, Regret has risen, smiling;

The dying Sun has sunk asleep beneath its arch,
And, like a winding cloth that from the East comes trailing,
We hear, dear one, we hear the tender Night's approach.

158 • THE LID

Wherever he might go, across the sea, on land,
Beneath a flaming heaven or a pallid sun,
A servant of the Christ, Cythera's courtesan,
A swarthy mendicant or Croesus' red-faced son,

Citadin, campagnard, vagabond, sédentaire,
Que son petit cerveau soit actif ou soit lent,
Partout l'homme subit la terreur du mystère,
Et ne regarde en haut qu'avec un œil tremblant.

En haut, le Ciel! ce mur de caveau qui l'étouffe,
Plafond illuminé par un opéra bouffe
Où chaque histrion foule un sol ensanglanté;

Terreur du libertin, espoir du fol ermite;
Le Ciel! couvercle noir de la grande marmite
Où bout l'imperceptible et vaste Humanité.

159 • LA LUNE OFFENSÉE

O Lune qu'adoraient discrètement nos pères,
Du haut des pays bleus où, radieux sérail,
Les astres vont te suivre en pimpant attirail,
Ma vieille Cynthia, lampe de nos repaires,

Vois-tu les amoureux, sur leurs grabats prospères,
De leur bouche en dormant montrer le frais émail?
Le poëte buter du front sur son travail?
Ou sous les gazons secs s'accoupler les vipères?

Sous ton domino jaune, et d'un pied clandestin,
Vas-tu, comme jadis, du soir jusqu'au matin,
Baiser d'Endymion les grâces surannées?

—"Je vois ta mère, enfant de ce siècle appauvri,
Qui vers son miroir penche un lourd amas d'années,
Et plâtre artistement le sein qui t'a nourri!"

From town or farmyard, vagabond or sedentary,
Or if his little brain is indolent or spry,
Man always is in bondage to a fear of mystery,
And only with an abject face dares look on high.

On high! The Heavens! The cavern wall that suffocates,
The ceiling on a comic opera's sparkling space,
Where each buffoon must gallivant on bloody soil;

Scourge of the libertine, the only hope the hermit's got:
The Heavens! the black lid clamped on the enormous pot,
Where vast and trivial Humanity must boil.

159 • THE OFFENDED MOON

O moon, discretely worshipped by our ancestors,
In your blue home on high, a radiant seraglio,
The stars, all fitted out in finery, will follow.
My ancient Cynthia, lamp of nocturnal lairs,

Do you watch over lovers in their happy beds,
Asleep, with cool enamel on open-mouth display?
The poet as he works with hair in disarray?
The coupling of the vipers under dried-out sods?

In yellow domino, on tiptoe without warning,
Do you come, as of old, from evening until morning
To bathe the ageless beauty of Endymion?

—"I see your mother, child of wicked times turned worse,
Before her mirror, bent beneath the years long gone,
Juggling artfully the breast that gave you nurse!"

Vous avez empoigné les crins de la Déesse
Avec un tel poignet, qu'on vous eût pris, à voir
Et cet air de maîtrise et ce beau nonchaloir,
Pour un jeune ruffian terrassant sa maîtresse.

L'œil clair et plein du feu de la précocité,
Vous avez prélassé votre orgueil d'architecte
Dans des constructions dont l'audace correcte
Fait voir quelle sera votre maturité.

Poëte, notre sang nous fuit par chaque pore;
Est-ce que par hasard la robe de Centaure,
Qui changeait toute veine en funèbre ruisseau,

Était teinte trois fois dans les baves subtiles
De ces vindicatifs et monstrueux reptiles
Que le petit Hercule étranglait au berceau?

Your fist has seized the Goddess by her golden scruff,
You've mastered her with such a domineering air
Of nonchalance and strength that one might take the pair
Of you for girlfriend and an adolescent tough.

Your eye is clear and blazing with precocity,
You swagger through your work, the cocksure architect
Of noble structures so audaciously correct
We find in them the dawn of your maturity.

Poet, our blood comes oozing out of every pore;
Was it, by any chance, the robe of the Centaur
That made a mournful rivulet of every vein,

Having been dyed three times in penetrating lakes
Of venom from the monstrous and vindictive snakes
Which, in his bassinet, young Hercules had slain?

LE SPLEEN DE PARIS

Petits poèmes en prose

PARIS SPLEEN

«Qui aimes-tu le mieux, homme énigmatique, dis? ton père, ta mère, ta
sœur ou ton frère?

— Je n'ai ni père, ni mère, ni sœur, ni frère.

— Tes amis?

— Vous vous servez là d'une parole dont le sens m'est resté jusqu'à
ce jour inconnu.

— Ta patrie?

— J'ignore sous quelle latitude elle est située.

— La beauté?

— Je l'aimerais volontiers, déesse et immortelle.

— L'or?

— Je le hais comme vous haïssez Dieu.

— Eh! qu'aimes-tu donc, extraordinaire étranger?

— J'aime les nuages... les nuages qui passent... là-bas... là-
bas... les merveilleux nuages!»

2 • LE DÉSESPOIR DE LA VIEILLE

La petite vieille ratatinée se sentit toute réjouie en voyant ce joli en-
fant à qui chacun faisait fête, à qui tout le monde voulait plaire; ce joli
être, si fragile comme elle, la petite vieille, et, comme elle aussi, sans
dents et sans cheveux.

Et elle s'approcha de lui, voulant lui faire des risettes et des mines
agréables.

Mais l'enfant épouvanté se débattait sous les caresses de la bonne
femme décrépite, et remplissait la maison de ses glapissements.

Alors la bonne vieille se retira dans sa solitude éternelle, et elle
pleurait dans un coin, se disant:—«Ah! pour nous, malheureuses
vieilles femelles, l'âge est passé de plaire, même aux innocents; et nous
faisons horreur aux petits enfants que nous voulons aimer!»

3 • LE *CONFITEOR* DE L'ARTISTE

Que les fins de journées d'automne sont pénétrantes! Ah!
pénétrantes jusqu'à la douleur! car il est de certaines sensations
délicieuses dont le vague n'exclut pas l'intensité; et il n'est pas de
pointe plus acérée que celle de l'Infini.

1 • THE STRANGER

"Tell me, enigmatic man, who do you love most: your father, your mother, your sister or your brother?"

"I have neither father, nor mother, nor sister, nor brother."

"Your friends?"

"Now you use a word whose meaning has escaped me to this day."

"Your country?"

"I don't even know on which latitude it lies."

"Beauty?"

"I'd love her willingly, goddess and immortal."

"Gold?"

"I've hated it as you hate God."

"Well! Then what do you love, extraordinary stranger?"

"I love the clouds... the passing clouds... up there... up there ... marvelous clouds!"

2 • THE OLD WOMAN'S DESPAIR

The tiny, wizened old woman was overjoyed to see the pretty baby that everybody fussed over and tried to please; the pretty thing was as fragile as the little crone herself and, like her, had no teeth or hair.

She came to him wanting to smile and make funny faces for him.

But the terrified infant fought against the caresses of the kind, decrepit hag and filled the house with his howls.

So the kind old woman withdrew into her eternal solitude and, weeping in her corner, said: "Ah! We miserable old females: the age of pleasing even the innocent has passed; and we terrify the babies that we long to love."

3 • THE ARTIST'S *CONFITEOR*

How chill is the close of autumn days! Ah, it penetrates to the point of pain: certain delicious sensations, although vague, are no less intense, and no point is sharper than Infinity.

Grand délice que celui de noyer son regard dans l'immensité du ciel et de la mer! Solitude, silence, incomparable chasteté de l'azur! une petite voile frissonnante à l'horizon, et qui par sa petitesse et son isolement imite mon irrémédiable existence, mélodie monotone de la houle, toutes ces choses pensent par moi, ou je pense par elles (car dans la grandeur de la rêverie, le *moi* se perd vite!); elles pensent, dis-je, mais musicalement et pittoresquement, sans arguties, sans syllogismes, sans déductions.

Toutefois, ces pensées, qu'elles sortent de moi ou s'élancent des choses, deviennent bientôt trop intenses. L'énergie dans la volupté crée un malaise et une souffrance positive. Mes nerfs trop tendus ne donnent plus que des vibrations criardes et douloureuses.

Et maintenant la profondeur du ciel me consterne; sa limpidité m'exaspère. L'insensibilité de la mer, l'immuabilité du spectacle, me révoltent... Ah! faut-il éternellement souffrir, ou fuir éternellement le beau? Nature, enchanteresse sans pitié, rivale toujours victorieuse, laisse-moi! Cesse de tenter mes désirs et mon orgueil! L'étude du beau est un duel où l'artiste crie de frayeur avant d'être vaincu.

4 • UN PLAISANT

C'était l'explosion du nouvel an: chaos de boue et de neige, traversé de mille carrosses, étincelant de joujoux et de bonbons, grouillant de cupidités et de désespoirs, délire officiel d'une grande ville fait pour troubler le cerveau du solitaire le plus fort.

Au milieu de ce tohu-bohu et de ce vacarme, un âne trottait vivement, harcelé par un malotru armé d'un fouet.

Comme l'âne allait tourner l'angle d'un trottoir, un beau monsieur ganté, verni, cruellement cravaté et emprisonné dans des habits tout neufs, s'inclina cérémonieusement devant l'humble bête, et lui dit, en ôtant son chapeau: «Je vous la souhaite bonne et heureuse!» puis se retourna vers je ne sais quels camarades avec un air de fatuité, comme pour les prier d'ajouter leur approbation à son contentement.

L'âne ne vit pas ce beau plaisant, et continua de courir avec zèle où l'appelait son devoir.

Pour moi, je fus pris subitement d'une incommensurable rage contre ce magnifique imbécile, qui me parut concentrer en lui tout l'esprit de la France.

What a great delight, to drown one's gaze in the immensity of sky and sea! Solitude, silence, incomparable chastity of the azure! a little sail trembling on the horizon, imitating by its littleness and isolation my incurable existence, monotonous melody of the waves, all these things think through me, or I through them (for in the grandeur of a reverie the *me* is quickly lost!); they think, as I say, but in music and in the picturesque, without arguments, without syllogisms, without deductions.

Yet these thoughts, whether they issue from me or surge out of things, soon become too intense. The energy in voluptuousness creates malaise and actual suffering. Too taut, my nerves give off only shrill and painful vibrations.

And now the sky's depth confounds me; its clearness exasperates me. The sea's insensibility, the immutability of its spectacle, revolt me. . . . Ah, must we suffer eternally, or flee eternally from beauty? Nature, pitiless enchantress, forever my victorious rival, let me be! Stop tempting my desires and my pride! The study of beauty is a duel in which the artist cries out in terror before being conquered.

4 • A WIT

It was the explosion of New Year's Eve: chaos of mud and snow churned by a thousand carriages, sparkling with knickknacks and bonbons, crawling with cupidity and despair, the official delirium of a great city made to excite the brain of the most confirmed recluse.

In the midst of that brouhaha and uproar, a donkey trotted briskly along, harassed by a lout armed with a whip.

As the donkey was about to turn the corner of the sidewalk, a fine gentleman, gloved, glossed, cruelly cravatted and cramped in brand new clothes, bowed ceremoniously to the humble beast, saying as he raised his hat: "I wish you a happy and prosperous new year!" And he turned to who knows what comrades in a fatuous manner, as though to beg them to add their approval to his self-satisfaction.

The donkey didn't see the elegant comic and trotted on with vigor where duty called.

As for me, I was suddenly seized by an irrational rage against this magnificent imbecile; in him, it seemed to me, was concentrated all the wit of France.

Une chambre qui ressemble à une rêverie, une chambre véritablement *spirituelle,* où l'atmosphère stagnante est légèrement teintée de rose et de bleu.

L'âme y prend un bain de paresse, aromatisé par le regret et le désir. —C'est quelque chose de crépusculaire, de bleuâtre et de rosâtre; un rêve de volupté pendant une éclipse.

Les meubles ont des formes allongées, prostrées, alanguies. Les meubles ont l'air de rêver; on les dirait doués d'une vie somnambulique, comme le végétal et le minéral. Les étoffes parlent une langue muette, comme les fleurs, comme les ciels, comme les soleils couchants.

Sur les murs nulle abomination artistique. Relativement au rêve pur, à l'impression non analysée, l'art défini, l'art positif est un blasphème. Ici, tout a la suffisante clarté et la délicieuse obscurité de l'harmonie.

Une senteur infinitésimale du choix le plus exquis, à laquelle se mêle une très légère humidité, nage dans cette atmosphère, où l'esprit sommeillant est bercé par des sensations de serre chaude.

La mousseline pleut abondamment devant les fenêtres et devant le lit; elle s'épanche en cascades neigeuses. Sur ce lit est couchée l'Idole, la souveraine des rêves. Mais comment est-elle ici? Qui l'a amenée? quel pouvoir magique l'a installée sur ce trône de rêverie et de volupté? Qu'importe? la voilà! je la reconnais.

Voilà bien ces yeux dont la flamme traverse le crépuscule; ces subtiles et terribles *mirettes,* que je reconnais à leur effrayante malice! Elles attirent, elles subjuguent, elles dévorent le regard de l'imprudent qui les contemple. Je les ai souvent étudiées, ces étoiles noires qui commandent la curiosité et l'admiration.

À quel démon bienveillant dois-je d'être ainsi entouré de mystère, de silence, de paix et de parfums? Ô béatitude! ce que nous nommons généralement la vie, même dans son expansion la plus heureuse, n'a rien de commun avec cette vie suprême dont j'ai maintenant connaissance et que je savoure minute par minute, seconde par seconde!

Non! il n'est plus de minutes, il n'est plus de secondes! Le temps a disparu; c'est l'Éternité qui règne, une éternité de délices!

Mais un coup terrible, lourd, a retenti à la porte, et, comme dans les rêves infernaux, il m'a semblé que je recevais un coup de pioche dans l'estomac.

Et puis un Spectre est entré. C'est un huissier qui vient me torturer au nom de la loi; une infâme concubine qui vient crier misère et ajouter les trivialités de sa vie aux douleurs de la mienne; ou bien le saute-

A room like a dream, a really *spiritual* room, where the stagnant atmosphere is lightly tinted rose and blue.

Here the soul bathes in indolence, scented with desire and regret.—It seems like twilight, the pale blue and rose, a voluptuous dream in an eclipse.

The shapes of the furnishings are long, prostrate, languid. The furnishings are dreamlike; they seem endowed with somnambulist life, like vegetal and mineral existence. The fabrics speak a muted language, like flowers, like skies, like sunsets.

No artistic abomination on the walls. Compared with pure dream, with unanalyzed impression, all definite, all representational art is blasphemy. Here everything has abundant light with the delicious dark of harmony.

An infinitesimal scent, a most exquisite choice, mingling with a faint humidity, floats in this atmosphere where the drowsy mind is lulled by the hothouse warmth.

Muslin flows abundantly across the windows and across the bed, spreading out in snowy cascades. The Idol, the sovereign of dreams, is stretched out on the bed. But how did she get here? Who brought her? What magic power installed her on this throne of reverie and voluptuousness? What does it matter? She is here, and I know her!

Indeed, these are her eyes; their flames pierce the twilight, those subtle and horrible gimlets which I recognize by their terrifying malice! They lure, they subjugate, they devour the imprudent gaze that contemplates them. How often have I studied them, these black stars that command curiosity and admiration?

To what well-wishing demon do I owe this ambiance of mystery, of silence, peace, and these perfumes? O blessedness! What we generally call life, even in its happiest unfolding, has not one thing in common with the supreme life I am knowing now and savoring minute by minute, second by second!

No! There are no more minutes; there are no more seconds. Time has disappeared. Eternity reigns, an eternity of bliss!

But a loud, terrific knocking shakes the door, and, as in a hellish dream, I feel as though I just took a pickaxe in my stomach.

And then a Specter enters. It is a bailiff come to torture me in the name of the law; an infamous concubine come to beg for money and to toss the trivialities of her life into the sadness of my own; or a runner

ruisseau d'un directeur de journal qui réclame la suite du manuscrit.

La chambre paradisiaque, l'idole, la souveraine des rêves, la *Sylphide,* comme disait le grand René, toute cette magie a disparu au coup brutal frappé par le Spectre.

Horreur! je me souviens! je me souviens! Oui! ce taudis, ce séjour de l'éternel ennui, est bien le mien. Voici les meubles sots, poudreux, écornés; la cheminée sans flamme et sans braise, souillée de crachats; les tristes fenêtres où la pluie a tracé des sillons dans la poussière; les manuscrits, raturés ou incomplets; l'almanach où le crayon a marqué les dates sinistres!

Et ce parfum d'un autre monde, dont je m'enivrais avec une sensibilité perfectionnée, hélas! il est remplacé par une fétide odeur de tabac mêlée à je ne sais quelle nauséabonde moisissure. On respire ici maintenant le ranci de la désolation.

Dans ce monde étroit, mais si plein de dégoût, un seul objet connu me sourit: la fiole de laudanum; une vieille et terrible amie; comme toutes les amies, hélas! féconde en caresses et en traîtrises.

Oh! oui! le Temps a reparu; le Temps règne en souverain maintenant; et avec le hideux vieillard est revenu tout son démoniaque cortège de Souvenirs, de Regrets, de Spasmes, de Peurs, d'Angoisses, de Cauchemars, de Colères et de Névroses.

Je vous assure que les secondes maintenant sont fortement et solennellement accentuées, et chacune, en jaillissant de la pendule, dit:—«Je suis la Vie, l'insupportable, l'implacable Vie!»

Il n'y a qu'une Seconde dans la vie humaine qui ait mission d'annoncer une bonne nouvelle, la *bonne nouvelle* qui cause à chacun une inexplicable peur.

Oui! le Temps règne; il a repris sa brutale dictature. Et il me pousse, comme si j'étais un bœuf, avec son double aiguillon.—«Et hue donc! bourrique! Sue donc, esclave! Vis donc, damné!»

6 • CHACUN SA CHIMÈRE

Sous un grand ciel gris, dans une grande plaine poudreuse, sans chemins, sans gazon, sans un chardon, sans une ortie, je rencontrai plusieurs hommes qui marchaient courbés.

Chacun d'eux portait sur son dos une énorme Chimère, aussi lourde qu'un sac de farine ou de charbon, ou le fourniment d'un fantassin romain.

Mais la monstrueuse bête n'était pas un poids inerte; au contraire,

from the editor of a journal demanding the rest of a manuscript.

The paradisal room, the idol, queen of dreams, *la Sylphide,* as the great René would say, all that magic vanished with the Specter's brutal knock.

Horror! I remember! I remember! Yes! This slum, this hutch of eternal ennui, is surely mine. The stupid furniture, dusty and dog-eared; the hearth without a fire or even coal, smutched with spit; the mournful windows where the rain has streaked furrows in the dirt; erased, unfinished manuscripts; a calendar that's pencil-marked for all the dire dates.

And the perfume of another world that intoxicated my perfected sensibility, alas! has been replaced by fetid odors of tobacco mixed with I don't know what nauseating mustiness. Now I'm breathing the rancid stink of desolation.

In this world, so narrow yet so filled with disgust, only one thing makes me smile: the vial of laudanum, my old and terrible lover; like all my lovers, alas! fertile with caresses and betrayals.

Oh! Yes! Time has reappeared. Time is the reigning sovereign now; and with that hideous old man returns his entire devilish cortege of Memories, of Regrets and Spasms, Fears and Anguish, of Nightmares, of Rages and Neuroses.

I can assure you that now every second is loudly marked with great solemnity, and each one spurting from the pendulum exclaims: "I am Life, intolerable, implacable Life!"

There is hardly one Second in the life of humanity whose mission it is to announce good news, the *good news* that fills each of us with inexplicable fear.

Oh, yes! Time reigns. He has resumed his brutal dictatorship. And with his double prod he pokes me as if I were an ox.—"Ho there! You dolt! Sweat, you slave! Damn you, live!"

6 • EACH HIS OWN CHIMERA

Under a wide gray sky, on a broad dusty plain, no roads, no grass, not a thistle or a nettle, I met several men who walked bent over.

Each of them carried on his back an enormous Chimera, as heavy as a sack of flour or coal, or the full field equipment of a Roman soldier.

But the monstrous beast was not dead weight. On the contrary,

elle enveloppait et opprimait l'homme de ses muscles élastiques et puissants; elle s'agrafait avec ses deux vastes griffes à la poitrine de sa monture; et sa tête fabuleuse surmontait le front de l'homme, comme un de ces casques horribles par lesquels les anciens guerriers espéraient ajouter à la terreur de l'ennemi.

Je questionnai l'un de ces hommes, et je lui demandai où ils allaient ainsi. Il me répondit qu'il n'en savait rien, ni lui, ni les autres; mais qu'évidemment ils allaient quelque part, puisqu'ils étaient poussés par un invincible besoin de marcher.

Chose curieuse à noter: aucun de ces voyageurs n'avait l'air irrité contre la bête féroce suspendue à son cou et collée à son dos; on eût dit qu'il la considérait comme faisant partie de lui-même. Tous ces visages fatigués et sérieux ne témoignaient d'aucun désespoir; sous la coupole spleenétique du ciel, les pieds plongés dans la poussière d'un sol aussi désolé que ce ciel, ils cheminaient avec la physionomie résignée de ceux qui sont condamnés à espérer toujours.

Et le cortège passa à côté de moi et s'enfonça dans l'atmosphère de l'horizon, à l'endroit où la surface arrondie de la planète se dérobe à la curiosité du regard humain.

Et pendant quelques instants je m'obstinai à vouloir comprendre ce mystère; mais bientôt l'irrésistible Indifférence s'abattit sur moi, et j'en fus plus lourdement accablé qu'ils ne l'étaient eux-mêmes par leurs écrasantes Chimères.

7 • LE FOU ET LA VÉNUS

Quelle admirable journée! Le vaste parc se pâme sous l'œil brûlant du soleil, comme la jeunesse sous la domination de l'Amour.

L'extase universelle des choses ne s'exprime par aucun bruit; les eaux elles-mêmes sont comme endormies. Bien différente des fêtes humaines, c'est ici une orgie silencieuse.

On dirait qu'une lumière toujours croissante fait de plus en plus étinceler les objets; que les fleurs excitées brûlent du désir de rivaliser avec l'azur du ciel par l'énergie de leurs couleurs, et que la chaleur, rendant visibles les parfums, les fait monter vers l'astre comme des fumées.

Cependant, dans cette jouissance universelle, J'ai aperçu un être affligé.

Aux pieds d'une colossale Vénus, un de ces fous artificiels, un de ces bouffons volontaires chargés de faire rire les rois quand le Remords ou

each hugged and oppressed his man with powerful, elastic muscles. With two large claws it clamped the breast of its mount, and its incredible jaw lay on his forehead like one of those horrid helmets which ancient warriors wore to terrify the enemy.

I questioned one of the men and asked him where they were going like this. He answered that he didn't know, neither he nor the others. But evidently they were going somewhere, since they were driven by an invincible need to go.

A curious thing to note: not one of these travelers seemed irritated by the ferocious beast hanging on his neck and pasted to his back. You'd think he considered it part of himself. All these tired and earnest faces showed no sign of despair. Under the splenetic dome of heaven, their feet plunged in the dust of a soil as desolate as the sky, they tramped along with that resigned expression of those condemned to hope forever.

And the cortege passed me by, to lose itself in the atmosphere of the horizon where the roundness of the surface of the planet hides from the curiosity of human gaze.

And for a few moments I was determined to understand the mystery. But soon an irresistible Indifference beset me, and I became more heavily oppressed than they themselves had been by the crushing Chimeras.

7 • THE FOOL AND THE VENUS

What a lovely day! The vast park swoons under the Sun's burning eye, like youth under the domination of Love.

The universal ecstasy of everything doesn't make a sound. The water itself seems asleep. Unlike human festivals, this one is an orgy of silence.

It's as though a light, growing ever more intense, is making everything glitter more and more; the excited flowers burn with desire to rival the azure of the sky by the energy of their colors; the heat seems to make perfumes visible and climb toward the sun like smoke.

Yet, in all this universal joy I noticed a grief-stricken creature.

At the foot of a colossal Venus, collapsed against the pedestal, lay one of those artificial fools, one of those volunteer buffoons, retained

l'Ennui les obsède, affublé d'un costume éclatant et ridicule, coiffé de cornes et de sonnettes, tout ramassé contre le piédestal, lève des yeux pleins de larmes vers l'immortelle Déesse.

Et ses yeux disent:—«Je suis le dernier et le plus solitaire des humains, privé d'amour et d'amitié, et bien inférieur en cela au plus imparfait des animaux. Cependant je suis fait, moi aussi, pour comprendre et sentir l'immortelle Beauté! Ah! Déesse! ayez pitié de ma tristesse et de mon délire!»

Mais l'implacable Vénus regarde au loin je ne sais quoi avec ses yeux de marbre.

8 • LE CHIEN ET LE FLACON

«—Mon beau chien, mon bon chien, mon cher toutou, approchez et venez respirer un excellent parfum acheté chez le meilleur parfumeur de la ville.»

Et le chien, en frétillant de la queue, ce qui est, je crois, chez ces pauvres êtres, le signe correspondant du rire et du sourire, s'approche et pose curieusement son nez humide sur le flacon débouché; puis, reculant soudainement avec effroi, il aboie contre moi, en manière de reproche.

«—Ah! misérable chien, si je vous avais offert un paquet d'excréments, vous l'auriez flairé avec délices et peut-être dévoré. Ainsi, vous-même, indigne compagnon de ma triste vie, vous ressemblez au public, à qui il ne faut jamais présenter des parfums délicats qui l'exaspèrent, mais des ordures soigneusement choisies.»

9 • LE MAUVAIS VITRIER

Il y a des natures purement contemplatives et tout à fait impropres à l'action, qui cependant, sous une impulsion mystérieuse et inconnue, agissent quelquefois avec une rapidité dont elles se seraient crues elles-mêmes incapables.

Tel qui, craignant de trouver chez son concierge une nouvelle chagrinante, rôde lâchement une heure devant sa porte sans oser rentrer, tel qui garde quinze jours une lettre sans la décacheter, ou ne se résigne qu'au bout de six mois à opérer une démarche nécessaire

to make Kings laugh when they're haunted by Remorse or Ennui. Rigged in a gorgeous and ridiculous costume, capped with horns and bells, he raised eyes filled with tears to the immortal Goddess.

And his eyes said: "I am the lowest and the loneliest of men, deprived of love and friendship and thus inferior to the most imperfect animals. Yet even I was created to feel and understand immortal Beauty! Ah, Goddess! Take pity on my sadness and my frenzy!"

But the implacable Venus gazed into the distance with her eyes of marble, seeing who knows what.

8 • THE DOG AND THE PERFUME BOTTLE

"Good dog, good dog, nice puppy, come here, come smell this excellent perfume, from the best perfumer in town."

And the dog, wagging his tail, which, I believe, is that creature's way of laughing and smiling, came over and stuck his curious, wet nose to the uncorked bottle. Then he backed off abruptly in alarm and barked at me reproachfully.

"Ah! You miserable dog, if I'd offered you a sack of excrement, you'd have smelled it with delight and perhaps devoured it. In this regard, my friend, you're like the public, to whom one should never offer a delicate perfume. It exasperates them. Give them only carefully selected garbage."

9 • THE WICKED GLAZIER

Certain purely comtemplative types seem utterly unsuited to action. Nevertheless, sometimes moved by an unknown and mysterious impulse, they'll act with a speed of which they'd believed themselves incapable.

For example, take a man who, fearful of bad news from his concierge, prowls outside the door for an hour, not daring to go in; or one who waits a week before he opens a letter; or one who, after six months, resigns himself to do something that has needed doing for a

depuis un an, se sentent quelquefois brusquement précipités vers l'action par une force irrésistible, comme la flèche d'un arc. Le moraliste et le médecin, qui prétendent tout savoir, ne peuvent pas expliquer d'où vient si subitement une si folle énergie à ces âmes paresseuses et voluptueuses, et comment, incapables d'accomplir les choses les plus simples et les plus nécessaires, elles trouvent à une certaine minute un courage de luxe pour exécuter les actes les plus absurdes et souvent même les plus dangereux.

Un de mes amis, le plus inoffensif rêveur qui ait existé, a mis une fois le feu à une forêt pour voir, disait-il, si le feu prenait avec autant de facilité qu'on l'affirme généralement. Dix fois de suite, l'expérience manqua; mais, à la onzième, elle réussit beaucoup trop bien.

Un autre allumera un cigare à côté d'un tonneau de poudre, *pour voir, pour savoir, pour tenter la destinée,* pour se contraindre lui-même à faire preuve d'énergie, pour faire le joueur, pour connaître les plaisirs de l'anxiété, pour rien, par caprice, par désœuvrement.

C'est une espèce d'énergie qui jaillit de l'ennui et de la rêverie; et ceux en qui elle se manifeste si inopinément sont, en général, comme je l'ai dit, les plus indolents et les plus rêveurs des êtres.

Un autre, timide à ce point qu'il baisse les yeux même devant les regards des hommes, à ce point qu'il lui faut rassembler toute sa pauvre volonté pour entrer dans un café ou passer devant le bureau d'un théâtre, où les contrôleurs lui paraissent investis de la majesté de Minos, d'Éaque et de Rhadamante, sautera brusquement au cou d'un vieillard qui passe à côté de lui et l'embrassera avec enthousiasme devant la foule étonnée.

Pourquoi? Parce que... parce que cette physionomie lui était irrésistiblement sympathique? Peut-être; mais il est plus légitime de supposer que lui-même il ne sait pas pourquoi.

J'ai été plus d'une fois victime de ces crises et de ces élans, qui nous autorisent à croire que des Démons malicieux se glissent en nous et nous font accomplir, à notre insu, leurs plus absurdes volontés.

Un matin je m'étais levé maussade, triste, fatigué d'oisiveté, et poussé, me semblait-il, à faire quelque chose de grand, une action d'éclat; et j'ouvris la fenêtre, hélas!

(Observez, je vous prie, que l'esprit de mystification qui, chez quelques personnes, n'est pas le résultat d'un travail ou d'une combinaison, mais d'une inspiration fortuite, participe beaucoup, ne fût-ce que par l'ardeur du désir, de cette humeur, hystérique selon les médecins, satanique selon ceux qui pensent un peu mieux que les médecins, qui nous pousse sans résistance vers une foule d'actions dangereuses ou inconvenantes.)

La première personne que j'aperçus dans la rue, ce fut un vitrier dont

year. Then, sometimes, they feel themselves brusquely thrust into action by an irresistible force, like an arrow from a bow. The moralist and the doctor, who think they know it all, cannot explain the outbursts of mad energy that seize such relaxed, voluptuous souls, or how, incapable of the simplest necessities, they find in a flash the luxury of courage to perform the most absurd and often even dangerous acts.

A friend of mine, the most inoffensive dreamer who ever lived, once set a forest fire in order to find out, he said, if fires are as easy to start as people say. Ten times in a row the experiment failed, but on the eleventh it went all too well.

Another will light a cigar near a powder keg *to see, to learn, to try his luck,* to prove to himself that he has guts enough to be a gambler, to know the thrill of fear, and for nothing, from caprice, from idleness.

This is the kind of energy that springs from boredom and daydreams. Those it siezes so inopportunely—as I've said—are, in general, the most indolent and dreamiest of men.

Another is shy, so shy he drops his eyes if you look at him. He needs all of his determination just to enter a cafe or to walk by a theater where the cashier in the box office seems to him invested with the majesty of Minos, Aeacus and Rhadamanthus. This fellow will suddenly leap at an old man and hug him with enthusiasm in front of an astonished crowd.

Why? Beçause . . . because that certain face was irresistible? Perhaps, but it is more reasonable to suppose that he himself does not know why.

More than once I've been the victim of such crises, such outbursts. It is as if malicious Demons slip into us, forcing us against our will to carry out their most absurd wishes.

One morning I got up on the wrong side of the bed, sad, worn-out from doing nothing, but ready, so it seemed, for something big, some brilliant act; and I opened my window, alas!

(Let me point out, if you please, that the inspiration for practical jokes, in some people, is not the result of planning or preparation, but rather of lucky inspiration, resembling, to a great extent, if only by the urgency of the impulse, the humor called hysterical by the medical profession, satanic by those who think a bit more clearly than doctors, an inspiration that drives us, unresisting, into a multitude of dangerous and inconvenient actions.)

The first person I noticed in the street was a glazier. His piercing

le cri perçant, discordant, monta jusqu'à moi à travers la lourde et sale atmosphère parisienne. Il me serait d'ailleurs impossible de dire pourquoi je fus pris à l'égard de ce pauvre homme d'une haine aussi soudaine que despotique.

«—Hé! Hé!» et je lui criai de monter. Cependant je réfléchissais, non sans quelque gaieté, que, la chambre étant au sixième étage et l'escalier fort étroit, l'homme devait éprouver quelque peine à opérer son ascension et accrocher en maint endroit les angles de sa fragile marchandise.

Enfin il parut: j'examinai curieusement toutes ses vitres, et je lui dis: «Comment? vous n'avez pas de verres de couleur? des verres roses, rouges, bleus, des vitres magiques, des vitres de paradis? Impudent que vous êtes! vous osez vous promener dans des quartiers pauvres, et vous n'avez pas même de vitres qui fassent voir la vie en beau!» Et je le poussai vivement vers l'escalier, où il trébucha en grognant.

Je m'approchai du balcon et je me saisis d'un petit pot de fleurs, et quand l'homme reparut au débouché de la porte, je laissai tomber perpendiculairement mon engin de guerre sur le rebord postérieur de ses crochets; et le choc le renversant, il acheva de briser sous son dos toute sa pauvre fortune ambulatoire qui rendit le bruit éclatant d'un palais de cristal crevé par la foudre.

Et, ivre de ma folie, je lui criai furieusement: «La vie en beau! la vie en beau!»

Ces plaisanteries nerveuses ne sont pas sans péril, et on peut souvent les payer cher. Mais qu'importe l'éternité de la damnation à qui a trouvé dans une seconde l'infini de la jouissance?

10 • À UNE HEURE DU MATIN

Enfin! seul! On n'entend plus que le roulement de quelques fiacres attardés et éreintés. Pendant quelques heures, nous posséderons le silence, sinon le repos. Enfin! la tyrannie de la face humaine a disparu, et je ne souffrirai plus que par moi-même.

Enfin! il m'est donc permis de me délasser dans un bain de ténèbres! D'abord, un double tour à la serrure. Il me semble que ce tour de clef augmentera ma solitude et fortifiera les barricades qui me séparent actuellement du monde.

Horrible vie! Horrible ville! Récapitulons la journée: avoir vu plusieurs hommes de lettres, dont l'un m'a demandé si l'on pouvait aller en Russie par voie de terre (il prenait sans doute la Russie pour une île); avoir disputé généreusement contre le directeur d'une revue, qui à

and discordant cry came to me through the filthy Paris atmosphere. I can't say why I was seized by a hatred for the fellow, that was as sudden as it was despotic.

"Hey! Hey!" I yelled at him to come up. Meanwhile, I was thinking, not without hilarity, that, since my room is six flights up, the stairs steep and narrow, the man must be having some trouble to make the climb and negotiate the turns with his fragile merchandise.

He finally showed up. I carefully inspected every pane and asked, "How come you haven't any stained glass, pink, red, blue? No magic windows? No panes of Paradise? Shameless! daring to walk around poor neighborhoods without one single sort of windowpane to make life beautiful!" I shoved him, stumbling, grumbling, toward the stairway.

I went out on my balcony and grabbed a little pot of flowers. When the man reappeared at the door, I let go my engine of war, directly on the rear edge of his pack. The shock knocked him down and, falling on his back, he smashed what remained of his wretched stock with the noise of a thunderbolt hitting a Crystal Palace.

And, drunk with madness, I yelled furiously, "Make life beautiful! Make life beautiful!"

Such neurotic pranks are not without peril. Often one pays dearly. But what is an eternity of damnation compared with an infinity of pleasure in one second?

10 • ONE IN THE MORNING

At last! Alone! I hear nothing but the rumble of a few late-running, drudging cabs. For a few hours we'll have silence, if not sleep. At last! The tyranny of the human face has disappeared and only I will make me suffer.

At last! I can relax in a bath of darkness! But first a double turn of the lock. It seems that the twist of the key intensifies my solitude and fortifies the barricades that now separate me from the world.

Horrible life! Horrible city! Let's recapitulate the day: saw several men of letters, one asking if it's possible to go to Russia by land (he evidently thinks that Russia is an island); quarreled in general with the editor of a review who said to each of my objections: "Here we are

chaque objection répondait: «—C'est ici le parti des honnêtes gens», ce qui implique que tous les autres journaux sont rédigés par des coquins; avoir salué une vingtaine de personnes, dont quinze me sont inconnues; avoir distribué des poignées de main dans la même proportion, et cela sans avoir pris la précaution d'acheter des gants'; être monté pour tuer le temps, pendant une averse, chez une sauteuse qui m'a prié de lui dessiner un costume de *Vénustre;* avoir fait ma cour à un directeur de théâtre, qui m'a dit en me congédiant: «—Vous feriez peut-être bien de vous adresser à Z... ; c'est le plus lourd, le plus sot et le plus célèbre de tous mes auteurs, avec lui vous pourriez peut-être aboutir à quelque chose. Voyez-le, et puis nous verrons»; m'être vanté (pourquoi?) de plusieurs vilaines actions que je n'ai jamais commises, et avoir lâchement nié quelques autres méfaits que j'ai accomplis avec joie, délit de fanfaronnade, crime de respect humain; avoir refusé à un ami un service facile, et donné une recommandation écrite à un parfait drôle; ouf! est-ce bien fini?

Mécontent de tous et mécontent de moi, je voudrais bien me racheter et m'enorgueillir un peu dans le silence et la solitude de la nuit. Âmes de ceux que j'ai aimés, âmes de ceux que j'ai chantés, fortifiez-moi, soutenez-moi, éloignez de moi le mensonge et les vapeurs corruptrices du monde, et vous, Seigneur mon Dieu! accordez-moi la grâce de produire quelques beaux vers qui me prouvent à moi-même que je ne suis pas le dernier des hommes, que je ne suis pas inférieur à ceux que je méprise.

11 • LA FEMME SAUVAGE ET LA PETITE-MAÎTRESSE

«Vraiment, ma chère, vous me fatiguez sans mesure et sans pitié; on dirait, à vous entendre soupirer, que vous souffrez plus que les glaneuses sexagénaires et que les vieilles mendiantes qui ramassent des croûtes de pain à la porte des cabarets.

«Si au moins vos soupirs exprimaient le remords, ils vous feraient quelque honneur; mais ils ne traduisent que la satiété du bien-être et l'accablement du repos. Et puis, vous ne cessez de vous répandre en paroles inutiles; «Aimez-moi bien! j'en ai tant besoin! Consolez-moi par-ci, caressez-moi par-là!» Tenez, je veux essayer de vous quérir; nous en trouverons peut-être le moyen, pour deux sols, au milieu d'une fête, et sans aller bien loin.

«Considérons bien, je vous prie, cette solide cage de fer derrière laquelle s'agite, hurlant comme un damné, secouant les barreaux comme

honorable men," implying that all the other journals are edited by knaves; greeted some twenty people, fifteen of them unknown to me; shook hands in the same proportion without the precaution of buying gloves; to kill time during a downpour, dropped in on an acrobat who asked me to design her a costume for *Venustre;* paid court to a theatrical director who said, dismissing me: "Perhaps you would do well to talk with Z. . . . ; he is the dumbest, the silliest, the most famous of all my authors. Perhaps with him you could come up with something. Try it. Then we'll see"; boasted (why?) of several villanies that I never committed and shamefully denied other misdeeds done with joy, the flaw of bragging, crime of human respect; refused a friend an easy favor and gave a written recommendation to a perfect rascal; ouf! is that really all?

Exasperated with everything, especially with myself, I really want to redeem myself and restore my pride a little in the silence and solitude of the night. Souls of those I've loved, souls of those I've sung, give me strength, sustain me, remove from me the lies and corrupting vapors of the world, and Thou, Lord God! grant me the grace to write some verses to prove to myself that I am not the least of men, that I am not inferior to those I despise.

11 • THE WILD WOMAN AND THE LITTLE DARLING

"Really, my darling, you weary me beyond endurance, beyond pity. To hear you sigh, one might think you suffer more than a sixty- year-old gleaner or one of those beggar-women who scrounge for crusts at tavern doors.

"If your sighs expressed remorse at least, they would do you credit, but they express nothing but the satiety of the good life and the depression of slothfulness. You never cease pouring out useless talk: 'Love me more! I need it so much! Comfort me here, caress me there.' Come along, I'll try to cure you. Perhaps for a couple coins we'll find a cure at a fair not far from here.

"Pay close attention, please, to this solid iron cage within which is raging, howling like the damned, shaking the bars like an orangutan

un orang-outang exaspéré par l'exil, imitant, dans la perfection, tantôt les bonds circulaires du tigre, tantôt les dandinements stupides de l'ours blanc, ce monstre poilu dont la forme imite assez vaguement la vôtre.

«Ce monstre est un de ces animaux qu'on appelle généralement "mon ange!" c'est-à-dire, c'est-à-dire un femme. L'autre monstre, celui qui crie à Tue-Tête, un baton à la main, est un mari. Il a enchaîné sa femme légitime comme une bête, et il la montre dans les faubourgs, les jours de foire, avec permission des magistrats, cela va sans dire.

«Faites bien attention! Voyez avec quelle voracité (non simulée peut-être!) elle déchire des lapins vivants et des volailles piaillantes que lui jette son cornac. "Allons, dit-il, il ne faut pas manger tout son bien en un jour", et, sur cette sage parole, il lui arrache cruellement la proie, dont les boyaux dévidés restent un instant accrochés aux dents de la bête féroce, de la femme, veux-je dire.

«Allons! un bon coup de bâton pour la calmer! car elle darde des yeux terribles de convoitise sur la nourriture enlevée. Grand Dieu! le bâton n'est pas un bâton de comédie, avez-vous entendu résonner la chair, malgré le poil postiche? Aussi les yeux lui sortent maintenant de la tête, elle hurle *plus naturellement*. Dans sa rage, elle étincelle tout entière, comme le fer qu'on bat.

«Telles sont les mœurs conjugales de ces deux descendants d'Eve et d'Adam, ces œuvres de vos mains, ô mon Dieu! Cette femme est incontestablement malheureuse, quoique après tout, peut-être, les jouissances titillantes de la gloire ne lui soient pas inconnues. Il y a des malheurs plus irrémédiables, et sans compensation. Mais dans le monde où elle a été jetée, elle n'a jamais pu croire que la femme méritât une autre destinée.

«Maintenant, à nous deux, chère précieuse! À voir les enfers dont le monde est peuplé, que voulez-vous que je pense de votre joli enfer, vous qui ne reposez que sur des étoffes aussi douces que votre peau, qui ne mangez que de la viande cuite, et pour qui un domestique habile prend soin de découper les morceaux?

«Et que peuvent signifier pour moi tous ces petits soupirs qui gonflent votre poitrine parfumée, robuste coquette? Et toutes ces affectations apprises dans les livres, et cette infatigable mélancolie, faite pour inspirer au spectateur un tout autre sentiment que la pitié? En vérité, il me prend quelquefois envie de vous apprendre ce que c'est que le vrai malheur.

«A vous voir ainsi, ma belle délicate, les pieds dans la fange et les yeux tournés vaporeusement vers le ciel, comme pour lui demander un roi, on dirait vraisemblablement une jeune grenouille qui invoquerait l'idéal. Si vous méprisez le soliveau (ce que je suis maintenant, comme

exasperated by exile, imitating to perfection the pacing circles of the tiger and the stupid swaying of the polar bear, this hairy monster whose shape displays a vague resemblance to your own.

"This monster is one of those animals we generally call 'my angel!', that is to say, a woman. The other monster, the one yelling at the top of his voice, with a stick in his hand, is a husband. He's chained his wife, legitimately, like a beast and puts her on display at the fairs in the suburbs, with police permission of course.

"Pay close attention! Watch her voracity (perhaps she isn't faking) as she rips to pieces the living rabbits and the squalling poultry which her trainer tosses in. 'Let's go,' he says, 'Don't eat it all in one day,' and with that word of wisdom he cruelly snatches her prey, the unraveled guts sticking for an instant on the teeth of the ferocious beast, I mean, woman.

"Let's go! A good smack with the stick to calm her down! Her terrible eyes dart greedy looks at the stolen food. Good God! that stick is no prop. Did you hear how it smacked on her flesh, despite the phony hair? And now her eyes bulge out of her head, and her howling is *more natural.* In her rage she shoots off sparks like an anvil.

"Such are the conjugal customs of these two descendants of Eve and Adam, creations of Thy hands, O my God! This woman is incontestably unfortunate, although the titillating joys of glory may not be unknown to her after all. Even worse misfortunes exist and without compensation. But in the world where she's been thrown, she could not believe that women merit any other fate.

"Now, as for us, my precious dear! Knowing those hells with which the world's equipped, what should I think of your sweet little hell where you repose on tissues as soft as your own skin, eating only meats prepared and cut with care in tiny pieces by a skillful servant?

"And what can they mean to me, these pretty sighs that swell your perfumed bosom, my robust coquette? And all these affectations learned from books, the tireless melancholy which inspires any thought except pity? Sometimes I so much want to teach you real misfortune.

"Seeing you like this, my fragile beauty, with your feet in the mud and your swooning eyes turned up to heaven, as though wishing for a king, you seem to me a little frog invoking the Ideal. If you despise the

vous savez bien), gare la grue *qui vous croquera, vous gobera et vous tuera à son plaisir!*

«Tant poète que je sois, je ne suis pas aussi dupe que vous voudriez le croire, et si vous me fatiguez trop souvent de vos *précieuses* pleurnicheries, je vous traiterai en *femme sauvage,* ou je vous jetterai par la fenêtre, comme une bouteille vide.»

12 • LES FOULES

Il n'est pas donné à chacun de prendre un bain de multitude: jouir de la foule est un art; et celui-là seul peut faire, aux dépens du genre humain, une ribote de vitalité, à qui une fée a insufflé dans son berceau le goût du travestissement et du masque, la haine du domicile et la passion du voyage.

Multitude, solitude: termes égaux et convertibles pour le poète actif et fécond. Qui ne sait pas peupler sa solitude, ne sait pas non plus être seul dans une foule affairée.

Le poète jouit de cet incomparable privilège, qu'il peut à sa guise être lui-même et autrui. Comme ces âmes errantes qui cherchent un corps, il entre, quand il veut, dans le personnage de chacun. Pour lui seul, tout est vacant; et si de certaines places paraissent lui être fermées, c'est qu'à ses yeux elles ne valent pas la peine d'être visitées.

Le promeneur solitaire et pensif tire une singulière ivresse de cette universelle communion. Celui-là qui épouse facilement la foule connaît des jouissances fiévreuses, dont seront éternellement privés l'égoïste, fermé comme un coffre, et le paresseux, interné comme un mollusque. Il adopte comme siennes toutes les professions, toutes les joies et toutes les misères que la circonstance lui présente.

Ce que les hommes nomment amour est bien petit, bien restreint et bien faible, comparé à cette ineffable orgie, à cette sainte prostitution de l'âme qui se donne tout entière, poésie et charité, à l'imprévu qui se montre, à l'inconnu qui passe.

Il est bon d'apprendre quelquefois aux heureux de ce monde, ne fût-ce que pour humilier un instant leur sot orgueil, qu'il est des bonheurs supérieurs au leur, plus vastes et plus raffinés. Les fondateurs de colonies, les pasteurs de peuples, les prêtres missionnaires exilés au bout du monde, connaissent sans doute quelque chose de ces mystérieuses ivresses; et, au sein de la vaste famille que leur génie s'est faite, ils doivent rire quelquefois de ceux qui les plaignent pour leur fortune si agitée et pour leur vie si chaste.

log (which I am now, as well you know), beware the stork, for *he will crunch you, gobble you up and kill you at his pleasure!*

"Although I am a poet, I am not the dupe you take me for. If you weary me too often with your *precious* whine, I'll treat you like the *wild woman,* or toss you out the window like an empty bottle."

12 • CROWDS

It's not everyone who can take a bath in a crowd; to enjoy crowds is an art. Such a man can binge on vitality to the detriment of the human race, but only if a fairy sprinkled on his cradle a taste for disguise and pretense, a hatred of home and a passion for travel.

Multitude, solitude: equal and interchangeable terms for the active and productive poet. The man who's unable to people his solitude is also unable to be alone in a busy crowd.

The poet enjoys an incomparable privilege: in his own way he's able to be himself or someone else. Like those wandering souls in search of a body, he enters anyone's personality whenever he wants to. For him alone all is vacant; and if certain places seem closed, it's because in his eyes they aren't worth the trouble to visit.

The solitary, thoughtful stroller finds a strange intoxication in this universal communion. The man who easily joins a crowd knows feverish pleasures that the egoist, sealed up like a box, or the sluggard, closed as a clam, will always miss. He adopts as his own all the professions, all the joys, all the miseries which circumstance supplies.

What men call love is quite small, quite limited, quite weak compared with the ineffable orgy, that holy prostitution of the soul which gives itself completely, its poetry and charity, to the unforeseen that happens, to the stranger passing by.

Sometimes it's good to instruct the happy of this world, if only for a moment, to humble their stupid pride, to show them there is a happiness superior to theirs, more vast and more subtle. The founders of colonies, the pastors of people, missionary priests exiled to the ends of the earth, doubtless know something about these intoxicating mysteries; and in the bosom of the vast family created by their genius they must laugh sometimes at those who pity their lot that's so rough and their life that's so chaste.

Vauvenargues dit que dans les jardins publics il est des allées hantées principalement par l'ambition déçue, par les inventeurs malheureux, par les gloires avortées, par les cœurs brisés, par toutes ces âmes tumultueuses et fermées, en qui grondent encore les derniers soupirs d'un orage, et qui reculent loin du regard incolent des joyeux et des oisifs. Ces retraites ombreuses sont les rendez-vous des éclopésa de la vie.

C'est surtout vers ces lieux que le poète et le philosophe aiment diriger leurs avides conjectures. Il y a là une pâture certaine. Car s'il est une place qu'ils dédaignent de visiter, comme je l'insinuais tout à l'heure, c'est surtout la joie des riches. Cette turbulence dans le vide n'a rien qui les attire. Au contraire, ils se sentent irrésistiblement entraînés vers tout ce qui est faible, ruiné, contristé, orphelin.

Un œil expérimenté ne s'y trompe jamais. Dans ces traits rigides ou abattus, dans ces yeux caves et ternes, ou brillants des derniers éclairs de la lutte, dans ces rides profondes et nombreuses, dans ces démarches si lentes ou si saccadées, il déchiffre tout de suite les innombrables légendes de l'amour trompé, du dévouement méconnu, des efforts non récompensés, de la faim et du froid humblement, silencieusement supportés.

Avez-vous quelquefois aperçu des veuves sur ces bancs solitaires, des veuves pauvres? Qu'elles soient en deuil ou non, il est facile de les reconnaître. D'ailleurs il y a toujours dans le deuil du pauvre quelque chose qui manque, une absence d'harmonie qui le rend plus navrant. Il est contraint de lésiner sur sa douleur. Le riche prote la sienne au grand complet.

Quelle est la veuve la plus triste et la plus attristante, celle qui traîne à sa main un bambin avec qui elle ne peut pas partager sa rêverie, ou celle qui est tout à fait seule? Je ne sais... Il m'est arrivé une fois de suivre pendant de longues heures une vieille affligée de cette espèce; celle-là roide, droite, sous un petit châle usé, portait dans tout son être une fierté de stoïcienne.

Elle était évidemment condamnée, par une absolue solitude, à des habitudes de vieux célibataire, et le caractère masculin de ses mœurs ajoutait un piquant mystérieux à leur austérité. Je ne sais dans quel misérable café et de quelle façon elle déjeuna. Je la suivis au cabinet de lecture; et je l'épiai longtemps pendant qu'elle cherchait dans les gazettes, avec des yeux actifs, jadis brûlés par les larmes, des nouvelles d'un intérêt puissant et personnel.

Enfin, dans l'après-midi, sous un ciel d'automne charmant, un de ces

Vauvenargues says that in public gardens some paths are haunted exclusively by betrayed ambitions, failed inventors, aborted glory, broken hearts, by all the tumultuous and withdrawn souls, still growling with the final stirring of a storm and shying from the insolent stares of the happy and the idle. These shadowy retreats are the haunts of life's disabled veterans.

Toward them poets and philosophers especially love to direct their greedy guesswork. The harvest is certain. Because, as I've just intimated, if they hate to visit one area above all, it is the contentment of wealth. Such turbulence in a vacuum has nothing to attract them. But they're drawn irresistibly to everything weak, ruined, grief stricken, orphaned.

An experienced eye is never mistaken. In those fixed or battered features, in those eyes dull and hollow or shining with a final gleam of combat, in those deep and countless wrinkles, in the slow and halting step, it deciphers instantly the endless tales of love betrayed, unrecognized devotion, unrewarded effort, cold and hunger that are humbly, silently endured.

Have you ever noticed widows, poor widows, sitting on lonely benches? Whether or not in mourning, they are easily recognized. Besides, something is always missing in the mourning garb of poor folk, a lack of harmony which makes it even more heartrending. Even in grief they must be stingy. The rich display theirs in the grand manner.

Which is more sad and saddening, the widow tugging the hand of a child who cannot share her reverie, or the one who's all alone? I don't know. . . . Once I followed an old widow of that sort for many hours; rigid, upright, with a small worn shawl, in her whole being was the pride of stoicism.

She obviously was condemned by absolute solitude to the life of an old celibate, and the masculine quality of her manners lent a piquant mysteriousness to their austerity. I didn't know in what miserable cafe, or how, she'd had her lunch. I followed her into a reading room and, for a long time, watched her search the papers with busy eyes, once burned by tears, for news of passing, personal interest.

At last, in the afternoon, under a charming autumn sky, a sky from

ciels d'où descendent en foule les regrets et les souvenirs, elle s'assit à l'écart dans un jardin, pour entendre, loin de la foule, un de ces concerts dont la musique des régiments gratifie le peuple parisien.

C'était sans doute là la petite débauche de cette vieille innocente (ou de cette vieille purifiée), la consolation bien gagnée d'une de ces lourdes journées sans ami, sans causerie, sans joie, sans confident, que Dieu laissait tomber sur elle, depuis bien des ans peut-être! trois cent soixante-cinq fois par an.

Une autre encore:

Je ne puis jamais m'empêcher de jeter un regard, sinon universellement sympathique, au moins curieux, sur la foule de parias qui se pressent autour de l'enceinte d'un concert public. L'orchestre jette à travers la nuit des chants de fête, de triomphe ou de volupté. Les robes traînent en miroitant; les regards se croisent; les oisifs, fatigués de n'avoir rien fait, se dandinent, feignant de déguster indolemment la musique. Ici rien que de riche, d'heureux; rien qui ne respire et n'inspire l'insouciance et le plaisir de se laisser vivre; rien, excepté l'aspect de cette tourbe qui s'appuie là-bas sur la barrière extérieure, attrapant gratis, au gré du vent, un lambeau de musique, et regardant l'étincelante fournaise intérieure.

C'est toujours chose intéressante que ce reflet de la joie du riche au fond de l'œil du pauvre. Mais ce jour-là, à travers ce peuple vêtu de blouses et d'indienne, j'aperçus un être dont la noblesse faisait un éclatant contraste avec toute la trivialité environnante.

C'était une femme grande, majestueuse, et si noble dans tout son air, que je n'ai pas souvenir d'avoir vu sa pareille dans les collections des aristocratiques beautés du passé. Un parfum de hautaine vertu émanait de toute sa personne. Son visage, triste et amaigri, était en parfaite accordance avec le grand deuil dont elle était revêtue. Elle aussi, comme la plèbe à laquelle elle s'était mêlée et qu'elle ne voyait pas, elle regardait le monde lumineux avec un œil profond, et elle écoutait en hochant doucement la tête.

Singulière vision! «À coup sûr, me dis-je, cette pauvreté-là, si pauvreté il y a, ne doit pas admettre l'économie sordide; un si noble visage m'en répond. Pourquoi donc reste-t-elle volontairement dans un milieu où elle fait une tache si éclatante?»

Mais en passant curieusement auprès d'elle, je crus en deviner la raison. La grande veuve tenait par la main un enfant comme elle vêtu de noir; si modique que fût le prix d'entrée, ce prix suffisait peut-être pour payer un des besoins du petit être, mieux encore, une superfluité, un jouet.

Et elle sera rentrée à pied, méditant et rêvant, seule, toujours seule;

which so many memories and regrets descend, she sat down alone in a public park, far from the crowd, to listen to a concert by a regimental band, a gift to the people of Paris.

Perhaps it was a small debauchery of that innocent old woman (or purified old woman), a well deserved consolation on one of those heavy, friendless days without talk or joy or anyone to gossip with, days which God had bestowed on her these many years, perhaps three hundred sixty-five such days each year.

And yet another:

I cannot help but cast a glance—not always sympathetic but at least curious—on the rabble of pariahs who crowd the fenced-off section of a public concert. The orchestra hurls music of festivity, or triumph, or sensuality across the night; dresses drag in the dirt; glances meet; the idle, tired of nothing to do, primp and indolently pretend to like the music. Here nothing that's not rich and happy, nothing that doesn't breathe and inspire pleasure and carelessness and the good life, except the presence of the mob outside, leaning on the fence, catching a free flicker of music at the pleasure of the wind, while they stare at the sparkling furnace there inside.

It's always interesting to think about the pleasures of the rich from the viewpoint of the poor. On this particular day, among the people dressed in overalls and calico, I saw someone truly noble who stood in striking contrast to her vulgar surroundings.

A tall, majestic woman, so noble in her bearing that I can't remember ever seeing her equal among all the aristocratic beauties of the past. The fragrance of a lofty virtue emanated from her entire being. Her sad, lean face was in harmony with the deep mourning that she wore. Like the common folk around her, of whom she took no notice, she watched the gleaming world with a penetrating eye as she listened, nodding softly.

What a sight! "Surely," I said to myself, "that poverty, if poverty it is, does not demand such sordid economy. Her noble face is proof of that. Then why does she remain in surroundings where she makes such a striking figure?"

But passing near her out of curiosity I found the reason. The tall widow had a child by the hand, dressed in black like her; even if the admission price were small, it might be enough to buy something needed for the child or, better yet, an extravagance, a toy.

And now she will return on foot, meditating, dreaming, alone, al-

car l'enfant est turbulent, égoïste, sans douceur et sans patience; et il ne peut même pas, comme le pur animal, comme le chien et le chat, servir de confident aux douleurs solitaires.

14 • LE VIEUX SALTIMBANQUE

Partout s'étalait, se répandait, s'ébaudissait le peuple en vacances. C'était une de ces solennités sur lesquelles, pendant un long temps, comptent les saltimbanques, les faiseurs de tours, les montreurs d'animaux et les boutiquiers ambulants, pour compenser les mauvais temps de l'année.

En ces jours-là il me semble que le peuple oublie tout, la douleur et le travail; il devient pareil aux enfants. Pour les petits c'est un jour de congé, c'est l'horreur de l'école renvoyée à vingt-quatre heures. Pour les grands c'est un armistice conclu avec les puissances malfaisantes de la vie, un répit dans la contention et la lutte universelles.

L'homme du monde lui-même et l'homme occupé de travaux spirituels échappent difficilement à l'influence de ce jubilé populaire. Ils absorbent, sans le vouloir, leur part de cette atmosphère d'insouciance. Pour moi, je ne manque jamais, en vrai Parisien, de passer la revue de toutes les baraques qui se pavanent à ces époques solennelles.

Elles se faisaient, en vérité, une concurrence formidable: elles piaillaient, beuglaient, hurlaient. C'était un mélange de cris, de détonations de cuivre et d'explosions de fusées. Les queues-rouges et les Jocrisses convulsaient les traits de leurs visages basanés, racornis par le vent, la pluie et le soleil; ils lançaient, avec l'aplomb des comédiens sûrs de leurs effets, des bons mots et des plaisanteries d'un comique solide et lourd comme celui de Molière. Les Hercules, fiers de l'énormité de leurs membres, sans front et sans crâne, comme les orangs-outangs, se prélassaient majestueusement sous les maillots lavés la veille pour la circonstance. Les danseuses, belles comme des fées ou des princesses, sautaient et cabriolaient sous le feu des lanternes qui remplissaient leurs jupes d'étincelles.

Tout n'était que lumière, poussière, cris, joie, tumulte; les uns dépensaient, les autres gagnaient, les uns et les autres également joyeux. Les enfants se suspendaient aux jupons de leurs mères pour obtenir quelque bâton de sucre, ou montaient sur les épaules de leurs pères pour mieux voir un escamoteur éblouissant comme un dieu. Et partout circulait, dominant tous les parfums, une odeur de friture qui était comme l'encens de cette fête.

ways alone; because a child is turbulent, self centered, without tenderness and patience, and even less able than a mere animal, a dog or cat, to serve as a confidant of lonely sorrows.

14 • THE OLD ENTERTAINER

Everywhere the folks on vacation stretched out, swarmed and frolicked. It was a gala day which show people, mountebanks, animal trainers, and traveling hucksters count on far in advance to make up for the lean seasons.

On days like that everyone forgets toil and trouble. They become like children. For youngsters, it's a day off, the horrors of school let up for twenty-four hours. For grownups it's a cease-fire with the malfeasance of life, a respite from contention and universal strife.

Even a man of the world and a man engaged in spiritual pursuits can hardly escape this jubilee. Unwittingly they absorb their share of the carefree atmosphere. As for me, a true Parisian, I never fail to visit every booth that shows up on these great occasions.

They really set up a formidable competition: they squalled, they bellowed, they howled. There was a mixture of cries, a clash of brass and crackle of fireworks. Pitchmen and comedians contorted their swarthy faces, hardened by wind, rain, and sun. With the confidence of actors sure of an audience, they tossed off jokes and one-liners, their humor broad and heavy as Moliere's. Strongmen, like orangutans with no cranium or forehead, showed their enormous muscles and strutted about in fresh-washed tights. Dancers, beautiful as princesses or fairies, leaped and capered under lanterns that sparkled in the sequins of their skirts.

There was nothing except lights, dust, shouts, tumult. Some were spending, others getting, the one and the other equally happy. Toddlers tugged at their mothers' skirts, begging sticks of candy, or climbed on their fathers' shoulders to get a better look at the juggler, resplendent as a god. And everywhere, overriding all perfumes like the incense of this festival, wafted the smell of frying food.

Au bout, à l'extrême bout de la rangée de baraques, comme si, honteux, il s'était exilé lui-même de toutes ces splendeurs, je vis un pauvre saltimbanque, voûté, caduc, décrépit, une ruine d'homme, adossé contre un des poteaux de sa cahute; une cahute plus misérable que celle du sauvage le plus abruti, et dont deux bouts de chandelles, coulants et fumants, éclairaient trop bien encore la détresse.

Partout le joie, le gain, la débauche; partout la certitude du pain pour les lendemains; partout l'explosion frénétique de la vitalité. Ici la misère absolue, la misère affublée, pour comble d'horreur, de haillons comiques, où la nécessité, bien plus que l'art, avait introduit le contraste. Il ne riait pas, le misérable! Il ne pleurait pas, il ne dansait pas, il ne gesticulait pas, il ne criait pas; il ne chantait aucune chanson, ni gaie ni lamentable, il n'implorait pas. Il était muet et immobile. Il avait renoncé, il avait abdiqué. Sa destinée était faite.

Mais quel regard profond, inoubliable, il promenait sur la foule et les lumières, dont le flot mouvant s'arrêtait à quelques pas de sa répulsive misère! Je sentis ma gorge serrée par la main terrible de l'hystérie, et il me sembla que mes regards étaient offusqués par ces larmes rebelles qui ne veulent pas tomber.

Que faire? ì quoi bon demander à l'infortuné quelle curiosité, quelle merveille il avait à montrer dans ces ténèbres puantes, derrière son rideau déchiqueté? En vérité, je n'osais; et, dût la raison de ma timidité vous faire rire, j'avouerai que je craignais de l'humilier. Enfin, je venais de me résoudre à déposer en passant quelque argent sur une de ses planches, espérant qu'il devinerait mon intention, quand un grand reflux de peuple, causé par je ne sais quel trouble, m'entraîna loin de lui.

Et, m'en retournant, obsédé par cette vision, je cherchai à analyser ma soudaine douleur, et je me dis: Je viens de voir l'image du vieil homme de lettres qui a survécu à la génération dont il fut le brillant amuseur; du vieux poète sans amis, sans famille, sans enfants, dégradé par sa misère et par l'ingratitude publique, et dans la baraque de qui le monde oublieux ne veut plus entrer!

15 • LE GÂTEAU

Je voyageais. Le paysage au milieu duquel j'étais placé était d'une grandeur et d'une noblesse irrésistibles. Il en passa sans doute en ce moment quelque chose dans mon âme. Mes pensées voltigeaient avec une légèreté égale à celle de l'atmosphère; les passions vulgaires, telles

At the bottom, at the very end of all the rows of booths, as if he had exiled himself in shame, I saw an old *saltimbanque;* bent, decrepit, frail, the ruins of a man, he leaned against the uprights of a booth more miserable than the hut of any brutal savage. Inside, two candle-ends guttered and smoked, lighting its wretchedness all too well.

Everywhere joy and cash and debauchery; everywhere the certitude of daily bread; everywhere frenetic outbursts of vitality. Here, utter misery, a misery, to compound the horror, rigged in clownlike tatters, where necessity more than art provided the contrast. He could not laugh, poor wretch! He could not weep, gesticulate or shout. He could not sing a song, cheerful or lamenting. He could not make his pitch. He sat mute and motionless. He'd given up, he'd abdicated. His fate was sealed.

His gaze, profound and unforgettable, roamed across the lights and the crowd, a tide that halted just short of his repulsive misery. I felt my throat seized by the terrible hand of hysteria, and it seemed as if my sight was blurred by willful tears that would not fall.

What should I do? Would it have helped to ask the luckless man what oddity, what marvel he could have shown within the stinking darkness of his booth, behind the tattered curtain? Truthfully, I didn't dare. Although you may laugh at my timidity, I couldn't humiliate him. I'd finally decided to leave some money on his floorboards as I passed, hoping that he would guess my motive, when a sudden surge of the crowd, caused by who knows what commotion, carried me far away from him.

And, haunted by the sight, I looked back and tried to analyze a sudden sadness, and I muttered to myself, "I've glimpsed the image of an old author who was the brilliant entertainer of a generation he's outlived; an old poet without friends, family or children, degraded by misery and ingratitude, whose booth the fickle world won't care to enter anymore!"

15 • CAKE

I was hiking. The country around me had an irresistible nobility and grandeur. At that moment, no doubt, something entered my soul. My thoughts leaped with the lightness of the atmosphere; vulgar passions, such as hatred and worldly love, became as distant as the mists that

que la haine et l'amour profane, m'apparaissaient maintenant aussi éloignées que les nuées qui défilaient au fond des abîmes sous mes pieds; mon âme me semblait aussi vaste et aussi pure que la coupole du ciel dont j'étais enveloppé; le souvenir des choses terrestres n'arrivait à mon cœur qu'affaibli et diminué, comme le son de la clochette des bestiaux imperceptibles qui paissaient loin, bien loin, sur le versant d'une autre montagne. Sur le petit lac immobile, noir de son immense profondeur, passait quelquefois l'ombre d'un nuage, comme le reflet du manteau d'un géant aérien volant à travers le ciel. Et je me souviens que cette sensation solennelle et rare, causée par un grand mouvement parfaitement silencieux, me remplissait d'une joie mêlée de peur. Bref, je me sentais, grâce à l'enthousiasmante beauté dont j'étais environné, en parfaite paix avec moi-même et avec l'univers; je crois même que, dans ma parfaite béatitude et dans mon total oubli de tout le mal terrestre, j'en étais venu à ne plus trouver si ridicules les journaux qui prétendent que l'homme est né bon;—quand la matière incurable renouvelant ses exigences, je songeai à réparer la fatigue et à soulager l'appétit causés par une si longue ascension. Je tirai de ma poche un gros morceau de pain, une tasse de cuir et un flacon d'un certain élixir que les pharmaciens vendaient dans ce temps-là aux touristes pour le mêler dans l'occasion avec de l'eau de neige.

Je découpais tranquillement mon pain, quand un bruit très léger me fit lever les yeux. Devant moi se tenait un petit être déguenillé, noir, ébouriffé, dont les yeux creux, farouches et comme suppliants, dévoraient le morceau de pain. Et je l'entendis soupirer, d'une voix basse et rauque, le mot: *gâteau!* Je ne pus m'empêcher de rire en entendant l'appellation dont il voulait bien honorer mon pain presque blanc, et j'en coupai pour lui une belle tranche que je lui offris. Lentement il se rapprocha, ne quittant pas des yeux l'objet de sa convoitise; puis, happant le morceau avec sa main, se recula vivement, comme s'il eût craint que mon offre ne fût pas sincère ou que je m'en repentisse déjà.

Mais au même instant il fut culbuté par un autre petit sauvage, sorti je ne sais d'où, et si parfaitement semblable au premier qu'on aurait pu le prendre pour son frère jumeau. Ensemble ils roulèrent sur le sol, se disputant la précieuse proie, aucun n'en voulant sans doute sacrifier la moitié pour son frère. Le premier, exaspéré, empoigna le second par les cheveux; celui-ci lui saisit l'oreille avec les dents, et en cracha un petit morceau sanglant avec un superbe juron patois. Le légitime propriétaire du gâteau essaya d'enfoncer ses petites griffes dans les yeux de l'usurpateur; à son tour celui-ci appliqua toutes ses forces à étrangler son adversaire d'une main, pendant que de l'autre il tâchait de glisser dans sa poche le prix du combat. Mais, ravivé par le désespoir, le vaincu se redressa et fit rouler le vainqueur par terre d'un coup de tête

were unwinding in the canyon at my feet. My soul was as vast and as pure as the dome of heaven above me; the memory of earthly things reached my heart, weak and dwindled, like the sound of cowbells in a herd grazing far, far away, on another mountainside. Across the quiet little lake, black because it was so deep, the shadow of a cloud drifted, from time to time, like a reflection of the cloak of a celestial giant winging through the sky. And I still recall that solemn, rare sensation caused by their enormous motion, perfectly silent, which filled me with rejoicing mixed with awe. In short, the rapturous beauty surrounding me instilled a perfect peace, within myself and with the universe; I also believe that, in my perfect blessedness and in my total oblivion of all earthly evil, I was coming to find not so ridiculous the tabloids' claim that man is born good;—when, my incorrigible chemistry asserting itself, I thought to repair the hunger and fatigue resulting from my hard climb. I took from my pouch a loaf of bread, a leather cup, and a flask of an elixir that pharmacists at the time, were selling to tourists to mix, when needed, with melted snow.

I was calmly slicing bread, when a small noise made me look up. In front of me stood a creature, ragged, swarthy, disheveled. His hollow eyes, like two wild beggars, devoured the piece of bread. And I heard him whisper in a quiet, hoarse voice, *Cake!* I could only laugh at the word he used to honor my off-white loaf, and I cut a thick slice and offered it to him. Slowly he drew near, never taking his eyes off the bread, then snatched it from my hand and backed away as though he thought the offer might be insincere, or I'd already come to regret it.

At that very instant, a second little savage knocked him down. I don't know where he came from, but he looked so like the other that they could have been taken for twins. They rolled around together on the ground, fighting for the precious prize, each unwilling to sacrifice one morsel to his brother. The first, exasperated, grabbed the second by his hair; the other seized an ear between his teeth and, with a superb curse in patois, spat out a bloody fragment. The lawful owner of the piece of cake tried to get his claws into the usurper's eyes, while he, in turn, strangled his foe with one hand and with the other slipped the spoils of war into his pocket. The loser, in desperation, struggled to his feet and butted the victor in the stomach and sent him sprawling. But

dans l'estomac. À quoi bon décrire une lutte hideuse qui dura en vérité plus longtemps que leurs forces enfantines ne semblaient le promettre? Le gâteau voyageait de main en main et changeait de poche à chaque instant; mais, hélas! il changeait aussi de volume; et lorsque enfin, exténués, haletants, sanglants, ils s'arrêtèrent par impossibilité de continuer, il n'y avait plus, à vrai dire, aucun sujet de bataille; le morceau de pain avait disparu, et il était éparpillé en miettes semblables aux grains de salbe auxquels il était mêlé.

Ce spectacle m'avait embrumé le paysage, et la joie calme où s'ébaudissait mon âme avant d'avoir vu ces petits hommes avait totalement disparu; j'en restai triste assez longtemps, me répétant sans cesse: «Il y a donc un pays superbe où le pain s'appelle du *gâteau,* friandise si rare qu'elle suffit pour engendrer une guerre parfaitement fratricide!»

16 • L'HORLOGE

Les Chinois voient l'heure dans l'œil des chats.

Un jour un missionnaire, se promenant dans la banlieue de Nankin, s'aperçut qu'il avait oublié sa montre, et demanda à un petit garçon quelle heure il était.

Le gamin du céleste Empire hésita d'abord; puis, se ravisant, il répondit: «Je vais vous le dire.» Peu d'instants après, il reparut, tenant dans ses bras un fort gros chat, et le regardant, comme on dit, dans le blanc des yeux, il affirma sans hésiter: «Il n'est pas encore tout à fait midi.» Ce qui était vrai.

Pour moi, si je me penche vers la belle Féline, la si bien nommée, qui est à la fois l'honneur de son sexe, l'orgueil de mon cœur et le parfum de mon esprit, que ce soit la nuit, que ce soit le jour, dans la pleine lumière ou dans l'ombre opaque, au fond de ses yeux adorables je vois toujours l'heure distinctement, toujours la même une heure vaste, solennelle, grande comme l'espace, sans divisions de minutes ni de secondes,—une heure immobile qui n'est pas marquée sur les horloges, et cependant légère comme un soupir, rapide comme un coup d'œil.

Et si quelque importun venait me déranger pendant que mon regard repose sur ce délicieux cadran, si quelque Génie malhonnête et intolérant, quelque Démon du contretemps venait me dire: «Que regardes-tu là avec tant de soin Que cherches-tu dans les yeux de cet être? Y vois-tu l'heure, mortel prodigue et fainéant?» je répondrais sans hésiter: «Oui, je vois l'heure; il est l'Éternité!»

why describe a hideous fight outlasting childish strength? The cake had traveled from hand to hand, changing pockets once a minute. Alas! it also changed in size. Finally, exhausted, panting, blood smeared, they stopped because it was impossible to go on. Besides, to tell the truth, the reason for the fight no longer existed; the piece of bread had disappeared. The scattered crumbs were like the grains of sand with which they mingled.

For me this spectacle had cast a shadow on the landscape, and the peaceful joy that soothed my soul before I saw these two little men had completely vanished. I remained there sadly for a long time, repeating to myself, "So, there is a superb country where bread is called *cake*. It is so rare a delicacy that it can start a downright fratricidal war."

16 • THE CLOCK

The Chinese can tell time by the eye of a cat.

One day a missionary, strolling in the outskirts of Nanking, found that he'd forgotten his watch and asked a little boy what time it was.

At first this gamin of the Celestial Empire hesitated; then, recollecting, he replied: "I'll tell you." A few moments later he returned with a big, strong cat in his arms, and looking it in the white of the eye, as the saying goes, he said without hesitation: "It's almost noon." Which was true.

As for me, if I bend over my beautiful Feline—so aptly named— who is, at the same time, the honor of her sex, the pride of my heart, and the perfume of my spirit, whether it be night, whether it be day, in full light or deep shadow, in the depths of her adorable eyes I see one hour distinctly, always the same, a vast hour, solemn, as huge as space, without divisions into minutes or seconds—one motionless hour not marked on clocks, yet soft as a breath and quick as a wink.

And if some bore comes to disturb me while my eyes are resting on this delicious dial, if some uncivil and intolerant genie, some Demon of mischance comes to ask me, "What are you looking at with such care? What do you see in the eye of that animal? Can you tell the time there, you prodigal, you slothful mortal?" I would reply without hesitation, "Yes, I can tell the time. It is Eternity!"

N'est-ce pas, madame, que voici un madrigal vraiment méritoire, et aussi emphatique que vous-même? En vérité, j'eu tant de plaisir à broder cette prétentieuse galanterie, que je ne vous demanderai rien en échange.

17 • UN HÉMISPHÈRE DANS UNE CHEVELURE

Laisse-moi respirer longtemps, longtemps, l'odeur de tes cheveux, y plonger tout mon visage, comme un homme altéré dans l'eau d'une source, et les agiter avec ma main comme un mouchoir odorant, pour secouer des souvenirs dans l'air.

Si tu pouvais savoir tout ce que je vois! tout ce que je sens! tout ce que j'entends dans tes cheveux! Mon âme voyage sur le parfum comme l'âme des autres hommes sur la musique.

Tes cheveux contiennent tout un rêve, plein de voilures et de mâtures; ils contiennent de grandes mers dont les moussons me portent vers de charmants climats, où l'espace est plus bleu et plus profond, où l'atmosphère est parfumée par les fruits, par les feuilles et par la peau humaine.

Dans l'océan de ta chevelure, j'entrevois un port fourmillant de chants mélancoliques, d'hommes vigoureux de toutes nations et de navires de toutes formes découpant leurs architectures fines et compliquées sur un ciel immense où se prélasse l'éternelle chaleur.

Dans les caresses de ta chevelure, je retrouve les langueurs des longues heures passées sur un divan, dans la chambre d'un beau navire, bercées par le roulis imperceptible du port, entre les pots de fleurs et les gargoulettes rafraîchissantes.

Dans l'ardent foyer de ta chevelure, je respire l'odeur du tabac mêlé à l'opium et au sucre; dans la nuit de ta chevelure, je vois resplendir l'infini de l'azur tropical; sur les rivages duvetés de ta chevelure je m'enivre des odeurs combineés du goudron, du musc et l'huile de coco.

Laisse-moi mordre longtemps tes tresses lourdes et noires. Quand je mordille tes cheveux élastiques et rebelles, il me semble que je mange des souvenirs.

Is it not so, Madam, that this is really a meritorious madrigal? And as affected as yourself? Indeed, I've had so much fun embroidering this pretentious gallantry that I ask nothing in return.

17 • A HEMISPHERE IN YOUR HAIR

Let me breathe the fragrance of your hair for long, for ever. Let me plunge my whole face in it, like a parched man at the water of a spring. Let me wave it with my hand like a perfumed handkerchief, shaking memories into the air.

If you could know all I can see! All I can feel! All I can hear in your hair! My soul floats on the perfume as the souls of other men might float on music.

Your hair contains a complete dream of sails and masts; it contains the high seas whose monsoons waft me on to pleasant climates where space is deeper and more blue, the atmosphere perfumed by fruits, and leaves, and human skin.

Within the ocean of your hair, I glimpse a port aswarm with melancholy songs, with men of vigor from all nations and ships of every sort, their subtle, complicated structures silhouetted on a massive sky, the source of everlasting heat.

In the caresses of your hair I find again the languor of long hours on a divan among potted trees and cooling water jugs in the cabin of a handsome ship, swaying on the imperceptible swells of the harbor.

On the warm hearth of your hair, I breathe the odor of tobacco mixed with opium and sugar. In the midnight of your hair, I see, resplendent, the blue infinity of tropic skies. On the downy shoreline of your hair, I am intoxicated with the mixture of the odors of pine tar and musk and coco oil.

Let me bite your thick, black tresses forever. When I gnaw your springy and rebellious hair, it seems to me I'm eating memories.

Il est un pays superbe, un pays de Cocagne, dit-on, que je rêve de visiter avec une vieille amie. Pays singulier, noyé dans les brumes de notre Nord, et qu'on pourrait appeler l'Orient de l'Occident, la Chine de l'Europe, tant la chaude et capricieuse fantaisie s'y est donné carrière, tant elle l'a patiemment et opiniâtrement illustré de ses savantes et délicates végétations.

Un vrai pays de Cocagne, où tout est beau, riche, tranquille, honnête; où le luxe a plaisir à se mirer dans l'ordre ; où la vie est grasse et douce à respirer; d'où le désordre, la turbulence et l'imprévu sont exclus; où le bonheur est marié au silence; où la cuisine elle-même est poétique, grasse et excitante à la fois; où tout vous ressemble, mon cher ange.

Tu connais cette maladie fiévreuse qui s'empare de nous dans les froides misères, cette nostalgie du pays qu'on ignore, cette angoisse de la curiosité? Il est une contrée qui te ressemble, où tout est beau, riche, tranquille et honnête, où la fantaisie a bâti et décoré une Chine occidentale, où la vie est douce à respirer, où le bonheur est marié au silence. C'est là qu'il faut aller vivre, c'est là qu'il faut aller mourir!

Oui, c'est là qu'il faut aller respirer, rêver et allonger les heures par l'infini des sensations. Un musicien a écrit l'*Invitation à la valse;* quel est celui qui composera l'*Invitation au voyage,* qu'on puisse offrir à la femme aimée, à la sœur d'élection?

Oui, c'est dans cette atmosphère qu'il ferait bon vivre,—là-bas, où les heures plus lentes contiennent plus de pensées, où les horloges sonnent le bonheur avec une plus profonde et plus significative solennité.

Sur des panneaux luisants, ou sur des cuirs dorés et d'une richesse sombre, vivent discrètement des peintures béates, calmes et profondes, comme les âmes des artistes qui les créèrent. Les soleils couchants, qui colorent si richement la salle à manger ou le salon, sont tamisés par de belles étoffes ou par ces hautes fenêtres ouvragées que le plomb divise en nombreux compartiments. Les meubles sont vastes, curieux, bizarres, armés de serrures et de secrets comme des âmes raffinées. Les miroirs, les métaux, les étoffes, l'orfèvrerie et la faïence y jouent pour les yeux une symphonie muette et mystérieuse; et de toutes choses, de tous les coins, des fissures des tiroirs et des plis des étoffes s'échappe un parfum singulier, un *revenez-y* de Sumatra, qui est comme l'âme de l'appartement.

Un vrai pays de Cocagne, te dis-je, où tout est riche, propre et luisant, comme une belle conscience, comme une magnifique batterie de cuisine, comme une splendide orfèvrerie, comme une bijouterie

There is a splendid land, they say, a Land of Cockaigne, which I dream of visiting with an old love. A curious land drowned in the mists of our North, it might be called the Orient of the Occident, the China of Europe, so fervently and capriciously has fantasy indulged itself there, so patiently and persistently has it been given luster by a cunning and delicate vegetation.

A real land of Cockaigne, where everything is beautiful, rich, tranquil, honest; where luxury takes pleasure in reflections of its order; where life is full and sweet to breathe; where all disorder, turbulence, the unforeseen are banned; where happiness is wed to silence; where even the cuisine is poetry, fatty yet stimulating; where everything resembles you, my angel.

You know that feverish malaise that siezes us in the wretched cold, that nostalgia for an unknown land, that anguish of our curiosity? It is a country that resembles you, where everything is beautiful, rich, tranquil and honest, where fantasy has built and decorated a China of the Occident, where life is sweet to breathe, where happiness is wed to silence. We must go there to live; we must go there to die!

Yes, that's where we must go to breathe, to dream, to stretch the hours with an infinity of sensations. A musician has composed *l'Invitation à la Valse;* who will someday write *l'Invitation au Voyage* and offer it to the beloved woman, to the sister of his choice?

Yes, it would be good to live in that atmosphere, where the slower hours hold more thoughts, where the clocks can chime out happiness with deeper, more resonant solemnity.

On gleaming panels or on leather of a somber richness set with gold, devout paintings live discreetly, calm and poignant as the souls of the artists who created them. The sunsets that so richly gild the salon and dining room are filtered through lovely curtains or through lofty windows of intricately leaded glass. The furniture is massive, curious, bizarre, equipped with locks and hidden nooks like any refined soul. The mirrors and the metals and the fabric, the goldware and the delftware play together, a muted and mysterious symphony for the eyes; and from everything, from every corner, from drawers ajar, from pleats of drapery escapes a curious perfume, a coaxing from Sumatra: *Come back.* It seems to be the soul of the apartment.

A true land of Cockaigne, I tell you, where everything is rich, proper and shining like a clear conscience, like a magnificent set of cooking pots, like splendidly wrought gold, like dappled jewelry! The

bariolée! Les trésors du monde y affluent, comme dans la maison d'un homme laborieux et qui a bien mérité du monde entier. Pays singulier, supérieur aux autres, comme l'Art l'est à la Nature, où celle-ci est réformée par le rêve, où elle est corrigée, embellie, refondue.

Qu'ils cherchent, qu'ils cherchent encore, qu'ils reculent sans cesse les limites de leur bonheur, ces alchimistes de l'horticulture! Qu'ils proposent des prix de soixante et de cent mille florins pour qui résoudra leurs ambitieux problèmes! Moi, j'ai trouvé ma *tulipe noire* et mon *dahlia bleu!*

Fleur incomparable, tulipe retrouvée, allégorique dahlia, c'est là, n'est-ce pas, dans ce beau pays si calme et si rêveur, qu'il faudrait aller vivre et fleurir? Ne serais-tu pas encadrée dans ton analogie, et ne pourrais-tu pas te mirer, pour parler comme les mystiques, dans ta propre *correspondance?*

Des rêves! toujours des rêves! et plus l'âme est ambitieuse et délicate, plus les rêves l'éloignent du possible. Chaque homme porte en lui sa dose d'opium naturel, incessamment sécrétée et renouvelée, et, de la naissance à la mort, combien comptons-nous d'heures remplies par la jouissance positive, par l'action réussie et décidée? Vivrons-nous jamais, passerons-nous jamais dans ce tableau qu'a peint mon esprit, ce tableau qui te ressemble?

Ces trésors, ces meubles, ce luxe, cet ordre, ces parfums, ces fleurs miraculeuses, c'est toi. C'est encore toi, ces grands fleuves et ces canaux tranquilles. Ces énormes navires qu'ils charrient, tout chargés de richesses, et d'où montent les chants monotones de la manœuvre, ce sont mes pensées qui dorment ou qui roulent sur ton sein. Tu les conduis doucement vers la mer qui est l'Infini, tout en réfléchissant les profondeurs du ciel dans la limpidité de ta belle âme;—et quand, fatigués par la houle et gorgés des produits de l'Orient, ils rentrent au port natal, ce sont encore mes pensées enrichies qui reviennent de l'Infini vers toi.

19 • LE JOUJOU DU PAUVRE

Je veux donner l'idée d'un divertissement innocent. Il y a si peu d'amusements qui ne soient pas coupables!

Quand vous sortirez le matin avec l'intention décidée de flâner sur les grandes routes, remplissez vos poches de petites inventions à un sol,—telles que le polichinelle plat mû par un seul fil, les forgerons qui battent l'enclume, le cavalier et son cheval dont la queue est un sif-

treasures of the world are flowing there as in the dwelling of a man of industry who deserves the best of everything. A remarkable land, as superior to others as Art is to Nature; there it is reformed by dreams, repaired, embellished, melted and recast.

Let them search and search again, let them ceaselessly extend the limits of good fortune, those alchemists of horticulture! Let them offer prizes of sixty thousand, one hundred thousand florins for the answers to ambitious problems! As for me, I have found my *black tulip* and my *blue dahlia!*

Incomparable flower, tulip retrieved, allegorical dahlia, is it not in that lovely land, so calm, so dreamy, that we must go to live and blossom? Wouldn't you be framed in your own analogy, and couldn't you find yourself mirrored, as the mystics say, in your own *correspondence?*

Dreams! Always dreams! and the more ambitious and fastidious the soul, the more its dreams remove it from the possible. Each man bears within himself his own dose of natural opium, incessantly secreted and renewed, and, from birth to death, how many hours can we count filled with pleasure, with prosperous and effective action? Shall we ever live, shall we ever become a part of the picture my imagination paints, the picture that resembles you?

These treasures, these furnishings, this luxury, this order, these perfumes, this miracle of flowers, they are you. And also you are these wide rivers and these calm canals. These enormous sailing ships they carry, all laden with rich cargo, and from them rising the monotone song of the sailors as they work. They are my thoughts, asleep or rolling on the rhythm of your breast. You lead them softly toward the sea which is Infinity, reflecting the depths of heaven in the crystal beauty of your soul;—and when, weary of the waves and gorged with produce of the Orient, they sail for home, these are still my thoughts returning, enriched, from Infinity to you.

19 • THE POOR KID'S TOY

I want to offer an idea for an innocent pastime. So few amusements are blameless!

When you go out in the morning to stroll the streets, fill your pockets with cheap little toys—such as pasteboard puppets manipulated by a string, blacksmiths hammering an anvil, the knight on a horse whose tail is a whistle. Outside the taverns and under the trees,

flet,—et le long des cabarets, au pied des arbres, faites-en hommage aux enfants inconnus et pauvres que vous rencontrerez. Vous verrez leurs yeux s'agrandir démesurément. D'abord ils n'oseront pas prendre; ils douteront de leur bonheur. Puis leurs mains agripperont vivement le cadeau, et ils s'enfuiront comme font les chats qui vont manger loin de vous le morceau que vous leur avez donné, ayant appris à se défier de l'homme.

Sur une route, derrière la grille d'un vaste jardin, au bout duquel apparaissait la blancheur d'un joli château frappé par le soleil, se tenait un enfant beau et frais, habillé de ces vêtements de campagne si pleins de coquetterie.

Le luxe, l'insouciance et le spectacle habituel de la richesse, rendent ces enfants-là si jolis, qu'on les croirait faits d'une autre pâte que les enfants de la médiocrité ou de la pauvreté.

À côté de lui, gisait sur l'herbe un joujou splendide, aussi frais que son maître, verni, doré, vêtu d'une robe pourpre, et couvert de plumets et de verroteries. Mais l'enfant ne s'occupait pas de son joujou préféré, et voici ce qu'il regardait:

De l'autre côté de la grille, sur la route, entre les chardons et les orties, il y avait un autre enfant, sale, chétif, fuligineux, un de ces marmots-parias dont un œil impartial découvrirait la beauté, si, comme l'œil du connaisseur devine une peinture idéale sous un vernis de carrossier, il le nettoyait de la répugnante patine de la misère.

À travers ces barreaux symboliques séparant deux mondes, la grande route et la château, l'enfant pauvre montrait à l'enfant riche son propre joujou, que celui-ci examinait avidement comme un objet rare et inconnu. Or, ce joujou, que le petit souillon agaçait, agitait et secouait dans une boîte grillée, c'était un rat vivant! Les parents, par économie sans doute, avaient tiré le joujou de la vie elle-même.

Et les deux enfants se riaient l'un à l'autre fraternellement, avec des dents d'une *égale* blancheur.

20 • LES DONS DES FÉES

C'était grande assemblée des Fées, pour procéder à la répartition des dons parmi tous les nouveau-nés, arrivés à la vie depuis vingt-quatre heures.

Toutes ces antiques et capricieuses Sœurs du Destin, toutes ces Mères bizarres de la joie et de la douleur, étaient fort diverses: les unes avaient l'air sombre et rechigné, les autres, un air folâtre et malin; les

hand them out as presents to the poor, unknown children you meet. You'll see their eyes widen. At first they won't dare take the gifts: they can't believe their luck. Then they'll clutch them eagerly and take off like a cat with a bite of food you've given him, never trusting humans.

Along a street, behind the palings of a large garden, a mansion gleamed in the sunlight. In the garden stood a bright and handsome little boy, dressed in charming, rustic clothing.

The carefree luxury and ostentation of the wealthy make their children look so pretty, they seem cast from different clay than children of the middle class and poor.

Beside him on the grass lay a splendid plaything, as bright as its owner, polished, gilded, garbed in purple, covered with feathers and bright beads. But the child paid no attention to his favorite toy. This is what he was looking at:

Outside the fence, in the street among nettles and thistles, was another boy, dirty, puny, smutched with soot, a brat-pariah in which a candid eye discovers beauty if it peels off the repugnant patina of poverty the way the eye of a connoisseur perceives a work of art beneath a coachmaker's varnish.

Across the symbolic barrier between two worlds, the mansion and the mainstreet, the poor child showed the rich child his own toy. He scrutinized it avidly, as if it were some rare and unknown marvel. Well, the toy that the guttersnipe was teasing, poking, shaking in a wire-mesh box was a live *rat!* His parents, no doubt to save money, had snatched him a toy from real life.

The children laughed together like two brothers, their teeth of *equal* whiteness.

20 • THE GIFTS OF THE FAIRIES

The Fairies were meeting in grand assembly to decide the allocation of their gifts to all the newborn of the past twenty- four hours.

These ancient and capricious Sisters of Destiny, all these weird Mothers of joy and sorrow, differed greatly. Some were somber and

unes, jeunes, qui avaient toujours été jeunes; les autres, vieilles, qui avaient toujours été vieilles.

Tous les pères qui ont foi dans les Fées étaient venus, chacun apportant son nouveau-né dans ses bras.

Les Dons, les Facultés, les bons Hasards, les Circonstances invincibles, étaient accumulés à côté du tribunal, comme les prix sur l'estrade, dans une distribution de prix. Ce qu'il y avait ici de particulier, c'est que les Dons n'étaient pas la récompense d'un effort, mais tout au contraire une grâce accordée à celui qui n'avait pas encore reçu, une grâce pouvant déterminer sa destinée et devenir aussi bien la source de son malheur que de son bonheur.

Les pauvres Fées étaient très affairées; car la foule des solliciteurs était grande, et le monde intermédiaire, placé entre l'homme et Dieu, est soumis comme nous à la terrible loi du Temps et de son infinie postérité, les Jours, les Heures, les Minutes, les Secondes.

En vérité, elles étaient aussi ahuries que des ministres un jour d'audience, ou des employés du Mont-de-Piété quand une fête nationale autorise les dégagements gratuits. Je crois même qu'elles regardaient de temps à autre l'aiguille de l'horloge avec autant d'impatience que des juges humains qui, siégeant depuis le matin, ne peuvent s'empêcher de rêver au dîner, à la famille et à leurs chères pantoufles. Si, dans la justice surnaturelle, il y a un peu de précipitation et de hasard, ne nous étonnons pas qu'il en soit de même quelquefois dans la justice humaine. Nous serions nous-mêmes, en ce cas, des juges injustes.

Aussi furent commises ce jour-là quelques bourdes qu'on pourrait considérer comme bizarres, si la prudence, plutôt que le caprice, était le caractère distinctif, éternel des Fées.

Ainsi la puissance d'attirer magnétiquement la fortune fut adjugée à l'héritier unique d'une famille très riche, qui, n'étant doué d'aucun sens de charité, non plus que d'aucune convoitise pour les biens les plus visibles de la vie, devait se trouver plus tard prodigieusement embarrassé de ses millions.

Ainsi furent donnés l'amour du Beau et la Puissance poétique au fils d'un sombre gueux, carrier de son état, qui ne pouvait, en aucune façon, aider les facultés, ni soulager les besoins de sa déplorable progéniture.

J'ai oublié de vous dire que la distribution, en ces cas solennels, est sans appel, et qu'aucun don ne peut être refusé.

Toutes les Fées se levaient, croyant leur corvée accomplie; car il ne restait plus aucun cadeau, aucune largesse à jeter à tout ce fretin humain, quand un brave homme, un pauvre petit commerçant, je crois,

sullen, others mad and mischievous; some were young who had always been young; others were old who had always been old.

All the fathers who believed in Fairies came, each with his newborn in his arms.

Talents, Faculties, Good Luck, Invincible Circumstances were stacked beside the tribunal like presents on the stage at a prize-giving ceremony. But with a difference: these gifts were not awards for accomplishment, but, quite the contrary, a favor granted to him who'd not yet lived, a favor that might fashion his destiny, as much a source of misfortune as of good luck.

The poor Fairies were very busy; the crowd of petitioners was large, and the intermediary world which lies between God and man, is subject, like us, to the terrible law of Time and all his endless progeny, the Days, the Hours, the Minutes, the Seconds.

In truth, they were as harried as cabinet ministers on their day at court or the employees of the *Mont-de-Piété* pawn shops on national holidays when pledges are redeemed without a fee. I even think that they watched the clock with impatience, just as human judges, sitting since morning, can't help thinking about dinner, the family, and the good old slippers. If in supernatural justice there is sometimes hurry-up and slippage, we shouldn't be too astonished when the same things happen in our human justice. In that case, we ourselves would be unjust judges.

And so that day some mistakes were made. It would be bizarre if prudence, not caprice, were the distinctive and eternal trait of Fairies.

And so the gift to pull in money like a magnet was bestowed upon the scion of a family of great wealth. Because he had no sense of charity nor any hunger for the finer things of life, he was sure to be prodigiously embarrassed by his millions later on.

And so the love of Beauty and poetic Power were awarded to the son of a dull wretch, a quarryman, who couldn't improve the talents nor provide for the needs of his lamentable offspring.

I have forgotten to tell you that the awards on these solemn occasions, could not be appealed, and no gift could be refused.

All the Fairies rose, their drudgery completed—or so they thought, for not one gift remained, no largess was left to toss to this human horde. But then a fine young man stood up, a little shopkeeper,

se leva, et empoignant par sa robe de vapeurs multicolores la Fée qui était le plus à sa portée, s'écria:

«Eh! madame! vous nous oubliez! Il y a encore mon petit! Je ne veux pas être venu pour rien.»

La Fée pouvait être embarrassée; car il ne restait plus *rien*. Cependant elle se souvint à temps d'une loi bien connue, quoique rarement appliquée, dans le monde surnaturel, habité par ces déités impalpables, amies de l'homme, et souvent contraintes de s'adapter à ses passions, telles que les Fées, les Gnomes, les Salamandres, les Sylphides, les Sylphes, les Nixes, les Ondins et les Ondines,—je veux parler de la loi qui concède aux Fées, dans un cas semblable à celui-ci, c'est-à-dire le cas d'épuisement des lots, la faculté d'en donner encore un, supplémentaire et exceptionnel, pourvu toutefois qu'elle ait l'imagination suffisante pour le créer immédiatement.

Donc la bonne Fée répondit, avec un aplomb digne de son rang: «Je donne à ton fils... je lui donne... le *Don de plaire!*»

«Mais plaire comment? plaire...? plaire pourquoi?» demanda opiniâtrement le petit boutiquier, qui était sans doute un de ces raisonneurs si communs, incapable de s'élever jusqu'à la logique de l'Absurde.

«Parce que! parce que!» répliqua la Fée courroucée, en lui tournant le dos; et rejoignant le cortège de ses compagnes, elle leur disait: «Comment trouvez-vous ce petit Français vaniteux, qui veut tout comprendre, et qui ayant obtenu pour son fils le meilleur des lots, ose encore interroger et discuter l'indiscutable?»

21 • LES TENTATIONS OU
ÉROS, PLUTUS ET LA GLOIRE

Deux superbes Satans et une Diablesse, non moins extraordinaire, ont la nuit dernière monté l'escalier mystérieux par où l'Enfer donne assaut à la faiblesse de l'homme qui dort, et communique en secret avec lui. Et ils sont venus se poser glorieusement devant moi, debout comme sur une estrade. Une splendeur sulfureuse émanait de ces trois personnages, qui se détachaient ainsi du fond opaque de la nuit. Ils avaient l'air si fier et si plein de domination, que je les pris d'abord tous les trois pour de vrais Dieux.

Le visage du premier Satan était d'un sexe ambigu, et il y avait aussi, dans les lignes de son corps, la mollesse des anciens Bacchus. Ses beaux yeux languissants, d'une couleur ténébreuse et indécise, ressemblaient à des violettes chargées encore des lourds pleurs de l'orage, et ses

I suspect. He caught the nearest Fairy by her gown of multicolored mists and called:

"Wait, Madam! Don't forget us! There's still my son! I can't have made this trip for nothing."

The Fairy might have been embarrassed, since she had *nothing* left. However, she remembered, just in time, a well-known law of the supernatural kingdom that rarely was invoked. In that world of disembodied deities they must, as friends of man, adapt themselves to human comprehension in such forms as Fairies, Gnomes, Salamanders, Sylphs and Sylphids, Nixies and Undins and Undines—I'm speaking of a law that grants a Fairy, at a time like this, when all the gifts are gone, the authority to grant one single gift, provided the Fairy has the imagination to create one on the spot.

The good Fairy replied with an aplomb that was worthy of her rank, "I grant your son... I grant him... *Ability to Please.*"

"To please how? To please... ? To please why?" the little shopkeeper doggedly demanded. He was, undoubtedly, one of these ordinary rationalists who could not rise to the logic of the Absurd.

"Because! because!" replied the irritated Fairy and turned her back. Joining the procession of her companions, she said to them, "What do you think of that puffed-up little Frenchman who wants to understand everything? Even after he gets the best gift of all for his son, he dares to question and argue the unarguable!"

21 • TEMPTATIONS OR,
 EROS, PLUTO AND FAME

Last night two superb Satans and a no less magnificent She-Devil climbed the secret staircase through which Hell assails the weakness of sleeping mankind. Vainglorious they came before me, as if on stage. Sulfuric splendor emanated from those three characters, outlining them against the opaque background of the night. Their manner was so proud and domineering that at first I mistook them for real Gods.

The face of the first Satan was of ambiguous sex, and the curves of his body had the softness of the ancient Bacchus. His beautiful and languid eyes, of dark, uncertain color, resembled violets still heavy with the teardrops of a storm, and his lips, half-opened like warm cassol-

lèvres entrouvertes à des cassolettes chaudes, d'où s'exhalait la bonne odeur d'une parfumerie; et à chaque fois qu'il soupirait, des insectes musqués s'illuminaient, en voletant, aux ardeurs de son souffle.

Autour de sa tunique de pourpre était roulé, en manière de ceinture, un serpent chatoyant qui, la tête relevée, tournait langoureusement vers lui ses yeux de braise. À cette ceinture vivante étaient suspendus, alternant avec des fioles pleines de liqueurs sinistres, de brillants couteaux et des instruments de chirurgie. Dans sa main droite il tenait une autre fiole dont le contenu était d'un rouge lumineux, et qui portait pour étiquette ces mots bizarres: «Buvez, ceci est mon sang, un parfait cordial»; dans la gauche, un violon qui lui servait sans doute à chanter ses plaisirs et ses douleurs, et à répandre la contagion de sa folie dans les nuits de sabbat.

À ses chevilles délicates traînaient quelques anneaux d'une chaîne d'or rompue, et quand la gêne qui en résultait le forçait à baisser les yeux vers la terre, il contemplait vaniteusement les ongles de ses pieds, brillants et polis comme des pierres bien travaillées.

Il me regarda avec ses yeux inconsolablement navrés, d'où s'écoulait une insidieuse ivresse, et il me dit d'une voix chantante: «Si tu veux, si tu veux, je te ferai le seigneur des âmes, et tu seras le maître de la matière vivante, plus encore que le sculpteur peut l'être de l'argile; et tu connaîtras le plaisir, sans cesse renaissant, de sortir de toi-même pour t'oublier dans autrui, et d'attirer les autres âmes jusqu'à les confondre avec la tienne.»

Et je luis répondis: «Grand merci! je n'ai que faire de cette pacotille d'êtres qui, sans doute, ne valent pas mieux que mon pauvre moi. Bien que j'aie quelque honte à me souvenir, je ne veux rien oublier; et quand même je ne te connaîtrais pas, vieux monstre, ta mystérieuse coutellerie, tes fioles équivoques, les chaînes dont tes pieds sont empêtrés, sont des symboles qui expliquent assez clairement les inconvénients de ton amitié. Garde tes présents.»

Le second Satan n'avait ni cet air à la fois tragique et souriant, ni ces belles manières insinuantes, ni cette beauté délicate et parfumée. C'était un homme vaste, à gros visage sans yeux, dont la lourde bedaine surplombait les cuisses, et dont toute la peau était dorée et illustrée, comme d'un tatouage, d'une foule de petites figures mouvantes représentant les formes nombreuses de la misère universelle. Il y avait de petits hommes efflanqués qui se suspendaient volontairement à un clou; il y avait de petits gnomes difformes, maigres, dont les yeux suppliants réclamaient l'aumône mieux encore que leurs mains tremblantes; et puis de vieilles mères portant des avortons accrochés à leurs mamelles exténuées. Il y en avait encore bien d'autres.

Le gros Satan tapait avec son point sur son immense ventre, d'où

ettes, exhaled a lovely odor of perfumery; each time he exhaled, scented insects were ignited in flight by the hotness of his breath.

Around his purple tunic, like a belt, a shining serpent coiled; its head was raised, and it languorously turned its eyes of hot coals toward him. Hung from this living girdle were vials of ominous liqueurs alternating with gleaming knives and surgical instruments. His right hand held another vial, its contents luminous and red; the label bore this weird prescription: "Drink me. This is my blood, the perfect cordial." His left hand held a violin to sing his pleasures and his woes and to spread the contagion of his madness during Witches' Sabbath.

From his delicate ankles dragged links of a broken chain of gold. Whenever they tripped him, causing him to drop his eyes, he would conceitedly contemplate his toenails, polished like well-cut gems.

He watched me with inconsolable, despairing eyes which overflowed with insidious intoxication, and he addressed me in a sing-song voice: "If you wish, if you wish, I can make you the lord of souls, and you shall be the master of living matter, even more than the sculptor is master of his clay. And you shall know the pleasure, constantly renewed, of escaping from yourself to forget yourself in someone else, and you shall attract other souls to mingle with yours."

I answered him: "Many thanks, but I want none of your gimcrack human beings, probably of no more value than my shabby self. Although my memories may shame me, I wish to forget nothing. Even if I did not recognize you, old monster, your mysterious cutlery, your questionable vials, the chains that trip you up, all demonstrate clearly enough the drawbacks of your friendship. Keep your gifts."

The second Satan did not have that smiling, tragic air, nor those fine, insinuating mannerisms, nor that delicate and perfumed beauty. He was an enormous man, with a huge face and no eyes, whose heavy belly hung down on his thighs, and whose entire skin was gilded and illuminated, like a tattoo, with crowds of little, writhing figures, representing the many kinds of universal misery. There were dried-up, little men who gladly hung themselves from nails; there were misshapen, hungry gnomes, begging alms with eyes more suppliant than their trembling hands; aging mothers carried abortions attached to sagging breasts. There were many others.

The fat Satan pounded his big belly with a fist; it gave off a pro-

sortait alors un long et retentissant cliquetis de métal, qui se terminait en un vague gémissement fait de nombreuses voix humaines. Et il riait, en montrant impudemment ses dents gâtées, d'un énorme rire imbécile, comme certains hommes de tous les pays quand ils ont trop bien dîné.

Et celui-là me dit: «Je puis te donner ce qui obtient tout, ce qui vaut tout, ce qui remplace tout!» Et il tapa sur son ventre monstrueux, dont l'écho sonore fit le commentaire de sa grossière parole.

Je me détournai avec dégoût, et je répondis: «Je n'ai besoin, pour ma jouissance, de la misère de personne; et je ne veux pas d'une richesse attristée, comme un papier de tenture, de tous les malheurs représentés sur ta peau.»

Quant à la Diablesse, je mentirais si je n'avouais pas qu'à première vue je lui trouvai un bizarre charme. Pour définir ce charme, je ne saurais le comparer à rien de mieux qu'à celui des très belles femmes sur le retour, qui cependant ne vieillissent plus, et dont la beauté garde la magie pénétrante des ruines. Elle avait l'air à la fois impérieux et dégingandé, et ses yeux, quoique battus, contenaient une force fascinatrice. Ce qui me frappa le plus. ce fut le mystère de sa voix, dans laquelle je retrouvais le souvenir des *contralti* les plus délicieux et aussi un peu de l'enrouement des gosiers incessamment lavés par l'eau-de-vie.

«Veux-tu connaître ma puissance» dit la fausse déesse avec sa voix charmante et paradoxale. «Écoute.»

Et elle emboucha alors une gigantesque trompette, enrubannée, comme un mirliton, des titres de tous les journaux de l'univers, et à travers cette trompette elle cria mon nom, qui roula ainsi à travers l'espace avec le bruit de cent mille tonnerres, et me revint répercuté par l'écho de la plus lointaine planète.

«Diable!» fis-je, à moitié subjugué, «voilà qui est précieux!» Mais en examinant plus attentivement la séduisante virago, il me sembla vaguement que je la reconnaissais pour l'avoir vue trinquant avec quelques drôles de ma connaissance; et le son rauque du cuivre apporta à mes oreilles je ne sais quel souvenir d'une trompette prostituée.

Aussi je répondis, avec tout mon dédain: «Va-t-en! Je ne suis pas fait pour épouser la maîtresse de certains que je ne veux pas nommer.»

Certes, d'une si courageuse abnégation j'avais le droit d'être fier. Mais malheureusement je me réveillai, et toute ma force m'abandonna. «En vérité, me dis-je, il fallait que je fusse bien lourdement assoupi pour montrer de tels scrupules. Ah! s'ils pouvaient revenir pendant que je suis éveillé, je ne ferais pas tant le délicat!»

Et je les invoquai à haute voix, les suppliant de me pardonner, leur offrant de me déshonorer aussi souvent qu'il le faudrait pour mériter leurs faveurs; mais je les avais sans doute fortement offensés, car ils ne sont jamais revenus.

longed, metallic jingling which ended with faint lamentations from countless human voices. And, shamelessly showing his rotted teeth, he laughed a noisy, imbecile laugh, like certain men of every country who have dined too well.

And this one said to me: "I can give one thing that gets everything! It's worth everything! Replaces everything!" And he thumped his monster belly. Its resounding echo was fit comment on his boorish offer.

Turning in disgust, I answered: "I don't need anybody's misery for my pleasure. I want no part of the wretched wealth of misfortune displayed on your skin like wallpaper."

As for the She-Devil: I'd be lying if I did not confess that, at first sight, I found her strangely charming. To define her charm, I think of no better comparison than a very beautiful woman, past her prime, who never will grow old, whose beauty retains the poignant magic of a ruins. Her manner was imperious yet informal, and her eyes, though worn, retained their power of fascination. What impressed me most was the mystery of her voice, which awakened in me a memory of the most delightful *contralti,* together with a bit of the huskiness of a throat well washed with aquavit.

"Do you want to know about my power?" asked the false goddess in her charming and ironic voice. "Listen."

She lifted to her mouth a gigantic trumpet, festooned like a rustic flute with the mastheads of every newspaper in the universe. And through that megaphone she yelled my name, sent it rolling into space with all the clangor of a hundred thousand thunderbolts. It echoed back to me from the farthest planet.

"What the devil!" I said, half-captivated. "That is really something!" But on close examination of the seductive virago, I vaguely remembered having met her while drinking with some rogues of my acquaintance, and the brassy noise reminded me of some other prostituted trumpet.

So I replied with all disdain: "Bug off! I'm not about to marry the mistress of certain persons that I don't want to name."

Certainly, I have the right to be quite proud of such courageous abnegation. But unfortunately I woke up, and all my strength of character dissolved. "Really," I said to myself, "I must have been sound asleep to show such scruples. Ah! If only they'd come back when I'm wide awake, I wouldn't be so squeamish!"

I called for them out loud, begging their forgiveness, offering to disgrace myself as often as necessary to regain their favor. I must have deeply offended them. They never came back.

Le jour tombe. Un grand apaisement se fait dans les pauvres esprits fatigués du labeur de la journée; et leurs pensées prennent maintenant les couleurs tendres et indécises du crépuscule.

Cependant du haut de la montagne arrive à mon balcon, à travers les nues transparentes du soir, un grand hurlement, composé d'une foule de cris discordants, que l'espace transforme en une lugubre harmonie, comme celle de la marée qui monte ou d'une tempête qui s'éveille.

Quels sont les infortunés que le soir ne calme pas, et qui prennent, comme les hiboux, la venue de la nuit pour un signal de sabbat? Cette sinistre ululation nous arrive du noir hospice perché sur la montagne; et, le soir, en fumant et en contemplant le repos de l'immense vallée, hérissée de maisons dont chaque fenêtre dit: «C'est ici la paix maintenant; c'est ici la joie de la famille!» je puis, quand le vent souffle de là-haut, bercer ma pensée étonnée à cette imitation des harmonies de l'enfer.

Le crépuscule excite les fous.—Je me souviens que j'ai eu deux amis que le crépuscule rendait tout malades. L'un méconnaissait alors tous les rapports d'amitié et de politesse, et maltraitait, comme un sauvage, le premier venu. je l'ai vu jeter à la tête d'un maître d'hôtel un excellent poulet, dans lequel il croyait voir je ne sais quel insultant hiéroglyphe. Le soir, précurseur des voluptés profondes, lui gâtait les choses les plus succulentes.

L'autre, un ambitieux blessé, devenait, à mesure que le jour baissait, plus aigre, plus sombre, plus taquin. Indulgent et sociable encore pendant la journée, il était impitoyable le soir; et ce n'était pas seulement sur autrui, mais aussi sur lui-même, que s'exerçait rageusement sa manie crépusculeuse.

Le premier est mort fou, incapable de reconnaître sa femme et son enfant; le second porte en lui l'inquiétude d'un malaise perpétuel, et fût-il gratifié de tous les honneurs que peuvent conférer les républiques et les princes, je crois que le crépuscule allumerait encore en lui la brûlante envie de distinctions imaginaires. La nuit, qui mettait ses ténèbres dans leur esprit, tait la lumière dans le mien; et, bien qu'il ne soit pas rare de voir la même cause engendrer deux effets contraires, j'en suis toujours comme intrigué et alarmé.

Ö nuit! ô rafraîchissantes ténèbres! Tenèbres! Vous êtes pour moi le signal d'une fête intérieure, vous êtes la délivrance d'une angoise! vous êtes la délivrance d'une angoisse! Dans la solitude des plaines, dans les labyrinthes pierreux d'une capitale, scintillement des étoiles, explosion des lanternes, vous êtes le feu d'artifice de la déesse Liberté!

Day is done. Peace settles on all poor spirits weary from the day's work. Their thoughts take on the faint and tender hues of twilight.

Yet from the mountain, across the transparent clouds of evening, there comes to my balcony a great commotion, a gabble of discordant cries, which distance transforms into a rising harmony like that of mounting tides or rising storms.

Who are the unfortunates for whom there is no evening calm? For them, like owls, the coming of the night is the signal for a tumult. This sinister ululation comes from a black asylum perched on the mountainside. Come evening, I smoke and contemplate the tranquillity of our valley bristling with homes, each window saying: "Here is peace; here is family joy!" And thus it is, when the wind blows from the mountain, I soothe my shocking thoughts with that imitation of the harmonies of hell.

Twilight arouses madmen.—I remember two friends who were always made ill by twilight. One would overleap the bounds of friendship and courtesy, letting fly like a savage at the first comer. I have seen him throw an excellent chicken at the head of a maitre d' because he thought he saw on it who knows what insulting hieroglyphs. Evening, the harbinger of deep voluptuousness, spoiled even the most succulent things for him.

The other one was a man of wounded ambition. As daylight waned, he'd grow more harsh, more gloomy, more of a pest. Always indulgent and sociable during the day, by evening he was pitiless. Not only against others, but even against himself, he'd vent the rage of his crepuscular madness.

The first died insane, unable to recognize his wife and child. The second bears the anxiety of a persisting illness. Were he to receive all the honors that republics and princes could confer, I believe that dusk would still light up in him a burning lust for imaginary distinctions. Night cast a shadow on the mind of my friends; it illuminates my own. One cause with opposite effects: It's not uncommon, but I'm intrigued and alarmed when it does.

O night! O refreshing darkness! For me you are the signal of an inner festival, you are deliverance from anguish. In the solitude of the plain, in the stony labyrinths of a capital, the sparkle of the stars, the blaze of streetlights, you are the fireworks of the goddess Liberty!

Crépuscule, comme vous êtes doux et tendre! Les lueurs roses qui traînent encore à l'horizon comme l'agonie du jour sous l'oppression victorieuse de sa nuit, les feux des candélabres qui font des taches d'un rouge opaque sur les dernières gloires du couchant, les lourdes draperies qu'une main invisible attire des profondeurs de l'Orient, imitent tous les sentiments compliqués qui luttent dans le cœur de l'homme aux heures solennelles de la vie.

On dirait encore une de ces robes étranges de danseuses, où une gaze transparente et sombre laisse entrevoir les splendeurs amorties d'une jupe éclatante, comme sous le noir présent transperce le délicieux passé; et les étoiles vacillantes d'or et d'argent, dont elle est semée, représentent ces feux de la fantaisie qui ne s'allument bien que sous le deuil profond de la Nuit.

23 • LA SOLITUDE

Un gazetier philanthrope me dit que la solitude est mauvaise pour l'homme; et à l'appui de sa thèse, il cite, comme tous les incrédules, des paroles des Pères de l'Église.

Je sais que le Démon fréquente volontiers les lieux arides, et que l'Esprit de meurtre et de lubricité s'enflamme merveilleusement dans les solitudes. Mais il serait possible que cette solitude ne fût dangereuse que pour l'âme oisive et divagante qui la peuple de ses passions et de ses chimères.

Il est certain qu'un bavard, dont le suprême plaisir consiste à parler du haut d'une chaire ou d'une tribune, risquerait fort de devenir fou furieux dans l'île de Robinson. Je n'exige pas de mon gazetier les courageuses vertus de Crusoé, mais je demande qu'il ne décrète pas d'accusation les amoureux de la solitude et du mystère.

Il y a dans nos races jacassières des individus qui accepteraient avec moins de répugnance le supplice suprême, s'il leur était permis de faire du haut de l'échafaud une copieuse harangue, sans craindre que les tambours de Santerre ne leur coupassent intempestivement la parole.

Je ne les plains pas, parce que je devine que leurs effusions oratoires leur procurent des voluptés égales à celles que d'autres tirent du silence et du recueillement; mais je les méprise.

Je désire surtout que mon maudit gazetier me laisse m'amuser à ma guise. «Vous n'éprouvez donc jamais,—me dit-il, avec un ton de nez très apostolique,—le besoin de partager vos jouissances?» Voyez-vous

Twilight, how sweet you are and tender! The rosy gleams still trailing on the horizon like an agony of day crushed beneath the victory of night, the flames of candelabra setting dull red points against the final glory of the sunset, the heavy drapes which an unseen hand draws from the depths of the East, these all imitate the complex sentiments at war within the heart of man at the most solemn hours of his life.

One could think of a dancer's strange costume where dark, transparent gauze allows a glimpse of the muted splendors of a dazzling skirt. Think of the darkness of the present pierced by a delicious past. Winking stars of gold and silver are like the fires of fantasy which shine their brightest in the deep grief of Night.

23 • SOLITUDE

A philanthropic journalist tells me that solitude is bad for a man. Like all unbelievers, he quotes the words of the Church Fathers in support of his thesis.

I know that the Devil eagerly haunts the deserts and that the Spirit of murder and lubricity is marvelously inflamed by solitude. But possibly such solitude is dangerous only for the slothful, deviant soul who populates it with his passions and chimeras.

Certainly a windbag whose greatest pleasure is shouting from a pulpit or a soapbox would be at serious risk of becoming a raging madman on Robinson Crusoe's island. I do not require of my journalist the courageous virtues of Crusoe, but I demand that he make no accusation against the lovers of solitude and mystery.

Within the chattering human race are individuals who would accept the sentence of death with less repugnance were they permitted, from the top of the scaffold, to make an extended harangue without fear that the drums of Santerre would, untimely, cut them short.

I don't pity them, because I feel that their oratorical effusions provide them with pleasures equal to those which others get from silence and meditation; but I despise them.

I wish above all that my damned journalist would let me amuse myself in my own way. "Of course, you never feel the need"—he tells me through his nose in a most apostolic tone—"to share your plea-

le subtil envieux! Il sait que je dédaigne les siennes, et il vient s'insinuer dans les miennes, le hideux trouble-fête!

«Ce grand malheur de ne pouvoir être seul!... » dit quelque part La Bruyère, comme pour faire honte à tous ceux qui courent s'oublier dans la foule, craignant sans doute de ne pouvoir se supporter eux-mêmes.

«Presque tous nos malheurs nous viennent de n'avoir pas su rester dans notre chambre», dit un autre sage, Pascal, je crois, rappelant ainsi dans la cellule du recueillement tous ces affolés qui cherchent le bonheur dans le mouvement et dans une prostitution que je pourrais appeler *fraternitaire,* si je voulais parler la belle langue de mon siècle.

24 • LES PROJETS

Il se disait, en se promenant dans un grand parc solitaire: «Comme elle serait belle dans un costume de cour, compliqué et fastueux, descendant, à travers l'atmosphère d'un beau soir, les degrés de marbre d'un palais, en face des grandes pelouses et des bassins! Car elle a naturellement l'air d'une princesse.»

En passant plus tard dans une rue, il s'arrêta devant une boutique de gravures, et, trouvant dans un carton une estampe représentant un paysage tropical, il se dit: «Non! ce n'est pas dans un palais que je voudrais posséder sa chère vie. Nous n'y serions pas *chez nous.* D'ailleurs ces murs criblés d'or ne laisseraient pas une place pour accrocher son image; dans ces solennelles galeries, il n'y a pas un coin pour l'intimité. Décidément, c'est *là* qu'il faudrait demeurer pour cultiver le rêve de ma vie.»

Et, tout en analysant des yeux les détails de la gravure, il continuait mentalement: «Au bord de la mer, une belle case en bois, enveloppée de tous ces arbres bizarres et luisants dont j'ai oublié les noms...., dans l'atmosphère, une odeur enivrante, indéfinissable...., dans la case un puissant parfum de rose et de musc...., plus loin, derrière notre petit domaine, des bouts de mâts balancés par la houle...., autour de nous, au-delà de la chambre éclairée d'une lumière rose tamisée par les stores, décorée de nattes fraîches et de fleurs capiteuses, avec de rares sièges d'un rococo portugais, d'un bois lourd et ténébreux (où elle reposerait si calme, si bien éventée, fumant le tabac légèrement opiacé!), au-delà de la varangue, le tapage des oiseaux ivres de lumière, et le jacassement des petites négresses...., et, la nuit, pour servir d'accompagnement à mes songes, le chant plaintif des arbres à musi-

sures." You see the subtle envy! He knows that I disdain his own, and so he tries to insinuate himself into mine. The hideous spoil-sport!

"The great misfortune of not being able to be alone!. . . " says La Bruyère somewhere, as though to shame all those who run into crowds to forget themselves, fearing, no doubt, their ability to tolerate themselves alone.

"Almost all our misfortunes come from not having stayed in our room," said another wise man, Pascal I think, beckoning back to their cells of meditation all the madmen who would seek happiness in action and in the prostitution of what I could call *fraternity,* if I chose to speak the fine language of my age.

24 • PROJECTS

He was saying to himself, as he walked through a large, lonely park: "How lovely she would be in an elaborate, ostentatious court costume, descending, in the ambience of a beautiful evening, the marble staircase of a palace facing broad lawns and ponds! For she has the natural manner of a princess."

Later, walking along a street, he stopped at a print shop where, in a portfolio, he found an engraving of a tropical landscape, and he said to himself: "No! I don't want to possess her darling life in a palace. We'd never feel *at home* there. Besides, on the gold-spangled walls there would be no space to hang her picture; and in those solemn galleries there are no nooks for intimacy. Decidedly, it's *over there* that I must go and cultivate life's dream."

And, while his eyes analyzed the details of the print, he went on thinking: "On the seashore, a lovely log cabin, surrounded by strange, shining trees, I forget their names. . . in the air, a heady, indefinable aroma. . . and in the cabana, a powerful perfume of rose and musk. . . and further on, behind our little home, the tips of masts swaying on the waves. . . around us, the room, illuminated by a rose light softened by shutters, decorated with cool matting and exciting flowers, with unusual chairs in rococo Portuguese, of hard, dark wood (where she will recline, so calm, well-fanned, smoking lightly opiumed tobacco!), and on the veranda, the racket of birds drunk with light, and the chattering of small black girls. . . and at night, accompanying my dreams, the

que, des mélancoliques filaos! Oui, en vérité, c'est bien *là* le décor que je cherchais. Qu'ai-je à faire de palais?»

Et plus loin, comme il suivait une grande avenue, il aperçut une auberge proprette, où d'une fenêtre égayée par des rideaux d'indienne bariolée se penchaient deux têtes rieuses. Et tout de suite: «Il faut,—se dit-il,—que ma pensée soit une grande vagabonde pour aller chercher si loin ce qui est si près de moi. Le plaisir et le bonheur sont dans la première auberge venue, dans l'auberge du hasard, si féconde en voluptés. Un grand feu, des faïences voyantes, un souper passable, un vin rude, et un lit très large avec des draps un peu âpres, mais frais; quoi de mieux?»

Et en rentrant seul chez lui, à cette heure où les conseils de la Sagesse ne sont plus étouffés par les bourdonnements de la vie extérieure, il se dit: «J'ai eu aujourd'hui, en rêve, trois domiciles où j'ai trouvé un égal plaisir. Pourquoi contraindre mon corps à changer de place, puisque mon âme voyage si lestement? Et à quoi bon exécuter des projets, puisque le projet est en lui-même une jouissance suffisante?»

25 • LA BELLE DOROTHÉE

Le soleil accable la ville de sa lumière droite et terrible; le sable est éblouissant et la mer miroite. Le monde stupéfié s'affaisse lâchement et fait la sieste, une sieste qui est une espèce de mort savoureuse où le dormeur, à demi éveillé, goûte les voluptés de son anéantissement.

Cependant Dorothée, forte et fière comme le soleil, s'avance dans la rue déserte, seule vivante à cette heure sous l'immense azur, et faisant sur la lumière une tache éclatante et noire.

Elle s'avance, balançant mollement son torse si mince sur ses hanches si larges. Sa robe de soie collante, d'un ton clair et rose, tranche vivement sur les ténèbres de sa peau et moule exactement sa taille longue, son dos creux et sa gorge pointue.

Son ombrelle rouge, tamisant la lumière, projette sur son visage sombre le fard sanglant de ses reflets.

Le poids de son énorme chevelure presque bleue tire en arrière sa tête délicate et lui donne un air triomphant et paresseux. De lourdes pendeloques gazouillent secrètement à ses mignonnes oreilles.

De temps en temps la brise de mer soulève par le coin sa jupe flottante et montre sa jambe luisante et superbe; et son pied, pareil aux pieds des déesses de marbre que l'Europe enferme dans ses musées,

plaintive singing of the music trees and the melancholy filaos! Yes, that really is the scene I'm looking for. What would I do with a palace?"

And further on, as he followed a wide avenue, he saw a neat little inn where, at a window, cheerful with curtains of rainbow calico, two laughing faces were leaning out. And suddenly: "I must think—he said to himself—that I am a tremendous vagabond to go searching so far for what's so near. Pleasure and happiness are at the first inn come upon by chance, an inn abundant with voluptuous delights. A huge fire, bright crockery, a passable meal, a rough wine, and a very large bed with sheets a little coarse but clean; what could be better?"

And then returning home alone at an hour when the counsels of Wisdom are not silenced by the clamor of the outside world, he told himself: "Today I have seen, as in a dream, three domiciles, all equally pleasing. Why compel my body to change its place, when my soul travels so easily? Why carry out such projects, when the project itself is sufficient pleasure?"

25 • BEAUTIFUL DOROTHEA

The sun overwhelms the city with its direct and terrible light; the sand is dazzling and the sea shimmers. The stupefied world collapses into a siesta, a sort of delicious death where the sleeper, half awake, savors the sensuality of annihilation.

Meanwhile, Dorothea, proud and strong as the sun, moves along the deserted street, the only living thing at this hour, a bright, black spot in the sunlight beneath an immense blue sky.

She moves along, her slender torso swaying gently on her ample hips. Her clinging dress of light pink silk vividly contrasts with the darkness of her skin, precisely molding her long waist, her curving back and pointed breasts.

Her red umbrella, filtering the light, rouges her dusky face with a bloody glow.

The weight of her enormous head of hair, almost blue, tugs at her dainty head, giving her a lazy and triumphant look. Heavy earrings chatter secrets to her pretty ears.

From time to time the seabreeze lifts a corner of her swaying skirt to show a shining, splendid leg. Her feet, the equal of the marble feet of goddesses locked away in the museums of Europe, faithfully imprint

imprime fidèlement sa forme sur le sable fin. Car Dorothée est si prodigieusement coquette, que le plaisir d'être admirée l'emporte chez elle sur l'orgueil de l'affranchie, et, bien qu'elle soit libre, elle marche sans souliers.

Elle s'avance ainsi, harmonieusement, heureuse de vivre et souriant d'un blanc sourire, comme si elle apercevait au loin dans l'espace un miroir reflétant sa démarche et sa beauté.

À l'heure où les chiens eux-mêmes gémissent de douleur sous le soleil qui les mord, quel puissant motif fait donc aller ainsi la paresseuse Dorothée, belle et froide comme le bronze?

Pourquoi a-t-elle quitté sa petite case si coquettement arrangée, dont les fleurs et les nattes font à si peu de frais un parfait boudoir; où elle prend tant de plaisir à se peigner, à fumer, à se faire éventer ou à se regarder dans le miroir de ses grands éventails de plumes, pendant que la mer, qui bat la plage à cent pas de là, fait à ses rêveries indécises un puissant et monotone accompagnement, et que la marmite de fer, où cuit un ragoût de crabes au riz et au safran, lui envoie, du fond de la cour, ses parfums excitants?

Peut-être a-t-elle un rendez-vous avec quelque jeune officier qui, sur des plages lointaines, a entendu parler par ses camarades de la célèbre Dorothée. Infailliblement elle le priera, la simple créature, de lui décrire le bal de l'Opéra, et lui demandera si on peut y aller pieds nus, comme aux danses du dimanche, où les vieilles Cafrines elles-mêmes deviennent ivres et furieuses de joie; et puis encore si les belles dames de Paris sont toutes plus belles qu'elle.

Dorothée est admirée et choyée de tous, et elle serait parfaitement heureuse si elle n'était obligée d'entasser piastre sur piastre pour racheter sa petite sœur qui a bien onze ans, et qui est déjà mûre, et si belle! Elle réussira sans doute, la bonne Dorothée; le maître de l'enfant est si avare, trop avare pour comprendre une autre beauté que celle des écus!

26 • LES YEUX DES PAUVRES

Ah! vous voulez savoir pourquoi je vous hais aujourd'hui. Il vous sera sans doute moins facile de le comprendre qu'à moi de vous l'expliquer; car vous êtes, je crois, le plus bel exemple d'imperméabilité féminine qui se puisse rencontrer.

Nous avions passé ensemble une longue journée qui m'avait paru courte. Nous nous étions bien promis que toutes nos pensées nous

their shape in the fine sand. For Dorothea is such a coquette that her pleasure at being admired outweighs her pride at being slave no more, and, even though she's free, she still goes barefoot.

And thus, in harmony, she moves along, glad to be alive, smiling an empty smile, as though she sees far off in space a mirror that reflects her bearing and her beauty.

At a time when even dogs groan with the pain of the sun's bite, what powerful motive attracts the lazy Dorothea, beautiful and cool as bronze?

Why has she left her little cottage so coquettishly arranged with flowers and mats, where she has a perfect boudoir at so little cost, where she loves to do her hair, to smoke, to fan herself, looking in the mirror, with wide feather fans, while the sea, pounding on the beach a hundred steps away, makes a powerful, monotonous accompaniment to her vague daydreams, and a crab and saffron rice ragout, cooking in an iron pot at the bottom of the court, sends her its exciting smells?

Perhaps she has a rendezvous with some young officer, who, on far off shores, has heard his fellows talk about the famous Dorothea. Without fail she will ask him, simple creature, to describe the Opera Ball, and she will ask if one can go there barefoot like the Sunday dances where even the old Kaffir women themselves get drunk and go wild with joy; and yet again, if Paris beauties are more beautiful than she.

Dorothea is admired and pampered by everybody, and she'd be perfectly happy if she were not obliged to save, piaster by piaster, to buy her little sister, who is nearly eleven, and who is already mature, and so beautiful! And she will probably succeed, clever Dorothea; the child's owner is so greedy, too greedy to understand any beauty but cash.

26 • THE EYES OF THE POOR

Ah! You want to know why I hate you today. No doubt it will be easier for you to understand than for me to explain. For you are, I believe, the finest example of female impermeability that one is apt to meet.

We had spent a long day together; to me it seemed short. We'd promised to share all our thoughts with one another and that hence-

seraient communes à l'un et à l'autre, et que nos deux âmes désormais n'en feraient plus qu'une;—un rêve qui n'a rien d'original, après tout, si ce n'est que, rêvé par tous les hommes, il n'a été réalisé par aucun.

Le soir, un peu fatiguée, vous voulûtes vous asseoir devant un café neuf qui formait le coin d'un boulevard neuf, encore tout plein de gravois et montrant déjà glorieusement ses splendeurs inachevées. Le café étincelait. Le gaz lui-même y déployait toute l'ardeur d'un début, et éclairait de toutes ses forces les murs aveuglants de blancheur, les nappes éblouissantes des miroirs, les ors des baguettes et des corniches, les pages aux joues rebondies traînés par les chiens en laisse, les dames riant au faucon perché sur leur poing, les nymphes et les déesses portant sur leur tête des fruits, des pâtés et du gibier, les Hébés et les Ganymèdes présentant à bras tendu la petite amphore à bavaroises ou l'obélisque bicolore des glaces panachées; toute l'histoire et toute la mythologie mises au service de la goinfrerie.

Droit devant nous, sur la chaussée, était planté un brave homme d'une quarantaine d'années, au visage fatigué, à la barbe grisonnante, tenant d'une main un petit garçon et portant sur l'autre bras un petit être trop faible pour marcher. Il remplissait l'office de bonne et faisait prendre à ses enfants l'air du soir. Tous en guenilles. Ces trois visages étaient extraordinairement sérieux, et ces six yeux contemplaient fixement le café nouveau avec une admiration égale, mais nuancée diversement par l'âge.

Les yeux du père disaient: «Que c'est beau! que c'est beau! on dirait que tout l'or du pauvre monde est venu se porter sur ces murs.»—Les yeux du petit garçon: «Que c'est beau! que c'est beau! mais c'est une maison où peuvent seuls entrer les gens qui ne sont pas comme nous.»—Quant aux yeux du plus petit, ils étaient trop fascinés pour exprimer autre chose qu'une joie stupide et profonde.

Les chansonniers disent que le plaisir rend l'âme bonne et amollit le cœur. La chanson avait raison ce soir-là, relativement à moi. Non seulement j'étais attendri par cette famille d'yeux, mais je me sentais un peu honteux de nos verres et de nos carafes, plus grands que notre soif. Je tournais mes regards vers les vôtres, cher amour, pour y lire *ma* pensée; je plongeais dans vos yeux si beaux et si bizzarrement doux, dous vos yeux verts, dans vos yeux verts, habités par le Caprice et inspirés par la Lune, quand vous me dîtes: «Ces gens-là me sont insupportables avec leurs yeux ouverts comme des portes cochères! Ne pourriez-vous pas prier le maître du café de les éloigner d'ici?»

Tant il est difficile de s'entendre, mon cher ange, et tant la pensée est incommunicable, même entre gens qui s'aiment!

forth our two souls would be as one;—an unoriginal dream that is, after all, dreamed by everyone and realized by none.

In the evening, a bit tired, you wanted to sit in front of a new café on the corner of a new boulevard still littered with debris and already gloriously showing off its unfinished splendors. The café sparkled. Even the gas light displayed all the ardor of an opening night and, with all its energy, lit up the blinding whiteness of the walls, the dazzling expanse of mirrors, the gold of the baguettes and cornices, plump-cheeked page boys dragged along by dogs on leash, laughing ladies with falcons perched on their fists, nymphs and goddesses bearing on their heads fruits, patés and game, Hebes and Ganymedes offering small amphoras of Bavarian cream or varicolored cones of mixed ices; all history and all mythology in the service of gluttony.

In the street right in front of us stood a fine man of almost forty, with a tired face and graying beard, holding a little boy with one hand and on the other arm a tiny child too young to walk. He was playing nanny, taking the children for their evening stroll. All in rags. The three faces were extraordinarily serious, and the six eyes watched the new café with equal admiration that differed in quality according to age.

The eyes of the father were saying: "How beautiful! How beautiful! One might say that all the gold of the poor world has flown to these walls."—The eyes of the little boy: "How beautiful! How beautiful! but it is a house where only people not like us go in."—As for the eyes of the smaller one, they were too fascinated to express anything except profound and stupid joy.

Song writers say that pleasure restores the soul and softens the heart. For me that evening, the song was right. Not only was I softened by that family of eyes, but I felt a bit ashamed of our glasses and carafes, bigger than our thirst. I turned my face to yours, sweetheart, to read *my* thoughts in them; I plunged into your eyes, so beautiful, so strangely soft, your green eyes, inhabited by Caprice and prompted by the Moon, as you told me: "I cannot stand those people with their eyes open wide as a porte cochere. Please ask the manager to get them out of here!"

How difficult it is to understand each other, my angel. How incommunicable is thought, even between lovers!

Fancioulle était un admirable bouffon, et presque un des amis du Prince. Mais pour les personnes vouées par état au comique, les choses sérieuses ont de fatales attractions, et, bien qu'il puisse paraître bizarre que les idées de patrie et de liberté s'emparent despotiquement du cerveau d'un histrion, un jour Fancioulle entra dans une conspiration formée par quelques gentilshommes mécontents.

Il existe partout des hommes de bien pour dénoncer au pouvoir ces individus d'humeur atrabilaire qui veulent déposer les princes et opérer, sans la consulter, le déménagement d'une société. Les seigneurs en question furent arrêtés, ainsi que Fancioulle, et voués à une mort certaine.

Je croirais volontiers que le Prince fut presque fâché de trouver son comédien favori parmi les rebelles. Le Prince n'était ni meilleur ni pire qu'un autre; mais une excessive sensibilité le rendait, en beaucoup de cas, plus cruel et plus despote que tous ses pareils. Amoureux passionné des beaux-arts, excellent connaisseur d'ailleurs, il était vraiment insatiable de voluptés. Assez indifférent relativement aux hommes et à la morale, véritable artiste lui-même, il ne connaissait d'ennemi dangereux que l'Ennui, et les efforts bizarres qu'il faisait pour fuir ou pour vaincre ce tyran du monde lui auraient certainement attiré, de la part d'un historien sévère, l'épithète de «monstre», s'il avait été permis, dans ses domaines, d'écrire quoi que ce fût qui ne tendît pas uniquement au plaisir ou à l'étonnement, qui est une des formes les plus délicates du plaisir. Le grand malheur de ce Prince fut qu'il n'eut jamais un théâtre assez vaste pour son génie. Il y a de jeunes Nérons qui étouffent dans des limites trop étroites, et dont les siècles à venir ignoreront toujours le nom et la bonne volonté. L'imprévoyante Providence avait donné à celui-ci des facultés plus grandes que ses États.

Tout d'un coup le bruit courut que le souverain voulait faire grâce à tous les conjurés; et l'origine de ce bruit fut l'annonce d'un grand spectacle où Fancioulle devait jouer l'un de ses principaux et de ses meilleurs rôles, et auquel assisteraient même, disait-on, les gentilshommes condamnés; signe évident, ajoutaient les esprits superficiels, des tendances généreuses du Prince offensé.

De la part d'un homme aussi naturellement et volontairement excentrique, tout était possible, même la vertu, même la clémence, surtout s'il avait pu espérer y trouver des plaisirs inattendus. Mais pour ceux qui, comme moi, avaient pu pénétrer plus avant dans les profondeurs de cette âme curieuse et malade, il était infiniment plus probable que le Prince voulait juger de la valeur des talents scéniques

Fancioulle was an excellent buffoon, and almost one of the Prince's friends. But for men dedicated to the station of comedian, serious things have a fatal attraction, and, although it may seem strange that ideas of patriotism and liberty should irrationally seize the mind of an actor, Fancioulle one day joined a conspiracy of discontented noblemen.

Everywhere there exist men of goodwill, ready to denounce to the authorities those individuals of a more splenetic nature who wish to topple princes and to rearrange society without consulting it. The lords in question were arrested, as was Fancioulle, and all faced certain death.

I could easily believe that the prince was almost angry to find his favorite actor among the rebels. The prince was neither better nor worse than others; but an excess of sensibility rendered him, in most cases, more cruel and more despotic than all his peers. An impassioned lover of the fine arts, and an excellent connoisseur besides, he was a truly insatiable voluptuary. Indifferent enough regarding men and morals, a veritable artist himself, he knew no enemy more dangerous than Ennui. The bizarre attempts he made to evade or vanquish that tyrant would certainly have won for him the epithet "monster" from any strict historian, had it been permitted in his realm to write anything not intended just for pleasure or astonishment, which is one of the most sensitive forms of pleasure. The Prince's great misfortune was never to have had a theater vast enough for his genius. There are some young Neros, stifled by too narrow bounds, whose names and good intentions will remain unknown in times to come. Providence improvidently provided this one with faculties far greater than his Nation.

All of a sudden a rumor spread: the sovereign wished to pardon all the conspirators. The source of the rumor was the announcement of a grand performance, with Fancioulle in one of his principal and better roles, and it was said that even the condemned noblemen would attend; an obvious indication, claimed the superficial minds, of the offended Prince's generous tendencies.

In a man so naturally and willfully eccentric, anything was possible, even virtue, even clemency, especially if thereby he hoped to find some unexpected pleasures. But for those who, like myself, could penetrate the depths of that curious, sick soul, it seemed infinitely more likely that the Prince wished to test the acting talents of a man

d'un homme condamné à mort. Il voulait profiter de l'occasion pour faire une expérience physiologique d'un intérêt *capital*, et vérifier jusqu'à quel point les facultés habituelles d'un artiste pouvaient être altérées ou modifiées par la situation extraordinaire où il se trouvait; au-delà, existait-il dans son âme une intention plus ou moins arrêtée de clémence? C'est un point qui n'a jamais pu être éclairci.

Enfin, le grand jour arrivé, cette petite cour déploya toutes ses pompes, et il serait difficile de concevoir, à moins de l'avoir vu, tout ce que la classe privilégiée d'un petit État, à ressources restreintes, peut montrer de splendeurs pour une vraie solennité. Celle-là était doublement vraie, d'abord par la magie du luxe étalé, ensuite par l'intérêt moral et mystérieux qui y était attaché.

Le sieur Fancioulle excellait surtout dans les rôles muets ou peu chargés de paroles, qui sons souvent les principaux dans ces drames féeriques dont l'objet est de représenter symboliquement le mystère de la vie. Il entra en scène légèrement et avec une aisance parfaite, ce qui contribua à fortifier, dans le noble public, l'idée de douceur et de pardon.

Quand on dit d'un comédien: «Voilà un bon comédien», on se sert d'une formule qui implique que sous le personnage se laisse encore deviner le comédien, c'est-à-dire l'art, l'effort, la volonté. Or, si un comédien arrivait à être, relativement au personnage qu'il est chargé d'exprimer, ce que les meilleures statues de l'antiquité, miraculeusement animées, vivantes, marchantes, voyantes, seraient relativement à l'idée générale et confuse de beauté, ce serait là, sans doute, un cas singulier et tout à fait imprévu. Fancioulle fut, ce soir-là, une parfait idéalisation, qu'il était impossible de ne pas supposer vivante, possible, réelle. Ce bouffon allait, venait, riait, pleurait, se convulsait, avec une indestructible auréole autour de la tête, auréole invisible pour tous, mais visible pour moi, et où se mêlaient, dans un étrange amalgame, les rayons de l'Art et la gloire du Martyre. Fancioulle introduisait, par je ne sais quelle grâce spéciale, le divin et le surnaturel, jusque dans les plus extravagantes bouffonneries. Ma plume tremble, et des larmes d'une émotion toujours présente me montent aux yeux pendant que je cherche à vous décrire cette inoubliable soirée. Fancioulle me prouvait, d'une manière péremptoire, irréfutable, que l'ivresse de l'Art est plus apte que toute autre à voiler les terreurs du gouffre; que le génie peut jouer la comédie au bord de la tombe avec une joie qui l'empêche de voir la tombe, perdu, comme il est, dans un paradis excluant toute l'idée de tombe et de destruction.

Tout ce public, si blasé et frivole qu'il pût être, subit bientôt la toute-puissante domination de l'artiste. Personne ne rêva plus de mort, de deuil, ni de supplices. Chacun s'abandonna, sans inquiétude, aux

condemned to death. He wished to improve the occasion by a physiological experiment of *capital* interest, and to learn to what extent the habitual faculties of an artist could be altered or modified by the extraordinary situation in which he finds himself; beyond that, was there a thought of clemency, more-or-less resolved, in his soul? That point was never to be clarified.

At last, the great day having arrived, the tiny court deployed its pomp; not having seen it, it would be difficult to conceive the splendors which the privileged class of a tiny State, one with constrained resources, could muster for a truly solemn occasion. This was made doubly true, first by the magic of the luxury displayed and then by the moral and mysterious interest that was attached.

Master Fancioulle was particularly excellent in silent roles or in parts with few lines to speak. He often took the leading part in fairy dramas which presented the mystery of life in symbolic ways. His entrance was gentle, perfectly at ease; it served to fortify thoughts of clemency and pardon among the noble public.

When it is said of an actor, "That's a good actor," the formula implies that it is still possible to perceive the actor beneath the impersonation, that is to say, the art, the effort, the intention. But when an actor succeeds in becoming, in relation to the character he plays, what the best of ancient statues, if miraculously brought to life, living, walking, seeing, might become to the usual, muddled concept of beauty, doubtless it would be a singular case, indeed unheard of. That night Fancioulle performed a perfect idealization, impossible not to imagine as living, possible, real. The buffoon came, went, laughed, wept, convulsed, with an infrangible aura always surrounding his head, an aura invisible to everyone, but visible to me, binding, in a strange amalgam, flashes of Art and the glory of the Martyr. By what special grace I do not know, Fancioulle introduced the divine and the supernatural even into the most extravagant of buffooneries. My pen trembles, and the tears of an enduring emotion fill my eyes as I try to describe that unforgettable evening. Fancioulle proved to me, in a preemptory, irrefutable way, that the intoxication of Art is more apt than any other to veil the terrors of the abyss; that genius can play comedy at the brink of the grave with such great joy as to block the sight of the grave, lost as it is in a paradise which excludes the idea of the grave and dissolution.

The entire audience, as blase and frivolous as it could be, soon yielded to the domination of the artist. They no longer thought of death, of mourning, or of torment. Everyone surrendered without a

voluptés multipliées que donne la vue d'un chef-d'œuvre d'art vivant. Les explosions de la joie et de l'admiration ébranlèrent à plusieurs reprises les voûtes de l'édifice avec l'énergie d'un tonnerre continu. Le Prince lui-même, enivré, mêla ses applaudissements à ceux de sa cour.

Cependant, pour un œil clairvoyant, son ivresse, à lui, n'était pas sans mélange. Se sentait-il vaincu dans son pouvoir de despote? humilié dans son art de terrifier les cœurs et d'engourdir les esprits? frustré de ses espérances et bafoué dans ses prévisions? De telles suppositions non exactement justifiées, mais non absolument injustifiables, traversèrent mon esprit pendant que je contemplais le visage du Prince, sur lequel une pâleur nouvelle s'ajoutait sans cesse à sa pâleur habituelle, comme la neige s'ajoute à la neige. Ses lèvres se resserraient de plus en plus, et ses yeux s'éclairaient d'un feu intérieur semblable à celui de la jalousie et de la rancune, même pendant qu'il applaudissait ostensiblement les talents de son vieil ami, l'étrange bouffon, qui bouffonnait si bien la mort. À un certain moment, je vis Son Altesse se pencher vers un petit page, placé derrière elle, et lui parler à l'oreille. La physionomie espiègle du joli enfant s'illumina d'un sourire; et puis il quitta vivement la loge princière comme pour s'acquitter d'une commission urgente.

Quelques minutes plus tard un coup de sifflet aigu, prolongé, interrompit Fancioulle dans un de ses meilleurs moments, et déchira à la fois les oreilles et les cœurs. Et de l'endroit de la salle d'où avait jailli cette désapprobation inattendue, un enfant se précipitait dans un corridor avec des rires étouffés.

Fancioulle, secoué, réveillé dans son rêve, ferma d'abord les yeux, puis les rouvrit presque aussitôt, démesurément agrandis, ouvrit ensuite la bouche comme pour respirer convulsivement, chancela un peu en avant, un peu en arrière, et puis tomba roide mort sur les planches.

Le sifflet, rapide comme un glaive, avait-il réellement frustré le bourreau? Le Prince avait-il lui-même deviné toute l'homicide efficacité de sa ruse? Il est permis d'en douter. Regretta-t-il son cher et inimitable Fancioulle? Il est doux et légitime de le croire.

Les gentilshommes coupables avaient joui pour la dernière fois du spectacle de la comédie. Dans la même nuit ils furent effacés de la vie.

Depuis lors, plusieurs mimes, justement appréciés dans différents pays, sont venus jouer devant la cour de ***; mais aucun d'eux n'a pu rappeler les merveilleux talents de Fancioulle, ni s'élever jusqu'à la même *faveur*.

qualm to the sensualities presented in a masterpiece of living art. Explosions of delight and admiration repeatedly shook the rafters with the energy of continuous thunder. The Prince himself, intoxicated, joined the applause of his court.

However, to the clairvoyant eye, this intoxication of his was not without alloy. Did he feel bested in despotic power? humiliated in his skill of terrifying hearts and numbing minds? his hopes frustrated and his predictions scoffed? Suppositions, not exactly justified, but not absolutely unjustified, went through my mind as I watched the Prince's face, on which a new pallor spread to cover his usual pallor, like snow falling on snow. His lips grew more and more narrow, and his eyes shown with an inner fire resembling that of jealousy and rancor, even as he ostensibly applauded the talents of his old friend, the strange buffoon who now played death's buffoon so well. And then I saw his Highness lean toward a little page behind him and whisper to him. The mischievous features of the pretty child were lighted by a smile; he quickly left the Prince's loge on an urgent errand.

Some minutes later, a long, shrill whistle rent all ears and hearts, interrupting Fancioulle in one of his finest moments. And from the side of the hall where this unexpected mockery had exploded, a child ran into the corridor, smothering his laughter.

Fancioulle, shocked, awakened from his dream, closed his eyes at first; almost at once he opened them again inordinately wide, and, opening his mouth, he breathed convulsively, staggered slightly forward, slightly back, then stiffened and fell dead upon the stage.

Had the whistle, swift as a sword, cheated the executioner? Had the Prince himself foreseen the homicidal outcome of his trick? I have my doubts. Did he regret his dear, inimitable Fancioulle? It is gentle and legitimate to hope so.

The guilty noblemen had enjoyed the theater for the last time. That very night they lost their lives.

Since then, several mimes, well appreciated in other lands, have come to play at the court of ***; but no one has matched the marvellous talents of Fancioulle, nor risen to the same *faveur.*

Comme nous nous éloignions du bureau de tabac, mon ami fit un soigneux triage de sa monnaie; dans la poche gauche de son gilet il glissa de petites pièces d'or; dans la droite, de petites pièces d'argent; dans la poche gauche de sa culotte, une masse de gros sols, et enfin, dans la droite, une pièce d'argent de deux francs qu'il avait particulièrement examinée.

«Singulière et minutieuse répartition!» me dis-je en moi-même.

Nous fîmes la rencontre d'un pauvre qui nous tendit sa casquette en tremblant. - Je ne connais rien de plus inquiétant que l'éloquence muette de ces yeux suppliants, qui contiennent à la fois, pour l'homme sensible qui sait y lire, tant d'humilité, tant de reproches. Il y trouve quelque chose approchant cette profondeur de sentiment compliqué, dans les yeux larmoyants des chiens qu'on fouette.

L'offrande de mon ami fut beaucoup plus considérable que la mienne, et je lui dis: «Vous avez raison; après le plaisir d'être étonné, il n'en est pas de plus grand que celui de causer une surprise.—C'était la pièce fausse», me répondit-il tranquillement, comme pour se justifier de sa prodigalité.

Mais dans mon misérable cerveau, toujours occupé à chercher midi à quatorze heures (de quelle fatigante faculté la nature m'a fait cadeau!), entra soudainement cette idée qu'une pareille conduite, de la part de mon ami, n'était excusable que par le désir de créer un événement dans la vie de ce pauvre diable, peut-être même de connaître les conséquences diverses, funestes ou autres, que peut engendrer une pièce fausse dans la main d'un mendiant. Ne pouvait-elle pas se multiplier en pièces vraies? ne pouvai? ellepas aussi le conduire en prison? Un cabaretier, un boulanger, par exemple, allait peut-être le faire arrêter comme faux-monnayeur ou comme propagateur de fausse monnaie. Tout aussi bien la pièce fausse serait peut-être, pour un pauvre petit spéculateur, le germe d'une richesse de quelques jours. Et ainsi ma fantaisie allait son train, prêtant des ailes à l'esprit de mon ami et tirant toutes les déductions possibles de toutes les hypothèses possibles.

Mais celui-ci rompit brusquement ma rêverie en reprenant mes propres paroles: «Oui, vous avez raison; il n'est pas de plaisir plus doux que de surprendre un homme en lui donnant plus qu'il n'espère.»

Je le regardai dans le blanc des yeux, et je fus épouvanté de voir que ses yeux brillaient d'une incontestable candeur. Je vis alors clairement qu'il avait voulu faire à la fois la charité et une bonne affaire; gagner quarante sols et le cœur de dieu; emporter le paradis économiquement; enfin attraper gratis un brevet d'homme charitable. Je lui aurais

As we came out of the tobacco shop, my friend made a careful triage of his money; into the left pocket of his waistcoat he slipped the small gold coins; in the right, the little bits of silver; in the left pocket of his trousers, a bunch of large sols and, finally, in the right, a silver two-franc piece which he had carefully examined.

"A peculiar and meticulous sorting!" I said to myself.

We met a beggar who, trembling, reached out his cap.—I know nothing more disturbing than the mute eloquence of pleading eyes. For the sensitive man who reads them, they hold, at the same time, such humility and such reproach. I have seen something like that depth of complicated feeling in the tearful eyes of a dog being whipped.

My friend's handout was much larger than my own, and I said to him: "You're right. Next to the pleasure of being astonished, nothing is greater than astonishing.—"It was counterfeit," he said calmly, as though to justify his prodigality.

But in my miserable brain, always creating difficulties where there are none (What a tiresome faculty Nature has given me!), an idea suddenly struck: such conduct by my friend could be excused only by the desire to create excitement in the life of this poor devil, and perhaps, at the same time, to learn the consequences, deadly or otherwise, that could be stirred up by a counterfeit coin in the hands of a beggar. Could it multiply into genuine coins? Could it land him in prison? A publican or a baker, for example, might have him arrested as a counterfeiter or passer of counterfeits. On the other hand, the counterfeit perhaps could be the germ of several days of prosperity for a poor little speculator. Thus ran my fantasy, giving wings to the intent of my friend, and drawing every possible conclusion from every possible hypothesis.

But he brusquely shattered my reverie by repeating my own words: "Yes, you're right; there's no sweeter pleasure than to surprise a man, except to give him more than he hopes for."

I looked him straight in the eye and was shocked to see that his eyes shone with an incontestable candor. I clearly saw that he'd wished to make, simultaneously, a good deed and a good deal; to save forty sols and win the heart of God; to get into heaven economically; and, finally, to snare, free of charge, the brevet of a charitable man. I could

presque pardonné le désir de la criminelle jouissance dont je le supposais tout à l'heure capable; j'aurais trouvé curieux, singulier, qu'il s'amusât à compromettre les pauvres; mais je ne lui pardonnerai jamais l'ineptie de son calcul. On n'est jamais excusable d'être méchant, mais il y a quelque mérite à savoir qu'on l'est; et le plus irréparable des vices est de faire le mal par bêtise.

29 • LE JOUEUR GÉNÉREUX

Hier, à travers la foule du boulevard, je me sentis frôlé par un Être mystérieux que j'avais toujours désiré connaître, et que je reconnus tout de suite, quoique je ne l'eusse jamais vu. Il y avait sans doute chez lui, relativement à moi, un désir analogue, car il me fit, en passant, un clignement d'œil significatif auquel je me hâtai d'obéir. Je le suivis attentivement, et bientôt je descendis derrière lui dans une demeure souterraine, éblouissante, où éclatait un luxe dont aucune des habitations supérieures de Paris ne pourrait fournir un exemple approchant. Il me parut singulier que j'eusse pu passer si souvent à côté de ce prestigieux repaire sans en deviner l'entrée. Là régnait une atmosphère exquise, quoique capiteuse, qui faisait oublier presque instantanément toutes les fastidieuses horreurs de la vie; on y respirait une béatitude sombre, analogue à celle que durent éprouver les mangeurs de lotus quand, débarquant dans une île enchantée, éclairée des lueurs d'une éternelle après-midi, ils sentirent maître en eux, aux sons assoupissants des mélodieuses cascades, le désir de ne jamais revoir leurs pénates, leurs femmes, leurs enfants, et de ne jamais remonter sur les hautes lames de la mer.

Il y avait là des visages étranges d'hommes et de femmes, marqués d'une beauté fatale, qu'il me semblait avoir vus déjà à des époques et dans des pays dont il m'était impossible de me souvenir exactement, et qui m'inspiraient plutôt une sympathie fraternelle que cette crainte qui naît ordinairement à l'aspect de l'inconnu. Si je voulais essayer de définir d'une manière quelconque l'expression singulière de leurs regards, je dirais que jamais je ne vis d'yeux brillant plus énergiquement de l'horreur de l'ennui et du désir immortel de se sentir vivre.

Mon hôte et moi, nous étions déjà, en nous asseyant, de vieux et parfaits amis. Nous mangeâmes, nous bûmes outre mesure de toutes sortes de vins extraordinaires, et, chose non moins extraordinaire, il me semblait, après plusieurs heures, que je n'étais pas plus ivre que lui. Cependant le jeu, ce plaisir surhumain, avait coupé à divers intervalles

almost have pardoned his desire for the criminal enjoyment which I supposed him to be capable of; I might have found it curious, peculiar, that he amused himself by compromising beggars; but I will never forgive the ineptitude of his calculations. It is inexcusable to be stingy, but there is merit in knowing that one is; and the most irreparable of vices is to injure out of stupidity.

29 • THE GENEROUS GAMBLER

Yesterday, crossing the crowd on the boulevard, I felt myself jostled by a mysterious Being whom I'd always wanted to know; I recognized him at once, although I'd never seen him before. No doubt he'd had a similar desire about me, for, in passing, he gave a significant wink which I hastened to obey. I followed him closely, and soon descended, behind him, into a resplendent, subterranean abode, blazing with luxury beyond anything the better homes of Paris could offer as an example. It seemed strange that I had often passed this amazing landmark without suspecting the entrance. The atmosphere was exquisite, although insidious, which made me almost instantly forget the irksome horrors of life. One breathed in that somber beatitude which the lotus eaters, when landing on an enchanted island in the gloaming of an eternal afternoon, must have felt born within them, to the soothing sounds of melodious cascades, the desire never to see their Penates, their wives, their children again, and never again to mount the tall swells of the sea.

Here were strange faces of men and women, marked by fatal beauty, which I might have seen before, but in what epochs or in what countries I could not remember exactly, and which soon inspired fraternal sympathy in me rather than the fear usually roused by the aspect of the unknown. If I were to try to describe the singular expression of their looks in any way, I would say that I've never seen eyes that gleamed more brightly with the horror of ennui and with the immortal desire for the awareness of being alive.

My host and I, before we sat down, had become fast friends. We ate, we drank too much of too many extraordinary wines, and not the least extraordinary, it seemed to me: after several hours, I was no drunker than he. However, the gambling, that superhuman pleasure, had interrupted our numerous libations from time to time, and I must

nos fréquentes libations, et je dois dire que j'avais joué et perdu mon âme, en partie liée, avec une insouciance et une légèreté héroïques. L'âme est une chose si impalpable, si souvent inutile et quelquefois si gênante, que je n'éprouvai, quant à cette perte, qu'un peu moins d'émotion que si j'avais égaré, dans une promenade, ma carte de visite.

Nous fumâmes longuement quelques cigares dont la saveur et le parfum incomparables donnaient à l'âme la nostalgie de pays et de bonheurs inconnus, et, enivré de toutes ces délices, j'osai, dans un accès de familiarité qui ne parut pas lui déplaire, m'écrier, en m'emparant d'une coupe pleine jusqu'au bord: «À votre immortelle santé, vieux Bouc!»

Nous causâmes aussi de l'univers, de sa création et de sa future destruction; de la grande idée du siècle, c'est-à-dire du progrès et de la perfectibilité, et, en général, de toutes les formes de l'infatuation humaine. Sur ce sujet-là, Son Altesse ne tarissait pas en plaisanteries légères et irréfutables, et elle s'exprimait avec une suavité de diction et une tranquillité dans la drôlerie que je n'ai trouvées dans aucun des plus célèbres causeurs de l'humanité. Elle m'expliqua l'absurdité des différentes philosophies qui avaient jusqu'à présent pris possession du cerveau humain, et daigna même me faire confidence de quelques principes fondamentaux dont il ne me convient pas de partager les bénéfices et la propriété avec qui que ce soit. Elle ne se plaignit en aucune façon de la mauvaise réputation dont elle jouit dans toutes les parties du monde, m'assura qu'elle était, elle-même, la personne la plus intéressée à la destruction de la *superstition,* et m'avoua qu'elle n'avait eu peur, relativement à son propre pouvoir, qu'une seule fois, c'était le jour où elle avait entendu un prédicateur, plus subtil que ses confrères, s'écrier en chaire: «Mes chers frères, n'oubliez jamais, quand vous entendrez vanter le progrès des lumières, que la plus belle des ruses du diable est de vous persuader qu'il n'existe pas!»

Le souvenir de ce célèbre orateur nous conduisit naturellement vers le sujet des académies, et mon étrange convive m'affirma qu'il ne dédaignait pas, en beaucoup de cas, d'inspirer la plume, la parole et la conscience des pédagogues, et qu'il assistait presque toujours en personne, quoique invisible, à toutes les séances académiques.

Encouragé par tant de bontés, je lui demandai des nouvelles de Dieu, et s'il l'avait vu récemment. Il me répondit, avec une insouciance nuancée d'une certaine tristesse: «Nous nous saluons quand nous nous rencontrons, mais comme deux vieux gentilshommes, en qui une politesse innée ne saurait éteindre tout à fait le souvenir d'anciennes rancunes.»

Il est douteux que Son Altesse ait jamais donné une si longue audience à un simple mortel, et je craignais d'abuser. Enfin, comme l'aube frissonnante blanchissait les vitres, ce célèbre personnage,

also say that I had played with carelessness and heroic swiftness and lost my soul in a binding contract. The soul is so impalpable a thing, so often useless and sometimes so inconvenient, that, when I lost it, I felt a little less emotion than if I'd dropped my visiting card while taking a stroll.

We slowly smoked cigars of such an incomparable taste and aroma that they made my soul nostalgic for unknown lands and happiness. Drunk on all these pleasures, in an access of familiarity, which seemed not to displease him, I dared to cry out, raising up a glass filled to the rim: "To your immortal health, Old Nick!"

We also chatted about the universe, its creation and its future destruction; about the great idea of the century: progress and perfectibility, and, in general, about every form of human fatuousness. On that topic His Highness spoke inexhaustibly, in easy and irrefutable pleasantries, expressing himself with a suavity of diction and tranquillity of humor such as I had never met in any of the most famous conversationalists of the human race. He explained to me the absurdity of the different philosophies which, to the present, had seized possession of the human brain. He even deigned to confide in me several fundamental principles whose benefits and propriety I find inexpedient to share. He did not complain in any fashion about the evil reputation he enjoys everywhere in the world, assured me that he himself was the one most interested in the destruction of *superstition,* and vowed to me that the only time he'd feared for his personal power was the day he heard a preacher, more subtle than his confreres, exclaim from his pulpit: "My dear brothers, never forget, when you hear the progress of enlightenment praised, that the devil's slickest trick is to convince you that he does not exist!"

The mention of that famous orator lead us naturally to the subject of universities, and my strange table-companion told me that in many cases he did not disdain to inspire the pen, the speech and the conscience of pedagogues: he was assisting, almost always in person, however invisible, at every academic assembly.

Encouraged by so much kindness, I asked for news of God and if he'd seen Him recently. His offhand reply was tinged with a certain sadness: "We bow when we meet, like two old-fashioned gentlemen whose innate courtesy does not entirely hide the memory of ancient grudges."

I doubt that His Highness ever gave so long an audience to an ordinary mortal, and I was afraid to impose. At last, as shivering dawn lighted the windows, this celebrated personage, sung by poets and

chanté par tant de poètes et servi par tant de philosophes qui travaillent à sa gloire sans le savoir, me dit: «Je veux que vous gardiez de moi un bon souvenir, et vous prouver que Moi, dont on dit tant de mal, je suis quelquefois *bon diable,* pour me servir d'une de vos locutions vulgaires. Afin de compenser la perte irrémédiable que vous avez faite de votre âme, je vous donne l'enjeu que vous auriez gagné si le sort avait été pour vous, c'est-à-dire la possibilité de soulager et de vaincre, pendant toute votre vie, cette bizarre affection de l'Ennui, qui est la source de toutes vos maladies et de tous vos misérables progrès. Jamais un désir ne sera formé par vous, que je ne vous aide à le réaliser; vous régnerez sur vos vulgaires semblables; vous serez fourni de flatteries et même d'adorations; l'argent, l'or, les diamants, les palais féeriques, viendront vous chercher et vous prieront de les accepter, sans que vous ayez fait un effort pour les gagner; vous changerez de patrie et de contrée aussi souvent que votre fantaisie vous l'ordonnera; vous vous soulerez de voluptés, sans lassitude, dans des pays charmants où il fait toujours chaud et où les femmes sentent aussi bon que les fleurs,—et caetera, et caetera... », ajouta-t-il en se levant et en me congédiant avec un bon sourire.

Si ce n'eût été la crainte de m'humilier devant une aussi grande assemblée, je serais volontiers tombé aux pieds de ce joueur généreux, pour le remercier de son inouïe munificence. Mais peu à peu, après que je l'eus quitté, l'incurable défiance rentra dans mon sein; je n'osais plus croire à un si prodigieux bonheur, et, en me couchant, faisant encore ma prière par un reste d'habitude imbécile, je répétais dans un demi-sommeil: «Mon Dieu! Seigneur, mon Dieu! faites que le diable me tienne sa parole!»

30 • LA CORDE

À Édouard Manet

«Les illusions,—me disait mon ami,—sont aussi innombrables peut-être que les rapports des hommes entre eux, ou des hommes avec les choses. Et quand l'illusion disparaît, c'est-à-dire quand nous voyons l'être ou le fait tel qu'il existe en dehors de nous, nous éprouvons un bizarre sentiment, compliqué moitié de regret pour le fantôme disparu, moitié de surprise agréable devant la nouveauté devant le fait réel. S'il existe un phénomène évident, trivial, toujours semblable, et d'une nature à laquelle il soit impossible de se tromper, c'est l'amour maternel.

served by philosophers who labor for his glory without knowing it, said to me: "I want you to have a pleasant memory of me to prove to you that I, of whom much evil is spoken, can sometimes be a *good old devil*, to use common slang. To compensate the irremediable loss of your soul, I award you the pot you would have won if luck had run your way: namely, to alleviate and vanquish throughout your life that bizarre disease of Ennui, the cause of all your maladies and wretched progress. No desire you ever settle on but I will help you gain it; you shall prevail over your vulgar fellow creatures; you shall be supplied with flattery, even adoration; silver, gold, diamonds and fairy palaces will look for you and beg you to accept them without your making any effort; you shall change your native land and country as often as your fantasies demand; you shall gorge on sensual pleasures without satiety, in charming countries where it's always warm and where the women smell as sweet as flowers,—et cetera, et cetera," he added, standing up and dismissing me with a nice smile.

Had I not been afraid of humiliating myself before such a large crowd, I would have gladly fallen at the feet of the generous gambler to thank him for his unheard of munificence. But after I had left him, my incurable distrust roused up in my breast a little at a time; I didn't dare believe in such prodigious luck. And when I went to bed, I said my prayers, out of idiotic habit, repeating half-asleep: "My God! Lord God! Make the devil keep his word!"

30 • THE ROPE

To Édouard Manet

"Illusions—my friend was telling me—are probably as countless as the relations of men to one another, or of men to objects. When an illusion disappears, when we see the being or the fact as it really is, detached from ourselves, we have a strange feeling, a complexity, part regret for the lost phantom and part agreeable surprise at being confronted by this novelty, this reality. If there exists one phenomenon, obvious, commonplace, unchanging, incapable of deception, it is maternal love.

Il est aussi difficile de supposer une mère sans amour maternel qu'une lumière sans chaleur; n'est-il donc pas parfaitement légitime d'attribuer à l'amour maternel toutes les actions et les paroles d'une mère, relatives à son enfant? Et cependant écoutez cette petite histoire, où j'ai été singulièrement mystifié par l'illusion la plus naturelle.

«Ma profession de peintre me pousse à regarder attentivement les visages, les physionomies, qui s'offrent dans ma route, et vous savez quelle jouissance nous tirons de cette faculté qui rend à nos yeux la vie plus vivante et plus significative que pour les autres hommes. Dans le quartier reculé que j'habite, et où de vastes espaces gazonnés séparent encore les bâtiments, j'observai souvent un enfant dont la physionomie ardente et espiègle, plus que toutes les autres, me séduisit tout d'abord. Il a posé plus d'une fois pour moi, et je l'ai transformé tantôt en petit bohémien, tantôt en ange, tantôt en Amour mythologique. Je lui ai fait porter le violon du vagabond, la Couronne d'Épines et les Clous de la Passion, et la Torche d'Éros. Je pris enfin à toute la drôlerie de ce gamin un plaisir si vif, que je priai un jour ses parents, de pauvres gens, de vouloir bien me le céder, promettant de bien l'habiller, de lui donner quelque argent et de ne pas lui imposer d'autre peine que de nettoyer mes pinceaux et de faire mes commissions. Cet enfant, débarbouillé, devint charmant, et la vie qu'il menait chez moi lui semblait un paradis, comparativement à celle qu'il aurait subie dans le taudis paternel. Seulement je dois dire que ce petit bonhomme m'étonna quelquefois par des crises singulières de tristesse précoce, et qu'il manifesta bientôt un goût immodéré pour le sucre et les liqueurs; si bien qu'un jour où je constatai que, malgré mes nombreux avertissements, il avait encore commis un nouveau larcin de ce genre, je le menaçai de le renvoyer à ses parents. Puis je sortis, et mes affaires me retinrent assez longtemps hors de chez moi.

«Quels ne furent pas mon horreur et mon étonnement quand, rentrant à la maison, le premier objet qui frappa mes regards fut mon petit bonhomme, l'espiègle compagnon de ma vie, pendu au panneau de cette armoire! Ses pieds touchaient presque le plancher; une chaise, qu'il avait sans doute repoussée du pied, était renversée à côté de lui; sa tête était penchée convulsivement sur une épaule; son visage, boursouflé, et ses yeux, tout grands ouverts avec une fixité effrayante, me causèrent d'abord l'illusion de la vie. Le dépendre n'était pas une besogne aussi facile que vous le pouvez croire. Il était déjà fort roide, et j'avais une répugnance inexplicable à le faire brusquement tomber sur le sol. Il fallait le soutenir tout entier avec un bras, et, avec la main de l'autre bras, couper la corde. Mais cela fait, tout n'était pas fini; le petit monstre s'était servi d'une ficelle fort mince qui était entrée profondément dans les chairs, et il fallait maintenant, avec de minces ciseaux,

It is as difficult to imagine a mother without motherlove as light without heat. Thus, isn't it legitimate to attribute to motherlove all of a mother's words and actions relating to her child? However, hear this little story in which I was especially mystified by a most natural illusion.

"My profession as a painter requires that I attentively watch the faces, the physiognomies, which I meet along my way, and you know what pleasure we derive from this faculty which for us, more than others, provides the eye with a livelier and more significant life. In the remote neighborhood where I live, where wide grassy yards still separate the houses, I often used to watch a child whose eager, roguish face, more than any other, beguiled me from the very first. More than once I had him pose for me; I dressed him sometimes as a little gypsy, sometimes as an angel, sometimes as the mythological Cupid. I did him with a vagabond's violin, with the Crown of Thorns and the Nails of the Passion, and with the Torch of Eros. I took such lively pleasure in the drollery of the gamin that, finally, one day I asked his parents, poor people, to give him up to me, promising to dress him well, provide a little money and no heavier work than cleaning my brushes and running errands. Well scrubbed, the child was charming, and life with me seemed paradise to him, compared with life at his parents' hovel. Except that the little fellow sometimes astonished me with spells of early dementia, which soon manifested itself by a lust for sugar and strong drink. One day I happened to notice that, in spite of many warnings, he had pilfered my stock again, and I threatened to send him back to his parents. Then, for quite a while, I went about my business away from home.

"Imagine my horror and astonishment, when, coming back home, the first thing to strike my eye was my little fellow, the mischievous companion of my life, hanging from the panel of that wardrobe! His feet didn't quite touch the floor; a chair, which he'd doubtlessly kicked away, lay upside down beside him; his head was twisted convulsively on one shoulder; his face was swollen, and his eyes were open wide with a frightful fixity which, at first, gave the illusion of life. Taking him down was not the easy task you might think. He was stiff already, and I disliked letting him fall in a heap. I held his weight on one arm while, with the other hand, I cut the rope. That wasn't the worst; the little monster had used a thin twine which had cut deep into his flesh,

chercher la corde entre les deux bourrelets de l'enflure, pour lui dégager le cou.

«J'ai négligé de vous dire que j'avais vivement appelé au secours; mais tous mes voisins avaient refusé de me venir en aide, fidèles en cela aux habitudes de l'homme civilisé, qui ne veut jamais, je ne sais pourquoi, se mêler des affaires d'un pendu. Enfin vint un médecin qui déclara que l'enfant était mort depuis plusieurs heures. Quand, plus tard, nous eûmes à le déshabiller pour l'ensevelissement, la rigidité cadavérique était telle, que, désespérant de fléchir les membres, nous dûmes lacérer et couper les vêtements pour le lui enlever.

«Le commissaire, à qui, naturellement, je dus déclarer l'accident, me regarda de travers, et me dit: "Voilà qui est louche!" mû sans doute par un désir invétéré et une habitude d'état de faire peur, à tout hasard, aux innocents comme aux coupables.

«Restait une tâche suprême à accomplir, dont la seule pensée me causait une angoisse terrible: il fallait avertir les parents. Mes pieds refusaient de m'y conduire. Enfin j'eus ce courage. Mais, à mon grand étonnement, la mère fut impassible, pas une larme ne suinta du coin de son œil. J'attribuai cette étrangeté à l'honneur même qu'elle devait éprouver, et je me souvins de la sentence connue: "Les douleurs les plus terribles sont les douleurs muettes." Quand au père, il se contenta de dire d'un air moitié abruti, moitié rêveur: "Après tout, cela vaut peut-être mieux ainsi; il aurait toujours mal fini!"

Cependant le corps était étendu sur mon divan, et, assisté d'une servante, je m'occupais des derniers préparatifs, quand la mère entra dans mon atelier. Elle voulait, disait-elle, voir le cadavre de son fils. Je ne pouvais pas, en vérité, l'empêcher de s'enivrer de son malheur et lui refuser cette suprême et sombre consolation. Ensuite elle me pria de lui montrer l'endroit où son petit s'était pendu. "Oh! non! madame,—lui répondis-je,—cela vous ferait mal." Et comme involontairement mes yeux se tournaient vers la funèbre armoire, je m'aperçus, avec un dégoût mêlé d'horreur et de colère, que le clou était resté fiché dans la paroi, avec un long bout de corde qui traînait encore. Je m'élançai vivement pour arracher ces derniers vestiges du malheur, et comme j'allais les lancer au-dehors par la fenêtre ouverte, la pauvre femme saisit mon bras et me dit d'une voix irrésistible: "Oh! monsieur! laissez-moi cela! je vous en prie! je vous en supplie!" Son désespoir l'avait, sans doute, me parut-il, tellement affolée, qu'elle s'éprenait de tendresse maintenant pour ce qui avait servi d'instrument à la mort de son fils, et le voulait garder comme une horrible et chère relique.—Et elle s'empara du clou et de la ficelle.

«Enfin! enfin! tout était accompli. Il ne me restait plus qu'à me remettre au travail, plus vivement encore que d'habitude, pour chasser

and to free his neck I had to hunt for the rope between the swellings with a tiny pair of scissors.

"Oh yes, I yelled for help, but all my neighbors refused to come, faithful to the attitude of civilized man who won't get involved—who knows why—with the affairs of the hanged. At last, a doctor came and said that the child had been dead for several hours. Later, when we had to undress him, in preparation for his burial, the rigor mortis was so stiff we couldn't bend his limbs and had to cut his clothing to remove it.

"The superintendent of police, to whom, naturally, I reported the incident, looked at me askance and said, 'There's something fishy about this!'—motivated, without doubt, by a morbid zeal and an established habit to strike fear, at whatever cost, into the innocent and guilty alike.

"The supreme task remained; even thinking of it caused me anguish: I had to inform the parents. My feet refused to move. Finally, I got up the courage. But to my great astonishment, the mother was impassive; not one tear glittered in the corner of her eye. I attributed this strangeness to the horror she must have felt and recalled the well known saying: 'The deepest sorrows are the silent sorrows.' As for the father, he was content with a comment, half stupid, half thoughtful: 'Perhaps it's for the best. He would have come to a bad end anyhow!'

"Meanwhile, the body was laid out on my sofa. Assisted by a servant, I was making final preparations, when the mother came into my studio. She wished, she said, to see the body of her son. Really, how could I prevent her from intoxicating herself on sorrow or deny her this supreme and somber consolation? Then she asked that I show her the spot where her son had hanged himself. 'Oh! No! Madam,—I answered—that would be too painful.' And as my eyes involuntarily turned to the mournful wardrobe, I noticed with disgust and horror and rage that the nail was still stuck in the panel, and a length of rope still dangled there. I rushed to remove those last traces of tragedy, and, as I was about to throw them through the open window, the poor woman seized my arm and said in an irresistible voice: 'Oh! Sir! Let me have them! I beg you! I implore you!' Doubtless her despair had so distracted her that now she was seized by a tender attraction to the instrument of her son's demise, and she longed to keep it as a horrible and cherished relic.—And she grabbed the nail and twine.

"At last! At last, everything was finished. There was nothing to do but get back to work harder than ever to drive away, bit by bit, the little

peu à peu ce petit cadavre qui hantait les replis de mon cerveau, et dont le fantôme me fatiguait de ses grands yeux fixes. Mais le lendemain je reçus un paquet de lettres: les unes, des locataires de ma maison, quelques autres des maisons voisines; l'une, du premier étage; l'autre, du second; l'autre, du troisième, et ainsi de suite, les unes en style demi-plaisant, comme cherchant à déguiser sous un apparent badinage la sincérité de la demande; les autres, lourdement effrontées et sans orthographe, mais toutes tendant au même but, c'est-à-dire à obtenir de moi un morceau de la funeste et béatifique corde. Parmi les signataires il y avait, je dois le dire, plus de femmes que d'hommes; mais tous, croyez-le bien, n'appartenaient pas à la classe infime et vulgaire. J'ai gardé ces lettres.

«Et alors, soudainement, une lueur se fit dans mon cerveau, et je compris pourquoi la mère tenait tant à m'arracher la ficelle et par quel commerce elle entendait se consoler.»

31 • LES VOCATIONS

Dans un beau jardin où les rayons d'un soleil automnal semblaient s'attarder à plaisir, sous un ciel déjà verdâtre où des nuages d'or flottaient comme des continents en voyage, quatre beaux enfants, quatre garçons, las de jouer sans doute, causaient entre eux.

L'un disait: «Hier on m'a mené au théâtre. Dans des palais grands et tristes, au fond desquels on voit la mer et le ciel, des hommes et des femmes, sérieux et tristes aussi, mais bien plus beaux et bien mieux habillés que ceux que nous voyons partout, parlent avec une voix chantante. Ils se menacent, ils supplient, ils se désolent, et ils appuient souvent leur main sur un poignard enfoncé dans leur ceinture. Ah! c'est bien beau! Les femmes sont bien plus belles et bien plus grandes que celles qui viennent nous voir à la maison, et, quoique avec leurs grands yeux creux et leurs joues enflammées elles aient l'air terrible, on ne peut pas s'empêcher de les aimer. On a peur, on a envie de pleurer, et cependant l'on est content... Et puis, ce qui est plus singulier, cela donne envie d'être habillé de même, de dire et de faire les mêmes choses, et de parler avec la même voix... »

L'un des quatre enfants, qui depuis quelques secondes n'écoutait plus le discours de son camarade et observait avec une fixité étonnante je ne sais quel point du ciel, dit tout à coup: «Regardez, regardez là-bas...! Le voyez-vous? Il est assis sur ce petit nuage isolé, ce petit

corpse who haunted the convolutions of my brain, the ghost who tired me with his wide, fixed stare. But the following day I received a bunch of letters, some from tenants in my own building, one from the first floor, another from the second, another from the third and so on, some in a half-humorous style seeking to disguise, by apparent badinage, the seriousness of the request, others really offensive, and misspelled, but all with one objective: to obtain from me a piece of the lethal, blessed rope. Among the signatories were more women than men; but not all of them, believe me, were of the lower, common class. I saved those letters.

"Then, suddenly, it dawned on me why the mother was so keen to get the twine and by what sort of business she'd console herself."

31 • VOCATIONS

In a beautiful garden where autumn sunlight seemed to linger on with pleasure, under a sky already turned a bit green where clouds of gold were floating like continents adrift, four handsome children, four boys, probably tired of playing, were talking together.

One said: "Yesterday they took me to the theater. Inside there are big, sad palaces; behind them, the sea and sky. There are men and women, serious and sad, but much more beautiful and more well-dressed than the people around us, and they speak in a kind of chant. They scare one another, they beg, they cry and often clutch daggers stuck in their belts. Ah! it's so beautiful! The women are much more beautiful and taller than the ones who come to our house, and, although they look awful, with huge hollow eyes and firey cheeks, you can't help falling in love with them. You're afraid and want to cry, but still you're happy. . . . And then, and this is the funniest of all, you want to dress like them and do the same things and talk the same. . . . "

One of the four children had not been listening to his comrade for several moments, while he watched with astonishment a certain spot in the sky. All of a sudden he exclaimed: "Look, look there. . . . ! Do you see *Him?* He's sitting on that little lonesome cloud, the little cloud the

nuage couleur de feu, qui marche doucement. *Lui* aussi, on dirait qu'*il* nous regarde.»

«Mais qui donc?» demandèrent les autres.

«Dieu!» répondit-il avec un accent parfait de conviction. «Ah! il est déjà bien loin; tout à l'heure vous ne pourrez plus le voir. Sans doute il voyage, pour visiter tous les pays. Tenez, il va passer derrière cette rangée d'arbres qui est presque à l'horizon... et maintenant il descend derrière le clocher... Ah! on ne le voit plus!» Et l'enfant resta long-temps tourné du même côté, fixant sur la ligne qui sépare la terre du ciel des yeux où brillait une inexprimable expression d'extase et de regret.

«Est-il bête, celui-là, avec son bon Dieu, que lui seul peut aper-cevoir!» dit alors le troisième, dont toute la petite personne était mar-quée d'une vivacité et d'une vitalité singulières. «Moi, je vais vous raconter comment il m'est arrivé quelque chose qui ne vous est jamais arrivé, et qui est un peu plus intéressant que votre théâtre et vos nuages.—Il y a quelques jours, mes parents m'ont emmené en voyage avec eux, et, comme dans l'auberge où nous nous sommes arrêtés, il n'y avait pas assez de lits pour nous tous, il a été décidé que je dormirais dans le même lit que ma bonne.»—Il attira ses camarades plus près de lui, et parla d'une voix plus basse.—«Ça fait un singulier effet, allez, de n'être pas couché seul et d'être dans un lit avec sa bonne, dans les ténèbres. Comme je ne dormais pas, je me suis amusé, pendant qu'elle dormait, à passer ma main sur ses bras, sur son cou et sur ses épaules. Elle a les bras et le cou bien plus gros que toutes les autres femmes, et la peau en est si douce, si douce, qu'on dirait du papier à let-tre ou du papier de soie. J'y avais tant de plaisir que j'aurais longtemps continué, si je n'avais pas eu peur, peur de la réveiller d'abord, et puis encore peur de je ne sais quoi. Ensuite j'ai fourré ma tête dans ses cheveux qui pendaient dans son dos, épais comme une crinière, et ils sentaient aussi bon, je vous assure, que les fleurs du jardin, à cette heure-ci. Essayez, quand vous pourrez, d'en faire autant que moi, et vous verrez!»

Le jeune auteur de cette prodigieuse révélation avait, en faisant son récit, les yeux écarquillés par une sorte de stupéfaction de ce qu'il éprouvait encore, et les rayons du soleil couchant, en glissant à travers les boucles rousses de sa chevelure ébouriffée, y allumaient comme une auréole sulfureuse de passion. Il était facile de deviner que celui-là ne perdrait pas sa vie à chercher la Divinité dans les nuées, et qu'il la trouverait fréquemment ailleurs.

Enfin le quatrième dit: «Vous savez que je ne m'amuse guère à la maison; on ne me mène jamais au spectacle; mon tuteur est trop avare; Dieu ne s'occupe pas de moi et de mon ennui, et je n'ai pas une belle

color of fire, moving very slowly. *He* too, it seems that *He* is watching us."

"But who?" asked the others.

"God!" he replied with perfect conviction. "Ah! He's already far away. Soon you won't be able to see Him any more. I guess He goes to visit every country. See, He's going to disappear behind that row of trees on the horizon . . . and now He's down behind the steeple. . . . Ah! you can't see Him anymore!" And for a long time the child turned in the same direction, staring at the line that separates the earth and sky, his eyes shining with an indescribable expression of ecstasy and regret.

"He's crazy, that one, with his sweet God no one sees except him!" said the third, whose whole little person was marked by strange vivacity and vitality. "Well, let me tell you about something that happened to me, which never happened to you, and it's a bit more interesting than your theater and your clouds.—A few days ago my parents took me on a trip with them and, because at the inn where we stopped there weren't enough beds for us all, they decided that I should sleep with my nurse."—He drew his comrades closer and spoke in a lower voice.—"It was a funny feeling, you know, not to be sleeping alone and being in bed with your nurse in the dark. I couldn't sleep, so I amused myself, while she was sleeping, by stroking her arms and her neck and her shoulders. She has neck and arms that are larger than other women's, and her skin is so soft, like writing paper or tissue paper. I liked it so much that I could have gone on and on, but I was afraid, afraid of waking her and also afraid of I don't know what. So I buried my head in her hair that hung down her back, thick as a mane, and, I tell you, it smelled as good as the garden flowers do right now. Try it, if you ever get the chance. You'll see!"

The young author of this prodigious revelation finished his recital with eyes widened in a sort of trance from what he was still feeling. The rays of the setting sun, shining through the red curls of his mussed hair, gleamed like a halo of sulfurous passion. It was easy to see that this one would never spend his life looking for God in the clouds; he would often find Him elsewhere.

At last, the fourth boy said: "You know, it's not much fun for me at home. I'm never taken to a show; my guardian is much too stingy; God never notices me and my boredom, and I haven't a beautiful nurse

bonne pour me dorloter. Il m'a souvent semblé que mon plaisir serait d'aller toujours droit devant moi, sans savoir où, sans que personne s'en inquiète, et de voir toujours des pays nouveaux. Je ne suis jamais bien nulle part, et je crois toujours que je serais mieux ailleurs que là où je suis. eh bien! j'ai vu, à la dernière foire du village voisin, trois hommes qui vivent comme je voudrais vivre. Vous n'y avez pas fait attention, vous autres. Ils étaient grands, presque noirs et très fiers, quoique en guenilles, avec l'air de n'avoir besoin de personne. Leurs grands yeux sombres sont devenus tout à fait brillants pendant qu'ils faisaient de la musique; une musique si surprenante qu'elle donne envie tantôt de danser, tantôt de pleurer, ou de faire les deux à la fois, et qu'on deviendrait comme fou si on les écoutait trop longtemps. L'un, en traînant son archet sur son violon, semblait raconter un chagrin, et l'autre, en faisant sautiller son petit marteau sur les cordes d'un petit piano suspendu à son cou par une courroie, avait l'air de se moquer de la plainte de son voisin, tandis que le troisième choquait, de temps à autre, ses cymbales avec une violence extraordinaire. Ils étaient si contents d'eux-mêmes, qu'ils ont continué à jouer leur musique de sauvages, même après que la foule s'est dispersée. Enfin ils ont ramassé leurs sous, ont chargé leur bagage sur leur dos, et sont partis. Moi, voulant savoir où ils demeuraient, je les ai suivis de loin, jusqu'au bord de la forêt, où j'ai compris seulement alors, qu'ils ne demeuraient nulle part.

«Alors l'un a dit: "Faut-il déployer la tente?

«—Ma foi! non! a répondu l'autre, il fait une si belle nuit!"

«Le troisième disait en comptant la recette: "Ces gens-là ne sentent pas la musique, et leurs femmes dansent comme des ours. Heureusement, avant un mois nous serons en Autriche, où nous trouverons un peuple plus aimable.

«—Nous ferions peut-être mieux d'aller vers l'Espagne, car voici la saison qui s'avance; fuyons avant les pluies et ne mouillons que notre gosier", a dit un des deux autres.

«J'ai tout retenu, comme vous voyez. Ensuite ils ont bu chacun une tasse d'eau-de-vie et se sont endormis, le front tourné vers les étoiles. J'avais eu d'abord envie de les prier de m'emmener avec eux et de m'apprendre à jouer de leurs instruments; mais je n'ai pas osé, sans doute parce qu'il est toujours très difficile de se décider à n'importe quoi, et aussi parce que j'avais peur d'être rattrapé avant d'être hors de France.»

L'air peu intéressé des trois autres camarades me donna à penser que ce petit était déjà un *incompris*. Je le regardais attentivement; il y avait dans son œil et dans son front ce je ne sais quoi de précocement fatal qui éloigne généralement la sympathie, et qui, je ne sais pourquoi, ex-

to cuddle. I've often thought that I'd like to travel straight ahead, not knowing where, not bothered by anyone and always seeing some new country. I'm not content anywhere, and I always think I'd like it better somewhere else than where I am. Ah well! at a recent fair in the next village, I saw three men who live the way I'd like to live. You fellows never noticed them. They were tall, almost black, and proud, even dressed in rags, with an attitude that didn't ask favors of anyone. Their large, gloomy eyes glittered when they played music, such astonishing music. It soon made you want to dance, or soon want to cry, or both at once, and you'd go crazy if you listened too long. One of them, as he played his violin, seemed to tell about a broken heart, and the other, making his little hammer jump to the strings of a small cymbalom hanging by a strap around his neck, seemed to mock his partner's sadness, while the third kept time with the others, crashing his cymbals with terrific violence. They were so pleased with themselves, they went on playing the wild music even after the crowd was gone. Finally, they collected their coins, shouldered their packs and left. Well, I wanted to know where they lived, so I followed them, staying far behind, right to the edge of the forest. Only then did I understand that they don't live anywhere.

"Then one of them asked, 'Do we have to pitch the tent?'

"'Hell no!' replied the other, 'It's a fine night!'

"The third, who was counting the receipts, said, 'These people don't like music, and their women dance like bears. Luckily, within a month, we'll be in Austria where we'll find more likable folks.'

"'Perhaps we'd do better to try for Spain where the season's well along. We'd avoid the rains and only wet our gullets,' said one of the others.

"You see, I remember everything. Afterward, each of them drank a cup of brandy, and they all fell asleep, their faces to the stars. At first I wanted to ask them to take me along and teach me to play their instruments. But I was afraid, probably because it's so hard to decide on anything at all, and also because I was afraid of being caught before I got out of France."

From the bored manner of his three companions, I thought that this youngster was already one of the *misunderstood*. I studied him carefully; in his eye and face there was that *je ne sais quoi* of a fatal precocity which generally turns people off, and which, I don't know why, excited

citait la mienne, au point que j'eus un instant l'idée bizarre que je pouvais avoir un frère à moi-même inconnu.

Le soleil s'était couché. La nuit solennelle avait pris place. Les enfants se séparèrent, chacun allant, à son insu, selon les circonstances et les hasards, mûrir sa destinée, scandaliser ses proches et graviter vers la gloire ou vers le déshonneur.

32 • LE THYRSE

À Franz Liszt

Qu'est-ce qu'un thyrse? Selon le sens moral et poétique, c'est un emblème sacerdotal dans la main des prêtres ou des prêtresses célébrant la divinité dont ils sont les interprètes et les serviteurs. Mais physiquement ce n'est qu'un bâton, un pur bâton, perche à houblon, tuteur de vigne, sec, dur et droit. Autour de ce bâton, dans des méandres capricieux, se jouent et folâtrent des tiges et des fleurs, celles-ci sinueuses et fuyardes, celles-là penchées comme des cloches ou des coupes renversées. Et une gloire étonnante jaillit de cette complexité de lignes et de couleurs, tendres ou éclatantes. Ne dirait-on pas que la ligne courbe et la spirale font leur cour à la ligne droite et dansent autour dans une muette adoration? Ne dirait-on pas que toutes ces corolles délicates, tous ces calices, explosions de senteurs et de couleurs, exécutent un mystique fandango autour du bâton hiératique? Et quel est, cependant, le mortel imprudent qui osera décider si les fleurs et les pampres ont été faits pour le bâton, ou si le bâton n'est que le prétexte pour montrer la beauté des pampres et des fleurs? Le thyrse est la représentation de votre étonnante dualité, maître puissant et vénéré, Cher Bacchant de la Beauté mystérieuse et passionnée. Jamais nymphe exaspérée par l'invincible Bacchus ne secoua son thyrse sur les têtes de ses compagnes affolées avec autant d'énergie et de caprice que vous agitez votre génie sur les cœurs de vos frères.—Le bâton, c'est votre volonté, droite, ferme et inébranlable; les fleurs, c'est la promenade de votre fantaisie autour de votre volonté; c'est l'élément féminin exécutant autour du mâle ses prestigieuses pirouettes. Ligne droite et ligne arabesque, intention et expression, roideur de la volonté, sinuosité du verbe, unité du but, variété des moyens, amalgame tout-puissant et indivisible du génie, quel analyste aura le détestable courage de vous diviser et de vous séparer?

Cher Liszt, à travers les brumes, par-delà les fleuves, par-dessus les

me to such an extent that, for a moment, I had a crazy notion that I might have an unknown brother.

The sun had set. The quiet night had taken its place. The boys separated, each to go, without a premonition, but as luck and circumstance would have it, to ripen his destiny, to scandalize his neighbors, and to gravitate toward glory or toward dishonor.

32 • THE THYRSUS

To Franz Liszt

What is a thyrsus? According to moral and poetic opinion, it is the sacerdotal emblem grasped by priests or priestesses when, as interpreters and servants, they celebrate divinity. But physically it's only a stick, a simple stick, straight, hard, dry, used to hold up the hops or train the vines. Around this stick, in winding convolutions, flowers and tendrils freak and frolic, some sinuous and capricious, while others hang like bells or like goblets upside down. An astonishing glory bursts from this complexity of lines and of soft or brilliant colors. Doesn't it seem that the curved line and the spiral are flirting with the straight line, dancing around it in silent admiration? Doesn't it seem that all the delicate corrolas, the calyces, the explosions of perfume and color dance a mysterious fandango around the priestly staff? And, meanwhile, what imprudent mortal dares decide whether the blossoms and leafy twigs were made for the staff or the staff is not a pretext to show off the beauty of the twigs and blossoms? The thyrsus represents your astonishing duality, powerful and venerated master, dear Bacchant of the mysterious and passionate Beauty. Never does a Nymph, exasperated by the invincible Bacchus, shake her thyrsus above the heads of her bewitched companions with greater energy and abandon than do you when you wave your genius above your brothers' hearts.—The staff, that is your will, straight, steady, resolute; the flowers, they become the promenade of your fantasy around your will, the female element's fantastic pirouettes around the male. Straight line and arabesque, intention and action, rigidity of will, sinuosity of words, unity of the end, variety of means, omnipotent and indivisible amalgam of genius; what analyst would have the detestable courage to divide and separate it?

Dear Liszt, through mists, over rivers, above cities where pianos

villes où les pianos chantent votre gloire, où l'imprimerie traduit votre sagesse, en quelque lieu que vous soyez, dans les splendeurs de la ville éternelle ou dans les brumes des pays rêveurs que console Cambrinus, improvisant des chants de délectation ou d'ineffable douleur, ou confiant au papier vos méditations abstruses, chantre de la Volupté et de l'Angoisse éternelles, philosophe, poète et artiste, je vous salue en l'immortalité!

33 • ENIVREZ-VOUS

Il faut être toujours ivre. Tout est là: c'est l'unique question. Pour ne pas sentir l'horrible fardeau du Temps qui brise vos épaules et vous penche vers la terre, il faut vous enivrer sans trêve.

Mais de quoi? De vin, de poésie ou de vertu, à votre guise. Mais enivrez-vous.

Et si quelquefois, sur les marches d'un palais, sur l'herbe verte d'un fossé, dans la solitude morne de votre chambre, vous vous réveillez, l'ivresse déjà diminuée ou disparue, demandez au vent, à la vague, à l'étoile, à l'oiseau, à l'horloge, à tout ce qui fuit, à tout ce qui gémit, à tout ce qui roule, à tout ce qui chante, à tout ce qui parle, demandez quelle heure il est; et le vent, la vague, l'étoile, l'oiseau, l'horloge, vous répondront: «Il est l'heure de s'enivrer! Pour n'être pas les esclaves martyrisés du Temps, enivrez-vous; enivrez-vous sans cesse! De vin, de poésie ou de vertu, à votre guise.»

34 • DÉJÀ!

Cent fois déjà le soleil avait jailli, radieux ou attristé, de cette cuve immense de la mer dont les bords ne se laissent qu'à peine apercevoir; cent fois il s'était replongé, étincelant ou morose, dans son immense bain du soir. Depuis nombre de jours, nous pouvions contempler l'autre côté du firmament et déchiffrer l'alphabet céleste des antipodes. Et chacun des passagers gémissait et grognait. On eût dit que l'approche de la terre exaspérait leur souffrance. «Quand donc», disaient-ils, «cesserons-nous de dormir un sommeil secoué par la lame, troublé par un vent qui ronfle plus haut que nous? Quand pourrons-nous manger de la viande qui ne soit pas salée comme l'élément infâme

sing your glory, where the press transmits your wisdom, wherever you are, in the splendor of the eternal city or in the mists of the dreamy lands which console Gambrinus, improvising songs of delight or of ineffable pain, confiding to paper your abstract meditations, singer of Sensuality and Anguish everlasting, philosopher, poet, artist, I salute you in immortality!

33 • GET DRUNK

Always be drunk. That's it! The great imperative! In order not to feel Time's horrid fardel bruise your shoulders, grinding you into the earth, get drunk and stay that way.

On what? Wine, poetry, virtue, whatever. But get drunk.

And if you sometimes happen to wake up on the porches of a palace, in the green grass of a ditch, in the dismal loneliness of your own room, your drunkenness gone or disappearing, ask the wind, the wave, the star, the bird, the clock, ask everything that flees, everything that groans or rolls or sings, everything that speaks, ask what time it is; and the wind, the wave, the star, the bird, the clock will answer you: "Time to get drunk! Don't be martyred slaves of Time, get drunk forever! Get drunk! Stay drunk! On wine, poetry, virtue, whatever."

34 • ALREADY!

A hundred times already the sun had risen, radiant or sad, from the enormous vat of the sea, whose shores were scarcely visible; a hundred times he dove again, gleaming or morose, into his immense evening bath. For quite a few days now we'd been able to contemplate the far side of the firmament and decipher the celestial alphabet of the antipodes. And all the passengers growled and grumbled, as if the approach of land exasperated them. They said: "When will we ever sleep again without being rolled by the waves or wakened by a wind that snores louder than we do? When will we be able to eat some meat that's not as

qui nous porte? Quand pourrons-nous digérer dans un fauteuil immobile?»

Il y en avait qui pensaient à leur foyer, qui regrettaient leurs femmes infidèles et maussades, et leur progéniture criarde. Tous étaient si affolés par l'image de la terre absente, qu'ils auraient, je crois, mangé de l'herbe avec plus d'enthousiasme que les bêtes.

Enfin un rivage fut signalé; et nous vîmes, en approchant, que c'était une terre magnifique, éblouissante. Il semblait que les musiques de la vie s'en détachaient en un vague murmure, et que de ces côtes, riches en verdures de toute sorte, s'exhalait, jusqu'à plusieurs lieues, une délicieuse odeur de fleurs et de fruits.

Aussitôt chacun fut joyeux, chacun abdiqua sa mauvaise humeur. Toutes les querelles furent oubliées, tous les torts réciproques pardonnés; les duels convenus furent rayés de la mémoire, et les rancunes s'envolèrent comme des fumées.

Moi seul j'étais triste, inconcevablement triste. Semblable à un prêtre à qui on arracherait sa divinité, je ne pouvais, sans une navrante amertume, me détacher de cette mer si monstrueusement séduisante, de cette mer si infiniment variée dans son effrayante simplicité, et qui semble contenir en elle et représenter par ses jeux, ses allures, ses colères et ses sourires, les humeurs, les agonies et les extases de toutes les âmes qui ont vécu, qui vivent et qui vivront!

En disant adieu à cette incomparable beauté, je me sentais abattu jusqu'à la mort; et c'est pourquoi, quand chacun de mes compagnons dit: «Enfin!» je ne pus crier que: «*Déjà!*»

Cependant c'était la terre, la terre avec ses bruits, ses passions, ses commodités, ses fêtes; c'était une terre riche et magnifique, pleine de promesses, qui nous envoyait un mystérieux parfum de rose et de musc, et d'où les musiques de la vie nous arrivaient en un amoureux murmure.

35 • LES FENÊTRES

Celui qui regarde du dehors à travers une fenêtre ouverte, ne voit jamais autant de choses que celui qui regarde une fenêtre fermée. Il n'est pas d'objet plus profond, plus mystérieux, plus fécond, plus ténébreux, plus éblouissant qu'une fenêtre éclairée d'une chandelle. Ce qu'on peut voir au soleil est toujours moins intéressant que ce qui se passe derrière une vitre. Dans ce trou noir ou lumineux vit la vie, rêve la vie, souffre la vie.

salty as the infamous element we're floating on? When will we be able to digest it in an armchair that isn't rocking?"

Some thought about their firesides, some missed their sullen, unfaithful wives and noisy kids. All were so obsessed by thoughts of dry land that, I believe, they'd have eaten grass with the enthusiasm of a goat.

At last we sighted land. We saw, as we came nearer, a gorgeous and resplendent land. It seemed as if the music of life were coming from it as a vague murmur, and as if the shores, rich in vegetation of all kinds, exhaled a delicious scent of fruits and flowers for many leagues.

Immediately everyone was happy, gone their evil humors, all quarrels forgotten, feuds patched up. Challenges to duels faded from memory, grudges vanished like smoke.

I alone was sad, inconceivably sad. Like a priest whose god is torn away, I could not, without heartbreaking grief, tear myself away from that sea, so monotonously seductive, that sea so infinitely varied in her frightful simplicity. By her frolics, her allurements, her rages and her smiles, she seemed to hold within her and to represent the mood, the agonies and the ectasies of all the souls who've lived, are living now and who will ever live.

To say farewell to that incomparable beauty disheartened me almost to death; and that's why, when my companions said, "At last!" I could only cry, *"Already?"*

Nonetheless, the land was there, the land with all its noise, its passions, its conveniences and festivals. It was a rich and gorgeous land, a land of promise, which sent out to us mysterious perfumes of rose and musc; life's music came to us as a loving murmur.

35 • WINDOWS

Looking through an open window from outside, we never see as much as when we look at a window that is closed. There is nothing more profound, more mysterious, more fecund, more shadowy, more dazzling than a window lighted by a single candle. What we can see in sunlight is always less interesting than what happens behind glass. In that dark or lighted opening, life lives, life dreams, life suffers.

Par-delà des vagues de toits, j'aperçois une femme mûre, ridée déjà, pauvre, toujours penchée sur quelque chose, et qui ne sort jamais. Avec son visage, avec son vêtement, avec son geste, avec presque rien, j'ai refait l'histoire de cette femme, ou plutôt sa légende, et quelquefois je me la raconte à moi-même en pleurant.

Si c'eût été un pauvre vieux homme, j'aurais refait la sienne tout aussi aisément.

Et je me couche, fier d'avoir vécu et souffert dans d'autres que moi-même.

Peut-être me direz-vous: «Es-tu sûr que cette légende soit la vraie?» Qu'importe ce que peut être la réalité placée hors de moi, si elle m'a aidé à vivre, à sentir que je suis et ce que je suis?

36 • LE DÉSIR DE PEINDRE

Malheureux peut-être l'homme, mais heureux l'artiste que le désir déchire!

Je brûle de peindre celle qui m'est apparue si rarement et qui a fui si vite, comme une belle chose regrettable derrière le voyageur emporté dans la nuit. Comme il y a longtemps déjà qu'elle a disparu!

Elle est belle, et plus que belle; elle est surprenante. En elle le noir abonde: et tout ce qu'elle inspire est nocturne et profond. Ses yeux sont deux antres où scintille vaguement le mystère, et son regard illumine comme l'éclair: c'est une explosion dans les ténèbres.

Je la comparerais à un soleil noir, si l'on pouvait concevoir un astre noir versant la lumière et le bonheur. Mais elle fait plus volontiers penser à la lune, qui sans doute l'a marquée de sa redoutable influence; non pas la lune blanche des idylles, qui ressemble à une froide mariée, mais la lune sinistre et enivrante, suspendue au fond d'une nuit orageuse et bousculée par les nuées qui courent; non pas la lune paisible et discrète visitant le sommeil des hommes purs, mais la lune arrachée du ciel, vaincue et révoltée, que les Sorcières thessaliennes contraignent durement à danser sur l'herbe terrifiée!

Dans son petit front habitent la volonté tenace et l'amour de la proie. Cependant, au bas de ce visage inquiétant, où des narines mobiles aspirent l'inconnu et l'impossible, éclate, avec une grâce inexprimable, le rire d'une grande bouche, rouge et blanche, et délicieuse, qui fait rêver au miracle d'une superbe fleur éclose dans un terrain volcanique.

Across the sea of rooftops, I glimpse a mature woman already wrinkled, poor, always bent over something; she never goes out. From her face, from her dress, from her gestures, from practically nothing, I have fashioned that woman's story, her legend rather, and sometimes I tell it to myself and weep.

If it had been a poor old man, I would have fashioned his story just as easily.

And I go to bed, proud to have lived and to have suffered in someone besides myself.

Perhaps you say to me: "Are you sure that your legend is the true one?" But does it matter what reality is outside myself, if it helps me to live and to know that I am and what I am?

36 • THE DESIRE TO PAINT

Perhaps mankind is unhappy, but the artist torn by a desire to paint is a happy man!

I lust to paint her, who appeared to me so rarely and who so quickly fled, so like a regrettable thing of beauty left behind by a traveler carried off in the night. How long it's been since she disappeared!

She is beautiful beyond beauty. She is astonishing. Darkness dwells within her, and everything that she inspires is deep and like the night. Her eyes are two caverns where mystery vaguely glitters; her glance is like a lightning flash: an explosion in the shadows.

I've compared her to a black sun, if one could imagine a black star giving off light and happiness. But, rather, she is like the moon who surely marked her with its baleful influence; not the idyllic silver moon who is like a frigid bride, rather a sinister, intoxicating moon hung in the depths of a stormy night, battered by the speeding clouds; not the shy and peaceful moon visiting the sleep of honest men, but a moon ripped from the sky, shocked and conquered, harshly forced by the Witches of Thessaly to dance upon the terrified grass!

Within that little head there live tenacious whims and love of prey. Yet, at the lower part of this disturbing face, where quivering nostrils breathe the unknown and impossible, there bursts, with ineffable charm, laughter from her wide mouth, red and white and delicious, making me dream about the miracle of a superb flower unfolding in volcanic soil.

Il y a des femmes qui inspirent l'envie de les vaincre et de jouir d'elles; mais celle-ci donne le désir de mourir lentement sous son regard.

La Lune, qui est le caprice même, regarda par la fenêtre pendant que tu dormais dans ton berceau, et se dit: «Cette enfant me plaît.»

Et elle descendit moelleusement son escalier de nuages et passa sans bruit à travers les vitres. Puis elle s'étendit sur toi avec la tendresse souple d'une mère, et elle déposa ses couleurs sur ta face. Tes prunelles en sont restées vertes, et tes joues extraordinairement pâles. C'est en contemplant cette visiteuse que tes yeux se sont si bizarrement agrandis; et elle t'a si tendrement serrée à la gorge que tu en as gardé pour toujours l'envie de pleurer.

Cependant, dans l'expansion de sa joie, la Lune remplissait toute la chambre comme une atmosphère phosphorique, comme un poison lumineux; et toute cette lumière vivante pensait et disait: «Tu subiras éternellement l'influence de mon baiser. Tu seras belle à ma manière. Tu aimeras ce que j'aime et ce qui m'aime: l'eau, les nuages, le silence et la nuit; la mer immense et verte; l'eau informe et multiforme; le lieu où tu ne seras pas; l'amant que tu ne connaîtras pas; les fleurs monstrueuses; les parfums qui font délirer; les chats qui se pâment sur les pianos et qui gémissent comme les femmes, d'une voix rauque et douce!

«Et tu seras aimée de mes amants, courtisée par mes courtisans. Tu seras la reine des hommes aux yeux verts dont j'ai serré aussi la gorge dans mes caresses nocturnes; de ceux-là qui aiment la mer, la mer immense, tumultueuse et verte, l'eau informe et multiforme, le lieu où ils ne sont pas, la femme qu'ils ne connaissent pas, les fleurs sinistres qui ressemblent aux encensoirs d'une religion inconnue, les parfums qui troublent la volonté, et les animaux sauvages et voluptueux qui sont les emblèmes de leur folie.»

Et c'est pour cela, maudite chère enfant gâtée, que je suis maintenant couché à tes pieds, cherchant dans toute ta personne le reflet de la redoutable Divinité, de la fatidique marraine, de la nourrice empoisonneuse de tous les *lunatiques*.

There are some women who inspire a wish to conquer them and possess them; but this one rouses the desire to die slowly while she watches.

37 • THE MOON'S BENEFICENCE

The Moon, which is caprice itself, watched through the window while you were sleeping in your cradle, and said to herself, "I like this child."

She quietly came down her staircase of clouds and passed through the windowpane without a sound. Then she spread herself across you with a mother's yielding tenderness and left her colors on your face. Your irises have stayed green and your cheeks quite pale. By looking at this visitor, your eyes grew wondrously. She stroked your throat so tenderly that ever since you want to cry.

However, in the greatness of her joy, the Moon filled all the room like a phosphorescent atmosphere, like a luminous poison; and all that living luminescence thought and then said: "You shall be forever under the influence of my kiss. You shall be beautiful in my fashion; you shall love what I love and what loves me: the water, the clouds, silence, and the night; the sea, immense and green; the waters without form and the multiform; the place where you will not be; the lover you will never know; monstrous flowers; perfumes that cause delirium; cats that swoon on pianos and moan like women, in a soft and husky voice.

"And you shall be loved by my lovers, courted by my courtiers. You shall be queen of the green-eyed men whose throats I've stroked in my caress at night; of those who love the sea, immense, tumultuous, and green; the waters without form and multiform; the places they will never go, the women they will never know, sinister flowers resembling censers of an unknown faith, perfumes that disturb the will, and animals, voluptuous and savage, which are the emblems of their madness."

And that, my dear, spoiled, cursed child, is why I am now lying at your feet, searching everywhere in you for the reflection of the formidable Divinity, the prescient godmother, nurse-poisoner of all *lunatics*.

J'ai connu une certaine Bénédicta, qui remplissait l'atmosphère d'idéal, et dont les yeux répandaient le désir de la grandeur, de la beauté, de la gloire et de tout ce qui fait croire à l'immortalité.

Mais cette fille miraculeuse était trop belle pour vivre longtemps; aussi est-elle morte quelques jours après que j'eus fait sa connaissance, et c'est moi-même qui l'ai enterrée, un jour que le printemps agitait son encensoir jusque dans les cimetières. C'est moi qui l'ai enterrée, bien close dans une bière d'un bois parfumé et incorruptible comme les coffres de l'Inde.

Et comme mes yeux restaient fichés sur le lieu où était enfoui mon trésor, je vis subitement une petite personne qui ressemblait singulièrement à la défunte, et qui, piétinant sur la terre fraîche avec une violence hystérique et bizarre, disait en éclatant de rire: «C'est moi, la vraie Bénédicta! C'est moi, une fameuse canaille! Et pour la punition de ta folie et de ton aveuglement, tu m'aimeras telle que je suis!»

Mais moi, furieux, j'ai répondu: «Non! non! non!» Et pour mieux accentuer mon refus, j'ai frappé si violemment la terre du pied que ma jambe s'est enfoncée jusqu'au genou dans la sépulture récente, et que, comme un loup pris au piège, je reste attaché, pour toujours peut-être, à la fosse de l'idéal.

39 • UN CHEVAL DE RACE

Elle est bien laide. Elle est délicieuse pourtant!

Le Temps et l'Amour l'ont marquée de leurs griffes et lui ont cruellement enseigné ce que chaque minute et chaque baiser emportent de jeunesse et de fraîcheur.

Elle est vraiment laide; elle est fourmi, araignée, si vous voulez, squelette même; mais aussi elle est breuvage, magistère, sorcellerie! en somme, elle est exquise.

Le Temps n'a pu rompre l'harmonie pétillante de sa démarche ni l'élégance indestructible de son armature. L'Amour n'a pas altéré la suavité de son haleine d'enfant; et le Temps n'a rien arraché de son abondante crinière d'où s'exhale en fauves parfums toute la vitalité endiablée du Midi français: Nîmes, Aix, Arles, Avignon, Narbonne, Toulouse, villes bénies du soleil, amoureuses et charmantes!

Le Temps et l'Amour l'ont vainement mordue à belles dents; ils

I knew a certain Benedicta who filled the atmosphere with the ideal, and whose eyes planted the desire for greatness, beauty, fame, everything that makes a man believe in immortality.

But that miraculous girl was too good to live long, and she died only a few days after I had come to know her. I buried her myself, on a day when springtime swung its censer in the cemeteries. I buried her, tucked in a coffin of scented wood as incorruptible as the coffers of the Indies.

And as my eyes were resting on the spot where I'd covered up my treasure, I suddenly beheld a little person who resembled the dead one to a T. She stamped the fresh-turned earth with hysterical and fantastic violence, saying in a shriek of laughter: "It is I, the true Benedicta! It is I, a famous slut! To punish your folly and blindness, you'll now have to love me as I am."

But, infuriated, I replied, "No! no! no!" And, the better to emphasize refusal, I stamped the ground so violently that my leg was buried to the knee in the fresh grave. Like a wolf caught in a trap, I stay here stuck, perhaps forever, in the grave of the Ideal.

39 • A THOROUGHBRED

She is very ugly. She is delicious nonetheless!

Time and Love have marked her with their claws and cruelly taught her that every minute, every kiss steal bits of youth and freshness.

She is truly ugly; she is an ant, a spider, if you like, even a skeleton; but she is also drink, authority, witchcraft! In sum, she is exquisite.

Time could not break the sparkling harmony of her walk nor the indestructible elegance of her frame. Love has not changed the sweetness of her baby-breath. Time has pulled nothing from her abundant mane which exhales, in wild perfume, the diabolic vitality of the French Midi: Nimes, Aix, Arles, Avignon, Narbonne, Toulouse, amorous and charming cities blessed by sunlight.

With strong teeth Time and Love have bitten her in vain; they've

n'ont rien diminué du charme vague, mais éternel, de sa poitrine garçonnière.

Usée peut-être, mais non fatiguée, et toujours héroïque, elle fait penser à ces chevaux de grande race que l'œil du véritable amateur reconnaît, même attelés à un carrosse de louage ou à un lourd chariot.

Et puis elle est si douce et si fervente! Elle aime comme on aime en automne; on dirait que les approches de l'hiver allument dans son cœur un feu nouveau, et la servilité de sa tendresse n'a jamais rien de fatigant.

40 • LE MIROIR

Un homme épouvantable entre et se regarde dans la glace.

«—Pourquoi vous regardez-vous au miroir, puisque vous ne pouvez vous y voir qu'avec déplaisir?»

L'homme épouvantable me répond: «—Monsieur, d'après les immortels principes de 89, tous les hommes sont égaux en droits; donc je possède le droit de me mirer; avec plaisir ou déplaisir, cela ne regarde que ma conscience.»

Au nom du bon sens, j'avais sans doute raison; mais, au point de vue de la loi, il n'avait pas tort.

41 • LE PORT

Un port est un séjour charmant pour une âme fatiguée des luttes de la vie. L'ampleur du ciel, l'architecture mobile des nuages, les colorations changeantes de la mer, le scintillement des phares, sont un prisme merveilleusement propre à amuser les yeux sans jamais les lasser. Les formes élancées des navires, au gréement compliqué, auxquels la houle imprime des oscillations harmonieuses, servent à entretenir dans l'âme le goût du rythme et de la beauté. Et puis, surtout, il y a une sorte de plaisir mystérieux et aristocratique pour celui qui n'a plus ni curiosité ni ambition, à contempler, couché dans le belvédère ou accoudé sur le môle, tous ces mouvements de ceux qui partent et de ceux qui reviennent, de ceux qui ont encore la force de vouloir, le désir de voyager ou de s'enrichir.

diminished not one whit the vague but lasting charm of her boyish breasts.

Worn perhaps, but never weary, always heroic, she brings to mind a thoroughbred which the eye of the veritable amateur can spot, even when it's harnessed to a rented cart or a heavy wagon.

Besides, she is so gentle and so fervent! She loves with an autumnal love; the hint of winter, one might say, has lit fresh fire in her heart, and the servility in her tenderness is never tiresome.

40 • THE MIRROR

A man with a frightful face comes in and gazes at himself in the glass.

"Why look at yourself in the mirror? What you see can only give you displeasure."

The frightful man replies: "Sir, according to the immortal principles of '89, all men have equal rights. Therefore, I have the right to look at my reflection; with pleasure or with displeasure, that concerns only my conscience."

In the name of common sense, surely I was right. From the point of view of common law, he wasn't wrong.

41 • THE PORT

A port is a pleasant resting place for a soul worn by life's battles. The vastness of the sky, the drifting architecture of the clouds, the shifting colors of the sea, the flashing of the beacons, are a prism, marvelously apt to amuse the eyes yet never tire them. Ships with slender hulls and complicated rigging, on which the swells impose harmonious oscillations, provide the soul a taste of beauty and of rhythm. And then, above all, for men who no longer have curiosity and ambition, there is mysterious, aristocratic pleasure to watch, lounging in the belvedere or leaning on the jetty head, the movements of those who are leaving and those who are coming back, those who still possess the strength to try and the desire to travel or enrich themselves.

Dans un boudoir d'hommes, c'est-à-dire dans un fumoir attenant à un élégant tripot, quatre hommes fumaient et buvaient. Ile n'étaient précisément ni jeunes ni vieux, ni beaux ni laids; mais vieux ou jeunes, ils portaient cette distinction non méconnaissable des vétérans de la joie, cette indescriptible je ne sais quoi, cette tristesse froide et railleuse qui dit clairement: «Nous avons fortement vécu, et nous cherchons ce que nous pourrions aimer et estimer.»

L'un d'eux jeta la causerie sur le sujet des femmes. Il eût été plus philosophique de n'en pas parler du tout; mais il y a des gens d'esprit qui, après boire, ne méprisent pas les conversations banales. On écoute alors celui qui parle, comme on écouterait de la musique de danse.

«Tous les hommes, disait celui-ci, ont eu l'âge de Chérubin: c'est l'époque où, faute de dryades, on embrasse, sans dégoût, le tronc des chênes. C'est le premier degré de l'amour. Au second degré, on commence à choisir. Pouvoir délibérer, c'est déjà une décadence. C'est alors qu'on recherche décidément la beauté. Pour moi, messieurs, je me fais gloire d'être arrivé, depuis longtemps, à l'époque climatérique du troisième degré où la beauté elle-même ne suffit plus, si elle n'est assaisonnée par le parfum, la parure, et caetera. J'avouerai même que j'aspire quelquefois, comme à un bonheur inconnu, à un certain quatrième degré qui doit marquer le calme absolu. Mais, durant toute ma vie, excepté à l'âge de Chérubin, j'ai été plus sensible que tout autre à l'énervante sottise, à l'irritante médiocrité des femmes. Ce que j'aime surtout dans les animaux, c'est leur candeur. Jugez donc combien j'ai dû souffrir par ma dernière maîtresse.

«C'était la bâtarde d'un prince. Belle, cela va sans dire; sans cela, pourquoi l'aurais-je prise? Mais elle gâtait cette grande qualité par une ambition malséante et difforme. C'était une femme qui voulait toujours faire l'homme. "Vous n'êtes pas un homme! Ah! si j'étais un homme! De nous deux, c'est moi qui suis l'homme!" Tels étaient les insupportables refrains qui sortaient de cette bouche d'où je n'aurais voulu voir s'envoler que des chansons. À propos d'un livre, d'un poème, d'un opéra pour lequel je laissais échapper mon admiration: "Vous croyez peut-être que cela est très fort? disait-elle aussitôt; est-ce que vous vous connaissez en force?" et elle argumentait.

«Un beau jour elle s'est mise à la chimie; de sorte qu'entre ma bouche et la sienne je trouvai désormais un masque de verre. Avec tout cela, fort bégueule. Si parfois je la bousculais par un geste un peu trop amoureux, elle se convulsait comme une sensitive violée...

In a gentlemen's boudoir (that is, the smoking room) of an elegant casino, four men were smoking and drinking. They were neither precisely young nor old, neither handsome nor homely; but, old or young, they possessed an unmistakable distinction that marks a veteran of the pursuit of pleasure, an indescribable *je ne sais quoi,* a cool and bantering melancholy that proclaims: "We've lived life to the full, and we're looking for something that we can love and respect."

One of them turned the topic of discussion to women. It would have been more worldly not to speak of them at all, but intelligent men, when drinking, are not above small talk. Conversation is like background music.

"Every man," he said, "was once the age of Cherubino: That's the stage when, lacking dryads, he'll hug a tree trunk. It's the first phase of love. In the second phase, he begins to be choosey. To be able to discriminate is already a sign of decadence. Then one definitely seeks out beauty. I, gentlemen, pride myself at having arrived at the climactic epoch of the third phase long ago. Beauty alone does not suffice; it must be seasoned with perfumes and finery, et cetera. I'll even confess that sometimes I aspire, as for an unknown happiness, to a fourth phase marked by perfect calm. But throughout my life, except at the age of Cherubino, I, more than most, have been bothered by the nerve-racking silliness, the irritating mediocrity of women. What I especially like about animals is their candor. Judge for yourselves how much I suffered with my last mistress.

"She was the bastard daughter of a prince. Beautiful, of course; why else would I have had her? But she spoiled that great quality by an unbecoming and deformed ambition. A woman who wanted to be like a man. 'But you're not a man!' 'Ah! if only I were! Of the two of us, I'm the real man!' Such unbearable refrains from that mouth from which I wanted only songs to fly. Whenever I admired a book, a poem, an opera, she'd counter, 'Maybe you think it's very strong? What do you know about strength?' And then she'd fall to arguing.

"One fine day she took up chemistry. And after that I always found a mask of glass between her mouth and mine. And what a prude! If ever I came on too strong, she recoiled like a violated flower. . . . "

—Comment cela a-t-il fini? dit l'un des trois autres. Je ne vous savais pas si patient.

—Dieu, reprit-il, mit le remède dans le mal.Un jour je trouvai cette Minerve, affamée de force idéale, en tête à tête avec mon domestique, et dans une situation qui m'obligea à me retirer discrètement pour ne pas les faire rougir. Le soir je les congédiai tous les deux, en leur payant les arrérages de leurs gages.

—Pour moi, reprit l'interrupteur, je n'ai à me plaindre que de moi-même. Le bonheur est venu habiter chez moi, et je ne l'ai pas reconnu. La destinée m'avait, en ces derniers temps, octroyé la jouissance d'une femme qui était bien la plus douce, la plus soumise et la plus dévouée des créatures, et toujours prête! et sans enthousiasme! "Je le veux bien, puisque cela vous est agréable." C'était sa réponse ordinaire. Vous donneriez la bastonnade à ce mur ou à ce canapé, que vous en tireriez plus de soupirs que n'en tiraient du sein de ma maîtresse les élans de l'amour le plus forcené. Après un an de vie commune, elle m'avoua qu'elle n'avait jamais connu le plaisir. Je me dégoûtai de ce duel inégal, et cette fille incomparable se maria. J'eus plus tard la fantaisie de la revoir, et elle me dit, en me montrant six beaux enfants: "Eh bien! mon cher ami, l'épouse est encore aussi *vierge* que l'était votre maîtresse." Rien n'était changé dans cette personne. Quelquefois je la regrette: j'aurais dû l'épouser.»

Les autres se mirent à rire, et un troisième dit à son tour:

«Messieurs, j'ai connu des jouissances que vous avez peut-être négligées. Je veux parler du comique dans l'amour, et d'un comique qui n'exclut pas l'admiration. J'ai plus admiré ma dernière maîtresse que vous n'avez pu, je crois, haïr ou aimer les vôtres. Et tout le monde l'admirait autant que moi. Quand nous entrions dans un restaurant, au bout de quelques minutes, chacun oubliait de manger pour la contempler. Les garçons eux-mêmes et la dame du comptoir ressentaient cette extase contagieuse jusqu'à oublier leurs devoirs. Bref, j'ai vécu quelque temps en tête à tête avec un *phénomène* vivant. Elle mangeait, mâchait, broyait, dévorait, engloutissait, mais avec l'air le plus léger et le plus insouciant du monde. Elle m'a tenu ainsi longtemps en extase. Elle avait une manière douce, rêveuse, anglaise et romanesque de dire: "J'ai faim!" Et elle répétait ces mots jour et nuit en montrant les plus jolies dents du monde, qui vous eussent attendris et égayés à la fois.— J'aurais pu faire ma fortune en la montrant dans les foires comme *monstre polyphage*. Je la nourrissais bien; et cependant elle m'a quitté...
—Pour un fournisseur aux vivres, sans doute?—Quelque chose d'approchant, une espèce d'employé dans l'intendance qui, par quelque tour de bâton à lui connu, fournit peut-être à cette pauvre enfant la ration de plusieurs soldats. C'est du moins ce que j'ai supposé.

"How did it all end?" asked one of the three others. "I never knew you were so patient."

"God puts the remedy in the illness," he answered. "One day I found my Minerva—she had such a thirst for ideal strength—I found her tête-à-tête with my valet. They were so compromised that I backed out discreetly not to make them blush. That night I sacked the two of them and paid up their back wages."

"Well," went on the man who'd interrupted, "I have no one to blame but myself. Happiness came home to me, and I didn't recognize her. A few years back, fate granted me the pleasure of a woman who may well have been the gentlest, most submissive and devoted creature, and always ready! and without enthusiasm! 'Of course I want to, because it gives you pleasure.' That was her invariable reply. You could beat this wall or that sofa with a stick and get more sighs than I drew from the breast of my mistress in my wildest bursts of love. After we'd lived together for a year, she confessed that she'd never felt the slightest pleasure. I was disgusted with the one-sided duel; and that incomparable girl got married. Some years later I had a notion to look her up. She told me, as she showed off her six beautiful children: 'Well, dear friend, the wife is still as much a *virgin* as your mistress was.' Nothing had changed. Sometimes I miss her; I should have married her."

The others started to laugh, and the third man took his turn.

"Gentlemen, I've known pleasures that you may have neglected: the comedy in love, a comedy that need not exclude admiration. I believe I had more admiration for my last mistress than you had hate or love for yours. And everyone else admired her just as much. When we went into a restaurant, after a few minutes everyone had forgotten to eat in order to stare at her. The waiters themselves and the woman at the cash drawer forgot their duties in a sort of contagious ecstasy. In short, for a time I was living tete-a-tete with a *phenomenon* of nature. She'd eat, chew, grind, devour, and swallow, always with the gayest, most carefree manner in the world. For a long while she held me in ecstasy. She had a gentle, dreamy English way of saying, 'I'm hungry!' She'd repeat those words day and night through the prettiest teeth in the world. Even you would have been touched and tickled. I could have made a fortune showing her at fairs: *The Polyphagic Monster.* I fed her well, but in spite of that, she left me. . . . "

"For a caterer, no doubt?"

"Something of the sort. A corporal in the Quartermaster Corps who, by some perquisites of his, could keep the child supplied with enough rations for a squad. At least, that's what I suppose."

—Moi, dit le quatrième, j'ai enduré des souffrances atroces par le contraire de ce qu'on reproche en général à l'égoïste femelle. Je vous trouve mal venus, trop fortunés mortels, à vous plaindre des imperfections de vos maîtresses!»

Cela fut dit d'un ton fort sérieux, par un homme d'un aspect doux et posé, d'une physionomie presque cléricale, malheureusement illuminée par des yeux d'un gris clair, de ces yeux dont le regard dit: «Je veux!» ou: »Il faut!» ou bien: «Je ne pardonne jamais!»

«Si, nerveux comme je vous connais, vous, G..., lâches et légers comme vous êtes, vous deux, K... et J..., vous aviez été accouplés à une certaine femme de ma connaissance, ou vous vous seriez enfuis, ou vous seriez morts. Moi, j'ai survécu, comme vous voyez. Figurez-vous une personne incapable de commettre une erreur de sentiment ou de calcul; figurez-vous une sérénité désolante de caractère; un dévouement sans comédie et sans emphase; une douceur sans faiblesse; une énergie sans violence. L'histoire de mon amour ressemble à un interminable voyage sur une surface pure et polie comme un miroir, vertigineusement monotone, qui aurait réfléchi tous mes sentiments et mes gestes avec l'exactitude ironique de ma propre conscience, de sorte que je ne pouvais pas me permettre un geste ou un sentiment déraisonnable sans apercevoir immédiatement le reproche muet de mon inséparable spectre. L'amour m'apparaissait comme une tutelle. Que de sottises elle m'a empêché de faire, que je regrette de n'avoir pas commises! Que de dettes payées malgré moi! Elle me privait de tous les bénéfices que j'aurais pu tirer de ma folie personnelle. Avec une froide et infranchissable règle, elle barrait tous mes caprices. Pour comble d'horreur, elle n'exigeait pas de reconnaissance, le danger passé. Combien de fois ne me suis-je pas retenu de lui sauter à la gorge, en lui criant: "Sois donc imparfaite, misérable! afin que je puisse t'aimer sans malaise et sans colère!" Pendant plusieurs années, je l'ai admirée, le cœur plein de haine. Enfin, ce n'est pas moi qui en suis mort!

—Ah! firent les autres, elle est donc morte?

—Oui! cela ne pouvait continuer ainsi. L'amour était devenu pour moi un cauchemar accablant. Vaincre ou mourir, comme dit la Politique, telle était l'alternative que m'imposait la destinée! Un soir, dans un bois... au bord d'une mare..., après une mélancolique promenade où ses yeux, à elle, réfléchissaient la douceur du ciel, et où mon cœur, à moi, était crispé comme l'enfer...

—Quoi!

—Comment!

—Que voulez-vous dire?

—C'était inévitable. J'ai trop le sentiment de l'équité pour battre, outrager ou congédier un serviteur irréprochable. Mais il fallait accor-

"As for me," the fourth man said, "I've endured the most atrocious suffering from the very opposite of what's generally reproached as female selfishness. I find it unseemly that men who are as lucky as you should be complaining of the imperfections of your mistresses."

That was said in all seriousness by a man with a gentle, poised manner. His face was almost clerical, lighted, unfortunately, by pale gray eyes, the sort that seem to say, "I insist!" or "You must!" or even "I will never forgive!"

"G . . . , nervous as I know you to be, K . . . and J . . . , craven and light-minded as you are, if you'd ever been coupled with a certain woman of my acquaintance, you'd have run away or died. I have survived, as you see. Imagine someone incapable of making a mistake in feeling or in calculation; imagine a character dismally serene; devotion without hypocrisy or effort; gentleness without weakness; energy without violence. The story of my love is like an endless voyage across water, smooth and polished as a mirror, a vertiginous monotony, which reflected my every feeling, my every gesture with the ironic precision of my own conscience. I couldn't have an unreasonable thought or gesture without a quick, quiet reproach from my inseparable shadow. Love seemed like a guardian. How many acts of stupidity she saved me from; how I regret not having done them! How many debts were paid in spite of myself! She deprived me of all the benefits of personal folly. With a cool and infrangible regularity, she checked my whims. To compound the horror, she never asked for recognition when the danger had passed. How many times did I stop myself from leaping at her throat and yelling. 'Can't you be imperfect, you wretch! so I can love you without irritation and anger?' For several years I admired her, my heart filled with hatred. At last, it wasn't I who died of it."

"Ah!" exclaimed the others, "So she's dead?"

"Yes, it couldn't go on like that. Love became an overwhelming nightmare. Conquer or die, the Politician says. It was the choice fate gave to me. One evening, in a forest . . . on the edge of a pond . . . after we'd taken a melancholy stroll, her eyes reflecting the sweetness of heaven, my heart within me dried up like Hell. . . . "

"What!"

"How!"

"What are you saying!"

"It was inevitable. I have too much sense of fairness to hit or insult or fire a flawless servant. But I had to reconcile this feeling with

der ce sentiment avec l'horreur que cet être m'inspirait; me débarrasser de cet être sans lui manquer de respect. Que vouliez-vous que je fisse d'elle, *puisqu'elle était parfaite?*»

Les trois autres compagnons regardèrent celui-ci avec un regard vague et légèrement hébété, comme feignant de ne pas comprendre et comme avouant implicitement qu'ils ne se sentaient pas, quant à eux, capables d'une action aussi rigoureuse, quoique suffisamment expliquée d'ailleurs.

Ensuite on fit apporter de nouvelles bouteilles, pour tuer le Temps qui a la vie si dure, et accélérer la Vie qui coule si lentement.

43 • LE GALANT TIREUR

Comme la voiture traversait le bois, il la fit arrêter dans le voisinage d'un tir, disant qu'il lui serait agréable de tirer quelques balles pour *tuer* le Temps. Tuer ce monstre-là, n'est-ce pas l'occupation la plus ordinaire et la plus légitime de chacun?—Et il offrit galamment la main à sa chère, délicieuse et exécrable femme, à cette mystérieuse femme à laquelle il doit tant de plaisirs, tant de douleurs, et peut-être aussi une grande partie de son génie.

Plusieurs balles frappèrent loin du but proposé; l'une d'elles s'enfonça même dans le plafond; et comme la charmante créature riait follement, se moquant de la maladresse de son époux, celui-ci se tourna brusquement vers elle, et lui dit: «Observez cette poupée, là-bas, à droite, qui porte le nez en l'air et qui a la mine si hautaine. Eh bien! cher ange, *je me figure que c'est vous.*» Et il ferma les yeux et il lâcha la détente. La poupée fut nettement décapitée.

Alors s'inclinant vers sa chère, sa délicieuse, son exécrable femme, son inévitable et impitoyable Muse, et lui baisant respectueusement la main, il ajouta: «Ah! mon cher ange, combien je vous remercie de mon adresse!»

44 • LA SOUPE ET LES NUAGES

Ma petite folle bien-aimée me donnait à dîner, et par la fenêtre ouverte de la salle à manger je contemplais les mouvantes architectures que Dieu fait avec les vapeurs, les merveilleuses constructions de

the horror that she roused in me. I had to get rid of the creature without showing a lack of respect. What do you suggest I should have done, *since she was perfect?*"

The three other friends looked at him uncertainly with slightly stupid expressions, as though pretending not to comprehend, as though they felt incapable of answering the question, although it had been clearly stated.

And so, to kill Time, which has so durable a life, and to accelerate Life, which flows so slowly, they ordered fresh bottles.

43 • THE GALLANT MARKSMAN

As the carriage crossed the woods, he had it stop near a shooting gallery, saying it would be fun to fire a few rounds to *kill* Time. Isn't killing that monster the commonest—and the most legitimate—occupation for us all? And he gallantly offered his hand to his dear, delicious and execrable wife, that mysterious woman who gave him so much pleasure, so much pain and, perhaps, a great part of his genius.

Several shots went wide of the target; one of them buried itself in the ceiling. How hilariously the charming creature laughed and mocked her spouse for his poor aim. He turned to her brusquely and said: "See that doll over there, to the right, the one with her nose in the air and the haughty expression. Well! dear angel, *let us say that she is you.*" He closed his eyes and fired. The doll was neatly decapitated.

Then, bowing to his dear, his delicious, his execrable wife, his inevitable and pitiless Muse, he respectfully kissed her hand and added: "Ah! dear angel, how I thank you for my aim!"

44 • SOUP AND CLOUDS

My little madcap lover was giving me dinner, and through the open window of the dining room I watched those drifting architectures that God makes with vapor, marvelous structures of the impalpable. And,

l'impalpable. Et je me disais, à travers ma contemplation: «—Toutes ces fantasmagories sont presque aussi belles que les yeux de ma belle bien-aimée, la petite folle monstrueuse aux yeux verts.»

Et toue à coup, je reçus un violent coup de poing dans le dos, et j'entendis une voix rauque et charmante, une voix hystérique et comme enrouée par l'eau-de-vie, la voix de ma chère petite bien-aimée, qui disait: «—Allez-vous bientôt manger votre soupe, s. . . . b. . . . de marchand de nuages?»

45 • LE TIR ET LE CIMETIÈRE

—*À la vue du cimetière, Estaminet.*—«Singulière enseigne,—se dit notre promeneur,—mais bien faite pour donner soif! À coup sûr, le maître de ce cabaret sait apprécier Horace et les poètes élèves d'Épicure. Peut-être même connaît-il le raffinement profond des anciens Égyptiens, pour qui il n'y avait pas de bon festin sans squelette, ou sans un emblème quelconque de la brièveté de la vie.»

Et il entra, but un verre de bière en face des tombes, et fuma lentement un cigare. Puis, la fantaisie le prit de descendre dans ce cimetière, dont l'herbe était si haute et si invitante, et où régnait un si riche soleil.

En effet, la lumière et la chaleur y faisaient rage, et l'on eût dit que le soleil ivre se vautrait tout de son long sur un tapis de fleurs magnifiques engraissées par la destruction. Un immense bruissement de vie remplissait l'air,—la vie des infiniment petits,—coupé à intervalles réguliers par la crépitation des coups de feu d'un tir voisin, qui éclataient comme l'explosion des bouchons de champagne dans le bourdonnement d'une symphonie en sourdine.

Alors, sous le soleil qui lui chauffait le cerveau et dans l'atmosphère des ardents parfums de la Mort, il entendit une voix chuchoter sous la tombe où il s'était assis. Et cette voix disait: «Maudites soient vos cibles et vos carabines, turbulents vivants, qui vous souciez si peu des défunts et de leur divin repos! Maudites soient vos ambitions, maudits soient vos calculs, mortels impatients, qui venez étudier l'art de tuer auprès du sanctuaire de la Mort! Si vous saviez comme le prix est facile à gagner, comme le but est facile à toucher, et combien tout est néant, excepté la Mort, vous ne vous fatigueriez pas tant, laborieux vivants, et vous troubleriez moins souvent le sommeil de ceux qui depuis longtemps ont mis dans le But, dans le seul vrai but de la détestable vie!»

in the midst of my contemplation, I said to myself: "Every one of those phantasmagorias is almost as beautiful as the eyes of my beautiful lover, the monstrous little green-eyed madcap."

And all at once I got a violent punch in the back, and I heard a raucous, charming voice, an hysterical voice, hoarse with brandy, the voice of my dear little lover who was saying: "Won't you ever eat your soup, you damned cloud monger?"

45 • THE RIFLE RANGE AND THE CEMETERY

Tavern: Cemetery View.—"Peculiar sign—said our hiker—but well calculated to raise a thirst! Surely the owner of this inn appreciates Horace and the poet pupils of Epicurus. Perhaps he also knew the refined affectations of the Egyptians, for whom no feast was proper without a skeleton or some emblem of the brevity of life."

And in he went, drank a glass of beer while facing the tombstones and slowly smoked a cigar. Then he took a notion to go down to the cemetery, where the grass was deep and inviting, and an opulent sun prevailed.

Certainly, the light and heat played havoc there; one could imagine that the drunken sun was sprawled full length upon a carpet of magnificent flowers fertilized by decay. A loud hum of life filled the air—the life of the infinitely small—a hum that was broken at regular intervals by the crackle of gunfire from a nearby rifle range, sounding like the explosions of champagne corks amidst the muted droning of a symphony.

Then, beneath a sun which baked his brain and in an atmosphere of warm perfumes of Death, he heard a whisper from the grave on which he was sitting. The voice said: "Curses on your targets and your carbines, you living rowdies, you have such small regard for the dead and their sacred slumber! Curses on your ambitions, curses on your schemes, impatient mortals, who come to learn the art of killing beside the sanctuary of the Dead! If you only knew how easy it is to win the prize, how easy to reach the goal, how everything is nothing, except Death, you wouldn't tire yourselves, you living toilers, and less often would you trouble the sleep of those who reached the Goal so long ago, the only real goal of the detestable life."

«Eh! quoi! vous ici, mon cher? Vous, dans un mauvais lieu! vous, le buveur de quintessences! vous, le mangeur d'ambroisie! En vérité, il y a là de quoi me surprendre.

—Mon cher, vous connaissez ma terreur des chevaux et des voitures. Tout à l'heure, comme je traversais le boulevard, en grande hâte, et que je sautillais dans la boue, à travers ce chaos mouvant où la mort arrive au galop de tous les côtés à la fois, mon auréole, dans un mouvement brusque, a glissé de ma tête dans la fange du macadam. Je n'ai pas eu le courage de la ramasser. J'ai jugé moins désagréable de perdre mes insignes que de me faire rompre les os. Et puis, me suis-je dit, à quelque chose malheur est bon. Je puis maintenant me promener incognito, faire des actions basses, et me livrer à la crapule, comme les simples mortels. Et me voici, tout semblable à vous, comme vous voyez!

—Vous devriez au moins faire afficher cette auréole, ou la faire réclamer par le commissaire.

—Ma foi! non. Je me trouve bien ici. Vous seul, vous m'avez reconnu. D'ailleurs la dignité m'ennuie. ensuite je pense avec joie que quelque mauvais poète la ramassera et s'en coiffera impudemment. Faire un heureux, quelle jouissance! et surtout un heureux qui me fera rire! Pensez à X, ou à Z! Hein! comme ce sera drôle!»

47 • MADEMOISELLE BISTOURI

Comme j'arrivais à l'extrémité du faubourg, sous les éclairs du gaz, je sentis un bras qui se coulait doucement sous le mien, et j'entendis une voix qui me disait à l'oreille: «Vous êtes médecin, monsieur?»

Je regardai; c'était une grande fille, robuste, aux yeux très ouverts, légèrement fardée, les cheveux flottant au vent avec les brides de son bonnet.

«—Non; je ne suis pas médecin. Laissez-moi passer.—Oh! si! vous êtes médecin. Je le vois bien. Venez chez moi. Vous serez bien content de moi, allez!—Sans doute, j'irai vous voir, mais plus tard, *après le médecin,* que diable!... —Ah! ah!—fit-elle, toujours suspendue à mon bras, et en éclatant de rire,—vous êtes un médecin farceur, j'en ai connu plusieurs dans ce genre-là. Venez.»

J'aime passionnément le mystère, parce que j'ai toujours l'espoir de

"What! You here, old boy! You, in this wicked place! You, the quaffer of quintessences! the eater of ambrosia! What a surprise!

"My dear friend, you know my phobia for horses and carriages. Just now, as I was crossing the boulevard in a great hurry, hopping in the muck, in the midst of churning chaos, with death at a gallop, head-long, on every side, my halo suddenly slipped off my head and into the mud. I didn't have the courage to retrieve it. I figured that it would be much less unpleasant to lose my insignia of office than to break some bones. And so, I said to myself, good can come of each misfortune. And so, now I can travel incognito, do foul deeds, indulge in debauchery like ordinary mortals. And so, here I am, as you see, the same as you!"

"Aren't you at least going to advertise for the halo, or notify the police?"

"Hell no! I like it here. You're the only one who's recognized me. Besides, dignity bores me. It delights me to think of some bad poet picking it up and shamelessly putting it on. To make someone happy, what a joy! especially if the happy man is someone I can laugh at! Think of X, or of Z! Ha! What a joke!"

47 • MADEMOISELLE LANCET

As I neared the end of the suburb and the last of the gaslights, I felt an arm slide softly into mine, and I heard a voice at my ear: "Aren't you a doctor, monsieur?"

I looked around; she was a tall young woman, robust, wide eyed, lightly rouged, her hair floating in the breeze together with the ribbons of her hat.

"No, I am not a doctor. Please let go."—"Oh yes! You are a doctor. I can tell. Come along to my place. You'll like me, very much. Come on!... "—"No doubt, I'll come along later. *After the doctor.* Oh hell!... "—"Ah ha!" she said, still hanging on my arm and laughing. "You are a tease, doctor. I've known a few of your type. Come along."

I'm passionately fond of a mystery, because I always hope to

le débrouiller. Je me laissai donc entraîner par cette compagne, ou plutôt par cette énigme inespérée.

J'omets la description du taudis; on peut la trouver dans plusieurs vieux poètes français bien connus. Seulement, détail non aperçu par Régnier, deux ou trois portraits de docteurs célèbres étaient suspendus aux murs.

Comme je fus dorloté! Grand feu, vin chaud, cigares; et en m'offrant ces bonnes choses et en allumant elle-même un cigare, la bouffonne créature me disait: «Faites comme chez vous, mon ami, mettez-vous à l'aise. Ça vous rappellera l'hôpital et le bon temps de la jeunesse.—Ah ça! où donc avez-vous gagné ces cheveux blancs? Vous n'étiez pas ainsi, il n'y a pas encore bien longtemps, quand vous étiez interne de L... Je me souviens que c'était vous qui l'assistiez dans les opérations graves. En voilà un homme qui aime couper, tailler et rogner! C'était vous qui lui tendiez les instruments, les fils et les éponges.—Et comme, l'opération faite, il disait fièrement, en regardant sa montre: "Cinq minutes, messieurs!"—Oh! moi, je vais partout. Je connais bien ces Messieurs.»

Quelques instants plus tard, me tutoyant, elle reprenait son antienne, et me disait: «Tu es médecin, n'est-ce pas, mon chat?»

Cet inintelligible refrain me fit sauter sur mes jambes. «Non! criai-je furieux.

—Chirurgien, alors?

—Non! non! à moins que ce ne soit pour te couper la tête! S... s... c... de s... m...!

—Attends, reprit-elle, tu vas voir.»

Et elle tira d'une armoire une liasse de papiers, qui n'était autre chose que la collection des portraits des médecins illustres de ce temps, lithographiés par Maurin, qu'on a pu voir étalée pendant plusieurs années sur le quai Voltaire.

«Tiens! le reconnais-tu celui-ci?

—Oui! c'est X. Le nom est au bas d'ailleurs; mais je le connais personnellement.

—Je savais bien! Tien! voilà Z., celui qui disait à son cours, en parlant de X.: "Ce monstre qui porte sur son visage la noirceur de son âme!" Tout cela, parce que l'autre n'était pas de son avis dans la même affaire! Comme on riait de ç à l'École, dans le temps! Tu t'en souviens?—Tiens, voilà K., celui qui dénonçait au gouvernement les insurgés qu'il soignait à son hôpital. C'était le temps des émeutes. Comment est-ce possible qu'un si bel homme ait si peu de cœur?—Voici maintenant W., un fameux médecin anglais; je l'ai attrapé à son voyage à Paris. Il a l'air d'une demoiselle, n'est-ce pas?»

Et comme je touchais à un paquet ficelé, posé aussi sur le guéridon:

solve it. So I let myself be led by my companion, or, rather, by this unexpected plot.

I omit the description of her quarters. You can find one in several old, well-known French poets. One detail, however, missed by Régnier: two or three pictures of famous doctors hung on the walls.

How she pampered me! Big fire, mulled wine, cigars, and as she offered these nice things, lighting a cigar for herself, the clowning continued: "Make yourself at home, my friend, get comfortable. Here you can remember the hospital and the good times of your youth.—What's this? Wherever did you get these grey hairs? You didn't have them not so long ago when you were L . . .'s intern. I remember that you always assisted in his serious operations. Now there's a man who loves to cut and clip and amputate! You were the one who handed him his instruments, his sutures, his sponges.—And after the operation, how he'd say, proudly looking at his watch, 'Five minutes, gentlemen!'—Oh, I get to go everywhere. I really know these gentlemen."

Some moments later, addressing me with the familiar *tu,* she resumed her tune: "You are a doctor, aren't you, my puss?" That senseless refrain made me jump to my feet. "No!" I cried furiously.

"A surgeon, then?"

"No! No! unless to cut off your head! Holy Son of a Holy Mackerel!"

"Wait," she answered, "you'll see."

She took a stack of papers from her wardrobe, a collection of portraits of illustrious physicians of the time, lithographs by Maurin which for years could be seen for sale on the Quai Voltaire.

"Look, do you recognize this one?"

"Of course! That's X. His name is at the bottom. Besides, I know him personally."

"I knew it all the time! Look! Here is Z. He used to say about X, 'That monster's face shows the blackness of his soul!' And all because the other wouldn't take his advice on a certain case. How they laughed about it at the School in those days! Remember?—Look! Here's K. He denounced to the government the rebels who were patients on his service. That was at the time of the riots. How could such a handsome man have so little heart? Now, here is W, a famous English doctor. I caught him when he made a trip to Paris. Looks like a young girl, doesn't he?"

And as I touched a bound stack, also on the table, "Wait a bit,"

Attends un peu, dit-elle;—ça, c'est les internes, et ce paquet-ci, c'est les externes.»

Et elle déploya en éventail une masse d'images photographiques, représentant des physionomies beaucoup plus jeunes.

«Quand nous nous reverrons, tu me donneras ton portrait, n'est-ce pas, chéri?

—Mais, lui dis-je, suivant à mon tour, moi aussi, mon idée fixe,—pourquoi me crois-tu médecin?

—C'est que tu es si gentil et si bon pour les femmes!

—Singulière logique! me dis-je à moi-même.

—Oh! je ne m'y trompe guère; j'en ai connu un bon nombre. J'aime tant ces messieurs, que, bien que je ne sois pas malade, je vais quelquefois les voir, rien que pour les voir. Il y en a qui me disent froidement: "Vous n'êtes pas malade du tout!" Mais il y en a d'autres qui me comprennent, parce que je leur fais des mines.

—Et quand ils ne te comprennent pas... ?

—Dame! comme je les ai dérangés *inutilement,* je laisse dix francs sur la cheminée.—C'est si bon et si doux, ces hommes-là! .—J'ai découvert à la Pitié un petit interne, qui est joli comme un ange, et qui est poli! et qui travaille, le pauvre garçon! Ses camarades m'ont dit qu'il n'avait pas le sou, parce que ses parents sont des pauvres qui ne peuvent rien lui envoyer. Cela m'a donné confiance. Après tout, je suis assez belle femme, quoique pas trop jeune. Je lui ai dit: "Viens me voir, viens me voir souvent. Et avec moi, ne te gêne pas; je n'ai pas besoin d'argent." Mais tu comprends que je lui ai fait entendre ça par une foule de façons; je ne le lui ai pas dit tout crûment; j'avais si peur de l'humilier, ce cher enfant!—Et bien! croirais-tu que j'ai une drôle d'envie que je n'ose pas lui dire?—Je voudrais qu'il vînt me voir avec sa trousse et son tablier, même avec un peu de sang dessus!»

Elle dit cela d'un air fort candide, comme un homme sensible dirait à une comédienne qu'il aimerait: «Je veux vous voir vêtue du costume que vous portiez dans ce fameux rôle que vous avez créé.»

Moi, m'obstinant, je repris: «Peux-tu te souvenir de l'époque et de l'occasion où est née en toi cette passion si particulière?»

Difficilement je me fis comprendre; enfin j'y parvins. Mais alors elle me répondit d'un air très triste, et même, autant que je peux me souvenir, en détournant les yeux: «Je ne sais pas... je ne me souviens pas.»

Quelles bizarreries ne trouve-t-on pas dans une grande ville, quand on sait se promener et regarder? La vie fourmille de monstres innocents.—Seigneur, mon Dieu! vous, le Créateur, vous, le Maître; vous qui avez fait la Loi et la Liberté; vous, le souverain qui laissez faire, vous, le juge qui pardonnez; vous qui êtes plein de motifs et de causes,

she said, "Those are the interns, and here, these are the externs."

And she spread like a fan a bunch of photographs of much younger faces.

"Next time we meet, you'll give me your picture, won't you, darling?"

—But, following my train of thought, my own fixed idea, I said to her: "What makes you think I'm a doctor?"

"Because you're so polite and kind to women!"

"Some logic!" I said to myself.

"Oh! I'm hardly ever wrong; I've known so many. I love those gentlemen so much that, even when I'm not sick I sometimes go to see them. Some tell me cooly, 'You aren't sick at all!' But others understand, because I pout at them."

"And when they don't understand... ?"

"Well! since I've bothered them *with nothing*, I leave ten francs on the mantelpiece.—They're so good and kind, those men!—At the *Pitié* I've discovered an intern, pretty as an angel, and so polite. He has to work, poor kid! His classmates told me that he hasn't got a sou, because his folks are poor and can't send him a thing. That gave me courage. After all, I'm pretty enough, if not exactly young. I said to him, 'Come see me, see me often. It won't cost you a thing. I don't need the money.' But, of course, I made that clear to him in a host of little ways; I didn't blurt it out crudely. I was so afraid of hurting him, the dear child!—Well! would you believe, I have a fantasy that I don't dare tell him about? I want him to come to see me with his black bag and his lab coat, even with a little blood on it!"

She said this with perfect candor, the way a man of sensibility might say to an actress he's in love with: "I'd like to see you in the costume you wore in that famous part you created."

I persisted: "Can't you remember the time and place when this particular whim first occurred to you?"

I found it hard to make her understand; finally I succeeded. She answered very sadly and, as I recall, with downcast eyes: "I don't know... don't remember."

What oddities can't you find in a big city, when you know where to walk and how to look? Life swarms with innocent monsters. Lord God! Thou the Creator, Thou the Master, Thou hast given us the Law and Freedom. Thou the Sovereign dost permit, and Thou dost pardon.

et qui avez peut-être mis dans mon esprit le goût de l'horreur pour convertir mon cœur, comme la guérison au bout d'une lame; Seigneur, ayez pitié, ayez pitié des fous et des folles! Ô Créateur! peut-il exister des monstres aux yeux de Celui-là seul qui sait pourquoi ils existent, comment ils *se sont faits* et comment ils auraient pu *ne pas se faire?*

48 • ANY WHERE OUT OF THE WORLD

N'IMPORTE OÙ HORS DU MONDE

Cette vie est un hôpital où chaque malade est possédé du désir de changer de lit. Celui-ci voudrait souffrir en face du poêle, et celui-là croit qu'il guérirait à côté de la fenêtre.

Il me semble que je serais toujours bien là où je ne suis pas, et cette question de déménagement en est une que je discute sans cesse avec mon âme.

«Dis-moi, mon âme, pauvre âme refroidie, que penserais-tu d'habiter Lisbonne? Il doit y faire chaud, et tu t'y ragaillardirais comme un lézard. Cette ville est au bord de l'eau; on dit qu'elle est bâtie en marbre, et que le peuple y a une telle haine du végétal, qu'il arrache tous les arbres. Voilà un paysage selon ton goût; un paysage fait avec la lumière et le minéral, et le liquide pour les réfléchir!»

Mon âme ne répond pas.

«Puisque tu aimes tant le repos, avec le spectacle du mouvement, veux-tu venir habiter la Hollande, cette terre béatifiante? Peut-être te divertiras-tu dans cette contrée dont tu as souvent admiré l'image dans les musées. Que penserait-tu de Rotterdam, toi qui aimes les forêts de mâts, et les navires amarrés au pied des maisons?»

Mon âme reste muette.

«Batavia te sourirait peut-être davantage? Nous y trouverions d'ailleurs l'esprit de l'Europe marié à la beauté tropicale.»

Pas un mot.—Mon âme serait-elle morte?

«En es-tu donc venue à ce point d'engourdissement que tu ne te plaises que dans ton mal? S'il en est ainsi, fuyons vers les pays qui sont les analogies de la Mort.—Je tiens notre affaire, pauvre âme! Nous ferons nos malles pour Tornéo. Allons plus loin encore, à l'extrême bout de la Baltique; encore plus loin de la vie, si c'est possible; installons-nous au pôle. Là le soleil ne frise qu'obliquement la terre, et les lentes alternatives de la lumière et de la nuit suppriment la variété et augmentent la monotonie, cette moitié du néant. Là, nous pourrons

Full of motives and causes, perhaps Thou hast put into my mind a taste for horror to convert my heart, like healing at the tip of a lancet. Lord, Lord, take pity on the mad, the mad men and women! O Creator! do monsters exist in the eyes of Him, Who alone knows why they exist and how they *have been made,* and how they could *not have been made?*

48 • ANY WHERE OUT OF THE WORLD

Life is a hospital where every patient is possessed by a desire to change beds. This one wants to suffer in front of the stove, and that one thinks he'll feel better near the window.

It seems to me that I'd always be better off somewhere I'm not, and I always argue this matter of moving with my soul.

"Tell me, my soul, my poor chill soul, how would you like to live in Lisbon? It must be warm there, and you'd become invigorated like a lizard. The city's on the coast. They say it's built of marble, and the people hate vegetation so much that they tear out all the trees. A country to your taste, a landscape that's all mineral and light, and water to reflect them."

Soul does not reply.

"Since you love to loll and watch the pageantry of motion, would you like to live in Holland, that blessed land? Perhaps you'd be diverted in that country whose pictures you so admire on the walls of art museums. What do you think of Rotterdam? You love forests of masts and ships moored at your doorstep."

Soul stands silent.

"Would Batavia delight you more? Besides, we'd find the mentality of Europe wedded to the beauty of the tropics."

Not one word.—Has my soul died?

"Have you come to such a stage of torpor that you're happy only when you're miserable? If that's the case, let's fly to countries that are analogs of Death.

"I have just the thing, poor soul! We'll pack our bags for Torneo. We'll go even further, to the far end of the Baltic; or farther still from life, if possible; we'll settle at the Pole. There the sun strikes the earth only at a slant, and the slow alternations of day and night obliterate variety and accentuate monotony, that better half of nothingness. There

prendre de longs bains de ténèbres, cependant que, pour nous divertir, les aurores boréales nous enverront de temps en temps leurs gerbes roses, comme des reflets d'un feu d'artifice de l'Enfer!»

Enfin, mon âme fait explosion, et sagement elle me crie: «N'importe où! n'importe où! pourvu que ce soit hors de ce monde!»

49 • ASSOMMONS LES PAUVRES!

Pendant quinze jours je m'étais confiné dans ma chambre, et je m'étais entouré des livres à la mode dans ce temps-là (il y a seize ou dix-sept ans); je veux parler des livres où il est traité de l'art de rendre les peuples heureux, sages et riches, en vingt-quatre heures. J'avais donc digéré,—avalé, veux-je dire,—toutes les élucubrations de tous ces entrepreneurs de bonheur public,—de ceux qui conseillent à tous les pauvres de se faire esclaves, et de ceux qui leur persuadent qu'ils sont tous des rois détrônés.—On ne trouvera pas surprenant que je fusse alors dans un état d'esprit avoisinant le vertige ou la stupidité

Il m'avait semblé seulement que je sentais, confiné au fond de mon intellect, le germe obscur d'une idée supérieure à toutes les formules de bonne femme dont j'avais récemment parcouru le dictionnaire. Mais ce n'était que l'idée d'une idée, quelque chose d'infiniment vague.

Et je sortis avec une grande soif. Car le goût passionné des mauvaises lectures engendre un besoin proportionnel du grand air et des rafraîchissants.

Comme j'allais entrer dans un cabaret, un mendiant me tendit son chapeau, avec un de ces regards inoubliables qui culbuteraient les trônes, si l'esprit remuait la matière, et si l'œil d'un magnétiseur faisait mûrir les raisins.

En même temps, j'entendis une voix qui chuchotait à mon oreille, une voix que je reconnus bien; c'était celle d'un bon Ange, ou d'un bon Démon, qui m'accompagne partout. Puisque Socrate avait son bon Démon, pourquoi n'aurais-je pas mon bon Ange, et pourquoi n'aurais-je pas l'honneur, comme socrate, d'obtenir mon brevet de folie, signé du subtil Lélut et du bien avisé Baillarger?

Il existe cette différence entre le Démon de Socrate et le mien, que celui de Socrate ne se manifestait à lui que pour défendre, avertir, empêcher, et que le mien daigne conseiller, suggérer, persuader. Ce pauvre Socrate n'avait qu'un Démon prohibiteur; le mien est un grand affirmateur, le mien est un Démon d'action, un Démon de combat.

Or, sa voix me chuchotait ceci: «Celui-là seul est l'égal d'un autre,

we'll take long baths in darkness, while, to divert us, the Aurora Borealis will shoot up rosy sheaves now and then, like reflections of the fireworks in Hell!"

At last my soul explodes! "Anywhere! Anywhere! So long as it's out of this world!"

49 • LET'S BASH THE BEGGARS!

For fifteen days I'd shut myself up in my room, surrounded by books, the best sellers of the day (sixteen or seventeen years ago). I refer to self-help books on the art of making people happy, wise and rich in twenty-four hours. I had digested—at least swallowed—all the lucubrations of entrepreneurs of public happiness: those who advise all the poor to become slaves, as well as those who persuade them that they are all dethroned kings. It should be no surprise that my state of mind lay between stupidity and vertigo.

It seemed to me, however, that I sensed, in the back of my mind, the germ of an idea superior to all the old wives' formulas, the dictionary of which I had recently perused; it was only an idea about an idea, something infinitely vague.

And I went outdoors with a great thirst. Because an impassioned taste for bad books begets a proportionate need for open air and cool drinks.

As I was about to enter a bar, a beggar held out his hat with one of those unforgettable expressions that could topple thrones, if mind could move matter and the eye of a hypnotist could ripen grapes.

At the same time, a voice whispered in my ear, a voice well known to me, the voice of my good Angel, or good Demon, who goes everywhere with me. Since Socrates had his good Demon, why shouldn't I have my good Angel, and why shouldn't I have the honor, like Socrates, to obtain my brevet of madness signed by the cunning Lelut and the circumspect Baillarger?

This is the difference between Socrates' Demon and my own: Socrates' Demon appeared to him to forbid, to warn, or to prevent; mine comes to council, suggest, persuade. Poor Socrates had only a prohibitionist Demon; mine is a great affirmer, a Demon of action, a Demon of combat.

Well, the voice whispered this: "A man is equal to another only if

qui le prouve, et celui-là seul est digne de la liberté, qui sait la conquérir.»

Immédiatement, je sautai sur mon mendiant. D'un seul coup de poing, je lui bouchai un œil, qui devint, en une seconde, gros comme une balle. Je cassai un de mes ongles à lui briser deux dents, et comme je ne me sentais pas assez fort, étant né délicat et m'étant peu exercé à la boxe, pour assommer rapidement ce vieillard, je le saisis d'une main par le collet de son habit, de l'autre, je l'empoignai à la gorge, et je me mis à lui secouer vigoureusement la tête contre un mur. Je dois avouer que j'avais préalablement inspecté les environs d'un coup d'œil, et que j'avais vérifié que dans cette banlieue déserte je me trouvais, pour un assez long temps, hors de la portée de tout agent de police.

Ayant ensuite, par un coup de pied lancé dans le dos, assez énergique pour briser les omoplates, terrassé ce sexagénaire affaibli, je me saisis d'une grosse branche d'arbre qui traînait à terre, et je le battis avec l'énergie obstinée des cuisiniers qui veulent attendrir un beefteack.

Tout à coup,—ô miracle! ô jouissance du philosophe qui vérifie l'excellence de sa théorie!—je vis cette antique carcasse se retourner, se redresser avec une énergie que je n'aurais jamais soupçonnée dans une machine si singulièrement détraquée, et, avec un regard de haine qui me parut de *bon augure,* le malandrin décrépit se jeta sur moi, me pocha les deux yeux, me cassa quatre dents, et avec la même branche d'arbre me battit dru comme plâtre.—Par mon énergique médication, je lui avais donc rendu l'orgueil et la vie.

Alors, je lui fis force signes pour lui faire comprendre que je considérais la discussion comme finie, et me relevant avec la satisfaction d'un sophiste du Portique, je lui dis: «Monsieur, *vous êtes mon égal!* veuillez me faire l'honneur de partager avec moi ma bourse; et souvenez-vous, si vous êtes réellement philanthrope, qu'il faut appliquer à tous vos confrères, quand ils vous demanderont l'aumône, la théorie que j'ai eu la *douleur* d'essayer sur votre dos.»

Il m'a bien juré qu'il avait compris ma théorie, et qu'il obéirait à mes conseils.

he can prove it; only he is worthy of liberty who knows how to conquer."

I immediately pounced on my beggar. With one punch, I closed his eye; in one second, it swelled big as a ball. I broke a fingernail knocking out two teeth. I have never been strong, having been born delicate, and I never learned to box, so I knew I couldn't knock the old man out. With one hand I grabbed his collar, with the other seized his throat and began to pound his head against the wall, with vigor. I must confess that I first took care to glance around, making sure, in this empty neighborhood, that, for time enough, I wouldn't be bothered by the police.

I felled that feeble sixty year old with a kick in the back, hard enough to break his shoulder blades; then I picked up a tree limb lying on the ground and beat on him with all the obstinate energy of a cook tenderizing a beefsteak.

Suddenly—O miracle! O bliss of the philosopher who verifies his theory!—I saw that antique carcass flip itself and leap with a vigor I'd never have suspected of such wornout machinery; and, with a look of hatred that seemed to me a *good omen,* the decrepit bum set upon me, punched up both my eyes, broke four of my teeth. Then, with the same tree limb, he beat me flat as plaster.—My energizing medicine had restored his pride and spirit.

By many signs I finally made him understand that the score was settled, and, getting up, I said to him, with all the satisfaction of a front-porch philosopher: "Sir, *you are my equal!* Do me the honor of sharing my purse. And, remember, if you are a true philanthropist, when your comrades ask for a handout, you apply to them the theory that I have been *at great pains* to try out on your back."

He swore that he understood my theory, and promised that he would take my good advice.

À M. Joseph Stevens.

Je n'ai jamais rougi, même devant les jeunes écrivains de mon siècle, de mon admiration pour Buffon; mais aujourd'hui ce n'est pas l'âme de ce peintre de la nature pompeuse que j'appellerai à mon aide. Non.

Bien plus volontiers je m'adresserais à Sterne, et je lui dirais: «Descends du ciel, ou monte vers moi des champs Élyséens, pour m'inspirer en faveur des bons chiens, des pauvres chiens, un chant digne de toi, sentimental farceur, farceur incomparable! Reviens à califourchon sur ce fameux âne qui t'accompagne toujours dans la mémoire de la postérité; et surtout que cet âne n'oublie pas de porter, délicatement suspendu entre ses lèvres, son immortel macaron!»

Arrière la muse académique! je n'ai que faire de cette vieille bégueule. J'invoque la muse familière, la citadine, la vivante, pour qu'elle m'aide à chanter les bons chiens, les pauvres chiens, les chiens crottés, ceux-là que chacun écarte, comme pestiférés et pouilleux, excepté le pauvre dont ils sont les associés, et le poète qui les regarde d'un œil fraternel.

Fi du chien bellâtre, de ce fat quadrupède, danois, king-charles, carlin ou gredin, si enchanté de lui-même qu'il s'élance indiscrètement dans les jambes ou sur les genoux du visiteur, comme s'il était sûr de plaire, turbulent comme un enfant, sot comme une lorette, quelquefois hargneux et insolent comme un domestique! Fi surtout de ces serpents à quatre pattes, frissonnants et désœuvrés, qu'on nomme levrettes, et qui ne logent même pas dans leur museau pointu assez de flair pour suivre la piste d'un ami, ni dans leur tête aplatie assez d'intelligence pour jouer au domino!

À la niche, tous ces fatigants parasites!

Qu'ils retournent à leur niche soyeuse et capitonnée! Je chante le chien crotté, le chien pauvre, le chien sans domicile, le chien flâneur, le chien saltimbanque, le chien dont l'instinct, comme celui du pauvre, du bohémien et de l'histrion, est merveilleusement aiguillonné par la nécessité, cette si bonne mère, cette vraie patronne des intelligences!

Je chante les chiens calamiteux, soit ceux qui errent, solitaires, dans les ravines sinueuses des immenses villes, soit ceux qui ont dit à l'homme abandonné, avec des yeux clignotants et spirituels: «Prends-moi avec toi, et de nos deux misères nous ferons peut-être une espèce de bonheur!»

«Où vont les chiens?» disait autrefois Nestor Roqueplan dans un im-

To Joseph Stevens

My admiration for Buffon has never made me blush, even when facing the younger writers of my generation; but today I would not ask for help from that master of the solemnity of nature.

No, I'd rather call on Sterne and say: "Come down from heaven or up from the Elysian Fields to inspire in me a song about poor dogs, faithful dogs, a song worthy of you, sentimental joker, incomparable joker! Return astride that famous donkey who, in the memory of posterity, always accompanies you; and above all make sure that the donkey doesn't forget to bring, delicately held between his lips, his immortal macaroon!"

Away with the academic muse! I'll have no truck with that squeamish old maid. I invoke the familiar muse, the city girl, the live one, to come and help me sing about the faithful dogs, the poor dogs, the dirty dogs, the sort that's foul and flea- bitten, shunned by everyone except the wretch he lives with and the poet who watches him with a brotherly affection.

Down with the stylish pup, that conceited quadruped: Great Dane, King Charles, pug or spaniel, always so pleased with himself, he darts unheeding between a visitor's legs or onto his lap, just as he pleases, noisy as a child, silly as a slut, sometimes as insolent and peevish as a servant! Above all, down with those four-legged snakes, the idle, trembling greyhounds! There isn't flare enough in their pointed muzzles to scent their own master, and in their shrunken heads not brains enough for dominoes!

To the doghouse, all such tiresome parasites!

To the silken, quilted doghouse! I sing the dirty dog, the poor dog, the homeless dog, the wanderer, the circus dog, the dog, whose instinct, like that of the poor, the gypsy, and the strolling player, is marvelously sharpened by necessity, the mother and true patron of native wit!

I sing the dog calamitous who wanders lonely in the winding gutters of great cities, who gazes up with blinking, soulful eyes at some poor outcast, as if to say: "Take me with you. Perhaps two miseries shared can make a sort of happiness!"

"Where do dogs go?" Nestor Roqueplan once asked in an immortal

mortel feuilleton qu'il a sans doute oublié, et dont moi seul, et Sainte-Beuve peut-être, nous nous souvenons encore aujourd'hui.

Où vont les chiens, dites-vous, hommes peu attentifs? Ils vont à leurs affaires.

Rendez-vous d'affaires, rendez-vous d'amour. À travers la brume, à travers la neige, à travers la crotte, sous la canicule mordante, sous la pluie ruisselante, ils vont, ils viennent, ils trottent, ils passent sous les voitures, excités par les puces, la passion, le besoin ou le devoir. Comme nous, ils se sont levés de bon matin, et ils cherchent leur vie ou courent à leurs plaisirs.

Il y en a qui couchent dans une ruine de la banlieue et qui viennent, chaque jour, à heure fixe, réclamer la sportule à la porte d'une cuisine du Palais-Royal; d'autres qui accourent, par troupes, de plus de cinq lieues, pour partager le repas que leur a préparé la charité de certaines pucelles sexagénaires, dont le cœur inoccupé s'est donné aux bêtes, parce que les hommes imbéciles n'en veulent plus.

D'autres qui, comme des nègres marrons, affolés d'amour, quittent, à de certains jours, leur département pour venir à la ville, gambader pendant une heure autour d'une belle chienne, un peu négligée par sa toilette, mais fière et reconnaissante.

Et ils sont tous très exacts, sans carnets, sans notes et sans portefeuilles.

Connaissez-vous la paresseuse Belgique, et avez-vous admiré comme moi tous ces chiens vigoureux attelés à la charrette du boucher, de la laitière ou du boulanger, et qui témoignent, par leurs aboiements triomphants, du plaisir orgueilleux qu'ils éprouvent à rivaliser avec les chevaux?

En voici deux qui appartiennent à un ordre encore plus civilisé! Permettez-moi de vous introduire dans la chambre du saltimbanque absent. Un lit, en bois peint, sans rideaux, des couvertures traînantes et souillées de punaises, deux chaises de paille, un poêle de fonte, un ou deux instruments de musique détraqués. Oh! le triste mobilier! Mais regardez, je vous prie, ces deux personnages intelligents, habillés de vêtements à la fois éraillés et somptueux, coiffés comme des troubadours ou des militaires, qui surveillent, avec une attention de sorciers, *l'œuvre sans nom* qui mitonne sur le poêle allumé, et au centre de laquelle une longue cuiller se dresse, plantée comme un de ces mâts aériens qui annoncent que la maçonnerie est achevée.

N'est-il pas juste que de si zélés comédiens ne se mette pas en route sans avoir lesté leur estomac d'une soupe puissante et solide? Et ne pardonnerez-vous pas un peu de sensualité à ces pauvres diables qui ont à affronter tout le jour l'indifférence du public et les injustices d'un

article which he, no doubt, has long forgotten, which I alone, and Sainte-Beuve perhaps, remember to this day.

Where do dogs go, you ask, you inattentive fellow. They go about their business.

Business meetings, lovers' meetings. Through fog, through snow, through mud, beneath the grinding dogday sun, into the pouring rain, they go, they come, they trot, they traipse among the carriage wheels, tormented by their fleas, their passions, and their needs or obligations. Like us, they get up in the morning, look to their livelihood, pursue their happiness.

Some bed down in ruins on the outskirts, but each day, at a certain time, they come looking for a handout at the kitchens of the Palais-Royal; others run five leagues or more in packs to share the meals provided by the charity of sexagenarian old maids whose fallow hearts are given to the animals because wrongheaded men don't want them.

Others, like runaway negroes, made mad by love, at certain times forsake their businesses and come trotting into town to frisk away an hour with some nifty bitch, a bit soiled, but proud and appreciative.

They are all very punctual, without notebooks, memos or a brief-case.

Do you know slothful Belgium? Have you admired, as I have, all those lively dogs harnessed to the butcher's cart, the milkman's and the baker's? They prove by their triumphal bark how pleased and proud they are to be the horse's rival.

Here are two who belong to an even more civilized order! Let me show you to the room of an entertainer who's away from home. A bed of painted wood, no canopy, the blankets mussed and stained by bugs, two cane-bottom chairs, a cast-iron stove, one or two broken musical instruments. Oh! what wretched furnishings. But please look at these two intelligent characters dressed up in clothes, threadbare but sump-tuous, and a troubador's or soldier's cap, who watch, with the intensity of a witch, the *untitled opus* simmering on the lighted stove, a long spoon sticking up like one of those antennas that proclaim the masons' work is finished.

Is it fair that such zealous actors should go off to work before they line their stomachs with a hearty soup? Can't you forgive a little self-indulgence in these poor devils who every day are faced by the indif-

directeur qui se fait la grosse part et mange à lui seul plus de soupe que quatre comédiens?

Que de fois j'ai contemplé, souriant et attendri, tous ces philosophes à quatre pattes, esclaves complaisants, soumis ou dévoués, que le dictionnaire républicain pourrait aussi bien qualifier d'*officieux,* si la république, trop occupée du *bonheur* des hommes, avait le temps de ménager l'*honneur* des chiens!

Et que de fois j'ai pensé qu'il y avait peut-être quelque part (qui sait, après tout?), pour récompenser tant de courage, tant de patience et de labeur, un paradis spécial pour les bons chiens, les pauvres chiens, les chiens crottés et désolés. Swedenborg affirme bien qu'il y en a un pour les Turcs et un pour les Hollandais!

Les bergers de Virgile et de Théocrite attendaient, pour prix de leurs chants alternés, un bon fromage, une flûte du meilleur faiseur, ou une chèvre aux mamelles gonflées. Le poète qui a chanté les pauvres chiens a reçu pour récompense un beau gilet, d'une couleur, à la fois riche et fanée, qui fait penser aux soleils d'automne, à la beauté des femmes mûres et aux étés de la Saint-Martin.

Aucun de ceux qui étaient présents dans la taverne de la rue Villa-Hermosa n'oubliera avec quelle pétulance le peintre s'est dépouillé de son gilet en faveur du poète, tant il a bien compris qu'il était bon et honnête de chanter les pauvres chiens.

Tel un magnifique tyran italien, du bon temps, offrait au divin Arétin soit une dague enrichie de pierreries, soit un manteau de cour, en échange d'un précieux sonnet ou d'un curieux poème satirique.

Et toutes les fois que le poète endosse le gilet du peintre, il est contraint de penser aux bons chiens, aux chiens philosophes, aux étés de la Saint-Martin et à la beauté des femmes très mûres.

ference of the public and the unfairness of a director who grabs the biggest part and eats more soup than any four performers?

How often I've watched, attentive and smiling, these four-footed philosophers, complaisant slaves, submissive and devoted. The Directory of the Republic could list them as "Public Benefactors," if the Republic, so busy with the *happiness* of men, ever took the time to pay *homage* to dogs.

How many times I've thought that somewhere there must be (why not?) a special paradise for faithful dogs, poor dogs, the dirty and lonely dogs, to compensate them for such courage, patience and hard work. Swedenborg claims there's one for Turks and one for Hollanders!

As a prize for their songs, the shepherds of Virgil and Theocritus used to receive, in turn, a good cheese, a new and well made flute, or a goat with swollen udders. The poet who sings about poor dogs receives a vest of rich and faded hue, reminiscent of the suns of autumn, the beauty of well ripened women and of Indian summer.

Those present at the tavern on rue Villa-Hermosa will never forget with what impetuosity the painter stripped off his vest and gave it to the poet. He understood full well that it was fit and proper to sing the faithful dog.

Thus a great Italian tyrant in past times gave to the admirable Aretino a dagger set with stones or a courtier's cloak in exchange for precious sonnets or satiric poems.

And every time the poet wears the painter's vest, he thinks of faithful dogs, of dog-philosophers, of Indian summers and of women who are somewhat overripe.

THE TITLE

In 1846 Charles Baudelaire (CB) planned to publish his poems as a book to be called *Les Lesbiennes*. In 1848 he changed the working title to *Les Limbes* (Limbo), but in 1852 that name was preempted by Dr. Louis-Desire Veron, a physician-poet and well known *bon-vivant. Les Fleurs du mal* was suggested to CB one evening by Hippolyte Babou, a literary critic. In 1855 CB published eighteen new poems in *La Revue des Deux Mondes,* calling them *Les Fleurs du mal.* The first edition of his book, *Les Fleurs du mal,* finally appeared on June 25, 1857.

TO THE READER

Satan Trismegist: The Thrice Great Satan. Also the Greek Hermes and the Roman Mercury. The reference here is to the science of alchemy, the Hermetic Art of transmuting dross to gold. Hermes Trismegistes (Thrice-Divine Hermes) is also a name given to the Egyptian god, Toth, hypothetical founder of Alchemy. Science knows no boundaries.

SPLEEN AND THE IDEAL

1/ BENEDICTION

Gehenna is Hell, from the Hebrew, *Gei Ben Hinnom,* the Valley of the Son of Hinnom. In this valley, south of Jerusalem, a cult of Moloch-worshipers burned children as sacrifices. The valley was cursed (Cf. *Jeremiah* 7: 13) and, in time, its name became identified with the place of torment of the wicked after death.

Palmyra was the biblical Tadmur, a great city of eastern Syria, astride the trade route linking Damascus to the Euphrates.

5/ I REVEL IN THE NUDITY OF DAYS OF OLD...

Phoebus was the Greek god of the sun; Phoebus is also the sun itself.

Cybele, in Phrygian mythology, was the goddess of nature and fertility. The Earth Mother.

6/ BEACONS

Puget: Pierre Puget (1622–1694) was a painter and sculptor in the court of Louis XIV.

Weber: Carl Maria von Weber (1786–1829) was a German composer in the Romantic style. See Note 18/ *Paris Spleen.*

7/ THE AILING MUSE

Minturno. The Minturno marshes are south of Rome. After a military defeat (88 BC), the Roman general Caius Marius attempted to hide by burying himself naked in the muck of the swamp. In this condition, Marius was captured.

Phoebus. See Note 5/ above.

Pan was the Greek god of pastures, forests, flocks and herds, and also the universal deity. Lustful, he was the symbol of fertility.

8/ THE VENAL MUSE

Bora is the north wind of the Adriatic. Boreas was the Greek god of the north wind.

Te Deum. Te Deum laudamus. Latin. "We Praise Thee, O God" is a traditional Christian hymn sung on holidays and occasions of joyful celebration.

Saltimbanque. An acrobat. See Note 14/ *Paris Spleen.*

11/ BAD LUCK

Sisyphus, father of Ulysses in Greek mythology, was punished in the afterworld for telling a secret about the love-life of Zeus, king of the Greek gods. Sisyphus had to roll a huge stone to the top of a hill where it always broke away and rolled back down. This went on forever.

Art is long... The First Aphorism of Hippocrates, the physician, states, "Life is short and the Art long, the occasion fleeting, experiment dangerous and judgment difficult." CB came upon this in Longfellow's "A Psalm of Life": "Art is long and Time is fleeting, /And our hearts, though stout and brave,/Still, like muffled drums, are beating/Funeral marches to the grave."

Full many a flower... From Thomas Gray's "Elegy Written in a Country Churchyard": "Full many a flower is born to blush unseen/And waste its sweetness on the desert air."

13/ GYPSIES ON THE ROAD

Cybele. The Earth Mother. See Note 5/ above.

15/ DON JUAN IN HADES

Charon, in Greek mythology, was the old man who, for a fee, ferried Shades of the dead across the River Styx to Hades, the hell of the underworld.

Antisthenes, an Athenian philosopher (350 BC), dressed himself in rags. He was a teacher of Socrates who said of him, "I can see rank pride staring through the holes in Antisthenes' rags."

Sganarelle is the Don's foolish valet in Moliere's play, *Dom Juan.*

Don Luis is Don Juan's father.

Elvira is the woman whom Don Juan abducts, marries and abandons.

Man of stone is the statue-come-to-life of the Commandant whom Don Juan had murdered in a duel regarding the chastity of the Commandant's daughter.

18/ THE IDEAL

Gavarni is the pseudonym of Sulpice-Guillaume Chevalier (1801–1866) who was a caricaturist much admired by CB.

Chlorosis is a severe iron-deficiency anemia which gives a greenish cast to the complexion.

Lady Macbeth is the murderous queen in Shakespeare's tragedy, *Macbeth.*

Aeschylus (540 BC) was the main founder of Greek tragic drama.

Sirocco is a hot, southerly wind off the North African deserts. It blows seasonally over the Mediterranean coast of Europe: Italy, Albania, Greece. "To step out of doors was like passing into a furnace." (Norman Douglas: *South Wind*)

Night refers to the massive female figure on Michelangelo's *Tomb of the Medici* in Florence.

Titans, in Greek mythology, were giants of enormous size, strength, lawlessness and force.

20/ THE MASK

This poem describes a statue by the French sculptor, Ernest Christophe (1823–1896), entitled *La Comedie Humaine.*

21/ HYMN TO BEAUTY

Sirens, sea nymphs in Greek mythology, were chimeras—half woman, half bird—whose sweet singing caused listeners to forget to eat and to starve to death; or lured them into the water where they drowned.

26/ *SED NON SATIATA*

This Latin title is taken from a line of Juvenal's *Satire VI, The Ways of Women: "Lassata viris necdum satiata recessit."* (Exhausted by the men, and still not satisfied, she withdrew.) Juvenal (ca 100 AD) was the best of the Roman satiric poets.

Obi or obeah is a witchcraft practiced by the Negroes in West Africa and, even today, in the West Indies. Also, as here, a practitioner of obi, a negro sorcerer, an obi-man.

Faust, in medieval legends, was a man who sold his soul to the devil in ex-

change for magic powers. The theme has been mined by Marlowe, Goethe, and Mann.

Constance: Constantia was a South African dessert wine said to have been a favorite of Napoleon's. It is no longer grown.

Nuits: A famous Burgundy, Nuits St.-George.

Stygian: The river Styx encircled Hades nine times. See Note 83/ below. The number nine, in this context, has classic precedent. The Roman poet Catullus (BC 87–57), in his Poem 32, writes to beautiful Ipsitilla seeking an assignation at noon and instructing her to plan nine copulations in a row *(nounem continuas fututiones).*

Megaera was one of the three Furies of Greek mythology, The Jealous One. See Note 128/ below.

Proserpina, in Greek mythology, was the Queen of Hades, the Queen of Death.

28/ THE DANCING SERPENT

Bohemia's wine, aside from being bitter, is not noteworthy; but *Bohême* rhymes with *parsème.*

30/ *DE PROFUNDIS CLAMAVI*

Latin: "Out of the depths have I cried to Thee, O Lord" (Cf. Psalm 130: 1). This is one of the seven Penitential Psalms and has a place in the Office of the Dead of the Roman Catholic Church.

Original Chaos, the way things were before the Creation.

32/ *ONE NIGHT WHEN I WAS WITH A GHASTLY FEMALE JEW . . .*

The Jewess was a woman named Sarah, CB's mistress in his youth. She was the heroine of several hate poems.

35/ *DUELLUM*

Latin: the archaic form of *Bellum* (War). The word also suggests a duel.

Glaive, in both French and English, is an archaic word for broadsword.

Catopard. (Cat[leo]pard). There is no English equivalent for *chat-pard, Felis bengalensis.*

37/ THE POSSESSED

Beelzebub is the "Prince of the devils." (Cf. *Matthew* 12: 24.)

40/ *SEMPER EADEM*

Latin: "Always the same way."

43/ THE LIVING TORCH

"Ils sont mes serviteurs et je suis leur esclave" is almost verbatim from Poe's "To Helen": "They are my ministers—yet I their slave." This poem by CB is a variation on the last stanza of "To Helen".

44/ REVERSIBILITY

David. The reference is to the story of beautiful Abishage and the dying David: "His servants said unto him, 'Let there be sought for my lord the king a young virgin; and let her stand before the king and be a companion unto him; and let her lie in thy bosom, that my lord the king may get heat. . . . '" (Cf. *First Kings* 1: 2.)

47/ EVENING HARMONY

A lofty altar: The altar (*reposoir*) on which the consecrated Host is reserved before Good Friday.

Monstrance: A gold vessel in which the consecrated Host is exposed for veneration.

48/ THE FLASK

Lazarus was raised from the dead by Christ after he lay four days in the tomb. (Cf. *John* 11: 39–44.)

52/ THE BEAUTIFUL BOAT

Infant Hercules, of Greek mythology, was set upon in his cradle by two serpents sent to kill him. Grasping one in each hand, he strangled them. And laughed.

53/ L'INVITATION AU VOYAGE

The title and theme are developed in Paris Spleen /18.

57/ TO A MADONNA

Skean: a dagger.

59/ SISINA

Sisina, in a novel by Elisa Neri, was a "seductive adventuress". Neri was a friend of Mme Sabatier, who was CB's White Venus, the inspiration of his White Venus cycle of poems. Jeanne Duval, his mulatto mistress, was the Black Venus. Marie Daubrune, an actress, was the Green-eyed Venus.

Diana, in Greek Mythology, was the goddess of the hunt.

Théroigne: Théroigne de Mericourt was a heroine of the French Revolution. "A dangerous virago," she could whip a crowd into a frenzy. She died insane.

IN PRAISE OF MY FRANCISCA

In *The Flowers of Evil*, between 59/ "Sisina" and 60/ "To a Creole Lady," is a poem composed in Latin for an "erudite and devout Milliner" named Francisca. I have not translated it, but offer it here to those who would. (W.C.)

FRANCISCAE MEAE LAUDES

Novis te cantabo chordis,
O novelletum quod ludis
In solitudine cordis.

Esto sertis implicata,
O femina delicata
Per quam solvuntur peccata!

Sicut beneficum Lethe,
Hauriam oscula de te,
Quae imbuta es magnete.

Quum vitiorum tempestas
Turbabat omnes semitas,
Apparuisti, Deitas,

Velut stella salutaris
In naufragiis amaris...
Suspendam cor tuis aris!

Piscina plena virtutis,
Fons aeternae juventutis,
Labris vocem redde mutis!

Quod erat spurcum, cremasti;
Quod rudius, exaequasti;
Quod debile, confirmasti.

In fame mea taberna,
In nocte mea lucerna,
Recte me semper guberna.

Adde nunc vires viribus,
Dulce balneum suavibus
Unguentatum odoribus!

Meos circa lumbos mica,
O castitatis lorica,
Aqua tincta seraphica;

Patera gemmis corusca,
Panis salsus, mollis esca,
Divinum vinum, Francisca!

61/ *MOESTA ET ERRABUNDA*

Latin: Melancholy and vagrant.

Agatha. The identity of CB's Agathe is not known.

63/ AUTUMN SONNET

The marguerite: This is the common daisy.

Marguerite: This is the virgin Marguerite of Goethe's *Faust.*

65/ CATS

Erebus, in Greek mythology, was the dark cavern through which the Shades of the dead were carried on their way to Hades.

72/ VAT OF HATRED

The Danaides, in Greek mythology, were the fifty daughters of Danaus, King of Argos. One night the girls all murdered their husbands. For this they were condemned in Hades to draw water from a deep well using seives.

Lerna's hydra, in Greek mythology, was a many-headed water-snake in the Lernean marshes in Argola. One of the dangerous and difficult tasks of Hercules was to decapitate the hydra. Whenever one head was cut off, the monster immediately grew two more.

74/ SPLEEN

Spleen, in these four poems (74/–77/), means emotional depression. Physicians of the Hippocratic school of ancient Greece believed the spleen to be the organ of melancholy and anger. *(Melancholy* is from two Greek words which mean black bile.) The spleen was supposed to be the source of that ill humor.

Pluvius. Jupiter Pluvius was the Roman god of rain. Pluvose was the fifth month (January 20 - February 18) of the French Revolutionary calendar.

75/ SPLEEN

Boucher: François Boucher (1703–1770) was a rococo painter at the court of Louis XV, noted for creamy, unselfconscious nudes.

76/ SPLEEN

Roman heritage. The *taurobolium,* a ceremony of rebirth, was in vogue in Imperial Rome. The celebrant stepped into a shallow pit covered with perforated planks whereon a priest sacrificed a bull. The blood flowed through the holes,

and the old man (*senator*) soaked up what he could, then emerged from the other end of the pit as from a tomb. Cheers from the crowd!

Lethe. See Note 129/ below.

78/ OBSESSION

De profundis. See Note 30/ above.

80/ ALCHEMY OF GRIEF

Hermes, the Roman Mercury, was the Greek god of science and thievery, hence the patron of lawyers and doctors. And, ah yes, alchemists... and translators!

Midas. In Greek mythology the gods granted the wish of King Midas, that everything he touched would turn to gold. As it turned out, the gift of the gods applied to food and even to the king's son.

81/ SYMPATHETIC HORROR

Ovid (43 BC-AD 17), the greatest Latin poet of his day, was permanently banished to the Black Sea by Emperor Augustus (8 AD). Ovid pleaded often but unsuccessfully for pardon. His crime is not recorded.

82/ *HEAUTON TIMOROUMENOS*

Latin: "Tormentor of Oneself." This is the title of a play (162 BC) by Terence, Roman dramatist.

Moses was commanded by God: "... thou shalt smite the rock, and there shall come water out of it, that the people may drink." (Cf. *Exodus* 17: 6.)

Et qui ne peuvent plus sourire! This is, almost verbatim, the last line of Poe's "The Haunted Palace": "A hideous throng rush out forever/ And laugh —but smile no more."

83/ THE IRREMEDIABLE

Styx. The River of Hate which, according to Greek mythology, flowed nine times around the infernal underworld, Hades. Shades of the dead crossed the Styx to reach the kingdom of the underworld.

84/ THE CLOCK

Gangue is the worthless rock surrounding precious ore.

Clepsydra is a water-clock analogous to the hour glass. Instead of running sand, a measure of water trickles from a reservoir. "He was invited to speak for as long as there was water in the clock; this was a hollow globe into which water was poured through a funnel in the neck, and from which it gradually escaped through fine perforations at the base." (Lucian Apulias: *The Golden Ass* ca 155 AD. Robert Graves' translation)

86/ THE SUN

Chlorosis: See Note 18/ above.

87/ TO A REDHEADED BEGGAR GIRL

Belleau: Remi Belleau (1528–1577) was a poet and a member of *La Pléiade.* This group of seven established the style and rules for classic French poetry. They were the literary revolutionaries of their day. (The Pleiades of Greek mythology were seven daughters of Atlas, now represented in the heavenly constellation Pleiades, the Seven Sisters. The term is sometimes given to groups of seven illustrious persons.)

Ronsard: Pierre de Ronsard (1524–1585) was the leading spirit of *La Pléiade,* which he called his Brigade. A student of Greek and Roman literature, he imposed the style of these classics on the literary revolution in 16th century France. CB's poetry is cast in classic forms.
Valois was the royal family of France from the 14th c into the 16th c.

Véfour was one or another fashionable restaurant in CB's Paris.

88/ THE SWAN

Victor Hugo (1802–1885) was the literary lion of his day. He was a prodigious producer of plays, poems, novels and essays, for which he was always well rewarded. Even upon publication of his first book, a book of poems, the French government granted him a lifetime pension. And his life was a long eighty-three years. Hugo's career is in ironic contrast to CB's forty-six years. Publication of *Les Fleurs du mal* did not yield a pension, rather a trial and conviction on grounds of obscenity. His life was sordid, mean, hand to mouth. CB dedicated three poems to Hugo: "The Swan," "Seven Old Men" and "Little Old Women". Hugo responded, saying that CB had brought a fresh shudder (*frisson*) to French poetry. André Gide (1869–1950), a literary lion of the 20th c, was once asked to name the outstanding French poet. Gide replied, "Victor Hugo... Alas!" Arguable. Jean Cocteau (1889–1963), French poet and playwright, used to say that Victor Hugo was a madman who took himself for... Victor Hugo.

Andromache was the widow of Hector, prince of Troy. At the sack of Troy, she was acquired by Pyrrhus, son of Achilles, the Greek who had killed Hector. When Pyrrhus was killed, Andromache became the wife of Helenus, brother of Hector. CB has written that his version of the Andromache legend is taken from Virgil's *Aeneid.*

The Simois was one of the rivers of Troy. Helenus created a mock Simois, a rivulet, for the homesick Andromache.

The Carrousel is a large parade ground in Paris which is surrounded on three

sides by the buildings of the new Palace of the Louvre. See below: *The Louvre.*

Ovid's suppliant. In Book I of Ovid's masterpiece *The Metamorphoses,* God created man from his own living fluid and clay: "While other beasts, heads bent, stared at the earth, the new creation gazed into the blue sky." See Note 81/ above.

The Louvre, in the center of Paris, was once a residential palace of the kings of France. Now it is the national museum of art. Most of the present buildings were built in the 19th century. In 1859, when CB wrote "The Swan," their construction was under way.

89/ SEVEN OLD MEN

Sou: the meanest of French coins in CB's time.

Judas was the disciple who betrayed Christ to the Roman police. (Cf. *Matthew* 26:47–50.) Sometimes he is depicted with a spade beard.

Phoenix was a bird of Egyptian mythology who, every five hundred years, burned himself to ashes then rose from the ashes to a new life.

Cockleshell: a tiny, flimsy boat.

90/ LITTLE OLD WOMEN

Eponine was the wife of Gaulois Sabinus, a leader of the insurrection against Rome in 69 AD. She was captured after her husband's execution. Not wishing to survive him, she cursed the Emperor, and she, too, was executed.

Laïs was a celebrated courtesan of Ancient Greece.

Frascati was a Parisian dance hall and gambling house which admitted women. It disappeared at the end of 1836.

Vestal: The Vestal Virgins were an order of priestesses of ancient Rome. Vesta was the goddess of the hearth. Six flawless virgins were keepers of the flame in her temple.

Thalia, in Greek mythology, was the Muse who presided over pastoral poetry and comedy. She is pictured with a comic mask.

Tivoli is an amusement park in Copenhagen. CB's Tivoli may have been the old Folie-Boutin in Paris.

Hippogriff was a chimera with the foreparts of a griffin on the body of a horse. This winged horse, a symbol of love, seems to have been invented by the Italian poet, Ariosto (1474–1533) in his masterpiece *Orlando Furioso.*

Eve. "She was the mother of all the living." (Cf. *Genesis* 3:20.)

93/ THE SKELETON AT WORK

The old artist of the second stanza is Andreas Veselius (1514-1564) of the University of Padua, a Belgian anatomist, whose masterpiece, *De humani corporis*

fabrica, is one of the world's greatest books. As noted by CB, the engravings are beautiful, but they are also *accurate.* Vesalius' accuracy of observation became a revolutionary benchmark in the science of medicine. The renderings were probably by Jan Stephan van Calcar, another Belgian, who trained in the studio of Titian in Venice near Padua.

95/ GAMBLING

Argand lamp: An oil lamp with a ring-shaped wick.

96/ DANSE MACABRE

The Dance of Death, a theme dating from the Middle Ages, persists in modern poetry, art and music. Traditionally this title is not translated.

Ernest Christophe. See Note 20/ above.

Bayardère: Indian dancing girl.

Gouge is a word from Old French. CB wrote: "The gouge is the courtesan who follows the army. . . . Is Death not the courtesan who follows the Grand Army?"

Lovelace: a seducer. Robert Lovelace is a character in Samuel Richardson's *Clarissa Harlow* (1748).

Antinoüs, a "gay, intelligent, surpassingly handsome youth," was the protege of the Roman Emperor Hadrian. On the Nile, 120 AD, while with the Emperor, the boy fell in the river and drowned. The disconsolate Hadrian "wept like a woman" *(muliebritur).* He had the lad declared a diety. Antinoüs is traditionally referred to as "the last of the gods."

98/ *I HAVE NOT FORGOT OUR PLACE NOT FAR FROM TOWN . . .*

Pomona was the Roman goddess of fruits and orchards.

Venus was the Roman goddess of love and beauty.

101/ PARISIAN DREAM

Constantine Guys (1805–1892) was an artist and, according to CB, "The Painter of Modern Life." Under that title CB published an essay about Guys.

Naiades, in Greek mythology, were nymphs (minor deities) of lakes, fountains, rivers and streams.

WINE

104/ RAGPICKERS' WINE

Pactolus was a river whose sands contained gold after Midas bathed there. See Note 80/ above.

106/ LONERS' WINE

Adeline: In Byron's long narrative poem *Don Juan,* Lady Adeline is a lascivious woman.

FLOWERS OF EVIL

108/ DESTRUCTION

Contaminated clothing: "All our good deeds are as filthy rags." (Cf. *Isaiah* 64:6.)

110/ CURSED WOMEN *(Like ruminating cows . . .)*

Saint Anthony was a religious hermit. During his retreat in the wilderness, he withstood hard temptations by the devil.

Bacchus was the Roman god of wine and drunkenness.

111/ TWO GOOD SISTERS

Nuns are usually called *les bonnes soeurs.* This is CB at his sardonic worst.

114/ BEATRICE

La Béatrice, "The Blessed One": In response to a query about the spelling of the title, CB responded: "Note that Beatrix is French and Beatrice [sic] is Italian, and here Beatrice is emphatically Italian, that is to say: the deity, the mistress of the poet [Dante]." Nevertheless, the French accent mark in the Italian word of the title is conventional.

Hamlet, in Shakespeare's play, posed as a daft poet.

115/ A VOYAGE TO CYTHERA

Eldorado is the fabled City of Gold sought by the Conquistadors in the Amazon basin. Metaphorically, it is any place where great wealth comes easily.

REVOLT

117/ SAINT PETER'S DENIAL

Seraphim are the highest of the nine choirs of angels, the guardians of the throne of God.

119/ LITANIES OF SATAN

Saltpeter, sulfur and charcoal are the constituents of gunpowder.

Croesus, in Greek mythology, was so rich that his name became proverbial for rich.

Filles is an ambiguity. The word can mean daughters or girls or young prostitutes.

DEATH

121/ THE DEATH OF THE POOR

Hypnotic: The French *magnetique* refers to mesmerism, hypnotism. In the 19th century the phenomenon was also called "animal magnetism".

124/ THE DREAM OF A CURIOUS CHARACTER

F.N. Felix Nadar (1820–1910) was a noted photographer, aeronaut and caricature artist. His portrait-photographs of celebrities, including CB, are well known and well regarded.

125/ THE JOURNEY

Maxime Du Camp (1822–1894) was a journalist, novelist and editor.

Circe was a sorceress in Greek mythology who lived on the island of Aeaea. When Ulysses landed there, Circe turned his companions into swine, but not Ulysses. He resisted the metamorphosis by virtue of a mythical herb, moly, given him by Hermes, the god of medicine.

Icaria is an island in the Icarian Sea where the body of Icarus was washed ashore after his wings broke and he fell from the sky. See Note 153/ below.

Eldorado. See Note 115/.

Capua, at the time of Hannibal and the second Punic War (Rome vs Carthage, 210 BC), was the most luxurious city in Italy.

The Wandering Jew, because he spurned Christ, was condemned to roam the earth until Judgment Day.

The apostles were sent forth by Christ: "Go ye into all the world, and preach the gospel to every creature." (Cf. *Mark* 16:15.)

Retiary: Roman gladiators were classified according to weapons. The retiary fought with a net (Latin: *rete*). Enmeshed opponents were killed with a dagger or trident.

Sea of Shade is from "Eureka," an essay by Poe on the material and spiritual universe.

Lotus: The lotus-eaters, in Homeric legend, forgot home and friends. Their only wish was to live in idleness in Lotusland. (Cf. *Odyssey* XI.)

The afternoon that never ends. This peaceful attribute of Lotusland is from Tennyson's poem, *The Lotus Eaters:* "In the afternoon they came unto the land/In which it seemed always afternoon."

Pylades, according to Homeric legend, helped his friend Orestes obtain vengeance for the murder of his father, Agamemnon, by his mother, Clytemnestra, and her paramour.

Electra, Orestes' sister, subsequently married Pylades.

WRECKAGE

In early March, 1866, this book of CB's poetry, containing the "Condemned Poems," was published in Amsterdam. Because of CB's obscenity conviction (below), *Wreckage* could not be published or imported in France. The book also contained poems written after the publication of the 1861 (Second) edition of *The Flowers of Evil,* together with a few early pieces. It was edited by CB, and his ordering of the poems is retained here.

THE CONDEMNED POEMS

Upon publication of *The Flowers of Evil* (June 25, 1857), the French Ministry of Justice took notice, and on August 20 CB was brought to trial on charges of blasphemy and obscenity. He was found guilty of the latter, fined 300 francs and ordered to remove six poems from unsold copies of the book. (Baudelaire bowdlerized!) Not until May 31, 1949 were the proceedings of the 1857 court quashed by the French government.

These poems were found to be obscene: "Lesbos," "Cursed Women (Delphine and Hippolyta)," "Lethe," "For Her Who is Too Gay," "The Jewels" and "Metamorphoses of a Vampire."

These poems were considered but were found not to be obscene: "*Sed Non Satiata,*" "The Beautiful Boat," "To a Redheaded Beggar Girl" and "Cursed Women (Like ruminating cows...)."

These poems were considered but were found not to be blasphemous: "Saint Peter's Denial," "Abel and Cain," "The Litanies of Satan" and "The Assassin's Wine."

127/ LESBOS

Lesbos, a Greek island off the coast of Turkey, was home of the great lyric poet, Sappho (7th century BC) and her female disciples. The word lesbian is derived from Lesbos.

Phryne was a famous Athenian prostitute (4th century BC).

Paphos was a city on Cyprus where Venus was worshipped.

Plato, the Greek philosopher, condemned homosexual love.

Leucate is a promontory on the island of Lesbos.

The Ocean: Venus, goddess of love and beauty in Greek mythology, sprang to life from the foam of the sea near Cythera.

Proud brute: Sappho offered herself to a beautiful youth, Phaon. When he rejected her, she threw herself into the sea from the Leucadian promontory.

128/ CURSED WOMEN.

Delphine: The name derives from Delphi and the Delphic priestess. (See *Tripod frame,* below.)

Hippolyta, in Greek mythology, was queen of the Amazons, the tribe of female warriors.

Tripod frame: The priestess of the Shrine of Delphi sat on a three-legged iron stool when she went into her trance before she prophesied. Whatever she said would happen, did happen. Infallibly.

Poxy: Syphilis was the *great* pox, the AIDS of the 19th century.

Eumenides, in Greek mythology, were the Three Furies, goddesses of vengeance. Alecto was the Implacable, Tisiphone the Avenger of Blood, and Megaera the Jealous One. Eumenedes means, literally, the Good-Natured Ones. The Furies were so called by the Greeks to forestall their fury.

129/ LETHE

The Lethe, in Greek mythology, was one of the rivers of Hades. All Shades drank from the Lethe to forget everything said and done during life.

Nepente: A potion that induces forgetfulness of suffering.

131/ THE JEWELS

Antiope, in Greek mythology, was a one-time mistress of Zeus, king of all the gods. When Antiope's father discovered that Zeus, in the form of a satyr, had seduced her, he threatened to punish her, and she ran away from home. Caught and sent back, she had twin sons. Her father tried to kill them, but they were rescued by a shepherd boy. Antiope was kidnaped, and then she was rescued, etc. The theme of Antiope's seduction by Zeus has inspired several artists, notably Corregio, whose painting of Antiope hung in the Louvre in CB's time.

133/ THE FOUNTAIN

Phoebe is the moon, another name for Diana who was the Greek goddess of the moon.

134/ BERTHA'S EYES

The identity of Bertha is not known. During his Belgian adventure near the end of his life, CB's last mistress was "Bertha." (Identity unknown.) However,

the poem was written "before the end of 1843" for another Bertha. It was published in 1864, at the time of the second Bertha.

136/ THE PROMISES OF A FACE

Bonze is a Japanese Buddhist priest.

137/ THE MONSTER

Paranymph: A bridesmaid.

Veuillot: Louis-Francois Veuillot (1813–1880) was a writer and religious extremist who advocated absolute papal supremacy. The Pope rebuked him for his "bitter zeal".

Clavicle: the collarbone. When keys (Latin: *clavis*) were enormous, the collarbone was said to resemble a small key. The medieval book, *Clavicula Salomonis* (Solomon's Key), is part of the cabalistic literature of the Middle Ages.

Eden was the place where Adam and Eve lost Paradise in exchange for forbidden knowledge.

138/ VERSES FOR THE PORTRAIT OF HONORÉ DAUMIER

Honoré Daumier (1808–1879), a lithographer, painter and sculptor, was a social critic and the greatest of political cartoonists. The portrait of this poem was an engraving published in the *History of Modern Caricature* together with the poem.

Melmouth: Melmouth the Wanderer was a novel by the Irish writer Charles Maturin (1782–1824). In the book a discussion of the essence of laughter considers the fire-and-ice apposition. Melmouth was a Faust-like character. See Note 26/ above.

Mephisto is the devil of the Faust legends. See Note 26/ above.

Alecto was one of the three Furies of Greek mythology, The Implacable One. See Note 128/ above.

139/ LOLA DE VALENCE

A Spanish dance troupe visited Paris in October, 1863, and the artist, Édouard Manet, a friend of CB's, was invited to do an etching of Lola, the lead dancer. When the rather dignified picture was exhibited, CB pinned this trifling quatrain to its frame. A small scandal ensued. It was perceived that "rose and black" had pudendal overtones. See Poem 41/ "As a Whole".

140/ ON *TASSO IN PRISON* BY EUGÈNE DELACROIX

Tasso: Torquato Tasso (1544–1595), perhaps the greatest Italian poet of the late Renaissance, in midlife was involuntarily hospitalized for seven years for mental illness and political indiscretion.

Delacroix: The painter Eugène Delacroix (1798–1863) profoundly influenced the French Impressionist movement. He also impressed CB, who was a perceptive critic of the new in contemporary art. This painting was first exhibited in 1844.

141/ THE VOICE

Babel: The biblical Tower of Babel so alarmed God that He confounded the languages of mankind. Thus translators became necessary. (Cf. *Genesis* 11 1–9.)

142/ THE UNFORESEEN

Harpagone is the miser in Moliére's play, *The Miser.*

Célimène is a back-biting flirt in Moliére's play, *The Misanthrope.*

But not yet: St. Augustine wrote, "Lord, give me chastity and continence—but not yet." (*Confessions,* Book VIII.)

144/ TO A GIRL OF MALABAR

Malabar is the southern coast of western India. "Whatever he said or wrote . . . Baudelaire was never in Malabar." (Claude Pichois: *Baudelaire.*) By age 20, on his own in Paris, CB was leading a happy, dissolute life, complete with debts, syphilis, a Jewish mistress and publication of his first poems. Alarmed, his mother and his stepfather, General Aupick, sent him on a sea voyage, hoping to shape him up: destination Calcutta. The three-masted vessel, the *Paquebot-des-Mers-du-Sud,* set sail from Bordeaux on June 9, 1841. She rounded the Cape of Good Hope and, entering the Indian Ocean, met a hurricane on August 8. The storm tore off the sails, snapped the masts and keeled the ship over on her side. Miraculously, she limped to her first port of call on the island of Mauritius, arriving September 1. After extensive repairs, she sailed, on the 18th, for the second port of call on the Ile Bourbon. At this point CB "jumped ship" and returned to France on another three-master, the *Alcide* which sailed November 4 and arrived at Bordeaux February 15. The nine-month voyage left deep impressions on young CB. It was to be his only excursion out of Paris, except the sojourn to Brussels at the end of his life. (See Note 145/ below.) Many of his poems, including this one, are fantasies based upon memories of the adventure. In others he describes ships and ports for which the journey to the Indian Ocean was his only source. See Poem 2/ "The Albatross," 12/ "A Former Life," 22/ "Exotic Perfume," 23/ "The Chevelure," 53/ "*L'Invitation au Voyage,*" 60/ "To a Creole Lady" (This sonnet was written during the trip.), 68/ "Music," 115/ "A Voyage to Cythera," 125/ "The Journey," 155/ "Far, Far From Here." The same is true of *Paris Spleen.* See Poem 17/ "A Hemisphere in Your Hair," 18/ "*L'Invitation au Voyage*", 25/ "Beautiful Dorothea," 43/ "Already!" and 41/ "The Port."

145/ ON THE DEBUT OF AMINA BOSCHETTI IN BRUSSELS

Brussels: In April, 1864, CB went to Belgium, hoping to earn some money through lectures. The sojourn was a disaster. It ended in April, 1866, with the stroke that became his final illness.

Amina Boschetti was an Italian dancer whose opening night in Brussels, September, 1864, was not well received.

Nymphes bocagères (wood-nymphs) is a play on words. In Italian, the dancer's name, *Boschetti,* is a diminutive of the word *bosco* meaning forest.

Montaign-aux-Herbes-potagères: A street in Brussels, known for its nymphs.

Bacchus was the Roman god of wine.

146/ TO EUGÈNE FROMENTIN

Eugène Fromentin was an author and painter, a friend of CB's.

Corot: Camile Corot (1796–1875) was a French painter whose landscape method influenced the Impressionists.

Nord: La Compagnie du Nord, a Rothschild business. Nord is also a railroad.

Openord: Gilles-Marie Openord was a 17th century interior decorator.

Luzarches: A town in Val d'Oise, a region north of Paris.

Marché des Patriarches: A marketplace of some sort, perhaps Jewish, whereabouts unknown to this translator.

Niboyet: Paulin-Fortunio Niboyet, a contemporary of CB's, was an author of moralistic novels.

Tournai: A town in the Gascony region of southwest France.

Bastogne: In CB's manuscript the family name of the Bore was, at first, Boulogne, for the rhyme. CB changed it to Cologne and, finally, to Bastogne. The last sounds a bit like *bastonnade:* a flogging.

Gascony is a district in southwest France. The Gascons have a reputation for fantastic bragging.

147/ A CHEERFUL ROADHOUSE

Pharaoh: Ancient Egyptians, at banquet, would display a skull or some other macabre symbol of the impermanence of life. See 45/ "The Rifle Range and the Cemetery" in *Paris Spleen.*

Monselet: Charles Monselet (1825–1888) was a minor poet and a drama critic, well read, witty, not at all morbid.

Estaminet: A roadhouse or small restaurant.

ADDITIONAL POEMS IN THE THIRD EDITION
OF THE FLOWERS OF EVIL

At the time of his stroke in Brussels, March, 1866, CB was planning a third edition of *The Flowers of Evil*. The plans, however, were not among his papers in the trunk which accompanied him to Paris. Mute and paralyzed, he died on August 31, 1867, without having made a will. Editing the third edition was complicated by questions of ownership, the squeamishness of CB's mother, and apprehensions concerning obscenity in two of the poems (136/ "Promises of a Face" and 137/ "The Monster"). Nevertheless, CB's good friend, Charles Asselineau, (1820–1874) persisted and prevailed. The Third Edition of *The Flowers of Evil* was published on December 19, 1868, as Volume I of *The Complete Works*. It carried an introduction by Théophile Gautier which acclaimed CB as one of the greatest poets of his time.

148/ EPIGRAPH FOR A CONDEMNED BOOK

This sonnet was written as an introduction for the second edition of *The Flowers of Evil* (1861), but it was not used. In March, 1866, CB published the poem in the magazine *Le Parnasse Contemporain* at the head of fifteen poems, the group entitled *Nouvelles Fleurs du Mal*. "Condemned Book" refers, of course, to the outcome of the obscenity trial of 1857. (Cf. Note for *Wreckage*, above.)

149/ A PAGAN'S PRAYER

Diva! Supplicem exaudi! Latin: "Goddess! Lend me your ear!"

Siren: See Note 21/ above.

150/ SOUL-SEARCHING AT MIDNIGHT

Croesus, king of Lydia (560–546 BC), was the world's richest man.

The Great Beast is the Antichrist, a great antagonist of Christ, who would fill the world with wickedness. (Cf. *Revelations* 13.)

The lyre, oldest of the stringed instruments, was the instrument of Apollo, Roman god of poetry. Poets are priests of the lyre.

152/ WARNING

Yellow Serpent: Aesculapius was the Roman god of medicine. A serpent, twined around his staff, was his attribute. In Ovid's *Metamorphoses,* Book XV, the serpent of Aesculapius imposes his rule upon humanity.

Satyress, in Greek mythology, was a female satyr, hence a sexually voracious female forest deity.

Nixie: a water-nymph.

153/ THE SORROWS OF AN ICARUS

On wings that his father, Daedalus, made for him, Icarus, in Greek mythology, flew too near the sun. The wax that fastened the wings melted, and the boy fell to his death in the Icarian Sea. (See Note 125/ above.)

155/ FAR, FAR FROM HERE

Dorothea was a pampered black prostitute encountered by CB on the island of Reunion during his voyage around the Cape of Good Hope in 1841. See Note 144/ above and Poem 25/ "Beautiful Dorothea" in *Paris Spleen*.

156/ THE ABYSS

Pascal: Blaise Pascal (1623–1662) was a French mathematician, scientist and religious philosopher. There is a tradition that Pascal was obsessed by a delusory abyss, just to his left; he always tried to position a chair between himself and his "abyss".

157/ MEDITATION

Whip of Lust begins the Seventh Cornice, Canto XXV of *Purgatory*, in *The Divine Comedy* of Dante. See the translation by John Ciardi, 1977.

158/ THE LID

Cythera is an island where Venus was worshipped. See Poem 115/ "Voyage to Cythera".

Croesus. See Note 150/ above.

159/ THE OFFENDED MOON

Cynthia is a name for the moon. In Greek mythology, Cynthia is the surname of Diana, the goddess of the moon.

Endymion was a shepherd boy, in Greek mythology; he was perpetually young because Selene, the moon goddess, came every night and embraced him. She bore him fifty daughters.

160/ TO THÉODORE DE BANVILLE

Théodore de Banville (1823–1891) was a poet, a friend of CB's. This sonnet dates from July, 1845. CB never published it. The manuscript was provided by Banville for the posthumous third edition of *The Flowers of Evil*.
Centaur: a chimera with the torso of a man on the body of a horse. The Centaur Nessus, mortally wounded by an arrow of Hercules, gave some of his blood and semen to Deianeira, Hercules' wife. (Nessus had been trying to rape her when Hercules shot him.) He told her to use it to impregnate wool for a robe for her husband: it would keep him forever faithful. The robe, instead, set Her-

cules on fire. Aghast, Deianeira hanged herself. Poetic genius is a Centaur's robe?

Little Hercules. See Note 52/ above.

• NOTES

PARIS SPLEEN

According to the physicians of the school of Hippocrates, of ancient Greece, the spleen produced black bile; therefore, they called it the organ of melancholy. CB uses this English word in the Hippocratic sense. (The French word for spleen is *rate.*) Four poems in *The Flowers of Evil* are titled "Spleen"; they have in common sadness, isolation and spiritual depression. The motif of *Paris Spleen* is the malaise of life in a great city.

Although *Paris Spleen* was not published in CB's lifetime, he organized the collection and chose the title. He had worked on his prose poems from 1855, when the first of them was published, throughout the last years of his creative life. At the time of his paralytic stroke, in March 1866, some of them were still at the copyist's. *Paris Spleen* was published two years post mortem, in 1869.

CB intended to dedicate *Paris Spleen* to Arsène Houssaye, literary editor of *La Press,* who published the first twenty prose poems. In the draft of a dedicatory letter, CB explains the prose poem: "Who of us, in days of ambition, has not dreamed of the miracle of a poetic prose, musical without rhythm and without rhyme, supple enough and harsh enough to adapt to the lyrical movements of the soul, to the undulations of reverie, the jolts of conscience?"

CB did not, as has been said, invent the prose poem. For example, the *Song of Songs* dates from c. 900 BC; and there are the Psalms. The Italian poet, Leopardi (1798-1837) wrote of his brief "dialogue-essays", *Le Operrete Morali 1824,* that he was "trying to write poetry in prose." In his letter to Houssaye, CB wrote that the idea came to him while re-reading *Gaspard de la Nuit* by Aloysius Bertrand (a collection of ornately written fantasies on medieval subjects, published in 1842. It has also been said, however, that in *Paris Spleen* the prose poem, as a literary form, comes of age. "Before Baudelaire it was little more than lyric prose but, with him, it reached moral, aesthetic and spiritual status." (Enid Starkie: *Baudelaire*)

In *The Flowers of Evil* and *Paris Spleen* CB provides opportunity to compare a poem with a prose poem, both with the same unity, the same theme, the same mood and—best of all for comparison—written by the same genius of lyric poetry. Compare *"L'Invitation Au Voyage"* in both versions, the prose and the poetry, to perceive how the form shapes the work, the one free of restraint, the other hobbled by the rules of prosody.

5/ THE DOUBLE ROOM

Sylphide is a fictional sixteen year old, created from his dreams by Francois

René de Chateaubriand (1768–1848), author and, ultimately, grand old man of French literature. Sylphide is a beautiful, taciturn spirit who appears in several of his works, particularly in a story of male adolescent angst entitled "René", as well as in the autobiography, *Memoires d'outre-tomb.*

Laudanum is a ten per cent solution of powdered opium. CB was fascinated by the experiences that Thomas De Quincey (1785–1859) recounted in his auto-biographical *Confessions of an English Opium-Eater;* CB translated it, rather he adapted it into French; De Quincey's discursive style was too much for the discursive CB. CB's own experiments confirmed De Quincey's harrowing story and provided a terrible proof for CB's conviction that drugs are of the greatest danger to man and one of the most powerful and enticing temptations of the devil. In this poem and in Poem 101/ "Parisian Dream," *The Flowers of Evil,* CB presents the sadness of the victims of this entrapment.

9/ THE WICKED GLAZIER

Minos, Aeacus, Rhadamanthus, in Greek mythology, were the judges of the underworld, before whom all the dead appeared to give account of their stewardship.

The Crystal Palace was an enormous building, entirely of glass and iron, constructed in London in 1851 to house the Great Exhibition of the Works of Industry of All Nations.

10/ ONE IN THE MORNING

Vénustre was the title of a theatrical production.

11/ THE WILD WOMAN AND THE LITTLE DARLING

A little frog. In a fable by Jean de La Fontaine (1621–1695), "The Frogs Who Asked for a King," a stork took the job and then devoured his constituents.

13/ WIDOWS

Vauvenargues: Luc de Clapiers, marquis de Vauvenargues (1715–1747), was an ethical writer, a sympathetic man, who maintained that human beings possess both good and evil.

14/ THE OLD ENTERTAINER

Moliére was the pen name of Jean-Baptiste Poquelin (1622–1673), dramatist. He is called the father of modern French comedy. With ridicule and sympathy, in such masterpieces as *The Misanthrope* and *Tartuffe,* he exposed the foibles of the human condition. The play, *Tartuffe,* sparked the enmity of the Church, and when Moliére died suddenly—actually onstage—without sacraments or recanting, he was buried in unhallowed ground. CB, in this poem, ridicules Moliére's heavy-handed humor.

Saltimbanque. A tumbler, an acrobat who requires no apparatus, only a stage. A

tumbler performs the same feats as the *saltimbanque,* but the English word hasn't that sense of the third rate. (*Sauter* = to leap. *Banque* = traveling show.)

18/ *L'INVITATION AU VOYAGE*

Les Fleurs du Mal, 53/ "L'Invitation au voyage," plays the same theme.

Cockaigne, in medieval legend, was a land of idleness and luxury, where houses were made of sugar cake, where roast pigs trotted the streets, and the gutters ran with wine. The Big Rock Candy Mountain.

L'Invitation à la Valse is a concert piece for piano, composed in 1819 by Carl Maria von Weber who is considered to be a father of the Romantic Movement in music. This piece was one of the earliest "tone poems."

Sumatra is a long, narrow island of Southeast Asia, bordering the Indian Ocean. In the early days of trade with Europe it was noted for its spices.

The Black Tulip is a novel by Alexandre Dumas, Sr. (1802–1870). It describes the tulipomania that swept Holland in the 17th century. Prices for rare varieties—such as the black tulip—soared beyond all reason. Dumas' tale is said to be based on an actual crime. A rare tulip was stolen and recovered.

The Blue Dahlia is the title of a song by Pierre Dupont (1821–1870) in a book of songs, *Chants et Chansons,* for which CB wrote a laudatory preface.

Correspondences: See 4/ "Correspondences," *The Flowers of Evil.*

20/ THE GIFTS OF THE FAIRIES

Mont-de-Piété. Pawnshop. This term has been used in Europe since the 15c when the first low-interest *banco di pegni* [*pegno* (Italian) a pledge or pawn] was established in Italy by the Franciscan Order.

21/ TEMPTATIONS OR EROS, PLUTO AND FAME

Eros, in Greek mythology, was the son of the goddess of love, Aphrodite. Eros represented desire.

Pluto was the Roman god of wealth.

Bacchus was the Roman god of wine, sometimes depicted as an androgynous youngster, with a woman's breasts and a penis.

23/ SOLITUDE

Santerre: Antoine-Joseph Santerre (1752–1809) was a wealthy brewer, and a friend of the French Revolution. During the Terror he was commander of the National Guard. On the day of the King's execution, Santerre escorted Louis XVI from Temple Prison to the guillotine. On the scaffold the King attempted to address the crowd, whereupon Santerre ordered a roll of drums which drowned out whatever the King had to say.

La Bruyère: Jean de la Bruyère (1645–1696) was an ironic essayist, scornful of the vanities of men and the frivolity of women.

Pascal: Blaise Pascal (1623–1662) was a philosopher and mathematician.

See Note 156/ *The Flowers of Evil.*

24/ PROJECTS

Filao is a word from the Portugese: a large, shady tree.

25/ BEAUTIFUL DOROTHEA

Kaffir are South African Blacks.

26/ THE EYES OF THE POOR

Ganymede, in Greek mythology, was a handsome Trojan prince who was kidnapped by Zeus to be the cupbearer of the gods.

Hebe, daughter of Zeus, was another cupbearer.

27/ AN HEROIC DEATH

Nero was Emperor of Rome (54–68 AD). A patron of the arts, he was a cruel, self-indulgent monster.

29/ THE GENEROUS GAMBLER

Penates were guardian deities-of-the-household represented by small statues in the homes in ancient Rome.

30/ THE ROPE

Édouard Manet (1832–1883) was a friend of CB's who once did a portrait of CB's mistress, Jeanne Duval. Manet was one of the great artists of the latter half of the 19th century. He was not an Impressionist, but he was their friend and associate. CB was a perceptive critic of contemporary art and recognized Manet's value early on but never wrote about him.

32/ THE THYRSUS

Franz Liszt (1811–1886) was an Hungarian pianist and composer. During his early 30s he spent several years in Paris. He was at the heart of a cult dedicated to the German composer, Richard Wagner. CB was greatly moved by Wagner's music and wrote such enthusiastic reviews that Wagner thanked him in person. While CB never met Franz Liszt, he had a deep appreciation of his music.

Bacchus was the Roman god of wine. See Note 21/ above.

Bacchant was a votary of Bacchus.

Gambrinus, a German king, invented beer, or so says German myth. However, cuneiform records from Sumer provide instructions for brewing, and the Sumerian language has dozens of words for the variety of beers on tap 4000 years ago.

36/ THE DESIRE TO PAINT

Witches of Thessaly is a reference to legends in Book VI of the epic *Pharsalia* by the Roman poet, Lucan (39–65 AD). "Drawing Down the Moon" is an important ritual in the traditions of witchcraft. Thessalian witches, in the Classic Age, were believed to control the moon by means of an ancient tract: "When I command the moon, it will come down. . . . "

39/ THE THOROUGHBRED

The Midi is the south of France. The word also means high noon, and at high noon in the Midi, the summer sun is hot.

41/ THE MIRROR

Principles of '89 refers to the motto of the French Revolution enunciated in 1789: Liberty, Equality, Fraternity.

42/ PORTRAITS OF MISTRESSES

Chérubin is the lovesick pageboy in Beaumarchais' play, *The Marriage of Figaro.*

Dryads, in Greek and Roman mythology, were tree nymphs.

Minerva was the goddess of wisdom in Roman mythology.

45/ THE RIFLE RANGE AND THE CEMETERY

À la vue du cimetière. Estaminet. See 147/ "A Cheerful Roadhouse," *The Flowers of Evil.*

Horace (65–8 BC), a Latin poet, sang life's pleasures, but stressed moderation, not hedonism.

47/ MADEMOISELLE LANCET

Régnier: Mathurn Régnier (1573–1613) was a dissolute satirist and poet. The first collection of his *Satires* (1608) describes with vigor and amusement the traits of the physician, the poet, the hypocrite, etc.

Tu, the second person singular pronoun, is used between close friends and lovers.

Maurin, Antoine (1799–1859), was an artist and engraver.

Quai Voltaire. Prints and old books are still sold in open stalls on Seine embankments such as this.

Pitié: an old Parisian hospital.

48/ ANY WHERE OUT OF THE WORLD

The title is given by CB in English (misspelled on purpose, for emphasis) with the French subscribed: *"N'importe où hors du monde".* It is a line from the poem "Bridge of Sighs" by the English poet, Thomas Hood (1799–1845): "Mad from life's history,/Glad to death's mystery/Soon to be hurl'd—/Anywhere, anywhere/Out of the world!" CB published his translation of the entire, rather long poem.

Torneo is a city at the southern end of the boundary between Sweden and Finland on the Gulf of Bothnia, three degrees south of the Arctic Circle.

49/ LET'S BASH THE BEGGARS

Socrates (c.470–399 BC), the great Athenian philosopher, used to call himself "the midwife of men's thoughts". He was condemned to death for corrupting the youth of Athens. Socrates' critics claimed that he claimed to be guided by a "daemon," implying an evil spirit. In fact, Socrates claimed for himself a certain divine principle or inward monitor.

Lélut and Baillarger were psychiatrists of mid-19th century. France. In 1866, after this poem was written, CB wrote to his friend, the critic Sainte-Beuve (See Note 50/ below): "You have, more than ever, the manner of a father-confessor, a midwife of souls. The same has been said, I believe, of Socrates; but Messers Baillarger and Lélut have declared, *on their conscience,* that he was a fool." Louis-Francois Lélut, in 1836, published a book to prove the insanity of a string of great thinkers, including Socrates, Tasso, Pascal, Rousseau, Swedenborg, etc.

50/ FAITHFUL DOGS

Joseph Stevens (1816–1893) was an English painter of animal portraits who befriended CB in Brussels, at the time this poem was written, 1865. Indeed, Stevens is the painter who, at the end of the poem, impulsively gives his waistcoat to the poet (CB).

Buffon: Georges-Louis Leclerc, comte de Buffon (1707–1788) was a naturalist, the first of modern writers to translate the facts of nature into a history of nature. His method was, in intent, scientific. His work fore-shadowed the theory of evolution.

Sterne: Laurence Sterne (1713–1768) was an English vicar and author whose last novel, *A Sentimental Journey,* is a playful satire on sentimentalism in travel books. In Sterne's earlier novel, *Tristram Shandy,* a sympathetic donkey eats macaroons.

Elysian Fields, in Greek mythology, was the abode of the blessed in the underworld.

Nestor Roqueplan (1804–1870) was a part-time journalist and full-time wit, boulevardier, leader of fashion.

Sainte-Beuve: Charles-Augustin Sainte-Beuve (1804–1869) was a literary journalist and most influential literary critic: "The father of modern criticism".

Palais Royal was built by Cardinal Richelieu (1585–1642), but the royal family eventually acquired it. By CB's time, this enormous gallery had become a sumptuous mall, with countless shops, apartments and restaurants and casinos for gambling and other amusement.

Swedenborg: Emanuel Swedenborg (1688–1772) was an outstanding Swedish scientist who, after he had spoken with God and His angels, renounced science and devoted himself to the mystical interpretation of the scriptures. In France he influenced many writers, including the Symbolists, which cult, formed after the death of CB, proclaimed themselves his disciples, sort of.

Virgil (BC 70–19) was a Roman epic poet (*The Aeneid*) and pastoral poet (*The Bucolics*). The latter looks back longingly on simpler times.

Theocritus (3rd century BC) was a Greek poet who is regarded as the inventor of the pastoral poem.

Villa-Hermosa is a street in Brussels. At Number 8 was an English pub, The Prince of Wales, where CB would spend time with Joseph Stevens, the painter.

Aretino: Pietro Aretino (1492–1556) was an Italian writer celebrated throughout Europe for his satirical, venomous attacks upon the powerful. The poet Ludovico Ariosto called him the Scourge of Princes. But he'd compose encomiums for a price—or for a dagger set with gems. Aretino also wrote lewd sonnets: *Sonnetti Lusseriosi.* In 1858, in a book entitled *A Brief Review of the New Poets of France,* one Arist Pouradier referred to CB as a modern Aretino who used true talent on infamous topics.

ACKNOWLEDGMENTS

Indebtedness extends beyond these fourteen years of working on *Les Fleurs du Mal.* Beryl Eddy was my high school French teacher in the 1920s; her indoctrination permitted me, years later, to read French medical literature. Still later, ten years ago, Mary Cutting became my research associate at The Walter Reed Army Medical Center. A former *au pair* girl, she unravelled CB's Gordian Knots. (Cf. "Madrigal Triste," part 2.) For years Mary was The Reader Over My Shoulder.

An interest in poetry also dates from my high school years. Dorothy Mann, my Latin teacher, showed me the book she was reading at the staff picnic of our school paper: Edna St. Vincent Millay's *Second April.* Hooked, I wrote my first sonnet for Miss Mann, a wonderful, wasted teacher.

Jean Bernard, my friend and a fellow hematologist, a poet, a member of *L'Académie Française,* wrote much of his poetry while a prisoner of the German army. I wrote to Jean after several years of grubbing out translations with a dictionary, a table of irregular verbs and every other translation of CB that I could put my hands on. He was willing to read the few poems that I'd done. He responded with a trenchant comment which changed forever my attitude toward the translation of poetry. His advice was, in brief: to do justice to Baudelaire, you must be accurate. Jean Bernard continues to help me.

I accosted Paul Auster, editor of *The Random House Book of Twentieth Century French Poetry,* when that book appeared, asking for criticism. We have become friends. Paul was enthusiastic; he invited me to meet his class in creative writing at Princeton. He cautions me always to strive to make each translated poem a work of art in English.

When I finished all the poems, I laid the project aside, much to the dismay of my son, Seth. I have five sons and two daughters; they all, together with my wife, had asked, from time to time, about publication, which provoked a smile. Now Seth was adamant: "I'll be your agent!" Mockingly, I agreed. Within a month Al Poulin was on the telephone: Send the entire manuscript! Well, not all of the manuscript had even been typed. As *Les Fleurs* reached Al, bit by bit, it met with conditional approval. (Al, a poet and translator, had tried his hand at Baudelaire in a former life.)

Approval, it turned out, meant that he was willing to make me sweat. And for two years, sweat I have. ("Sue donc, esclave!") Mr.

Poulin is a wonderful, wonderful editor, impatient, profane, insulting. He's wonderful. A monster.

For two years the work has traveled back and forth between us, back and forth, and, at last...

Equipped with two years of high-school French which he studied in the 1920s, Dr. William H. Crosby began translating Charles Baudelaire's poetry in 1974 after he bought a bilingual volume of Baudelaire's poems which included one of the "Spleen" poems, "*Quand le ciel bas et lourd. . .* " from *Les Fleurs du mal.* At about the same time, for a history of hematology, he was asked to contribute a chapter on the spleen, an organ which, for years, had been one of his research interests. Because Baudelaire used the word "spleen" in its antique sense of the organ of anger and melancholy, Crosby provided his own translation of a quatrain from Baudelaire's poem to introduce that ancient aspect of the spleen's medical history.

Crosby turned to Charles Baudelaire again in 1978 to finish translating the Spleen poem, then to translate the playful sonnet, "La Géante," then the second and third of the sonnet sequence "Un Fantôme." He was hooked. And for the next 14 years he worked on *Les Fleurs du Mal* and *Le Spleen de Paris* (the prose poems having been "assigned" to him by his editor in 1988 for inclusion in this volume combining both *The Flowers of Evil* and *Paris* Spleen).

*

William H. Crosby was born in 1914 and raised in Oil City, Pennsylvania. He received both his A.B. and his M.D. from the University of Pennsylvania and completed an internship at Walter Reed Army Hospital in 1941.

From 1940 to 1965 Dr. Crosby served in the U.S. Army in a variety of capacities, including Regimental Surgeon in the 85th Infantry Division in North Africa and Italy (1943–1945), Director of a Surgical Research Team in Korea (winter, 1952–1953), and Chief of Hematology at Walter Reed Army Institute of Research (1951–1965). Between 1965 and 1986 he was Chief of Hematology at Tufts-New England Medical Center (Boston), Adjunct Professor of Medicine at the University of California (San Diego), Clinical Professor of Medicine at George Washington University (Washington, D.C.), and Distinguished Physician in the Veterans Administration. Since 1986 Dr. Crosby has been Director of Hematology at the Chapman Cancer Center in Joplin, Missouri.

William H. Crosby has served on the editorial boards of 12 medical journals, including the *Journal of the American Medical Association,* and he has published more than 500 articles on various aspects of medicine.

In addition, he is a Member or Fellow of numerous medical organizations and honorary member of the Italian Society of Medicine, the Dutch Society of Hematology, the German Society of Hematology and the European Society of Hematology. Moreover, Dr. Crosby has served on many major national committees, including the Medical Advisory Committee of the American National Red Cross and the NASA Life Sciences Advisory Committee.

Dr. Crosby's awards and distinctions include the Bronze Star Medal with two Oakleaf Clusters, the Legion of Merit, the Stitt Award for Medical Research from the Association of Military Surgeons, and he is a Laureate of the American College of Physicians.

William H. Crosby currently lives in Joplin, Missouri, with his spouse, Ramona M. Chapman, M.D. Dr. Crosby and Dr. Chapman are the parents of seven children.

BOA EDITIONS, LTD.
NEW AMERICAN TRANSLATIONS SERIES

Vol. 1. *Illuminations*
 Poems by Arthur Rimbaud
 Translated by Bertrand Mathieu

Vol. 2. *Exaltation of Light*
 Poems by Homero Aridjis
 Translated by Eliot Weinberger

Vol. 3. *The Whale and Other Uncollected Translations*
 Richard Wilbur

Vol. 4. *Beings and Things on Their Own*
 Poems by Katerina Anghelaki-Rooke
 Translated from the Modern Greek by
 The Author and Jackie Willcox

Vol. 5. *Anne Hébert: Selected Poems*
 Translated by A. Poulin, Jr.

Vol. 6. *Yannis Ritsos: Selected Poems 1938–1988*
 Edited and Translated by
 Kimon Friar and Kostas Myrsiades

Vol. 7. *The Flowers of Evil and Paris Spleen*
 Poems by Charles Baudelaire
 Translated by William H. Crosby

Vol. 8. *A Season in Hell and Illuminations*
 Poems by Arthur Rimbaud
 Translated by Bertrand Mathieu